Mitzlaff (Hrsg.) · Handbuch Grundschule und Computer

Die Reihe Werkstattbuch Grundschule
wird herausgegeben von Dieter Haarmann

Julia, Sebastian, Saskia, Mareike und vielen anderen Kindern
gewidmet in der Hoffnung, daß sie Eltern und Lehrer haben werden,
die sie bei einem mündigen Umgang mit den Neuen Technologien unterstützen,
und daß sie neben den Computern und ihrer virtuellen Realität
die Faszination an der wirklichen Welt
und das Engagement für die Erhaltung ihrer lebendigen Schönheit
nicht verlieren werden!

Handbuch Grundschule und Computer

Vom Tabu zur Alltagspraxis

Herausgegeben von Hartmut Mitzlaff

Beltz Verlag · Weinheim und Basel

Über den Herausgeber:

Hartmut Mitzlaff, Jg. 1949, Dr. paed., bis September 1995 Vertreter der Professur für Erziehungswissenschaften – Schwerpunkt Pädagogik der Elementar- und Primarstufe, Goethe-Universität Frankfurt.

Die Deutsche Bibliothek – CIP-Einheitsaufnahme

Handbuch Grundschule und Computer : vom Tabu zur Alltagspraxis / hrsg. von Hartmut Mitzlaff. – Weinheim ; Basel : Beltz, 1996
(Beltz Praxis) (Reihe Werkstattbuch Grundschule)
ISBN 3-407-62199-X
NE: Mitzlaff, Hartmut [Hrsg.]

Lektorat: Peter E. Kalb

Herstellung: Lore Amann
Satz: Satz- und Reprotechnik GmbH, Hemsbach
Druck: Druckhaus »Thomas Müntzer«, Bad Langensalza (Thüringen)
Umschlaggestaltung: Atelier Warminski, Büdingen
Umschlagfoto: Michael Seifert, Hannover
Printed in Germany

ISBN 3-407-62199-X

Inhaltsverzeichnis

Einleitung

»Handbuch Grundschule und Computer«

Dokument einer pädagogisch-didaktischen Innovation und Beitrag zur Versachlichung einer Diskussion

Computer im Grundschulunterricht? Für viele Leser in Deutschland ist dies auch 1995 noch ein Reizthema, auf das man bevorzugt emotional reagiert.

»Sitzen unsere Kinder am Nachmittag nicht schon lange genug vor dem Fernseher und Videorecorder? Soll mit dem Computer im Grundschulunterricht einer weiteren Mediatisierung unserer Erfahrung Vorschub geleistet werden? Können Grundschüler denn überhaupt andere Software als Computerspiele nutzen? Verstärkt die Arbeit mit dem Computer im Unterricht nicht die gesellschaftliche Tendenz zur sozialen Isolation? Ist nicht zu befürchten, daß uns der Dialog mit der Maschine im zwischenmenschlichen Umgang mehr und mehr sprachlos werden läßt?« So oder ähnlich lauten einige der Fragen und Befürchtungen, die bei diesem Thema gestellt werden. Aber es gibt auch andere Fragen: »Wie sollen Eltern reagieren, wenn Kinder von Klassenkameraden nach Hause kommen und fasziniert von Computerspielen wie ›Lemmings‹, ›Dark Castle‹ oder ›Prince of Persia‹ berichten, die für viele Erwachsene wie ›fremde Welten‹ anmuten? Wer beantwortet den Kindern, die in der Nachbarschaft, vor dem Computer hocken, ihre Fragen? Wieso tauchen Computer, die uns im Alltag auf Schritt und Tritt begegnen, nicht im Sachunterrichtsbuch auf? Wie steht es da um die in Lehrplänen postulierte Wirklichkeits- und Erfahrungsnähe? Warum druckt die progressive Freinet-Pädagogin mit Bleilettern, wenn es doch mit dem kaum teureren PC heute viel einfacher ist, zumal der Computer breitere Möglichkeiten eröffnet? Gehen Kinder nicht wie selbstverständlich und durchaus souverän (und gelegentlich erfrischend respektlos und kreativ) mit Computern um? Sind es nicht unsere eigenen Erwachsenenängste, die einen unbefangenen Umgang mit der Fragestellung behindern? Handelt es sich in vielen Abwehrgefechten nicht um Strategien zur Rationalisierung eigener Unzulänglichkeiten? Kann die Arbeit mit Computern in der Grundschule nicht durchaus selbstbestimmte Lernprozesse und einen neuen Unterrichtsstil fördern? ...« An derartigen Fragen scheiden sich in Deutschland auch heute noch die Geister. Befürworter und Gegner des Computereinsatzes in Grundschulen sparen nicht mit verbalen Attacken und operieren gerne mit Unterstellungen, willkürlichen Verkürzungen oder selbstgefertigten Popanzen.

In dieser Situation will das vorliegende Buch einen Beitrag zur Versachlichung der Diskussion leisten. In den Berichten über konkrete Projekte, die verdeutlichen, wie der Computer heute in der Grundschulpraxis eingesetzt wird, ist nicht nur von dem Medium, sondern von einer breiten pädagogisch-didaktischen Innovation die Rede. Für die meisten Beteiligten bildet sie die notwendige Bedingung für die Arbeit mit dem Computer.

Kultusbeamte sprechen gerne von einem »hochsensiblen Feld« und verweisen unverhohlen auf »die Begehrlichkeiten, die positive Untersuchungsergebnisse und Projekte bei Eltern auslösen könnten«, und solche Begehrlichkeiten sind eben nicht – wie es in der gleichen Diktion heißt – »kostenneutral«. Das Anliegen des Praktikers, aber auch des Wissenschaftlers, versuchsweise mit Computern in Grundschulen zu arbeiten, führte in vielen Bundesländern lange zu einem Hindernislauf, an dessen Ende oft die strikte Ablehnung oder die Resignation der Antragsteller stand. Auf wissenschaftlichen Tagungen mußten sich Pädagogen und Psychologen, die sich dem Thema stellten, lange Zeit gegenüber Kollegen ob ihres Tuns rechtfertigen und sahen sich oft genötigt, den Nachweis zu führen, daß sie nicht als Lobbyisten irgendwelcher Computerfirmen auftreten, der kindlichen Psyche keinen Schaden zufügen wollen, den Blick für das Humane nicht aufgeben und ihre grundschulpädagogischen Maximen nicht zu verraten bereit sind. Bei welchem anderen Thema, das die Grundschule betraf, sahen sich Pädagogen und Psychologen jemals einem solchen Kreuzverhör ausgesetzt?

Jene Theoretiker und Praktiker, die die Berührung mit Computern im Grundschulunterricht strikt ablehnten, sahen sich in diesen Diskussionen automatisch in der ehrenvollen Rolle der Retter des Humanen. Zu bedenken bleibt aber, daß das Humane, das zweifelsohne in unserer Zeit in erheblichem Maße – und nicht allein durch die neuen Techniken – bedroht ist, noch nie durch eine Ausblendung der Wirklichkeit und der darin enthaltenen Probleme verteidigt worden ist. Wäre es nicht gerade angesichts der möglichen Gefahren, die in einer Ausweitung der Computertechnologien liegen können, notwendig und sinnvoll, Kinder frühzeitig in einem pädagogisch strukturierten Rahmen zu einem mündigen und kritischen Umgang mit diesen Technologien zu befähigen? Der »mündige Umgang« meint hier auch die Entscheidung des Kindes zum bewußten Verzicht auf diese Technologien zugunsten möglicher Alternativen (etwa im Spiel), und in dem hier angesprochenen Rahmen der Grundschule müßte die unmittelbare Begegnung mit der Welt nach wie vor – und als Gegengewicht gegen eine »Medienkindheit« – im Vordergrund stehen. Können nicht nur so im Heranwachsenden die Widerstandskräfte gegen inhumane Tendenden gestärkt werden?

Während Kritiker und Befürworter begrenzter und kontrollierter Versuche zum »Computereinsatz in Grundschulen« streiten, wächst die Zahl der Kinder, die im Grundschulalter außerhalb der Schule mehr oder weniger intensiven Kontakt zu Computern pflegen, beständig (s. u.). Dabei üben vor allem Computerspiele auf diese Kinder eine hohe Faszination aus. Da sich Erwachsene nur selten die Zeit nehmen, um gemeinsam mit Kindern den Computer zu entdecken, bleiben Computerspiele nicht selten die einzige Anwendung, die den Kindern überhaupt bekannt ist. Vor dieser Anwendung verschließen die meisten pädagogischen Wissenschaftler – ebenso wie in den 50er und 60er Jahren vor dem Rundfunk und Fernsehen – aber die Augen. Wo eine kritische »Medienpädagogik« gefragt wäre, dominiert – trotz anderslautender Beteuerungen – eine überwunden geglaubte und letzten Endes hilflose »Medienbewahrpädagogik«.

Demgegenüber vertreten die in diesem Band versammelten Autoren die Ansicht, daß sich die Grundschule und die schulbezogenen Wissenschaften intensiv und kritisch mit den neuen Technologien auseinandersetzen sollten. Nur wer hier in pädagogischer Verantwortung fragt und forscht, kann zu kindgemäßen und zukunftsweisenden Antworten gelangen. Nur wer das Thema nicht tabuisiert, kann Wege zu einem mündigen Umgang mit den neuen Technologien finden und pädagogische Strategien zur Eindämmung der keineswegs zu leugnenden Gefahren einer computerisierten Gesellschaft und zur Bewahrung des Humanen entwickeln und auf dem Wege der Enkulturation fördern. Grundschullehrerinnen und -lehrer, aber auch Eltern und Großeltern erwarten von der Pädagogik Hilfestellungen im Umgang mit den neuen Techniken und den sie betreffenden Fragen und Erfahrungen der Kinder, zumal es sich hier um ein Gebiet handelt, auf dem die Heranwachsenden nicht selten versierter sind als ihre Erziehergeneration. Die moderne Grundschule formuliert für sich den pädagogischen Anspruch, ihren Unterricht an die Erfahrungswirklichkeit der Kinder anzubinden und ihnen Hilfen bei der Bewältigung und theoretischen Verarbeitung dieser erfahrenen Wirklichkeit zu bieten. Löst sie diesen zu Recht betonten Anspruch aber ein, wenn sie das von Schülern nachmittags am Computer erworbene »Expertenwissen« völlig ignoriert, ablehnt oder pauschal verurteilt? Kinder haben ein Recht darauf, auch mit diesen Erfahrungen, die sie der zeitgenössischen Gesellschaft verdanken und für deren Aufnahme sie selbst am wenigsten können, in ihrer Schule ernst genommen zu werden.

Personalcomputer (PC)

Da unter dem Begriff »Computer« vielfach verschiedene Medien subsumiert werden, ist hier zunächst begriffliche Klarheit zu schaffen: Wenn von Computern im Grundschulunterricht die Rede ist, dann sind dabei in den nachfolgenden Aussagen leistungsfähige Personalcomputer (kurz PC's) gemeint. In der Anfangsphase waren auch noch leistungssschwache Homecomputer (z.B. der C-64 von Commodore) eingeschlossen. Ausgeschlossen sind ausgesprochene Spielcomputer, Videospiele (eine Ausnahme bildet der spezielle Artikel von Jürgen Fritz, s.u.) und jene Pseudocomputer oder Mini-Lernmaschinen, die in Spielzeugmärkten im irreführenden Laptop-Design angeboten werden. Bei manchen Computerlaien wurde die Neigung beobachtet, den Computer als bloße Verlängerung anderer Bildschirmmedien, insbesondere des (bisher) auf reine Rezeption angelegten Fernsehens, zu betrachten. Daß hier eine unzulässige Vermischung stattfindet, wird spätestens an den konkreten Arbeitsbeispielen deutlich werden. Im Unterschied zum Fernsehen ist der PC ein interaktives Medium und ein neuartiges Werkzeug mit multifunktionalem Charakter. Neben der Interaktivität sind in Anlehnung an Salomon (1989) aus pädagogischer Sicht drei weitere Spezifika des Computers zu nennen, nämlich: die Möglichkeit des Informationsfeedback (Rückmeldung), die multiple, durch den Benutzer steuerbare Präsentation und die Gedächtnisentlastung durch hohe Speicherkapazität (vgl. Mandl/Heiland, 1992).

Anliegen dieses Handbuches

Das vorliegende Handbuch versteht sich als *einführender Überblick* über das Thema »Grundschule und Computer« und als Anstoß zur weiteren Diskussion und praktischen Erprobung. Die Grundkonzeption des Buches geht davon aus, daß die Frage nach dem pädagogischen Sinn, den positiven Möglichkeiten und den Grenzen des Computereinsatzes nicht allein am grünen Tisch der Theorie, sondern vor allem in der kritisch reflektierten Erfahrungswelt der alltäglichen Unterrichtspraxis zu beantworten ist. Deshalb – und dem Einführungscharakter entsprechend – will es ein Minimum an theoretischen Überlegungen mit einem hohen Anteil an praktischen Arbeitsbeispielen und konkreten Anregungen verbinden. Vom Umfang her überwiegen die praxisnahen Beiträge. Von den 22 Autorinnen und Autoren stehen zwölf in der Unterrichtspraxis, sechs arbeiten an Hochschulen und Instituten der Lehrerfortbildung und Lehrplanentwicklung, drei Autorinnen und ein Autor befinden sich noch in der Lehrerausbildung.

Auch die Mehrzahl der eher theoretisch orientierten Autoren verfügt über praktische Projekterfahrungen bezüglich des Computereinsatzes in Grundschulen bzw. in der Jugendarbeit. Kritiker, denen die Theorie zu kurz zu kommen scheint, seien auf einen geplanten Folgeband verwiesen. Da es im deutschen Sprachraum bisher erstaunlich wenige Wissenschaftler gibt, die sich intensiv und unter Einsatz sowohl empirischer als auch hermeneutischer Methoden mit dem Thema befassen, versteht sich der vorliegende Band auch als Anregung zu weiteren Untersuchungen und als Herausforderung zur Falsifikation oder Weiterentwicklung der dargestellten Ansätze. Nicht zuletzt den Kritikern des Computereinsatzes mögen gerade die praktischen Beispiele zeigen, *wie* der Computer in der Grundschule tatsächlich eingesetzt wird und *was* mit ihm in *welchem Zielgeflecht* wirklich gemacht wird. Bei allen emotionalen Barrieren dürfen die Verfasser von ihren potentiellen Kritikern verlangen, daß die Beispiele in ihrem pädagogisch-didaktischen Kontext vollständig zur Kenntnis genommen werden. Das eigentlich Selbstverständliche zu erwähnen, deutet an, daß diese Haltung bei einem Tabu-Thema so selbstverständlich eben nicht ist (vgl. dazu Kap. I)!

Im einzelnen verfolgt das Handbuch folgende Ziele:

- Es will über die bisherige Entwicklung des Computereinsatzes in deutschen Grundschulen, über ausgewählte Forschungsansätze und über die bildungspolitische Position der Länderkultusministerien informieren.
- Es will einen pädagogisch-didaktischen Rahmen und Begründungszusammenhang für die Arbeit mit Computern in verschiedenen Themen- und Handlungsfeldern des Grundschulunterrichts entwerfen und dieses Konzept in praxisnahen bzw. praxiserprobten Vorschlägen konkretisieren.
- Es liefert Erfahrungsberichte aus konkreten Projekten einzelner Lehrer oder Lehrergruppen, informiert aber auch über Ergebnisse und Dimensionen der bisherigen Modellversuche.
- Es zeigt auf, wie die Grundschullehrerin und der Grundschullehrer den Computer sinnvoll im Unterricht, aber auch in der Unterrichtsvorbereitung und der Schulverwaltung einsetzen können.
- Es vermittelt der Grundschullehrerin, die sich als Anfängerin an den Computer heranwagt, ein informationstechnisches Basiswissen über Hard- und Software. Dabei wird versucht, mit einem Minimum von Fachbegriffen auszukommen. Ein knappes Glossar im Anhang bietet kurze Erklärungen, die ausreichen dürften, um in zukünftige Diskussionen mit (männlichen) Computer-Experten eingreifen zu können.

Inhaltsübersicht

In Kapitel I setzt sich Hartmut Mitzlaff mit der bisherigen Entwicklung des Themas in der Bundesrepublik, den kritischen Einwänden gegen einen Computereinsatz insbesondere am Beispiel des Widerspruchs H. von Hentigs und mit der aktuellen Position der Länderkultusminister auseinander. Es folgt eine vorläufige Skizze zum pädagogisch-didaktischen Rahmen des Computereinsatzes im Grundschulunterricht, die Mißverständnisse abzubauen versucht und sich als Anregung zu weiteren Diskussionen und Präzisierungen versteht. Vor diesem Hintergrund werden dann konkrete Arbeitsbeispiele und Arbeitsebenen entwickelt, die mit Hinweisen zur Hard- und Software sowie zur Unterrichtsorganisation verknüpft werden.

Kapitel II ist vor allem Erfahrungsberichten aus der wissenschaftlichen Forschung und der Unterrichtspraxis gewidmet. In einem grundlegenden Abschnitt setzt sich Barbara Kochan mit der Bedeutung des neuen Schreibwerkzeuges Computer für einen »entfaltenden Schreibunterricht« auseinander. Im Anschluß daran berichten Gisela Heuß, Joachim Niewel, Franz Ahrenhövel und Udo Spindler über ihre Erfahrungen mit computerunterstützten Textprojekten in Wülfrath, Hagen, Münster und Marburg. Winfried Boos beschreibt seine Erfahrungen in der Europäischen Schule München, die seit 1984 – unspektakulär und unbeachtet von einer größeren Öffentlichkeit – im europäischen Schulkontext mit Computern im Grundschulbereich arbeitet.

Franz Arenhövel berichtet schließlich, wie er mit dem Computer im Mathematikunterricht arbeitet. Bernhard Uhlemann gibt dem Leser Einblicke in seine siebenjährigen Erfahrungen beim Einsatz des Computers im Grundschulalltag. Dabei geht er – als Pädagoge und bekannter Modellbahnexperte – auch auf seine (auf manchen vielleicht exotisch wirkenden) Versuche mit der elektronischen Eisenbahnsteuerung ein, in denen er eine Alternative zu Paperts LOGO sieht. In dem Beitrag von Bernd Gruner erfährt der Leser, welche Überlegungen der Entwicklung des Rechenprogramms der »Rechenkönig« zugrunde liegen. Karl W. Haarmann entwirft eine Skizze zur Arbeit mit Zeichen- und Malprogrammen im Grundschulunterricht. Mit den drei Frankfurter Studentinnen Cornelia Bermuth, Mirjam Leutbecher und Anja Treude kommt die nächste Lehrerinnengeneration zu Wort, die letztlich über die breitere Einführung des Computers in unseren Grundschulen zu entscheiden haben wird. Ihr einleitender Satz, »Berührungsängste zu den neuen Technologien sind uns weitgehend fremd. Wir arbeiten seit langem mit Computern. Sie gehören für uns zum Alltag« (s. d.), steht im deutlichen Kontrast zu den Einschätzungen mancher älterer Kolleginnen und deutet auf das spezifische Generationenproblem hin.

Georg Baumann, Rolf Monnerjahn (CLiP), Willi van Lück (CompiG) und Astrid Vietmeier informieren in Kapitel III über die Modellversuche der Länder Rheinland-Pfalz, Nordrhein-Westfalen und Niedersachsen. Georg Baumann, der die Projektgruppe CLiP leitete, berichtet über die Erfahrungen in diesem Modellversuch, an dem Schulen in Mainz, Bitburg und Emmelshausen beteiligt waren. – R. Monnerjahn, der das Mathematikprogramm für das CLiP-Projekt entwickelt hat, gibt uns Einblicke in die Prämissen und die Konzepte der Software-Entwicklung. Willi van Lück beschreibt die Konzeption und die konkrete Arbeit mit der im CompiG-Projekt entwickelten »Hypermedia-Arbeitsumgebung«, einem aufwendigen Software-Typ, der möglicherweise Linien der zukünftigen Software-Entwicklung für den Primarbereich andeutet (vgl. auch Mitzlaff, 1994). Astrid Vietmeier skizziert die Schwerpunkte des Modellversuchs »Beitrag der Grundschule zur informations- und kommunikationstechnologischen Bildung«.

Aus Raumgründen kann in diesem Band nur sehr kurz auf das pädagogisch bedeutsame Thema »Bildschirmspiele und Grundschulkinder«, das eine eigene Publikation rechtfertigen würde, eingegangen werden. Der Kölner Spiel- und Medienpädagoge Jürgen Fritz, der seit 1992 für die Bundeszentrale für politische Bildung Computerspiele analysiert und mit Jugendlichen erprobt, setzt sich in Kapitel IV mit diesem Thema auseinander.

In Kapitel V beschreiben Ralf Lohuis und Joachim Niewel, wie Grundschullehrerinnen und Grundschullehrer den Computer als Hilfsmittel bei der Unterrichtsvorbereitung, bei der Arbeitsmittelherstellung und im Rahmen der Schulverwaltung sinnvoll nutzen können.

An dem Beispiel seiner österreichischen Arbeiten verdeutlicht Heinrich Legat in Kapitel VI, daß es sich bei der Fragestellung »Grundschulkinder und Computer?« heute um ein internationales Thema handelt. Der internationale Dialog wird von deutschen Pädagogen bisher nur unzulänglich gepflegt. Aus Raumgründen mußte auf weitere »Auslandsberichte« verzichtet werden. Legats Beitrag mag im Sinne eines exemplarischen Blicks über die Grenzen wirken und als Aufforderung zur Beteiligung auch deutscher Grundschulpädagogen an dem internationalen Dialog verstanden werden.

In Kapitel VII beschreibt Hartwig Meißner ein Instrumentarium zur Analyse und Bewertung von Computer-Lernprogrammen, das dem einzelnen Lehrer bei der Betrachtung des breiten Angebotes helfen soll. Der ursprüngliche Plan, eine umfangreiche Software-Rezension aufzunehmen, mußte angesichts des inzwischen vorhandenen Angebots aus Raum- und Kapazitätsgründen auf eine spätere Publikation verschoben werden. Eine relativ umfangreiche Nachweisliste von grundschulbezogener Lernsoftware führt die Datenbank SODIS (Software Dokumentations- und Informationssystem), die von dem Soester Landesinstitut aufgebaut wurde (siehe Glossar). Eine Dokumentation von LRS-Software wird von der »Beratungsstelle für Lese-Rechtschreib-Schwäche/Legasthenie« an der RWTH Aachen als Lose-Blatt-Sammlung herausgegeben.

Im Anhang (Kap. VIII) finden die Leserinnen und der Leser eine Auswahlbibliographie, die zur weiteren Beschäftigung mit einzelnen Aspekten des Themas anregen will. Ein Glossar mit einem Minimum an Fachbegriffen und Abkürzungen, das Knut Nau unter Mitwirkung von Hartmut Mitzlaff ausgewählt und zusammengestellt hat, will den praktischen Wert des Handbuches insbesondere für »Einsteigerinnen« erhöhen.

Viele Grundschullehrerinnen werden einige männliche Kollegen und Computerhändler kennen, die sich – aus welchen psychischen Gründen auch immer – gerne in eine oft schwer verdauliche »Computer-Fachterminologie« flüchten, und der Blick in eine beliebige Computerfachzeitschrift kann den Pädagogen das Fürchten lehren. Das Basis-Glossar wird nicht ausreichen, um solche Texte zu dechiffrieren. Mit seinem Grundwissen könnte es aber ggf. dazu beitragen, das Selbstbewußtsein gerade von Grundschul*lehrerinnen* ein wenig zu heben, und selbstbewußt sollten Sie – liebe Kolleginnen – jeden wirklichen oder vermeintlichen Computerexperten zu einer konkreten Darstellung und zur verständlichen Antwort auf ihre berechtigten Fragen zwingen! Als Experten für Unterrichts- und Erziehungsfragen können Sie dies mit dem gleichen Recht verlangen wie der Computerhändler von Ihnen am Elternsprechtag erwartet, daß Sie das Zeugnis seines Kindes nicht übermäßig mit pädagogischen oder sozialpsychologischen Fachtermini spicken.

Ausblick

Es gibt Gegner des Computereinsatzes im Grundschulunterricht, aber seit Jahren auch Befürworter, und es darf damit gerechnet werden, daß die Zahl der Befürworter in den nächsten Jahren stark zunehmen wird. In Diskussionen mit Eltern und Lehrern ist zu beobachten, daß mit der Kenntnis des pädagogischen Rahmens und des genauen Einsatzgebietes des neuen Mediums die Akzeptanz wächst. In den Kultusministerien und den Landesinstituten verschiedener Bundesländer mehren sich die Anzeichen, daß allmählich auch in Deutschland die ehemals geschlossene offizielle Ablehnungsfront der Kultusminister zerfließt (vgl. Mitzlaff, Kap. I).

In einer Publikation aus dem Jahre 1990 zitierte der Verfasser den amerikanischen Informatik-Pädagogen Douglas H. Clements mit dem Satz »The teacher is the key to successful use of computers« (ders. 1985, S. 10), um die Schlüsselrolle des Grundschulpädagogen auch bei diesem Thema zu betonen. Es darf gehofft werden, daß die Kultusbehörden soviel Vertrauen in die pädagogische Kompetenz und das Verantwortungsbewußtsein ihrer Lehrkräfte haben werden, daß sie ihnen zukünftig die Arbeit mit Computern im Grundschulunterricht ermöglichen bzw. freistellen werden. Und es darf gehofft werden, daß bald viele Grundschüler bei der selbstbestimmten Planung ihres Lernweges neben anderen Medien auch auf einen hochwertigen Computer mit geeigneter bzw. didaktisch hochwertiger Software zurückgreifen und – unter Anleitung und Beratung kompetenter Lehrerinnen und Lehrer – erste Schritte auf dem Weg zu einem mündigen und kreativen Umgang mit den neuen Technologien zurücklegen können.

Adressaten des Handbuchs

Das vorliegende Handbuch wendet sich an Lehrerinnen und Lehrer der Grundschule, aber auch der Eingangsstufe der Sekundarschule, in der bisher offiziell ebenfalls keine Computer vorkommen. Es wendet sich weiterhin an interessierte Eltern und Großeltern, die ihren Sprößlingen bei der Computerhandhabung über die Schulter schauen und nach sinnvollen pädagogischen Wegen beim Umgang mit diesen Geräten suchen. Es wendet sich weiterhin an aufgeschlossene Mitarbeiter von Schulverwaltung und Schulaufsicht, die vielleicht in der eigenen Familie längst erfahren haben, daß die BLK-Position von 1985 und 1987 der Erfahrungswirklichkeit der heutigen Grundschulkinder nicht mehr gerecht wird. Es wendet sich weiterhin an Dozenten und Fachleiter in der ersten oder zweiten Phase der Grundschullehrerausbildung, in der – trotz der hohen Aufgeschlossenheit heutiger Lehramtsstudentinnen (siehe Kapitel II) – die Thematik bisher kaum vorkommt. Es wendet sich ganz am Rande auch an Schulbuchautoren und -verlage mit der Bitte zu überprüfen, ob ihre Produkte wirklich das Postulat von Lebensnähe erfüllen, wenn in den meisten Sachunterrichts- und Lesebüchern 1995 der »Computer« weder grafisch noch verbal existiert.

Die nachfolgenden Texte wurden nicht für Insider des Themas und einzelne Computer-Experten in der Grundschullehrerschaft verfaßt, sondern wollen dazu anregen und mit ihren Informationen dazu beitragen, daß sich breite Kreise aktiv an der Diskussion um die Rolle der neuen Medien im Grundschulunterricht beteiligen. Die Thematik ist zu wichtig, als daß man sie ausschließlich Bildungs- und Finanzpolitikern oder Kultusbeamten überlassen könnte!

Ein Handbuch zu dem komplexen Thema »Computer im Grundschulunterricht« ist heute nur noch als Gemeinschaftsleistung vieler Autoren denkbar. Allen, die an der Entwicklung dieses Bandes engagiert mitgewirkt und termingerecht oder noch rechtzeitig vor Redaktionsschluß ihre Beiträge zugesandt haben, sei an dieser Stelle ganz herzlich gedankt. Durch Krankheiten oder andere Widrigkeiten ist dies nicht allen Mitarbeiterinnen und Mitarbeitern leicht gefallen. Dank gesagt sei auch dem Lektor

Herrn Peter E. Kalb vom Beltz Verlag für seine geduldige, stets aufgeschlossene und wendige Betreuung der Buchherstellung. Danken möchte der Herausgeber weiterhin seine Frankfurter Studentinnen und Studenten, die in Seminaren wichtige Anregungen vortrugen und ihn von der anhaltenden Bedeutung des Themas – neben anderen Arbeitsgebieten – überzeugt haben. Danken möchte ich schließlich allen Kolleginnen und Kollegen des Instituts für Schulpädagogik und Didaktik der Elementar- und Primarstufe der Johann Wolfgang Goethe-Universität, in dem ich fünf Semester lang einen Lehrstuhl vertreten durfte, für die vielen konstruktiven und freundlichen Gespräche. Mein besonderer Dank gilt Richard Meier und Dieter Haarmann. Angeregt durch die Beobachtung seiner Enkelkinder gab Dieter Haarmann Ende 1993 im Frankfurter Uni-Turm den Anstoß zu dem nun vorliegenden Band.

Hagen und Frankfurt/Main, 1995 *Hartmut Mitzlaff*

I. Computer in der Grundschule – Bildungspolitische Rahmenbedingungen, grundschulpädagogische, informationspädagogische und -technische Grundlagen

Hartmut Mitzlaff

»Computer« – Ein Thema für die Grundschulpädagogik?

Vom Tabu zur Erfahrung im alltäglichen Unterricht

1. Zur Verbreitung und kontroversen Einschätzung des Personalcomputers

Angesichts seiner heutigen Verbreitung wird leicht vergessen, daß der Personalcomputer ein recht junges Medium ist: In den 40er bis 60er Jahren entstanden Großrechenanlagen, die vor allem von Militärs und schließlich zunehmend von Behörden und finanzkräftigen Firmen genutzt wurden. Die Systeme waren sperrig, langsam und sehr teuer. Mit der Entwicklung integrierter Schaltungen, die erstmals 1961 gelang, konnten die Rechengeschwindigkeit erhöht und das Volumen der Systeme reduziert werden. 1971 brachte die Firma Intel den ersten Mikroprozessor auf den Markt; mit dem PET (Personal Electronic Transactor) und dem Apple II stellten die Firmen Commodore und Apple 1977 den ersten Home- bzw. Personalcomputer vor. Diese Schreibtischsysteme, die von begabten »Tüftlern« entwickelt worden waren, verstanden sich als Gegenpart zu den mächtigen Zentralrechnern bzw. Rechenzentren. 1984 stellte Apple seinen Macintosh-Rechner mit der (ein Jahr zuvor bereits auf dem System Lisa erprobten) benutzerfreundlichen, grafischen Bedieneroberfläche vor, die zum Vorbild der Benutzeroberflächen GEM und MS-Windows werden sollte.

Von den großen Computerfirmen, allen voran der Weltkonzern IBM, wurden die Personalcomputer anfangs als »Spielzeuge« oder »Mickey-Mouse-Computing« belächelt, bis IBM schließlich 1981 selbst in diesen rasch expandierenden Markt eintrat und einen weithin richtungsweisenden technischen Standard vorgab (einschließlich des Betriebssystems MS-DOS). Die Tatsache, daß dieser Standard von anderen Firmen kopiert werden konnte, führte zu einem raschen Preisverfall, so daß die Geräte auch bald für Privatpersonen und für Bildungseinrichtungen erschwinglich wurden. Gleichzeitig setzte eine stürmische technische Weiterentwicklung ein, in der das Jahr 1995 mit der Annäherung der Betriebssysteme, dem Ausbau multimedialer Konzepte und der Vision globaler »Datenautobahnen« nur eine Zwischenstufe markiert.

Besaßen 1984 lediglich 5% der bundesdeutschen Haushalte einen Home- oder Personalcomputer, so waren es im Januar 1993 bereits 21,2% aller Haushalte (7452000; Angabe Stat. Bundesamt, Berlin, Nov. 1994). Besonders hoch scheint die Computerausstattung in Familien mit Kindern zu sein: Der SPIEGEL geht 1994 davon aus, daß fast »zwei Drittel aller westdeutschen Familien mit Kindern einen Computer besitzen« (SPIEGEL, 94-20, S. 72). Exakte und repräsentative Daten zur Verbreitung des Computers in der grundschulspezifischen Altersgruppe der 6- bis 10jährigen konnten – auch nach längeren Recherchen – nicht ermittelt werden.[1] Auf der Basis des vorhandenen Zahlenmaterials dürfte eine Schätzung, derzufolge gegenwärtig zwischen 25% und 50% der Grundschüler zu Hause oder bei Freunden Zugang zu einem PC haben, eher zu niedrig als zu hoch greifen. Der Trend nach oben ist unverkennbar und wird sich mit dem

Ausbau leicht zu handhabender Multi-Media-Systeme, der 1994 in ein neues Stadium getreten ist, verstärken. Schon heute ist davon auszugehen, daß nur noch wenige Grundschüler über keine Computervorerfahrungen verfügen.

In der Bundesrepublik Deutschland begann die Verbreitung der Home- und Personalcomputer um 1982. Kaufhäuser richteten in dieser Zeit erste Computerabteilungen ein, die insbesondere Kinder und Jugendliche anzogen und bei diesen Kauf- und Besitzwünsche weckten. Anfangs eher zögerlich näherte sich auch die deutsche Lehrmittelindustrie dem neuen Medium. 1984 begann der Westermann-Verlag mit dem Vertrieb seiner Mathematik- und Rechtschreibprogramme für den Commodore C-64. Eine Werbeseite aus dem Westermann-Grundschulprospekt '84 zeigt eine lächelnde Grundschülerin vor ihrem C-64. In der Sprechblase, die sich an den imaginären Vater und über diesen an den Leser wendet, heißt es:

> »... wenn ich mit meinem Matheprogramm fertig bin, mache ich schnell noch einen Rechtschreibtest und dann kannst Du meinetwegen unseren Commodore 64 für die Buchführung wiederhaben ...«

Und weiter verspricht die Werbung:

> »Da kann Vatern aber lange warten. Denn Lernen am Computer heißt spielen. Und

1 Nach Rückfragen zeigte sich, daß die meisten der diesbezüglich veröffentlichten Daten auf einer sehr schmalen Erhebungsbasis oder aber auf Schätzungen beruhen. Das Angebot eines namhaften Instituts, eine altersgruppenspezifische Erhebung bzw. Auswertung speziell für diese Studie vorzunehmen, mußte aus Kostengründen leider ausgeschlagen werden. Unsere – vorläufige – Schätzung basiert auf dem folgenden Zahlenmaterial: Eine Erhebung des Dortmunder Instituts für Schulentwicklungsforschung zum Thema »Kinder und Medien« gelangte 1987 zu dem Ergebnis, daß 26% der Grundschüler in der Familie einen Computer vorfinden, wobei allerdings Homecomputer, PC's und Spielcomputer zusammengefaßt wurden (vgl. Schnoor/Zimmermann, 1987). In unseren Hagener Versuchen hatten 1988 bereits 38% der Grundschüler in ihren Familien Zugang zu einem Home- oder Personalcomputer. Mehr als 3/4 aller Kinder gaben an, sie hätten bereits einmal vor einem Computer gesessen. D.h. die Gruppe, die über keine Computer-Erfahrung verfügte, befand sich schon vor sieben Jahren in der Grundschule in der Minderheit. Die Erhebungsbasis war allerdings sehr schmal, und die Zahlen waren nicht repräsentativ. Im Schuljahr 1992/93 wurden in den Mainzer Grundschulen, die an dem CLiP-Versuch teilnahmen (s.u.) insgesamt 480 Kinder aus der zweiten bis vierten Klasse gefragt, ob sie einen Computer besitzen oder zu Hause Zugang zu einem Gerät haben. 46% der befragten Kinder beantworteten diese Frage positiv. Von den Jungen gaben 51,6% an, daß sie »zu Hause einen Computer nutzen«, von den Mädchen 40,5% (Baumann u.a., 1994, S. 44f.). – Die Schüler-Mediaanalyse des Instituts für Jugendforschung IJF ermittelte 1992/93, daß 30% der Kinder und Jugendlichen zwischen 7 und 15 Jahren in der Bundesrepublik einen *eigenen* »Home-, Tischcomputer bzw. PC« *besitzen.* In der Gruppe der 13- bis 15jährigen betrug der Anteil bereits 42%. Für die Klassen 7–10 ermittelte das Kieler IPN 1993 im Rahmen der internationalen IEA-Studie (International Assoc. for the Evaluation of Educational Achievement), daß »65% der Schülerinnen und Schüler einen Computer zu Hause haben« (sei es der eigene PC oder das Gerät von Geschwistern oder Eltern) und daß »weitere 20% eine Möglichkeit ... zur Computernutzung bei Freunden« angeben. Erwartungsgemäß differieren die Angaben bei Jungen und Mädchen: 49% der Mädchen haben zu Hause einen Computer und 78% der Jungen. Im weltweiten Vergleich liegen damit die deutschen Schülerinnen und Schüler – überraschenderweise – an der Spitze (Angaben IPN, M. Lang und Pelgrum u.a. IEA, 1993; Angaben USA zum Vergleich: 45% und 51%).

spielerisches Lernen ermöglichen die neuen, attraktiven und witzigen Lernprogramme von Westermann in der Tat. Und ganz nebenbei begreift und beherrscht man auch noch einen Commodore Computer aus dem ff« (Verlagsprospekt, 1984).

Wer die Programme mit dem langweiligen, eher ablenkenden Rechenlöwen in der Praxis erprobt hat (vgl. auch Mitzlaff/Wiederhold, 1990, S. 139ff.)[2], weiß, wie stark die hier geweckten Erwartungen von der pädagogischen Wirklichkeit entfernt waren, von der schwerfälligen Hardware und der pädagogisch bzw. ergonomisch völlig inakzeptablen Bildschirmauflösung (vgl. a.a.O., S. 199ff.) ganz zu schweigen. Die immense Kluft zwischen der Software-Wirklichkeit in diesem Entwicklungsstadium und den Versprechungen der Werbung dürfte weniger zur Versachlichung der Diskussion der pädagogischen und didaktischen Möglichkeiten als zu einer Diskreditierung des Themas »Computer und Grundschule« beigetragen haben.

Mit der Verbreitung der neuen Technik in Büros, Haushalten und Bildungseinrichtungen begann weltweit eine z.T. heftige und emotional geführte Kontroverse zwischen Computerbefürwortern und -gegnern. In vielen Industrieländern – wie z.B. den USA, Frankreich, Großbritannien und Australien – dominierten die Befürworter. Ihre positive Einschätzung griff bald auf den Bildungsbereich – einschließlich der Primarstufe – über. Seit Beginn der 80er Jahre bemühte man sich in diesen Industrieländern, aber auch in einigen Dritt-Welt-Ländern, die den industriellen Anschluß suchten, die Grundschulen mit geeigneter Hard- und Software auszustatten. Projekte zur Entwicklung und Erprobung geeigneter pädagogischer und didaktischer Konzepte wurden gefördert; Programme zur Lehrerfortbildung wurden aufgelegt. Diese Entwicklung ist an anderer Stelle ausführlich dargestellt worden (Mitzlaff u.a., 1990, S. 11ff.). Hier sei lediglich noch einmal daran erinnert, daß Großbritannien auf dem Gebiet des primarstufenspezifischen Computereinsatzes (in der Altersgruppe der 6- bis 10jährigen) in Europa die längsten und breitesten Erfahrungen gesammelt hat. Bereits zwischen 1982 und 1984 gab es ein staatliches Fördergramm zur Ausstattung jeder Primary School mit mindestens einem Microcomputer (vgl. u.a. Squires, 1992; Schreier/Liepe, 1987). Auf dem Soester Symposion (s.u.) hat Bob Hart aus Sheffield die vielfältigen Arbeiten, die in britischen Primary Schools überwiegend im Rahmen eines aktiven Lernkonzepts stattfinden, beschrieben (vgl. LSW, 1989, S. 149ff.)

Inzwischen existiert in Großbritannien eine breite Literatur zum Thema »Computer und Grundschule« mit zahllosen, z.T. sehr interessanten Anregungen und Arbeitsbeispielen (vgl. z.B. Avann, 1985; Drage/Evans, 1988; Straker, 1989; Crompton, 1989; Lodge, 1992). Viele andere Länder wären noch zu nennen, eine ausführliche Beschreibung erforderte allerdings eine gesonderte Publikation. Das Spektrum reicht von Frankreich, den USA, Australien und den Niederlanden über Costa Rica, das Lehrer zur Ausbildung an das berühmte MIT (Massachusetts Institute of Technology) schickte (vgl. auch Papert, 1994), bishin zu Südkorea, Singapur, Neuseeland und neuerdings zu den GUS-Staaten, in denen eine Initiative Michail Gorbatschows zur Ausstattung ausgewählter Grundschulen mit westlichen PCs führte (vgl. Margolis u.a., 1991a/b, 1994; Mitzlaff, 1994b).

2 Um Wiederholungen zu vermeiden, werden die Literaturtitel, auf die der Herausgeber in seinen Beiträgen hinweist, sowie wiederkehrende Titel aus den anderen Kapiteln im Literaturanhang aufgeführt. Siehe Kap. VIII.

Mit dem BLK-Gesamtkonzept, auf das noch einzugehen sein wird, haben sich die bundesdeutschen Länder 1985 bzw. 1987 entschlossen von dieser internationalen Entwicklung abgekoppelt (Schreier, 1992), und z.T. wird diese Abkoppelung bis heute mit einer erstaunlichen Selbstgefälligkeit oder gar Arroganz verteidigt. Sicherlich sind ausländische Versuche alleine kein hinreichender Grund, um auch in deutschen Grundschulen mit Computern Erfahrungen zu sammeln, und sicherlich reicht es auch nicht aus, ausländische Konzepte, die oft in einem völlig anderen Kontext entwickelt worden sind, in deutschen Grundschulen zu adaptieren, und noch weniger ist zu übersehen, daß viele der ausländischen Programme – insbesondere in den Anfangsjahren von Hard- und Software-Entwicklung – gravierende Fehler begangen haben. Da der Computer aber früher oder später auch in deutsche Grundschulen Einzug halten wird, lohnt sich in jedem Fall eine intensive Beschäftigung mit den ausländischen Erfahrungen: Die kritische Auseinandersetzung mit frühen Irrwegen mancher Länder (simpelste Drill-and-Practice-Programme, unzulängliche Hardware, spezielle Insellösungen für Schulen etc.) könnte helfen, eigene Fehler zu vermeiden. Aus den offenen und handlungsorientierten Konzepten, wie wir sie etwa in Großbritannien oder Australien finden, können Anregungen gewonnen werden. Dies gilt auch für Konzepte der Begleitforschung und der Lehreraus- und -fortbildung, die in diesen Ländern realisiert worden sind. Auf keinen Fall wird sich die deutsche Grundschulpädagogik auf Dauer bei dieser Thematik aber aus der internationalen Diskussion ausklinken können.

[Nicht ganz ohne Stolz, aber auch mit ein wenig Enttäuschung darf der Herausgeber in diesem Zusammenhang feststellen, daß Konzepte seiner eigenen Arbeitsgruppe in den 80er und frühen 90er Jahren oft eher im Ausland als im Inland Interesse gefunden haben.]

1.1 Vermutete Auswirkungen und ihre empirische Widerlegung

Während in vielen Nachbarländern eine optimistische Einschätzung der neuen Technologien vorherrschte, breitete sich in der Bundesrepublik in den 70er und 80er Jahren eine neue Technikskepsis und eine kulturkritische bzw. zivilisationspessimistische Zeitströmung aus. Im Vordergrund der Beschäftigung mit Computern stand die Frage nach ihren möglichen Negativfolgen für das Individuum und die Gesellschaft. Neben dem Arbeitsplatz- und Rationalisierungsargument breiteten sich, wie Leu anhand der zeitgenössischen Literatur zusammengefaßt hat, verschiedene Befürchtungen und Ängste aus, so z.B. die Befürchtung, »daß die Beschäftigung mit dem Computer zu Entsinnlichung und zu einer ›Digitalisierung‹ des Denkens (vgl. z.B. Eurich, 1985; Volpert, 1985), zu einem ›maschinellen Charakter‹ (Pflüger/Schurz, 1987) oder zu einem Verlust elementarer Kommunikationskompetenzen (Geulen, 1985) führe oder narzißtische Persönlichkeitsmerkmale fördere (Düssler, 1989)« (so Leu, 1993, S. 5f.). Andere Autoren befürchteten einen völligen »Verlust des Denkens« (Roszak, 1986), eine »De-Humanisierung« der Gesellschaft, eine Stärkung antidemokratischer Tendenzen, eine Passivierung des gesamten Lebens (Reese u.a., 1979), einen Wirklichkeitsverlust (Weizenbaum, 1987), eine Ausbreitung des visuellen Lebensstils (Lehmann, 1988), eine Flucht in Scheinwelten (Sinhart, 1987) eine Zerstörung der kreativen Potentiale der Heranwachsenden und – falls der Computer die Schultür passieren sollte – ein »Verschwinden der Wirklichkeit« und schließlich eine intellektuelle »Knochenerweichung« (von Hentig, 1987-3; 1993, s.u.)

In Teilbereichen der öffentlichen Meinung und der wissenschaftlichen Literatur gewannen diese (kultur-)pessimistischen Einschätzungen, deren Terminologie oft recht nebulös ausfiel, zeitweilig die Oberhand. Dies galt insbesondere für den Bildungsbereich und dort zwischen 1985 und 1993 ganz entschieden für den Primarbereich, den man angesichts der angenommenen Gefahren – mit einer gewissen Folgerichtigkeit – gegenüber diesen neuen Technologien abschirmen zu müssen glaubte. Nicht verwunderlich war es demnach auch, daß die aktive Auseinandersetzung mit Computern in der Grundschulpraxis und eine entsprechende Schulbegleitforschung, die zur rationalen Auseinandersetzung hätten beitragen können, tabuiert wurden. Ohne diese empirische Auseinandersetzung konnten Spekulationen über Gefahren, aber auch über positive Wirkungen, üppig blühen.

Für den Teilbereich der Kinder- und Jugendkultur hat Hans Rudolf Leu die Mängel dieser Diskussion treffend beschrieben:

> »Charakteristisch für diese Auseinandersetzung war, daß in beiden Lagern feste Ansichten und Überzeugungen eine wesentlich gewichtigere Rolle spielten als empirische Daten. Etwas zugespitzt kann man sagen, daß die Entschiedenheit, mit der der Computer befürwortet oder aber abgelehnt wurde, deutlich zunahm mit der Distanz der Argumentation zu den verfügbaren empirischen Erkenntnissen über das Computern von Heranwachsenden« (Leu, 1993, S. 6).

Was hier als »Distanz« zur Empirie bezeichnet wird, nahm z. T. skurrile Formen an, etwa dann, wenn ein Soziologe, der sich auf Kongressen entschieden über die psychologischen Gefahren der PC-Arbeit ausließ, erklärte, er arbeite bewußt nicht mit einem PC, damit »sein Denken nicht digitalisiert« werde. Auch auf pädagogischen Symposien war es keinesfalls unüblich, daß ein großer Teil der Diskutanten über keine bzw. keine hinreichenden PC-Erfahrungen verfügte und daß unter dem Oberbegriff »Computer« Großrechner, Videospiele, Lernspiel-Geräte aus dem Spielzeughandel und eben PC's vermengt wurden. Ende der 80er Jahre lag man in der bundesdeutschen Grundschulpädagogik geradezu im Trend progressiver Positionen, wenn man diese Vorurteilshaltung internalisierte und perpetuierte.

Diese Situation hat sich inzwischen ein wenig verändert. Dank einiger empirischer Studien ist auf beiden Seiten verstärkt Selbstkritik und Gelassenheit eingekehrt. Anfängliche Werbeversprechungen über revolutionäre Lernwirkungen von Drill-and-Practice-Programmen entpuppten sich als Illusion. Viele der anfänglichen Befürchtungen haben sich als reine Spekulation erwiesen. Dies gilt insbesondere für das Zerrbild übernächtigter »Computer-Kids«, die nach stundenlangem, nahezu drogenartigem Computerkonsum die Schulbank drücken und deren Denken nur noch auf den Computer fixiert ist. Empirische Studien, die solchen Computer-Kids oder »Digital-Kindern« (Eurich), von denen die spekulative Diskussion der 80er Jahre erfüllt war, nachspürten, suchten – wie die LUMIS-Studie der Universität Siegen (vgl. Hejl/Klauser/Köck, 1988) – im Grunde vergebens: »Die Beobachtungen der Lehrer legen nahe, die Diskussion um die ›Computer-Kinder‹ als eine Unterschätzung von Medienkompetenzen von Kindern und Jugendlichen und als Überschätzung der diesen zugänglichen Computertechnik zu würdigen ... Der Stellenwert der Computertechnik im (*auch* von Technik geprägten) Jugendalltag wird gewaltig überschätzt«, heißt es in der LUMIS-Studie (Klauser, 1988a, S. 107). In einer Studie über 449 männliche Jugendliche, die den Computer intensiv nutzten, kamen Noller und Paul 1991 zu dem Ergebnis, daß sich männliche Computerfans in vielen Punkten überhaupt »nicht von anderen Jugendlichen« unterscheiden »und ... erst recht keine Zombies, wie vielfach von Erwachsenen befürchtet wird«, sind (Noller/Paul, 1991; zit. nach Leu, a.a.O.).

Heinz Mandl und Alfred Heiland haben 1990 auf der Dillinger Tagung zum Thema »Computer und Kulturtechniken« die bisher vorliegenden empirischen Befunde zur Auswirkung der neuen informationstechnologien auf die kognitiven Leistungen, die soziale Kommunikation und die Persönlichkeit von Kindern und Jugendlichen zusammengefaßt und den oft wild blühenden Vermutungen gegenübergestellt. Bezüglich der Befürchtungen hinsichtlich einer kommunikativen Verarmung stellen die Autoren zusammenfassend fest, daß die empirischen Studien genau das Gegenteil belegen:

> »Es wird nicht weniger kommuniziert, sondern mehr, und das gilt nicht nur für den Unterricht, sondern den Freizeitbereich. Längsschnittstudien ... in verschiedenen Schulklassen zeigen, daß Schüler beim Lernen mit dem Computer mehr als im konventionellen Unterricht miteinander sprechen und einander auch häufiger um Hilfe bitten ... Was die Flucht in Scheinwelten anbetrifft, so zeigen die Ergebnisse, daß die Computernutzung zwar die Neigung zum Lesen belletristischer Werke deutlich bremst und ein wenig mehr zur Lektüre von Lesestoff führt, der, wie z.B. Science fiction, auf Scheinwelten bezogen ist; noch stärker als zu Science fiction trägt die Computernutzung jedoch zur Beschäftigung mit ›realistischer‹ naturwissenschaftlicher und computerbezogener Literatur bei. Computernutzer lesen somit insgesamt mehr, wobei das Mehr vor allem wissenschaftlich-technische Texte ausmachen ... Zusammenfassend kann man sagen, daß zu Pessimismus im Hinblick auf sozialkommunikative Wirkungen von Neuen Informationstechnologien kein Anlaß besteht« (Mandl/Heiland, 1992, S. 29f.; vgl. auch Mitzlaff u.a., 1990; Arenhövel, 1994, S. 49).

Zu ähnlichen Ergebnissen gelangt auch Karl Frey in seiner Meta-Studie zu internationalen Publikationen:

> »Wenn Computer in Schulzimmern stehen, sprechen Schüler mehr miteinander. Insbesondere unterhalten sie sich mehr über unterrichtsbezogene Themen. Die Angst vor Millionen kleiner Solipsisten ist unbegründet. ... Ein Sekundäreffekt der Schülerunterhaltung ist die höhere Schulleistung... Wenn Schüler zu zweit oder dritt einen Lehrstoff oder eine Problemlösung durchsprechen, sind Behaltensleistungen und Transfer in strukturell ähnlichen Gebieten besser als ohne Kommunikation...« (Frey, 1989, S. 649).

Es liegt auf der Hand, daß entsprechende Effekte durch spezifische Organisationsformen, wie sie in den grundschulspezifischen Projekten zumeist angestrebt werden (vgl. Mitzlaff u.a., 1990), verstärkt werden können. Gelegentlich ist aber auch zu beobachten, daß die Arbeit mit dem Computer bei Lehrerinnen und Lehrern, aber auch bei Schülern die Bereitschaft zu bzw. das Interesse an entsprechenden kooperativen Arbeitsformen wecken bzw. fördern kann. Dieses Phänomen konnte schon 1989 in einer der Hagener Projektschulen beobachtet werden, über die es in dem Katalog der Projektergebnisse u.a. heißt:

»Wie die beteiligten Lehrerinnen und Schulleiter berichteten, haben zahlreiche Schüler nach der Kooperation am Computer auch im Normalunterricht den Wunsch nach einem Ausbau der kooperativen Arbeitsmöglichkeiten und nach einer Neugruppierung der Tische gestellt. Die Lehrer führen dies unmittelbar auf die Erfahrungen in den ›Computerstunden‹ zurück. In diesem Fall wurde also nicht nur das Vorurteil, der Computer zwinge zur Einzelarbeit, widerlegt; von der kooperativen Computerarbeit gingen darüber hinaus positive und innovative Impulse zur Erweiterung der Arbeitsformen im Normalunterricht aus« (Mitzlaff u.a., a.a.O., S. 98).

Inzwischen haben zahlreiche andere schulpraktische Projekte, die – oft unter defizitären Arbeitsbedingungen und nach langen Auseinandersetzungen mit den Kultusbehörden – Erfahrungen im unterrichtlichen Umgang von Kindern mit Computern suchten, weitere Belege und konkrete Fallbeispiele für einen konstruktiven und – allem Anschein nach – gefahrlosen Umgang mit dem PC und die positive Einbindung in einen reformorientierten Unterrichtskontext geliefert. Der vorliegende Band wird diese Sammlung um einige Beispiele erweitern (s.u.).

Insgesamt ist in den letzten Jahren in der Bundesrepublik das Bewußtsein für den medialen und instrumentellen Charakter des Computers und damit die Einbindung der Arbeit mit ihm in einen komplexen psycho-sozialen Kontext gewachsen. Zu diesem Kontext gehören die individuelle Lebensgeschichte sowie das familiale und soziale Umfeld mit der peer-group und der Schule einschließlich ihrer Interakteure. Ob ein Kind am Sonntag stundenlang vor dem PC sitzt, hängt eben nicht allein von der Attraktivität eines Computerspiels, sondern von den Interaktionsangeboten der Eltern, von den bisher entwickelten Interessen des Kindes und seinem Grad an Urvertrauen gegenüber der Welt, von der Attraktivität und Kinderfreundlichkeit der Lebensumwelt des Kindes u.v.a.m. ab. Kritiker der Computerkultur sind folglich auch auf den sozialen Kontext zu verweisen.

Mandl und Heiland schließen ihren zusammenfassenden Bericht mit der Feststellung, daß

»sich beim gegenwärtigen Kenntnisstand abschließende einfache Antworten nach den Effekten von Neuen Informationstechnologien«, wie sie von den Kritikern auf der Basis einfacher Kausal- und Wirkvermutungen gerne vorgetragen werden, »verbieten« … »Es sind vielmehr differenzierte, die Komplexität des Phänomens besser berücksichtigende Betrachtungen notwendig … Daraus ergibt sich für die Pädagogik und Pädagogische Psychologie die Aufgabe, auf der Grundlage bereits vorliegender Befunde Konzepte und Modelle für den Umgang mit Computern zu entwickeln, die eine kompetente und mündige Auseinandersetzung des Lerners mit den spezifischen Möglichkeiten des Mediums fördern und potentielle negative Folgen vermeiden« (dies., 1992, S. 35f.).

Es gibt immer weniger Argumente, die Grundschule aus dieser pädagogischen Aufgabenstellung auszuklammern.

1.2 Unterschätzung der Kinder und Jugendlichen

Verschiedene Untersuchungsergebnisse belegen, daß viele der Computerkritiker dazu neigen, Kinder und Jugendliche zu unterschätzen (dazu auch Klauser, 1989, S. 107f.)! Die meisten Kinder und Jugendlichen konsumieren – im Unterschied zum Fernsehen – das Computerangebot nicht passiv, sondern entwickeln oft eigene Strategien einer kreativen und z. T. »subversiven« Nutzung und Aneignung. Kinder und Jugendliche, die in ihrer Freizeit auf den Computer fixiert sind, bleiben erfreulich selten. Die Mehrzahl der Kinder zeigt – wie eine jüngere Studie des DJI belegt – in der Freizeit ein erfreulich breites Aktivitätenspektrum, in dem die Mediennutzung nur ein Element unter vielen darstellt (vgl. DJI, 1992).

Pädagogen befürchten gelegentlich, daß bei einer Einführung von Computern in den Grundschulunterricht der Wunsch, mit dem Gerät arbeiten zu wollen, Überhand nehmen könnte und daß z.B. die handschriftliche Arbeit ganz an Attraktivität verlieren würde. Im konkreten Unterricht ist dies nicht zu beobachten: Grundschüler erobern den Computer rasch als ein situativ zu nutzendes Werkzeug, das in den Klassen, die bereits länger mit ihm arbeiten, längst nichts Sensationelles mehr besitzt, sondern alltäglich geworden ist. Stimmt der pädagogische Rahmen, auf den es weit stärker ankommt als auf das Medium, dann wählen die Grundschüler unter einer bewußten Nutzen- und Werkzeugperspektive den Computer neben anderen Medien. Die Handschrift wird dann neben der Textverarbeitung mit der Maschine als universelles Mittel zur Anfertigung schneller, maschinenunabhängiger Notizen und zum Ausdruck persönlicher Momente begriffen und – vielleicht lebenslang? – geschätzt. Grundschüler der dritten und vierten Klasse vermögen z.B. sehr wohl die Unterschiede zwischen einer Computerzeichnung und einer Handzeichnung ihres Schulgebäudes zu erkennen und entwickeln eine differenzierte situations- und zielabhängige Wertentscheidung, die auch die Entscheidung gegen den Computer einschließt. Eben dies dürfte auch ein Element auf dem Weg zu einem mündigen und kritischen Umgang mit den neuen Techniken darstellen. Auch in Deutschland ist die Grundschulpädagogik aufgefordert, diese Wege gemeinsam mit den Heranwachsenden, die in der Regel frei sind von den Berührungsängsten der Erwachsenen und oft verständnisvoller und kritischer reagieren als Pädagogen vermuten, zu suchen und zu erproben.

2. Zur Kritik am Computereinsatz in der Grundschule

Die Kritik an der frühen Begegnung mit Computern im Grundschulunterricht hat in den letzten Jahren an Umfang, Intensität und Emotionalität verloren. Dies könnte u. a. darauf zurückzuführen sein, daß sich ehemalige Kritiker genauer mit den tatsächlichen Arbeiten der Grundschüler und mit dem pädagogischen Kontext des Computereinsatzes auseinandergesetzt haben.

Zu den prominentesten und entschiedensten Kritikern gehört in Deutschland nach wie vor Hartmut von Hentig. Da er mehrere Kritikansätze bündelt, setzt sich der folgende Abschnitt mit ihm stellvertretend und im Sinne des Exemplarischen auseinander.

1984 warnt von Hentig vor der Gefahr eines »allmählichen Verschwinden(s) der Wirklichkeit«, die für ihn mit dem Computer eine neue Qualität erreicht hat. Dort betont er, daß er den Computer »nicht ohne Not« und »nicht vor dem 14. Lebensjahr« ... »ins Klassenzimmer« holen wolle (ders., 1984, S. 40f.), und dieser Position ist er offenbar bis heute treu geblieben. Seine Warnungen hat von Hentig 1993 in einem Artikel der FAZ und schließlich in dem Buch »Die Schule neu denken« wiederholt. Da Computer, wie viele andere Werkzeuge zuvor (z.B. ein Messer) sehr unterschiedlich genutzt werden können, ist eine zwiespältige Einschätzung zweifelsohne angemessen, und viele Entwicklungen hinterlassen in der Tat ambivalente Gefühle. Deshalb wird man als Pädagoge, aber auch als Informatiker und Bildungspolitiker manche Hinweise von Hentigs ernstnehmen und bei dem künftigen Umgang mit dem Computer bedenken müssen. Dies gilt z.B. für die wichtige Unterscheidung zwischen »Information« und »Wissen«, die in platonisch-sokratischer und aufklärerischer Traditionslinie erfolgt (vgl. von Hentig, a.a.O., S. 41ff.) und die letztlich dem Heranwachsenden im Rahmen einer ›Erziehung zum mündigen Umgang mit der wachsenden Informationsflut‹ auf elementarem Niveau als eine Art Kompaß und Methode zu vermitteln wäre. Auch dem folgenden Satz wird man – im Kern[3] – seine Zustimmung kaum versagen können:

> »Die Computer-Kultur braucht etwas, was die Arbeit am Computer von sich aus nicht hervorbringt (wie sollte sie auch?, d.V.), ja, was wir mit ihm zu vernachlässigen geneigt sind: die Fähigkeit zum philosophischen Zweifel, die Kraft zum moralischen Handeln, die Bereitschaft zu politischer Verantwortung ... Mit dem Eintritt in die Computer-Kultur ist die Aufgabe des Pädagogen noch einmal um vieles schwerer geworden« (ebd. S. 68f.).

Natürlich ist es auch richtig, wenn von Hentig betont, daß immer wieder die Frage gestellt werden muß:

> »*Warum* und *wozu* Computereinsatz in der Schule? Und, wenn darauf positive plausible pädagogische Antworten gegeben worden sind: *Was* ist auf welcher Stufe mit dem Computer zu tun, was muß an ihm und was über ihn gelernt werden? ... Was ist das Wichtigste?« (a.a.O., S. 58, Herv. im Original).

Diese Fragen gehören in den strukturellen Zusammenhang *jeder* didaktischen Planung, mithin also auch in die Planung des computergestützten Unterrichts. Könnte man von Hentig auch noch darin zustimmen, daß diese Fragen nicht in allen Projekten ausreichend bedacht worden sind, so erscheint die Pauschalaussage, sie seien in den Modellversuchen und Projekten (die von Hentig als bloße Legitimationsforschung abtut) gar »nicht gestellt« worden als nicht gerechtfertigt. Ähnliches gilt für viele andere Pauschalaussagen oder -aburteilungen, die sich mit Unterstellungen (z.B. der Unterstellung, mit der Computertätigkeit sollten die drei Kulturtechniken »*ersetzt*« werden), empirisch kaum haltbaren Polarisierungen (hier: Computer, dort: der mit dem Computer bedrohte »herkömmliche Auftrag der allgemeinbildenden Schule«) und kulturkritischen Spekulationen über die vermeintliche Wirkungsmacht des Computers auf das Denken verbinden. Derartige Spekulationen, die aus vielen anderen Schriften zum Thema bekannt sind (s.o.), pflegen die lineare Wirkungsmacht des Computers auf das

3 Es bleibt allerdings zu fragen, ob die genannten Fähigkeiten nicht mit oder ohne Computer gestern wie heute gleichermaßen unterentwickelt waren bzw. sind.

Individuum weit zu überschätzen. Vieles erinnert an die Abwehrschlachten, die Pädagogen in den 60er Jahren gegen das Fernsehen führen zu müssen glaubten. Für von Hentig ist »die Pädagogik ... wieder einmal bereit, einem Unbekannten zu dienen, wenn er nur imponierend auftritt« (von Hentig, a.a.O., S. 33). Scharf geht von Hentig in seinem Computerkapitel auch mit dem Hagener Projekt zu Gericht, ohne sich allerdings der Mühe zu unterziehen, die konkreten Arbeiten in den Grundschulen zur Kenntnis zu nehmen. Hätte er dies getan, hätte er z.B. nicht zu der Unterstellung gelangen können, die Verfasser des Forschungsberichts verfügten über keine Erfahrungen in der konkreten Vermittlungsarbeit mit Grundschülern (ebd., vgl. S. 50).

Betrachten wir einmal genauer, wie von Hentig seine Ablehnung begründet und welche Negativfolgen er vermutet. Die breite Zitierweise wird überdies gewählt, um Mißverständnisse auszuräumen und erneut die eigene Position zu unterstreichen:

> »Die Computer werden nicht, wie oft behauptet oder einfach vorausgesetzt, die Lehrer der nächsten Generation sein ... Es ist denkbar, daß sie, wie die anderen neuen Medien, den ›Hunger nach Person‹, nach unmittelbaren Beziehungen zwischen Menschen, aber auch nach leibhaftiger, sinnlicher, moralischer Erfahrung gewaltig steigern. Lehrer-Personen könnten dann eines Tages als eine bedeutende didaktische Erfindung gepriesen werden« (von Hentig, 1993, S. 68).

Wer, so fragt man sich, hat denn jemals in der deutschen Grundschulpädagogik oder Bildungspolitik »behauptet« oder »einfach vorausgesetzt«, daß der Computer die Lehrer verdrängen werde oder gar solle? In dem Hagener Projektbericht wird im Gegenteil mit Verweis auf Douglas Clements Satz »The teacher is the key to successful use of computers« (ders., 1985, S. 10) an verschiedenen Stellen nachdrücklich die »Schlüsselrolle des Lehrers« betont:

> »Der Computer macht den Lehrer nicht überflüssig. Ganz im Gegenteil: Der Einsatz des Computers im Grundschulunterricht fordert einen kompetenten Pädagogen. Schlechte Lehrer wären auch mit diesem Medium nicht in der Lage, die Defizite ihres Unterrichts zu überwinden. Ebensowenig kann ein gehäufter Computereinsatz schulpolitische Defizite – wie beispielsweise den Mangel an Lehrkräften – beheben« (Mitzlaff u.a., 1990, S. 218f.).

An anderen Stellen wird auf die grundlegende Bedeutung sozialer Lernprozesse verwiesen. Von Hentig rennt also offene Türen ein. In der Tat möge uns die weitere Entwicklung vor einem (weiteren) Verlust personaler Erfahrungen und Bezüge bewahren. Der »Hunger nach Person« kommt sicherlich heute schon in vielen Elternhäusern, in denen Fernsehen, Videorecorder und möglicherweise auch schon Lern-Computer als eine Art »Babysitter-Ersatz« fungieren, zu kurz. Hier muß die Grundschule, soweit sie das überhaupt vermag, kompensatorisch, aber auch aufklärend wirken, und zu dieser Aufklärungsarbeit gehört auch eine offensive medienpädagogische Komponente, die sich der Medienwirklichkeit der Kinder zu stellen hat, anstatt in eine vor-industrielle Idylle zu flüchten (dazu auch von Hentig, 1966). Mit einer weiteren Entfernung von der Erfahrungswirklichkeit könnte allerdings ein Punkt erreicht werden, wo Lehrer als Gesprächspartner und Personen in den Augen der Kinder nicht mehr glaubwürdig sind.

Aber folgen wir weiter den Ausführungen von Hentigs:

»Der Computer nimmt dem Schüler die Mühsal des Handschreibens und die Ordnung des Geschriebenen ab; er erlöst die Schule von dem Alptraum des enzyklopädischen Wissens; er entthront die ›Ideologie der Allgemeinbildung‹ und substituiert das in der Informationsgesellschaft wirksame ›anpassende Lernen‹ einerseits und Reflexionsfähigkeit andererseits ..., er macht den fehlbaren subjektiven, ungeduldigen Unterrichtsdirigenten überflüssig, indem er selbst die Einzelbelehrung und -übung übernimmt; er setzt den Lehrer für die wichtigeren und anspruchsvolleren Funktionen frei: Anreger, Helfer, Gesprächspartner zu sein ...« (ebd., S. 60).

Dem Verfasser ist kein Grundschulprojekt bekannt, in dem das »Handschreiben« aufgegeben wurde, vielmehr wird die Handschrift – zumeist erst im dritten oder vierten Schuljahr – mit dem computergestützten Schreiben verbunden und erhält im Kontext von Schreibprojekten neuen Sinn und damit eine neue Motivation. Daß die Schule für die Wahrnehmung dieser Aufgabe Zeit und Muße benötigt, ist eine andere Frage. Daß der Computer dem Schreiber »die Ordnung des Geschriebenen« abnehme, gilt doch wohl nur dann, wenn es sich darum handelt, simple Wortlisten in eine alphabetische Ordnung zu bringen. Computerprogramme, die eine logische Ordnung der niedergeschriebenen Gedanken ermöglichen, sind dem Verfasser nicht bekannt und hätten – sollte es sie jemals geben – in der Schule mit Sicherheit auch nichts zu suchen. Eine »Entthronung« der Allgemeinbildung vermag der Autor nicht zu erkennen, im Gegenteil sieht er in den neuen Techniken gerade eine Herausforderung für eine zeitgenössische Neubestimmung von Allgemeinbildung (vgl. auch Klafki, 1993), die eine Immunisierung gegen die hier angedeuteten Verdummungstendenzen durch die Maschine und die Vermittlung kritischer Reflexionsfähigkeit einschließt. Was die Rolle des Lehrers anbelangt, so wird auf obige Aussagen verwiesen. Man wird kaum davon ausgehen, daß Computerprogramme alle Phasen von »Einzelbelehrung und -übung« übernehmen können, im übrigen wäre das pädagogisch auch nicht sinnvoll. Denkbar wäre es hingegen, daß der Grundschullehrer in pädagogischer Verantwortung entscheidet, in bestimmten Übungsphasen diesem Kind – neben anderen Medien – ein gutes Übungsprogramm zur Festigung oder zur selbständigen weiteren Themenrecherche (etwa neben einem Sachunterrichtsbuch oder einem Lexikon) anzubieten. Was das »enzyklopädische Wissen« anbelangt, so vermag ich keinen prinzipiellen Unterschied zwischen dem Umgang mit dem Brockhaus und einem CD-ROM-Multi-Media-Lexikon zu sehen. Die Aussagen beider sind mit Interesse und Skepsis zu lesen und kritisch zu reflektieren. Das Verständnis einer Sache könnte durch eine gute multi-mediale Darstellung allerdings erleichtert werden. Gerade hier liegen didaktische Möglichkeiten, die bisher in Pädagogenkreisen kaum erkannt wurden, aber zu interessant und wichtig sind, als daß man sie allein Informatikern und ›Mediendesignern‹ überlassen sollte.

Weiter liest man bei von Hentig:

»Wie der Computer das Lesen und Lernen der Kinder in der Schule unmittelbar beeinflussen wird, ist ... abzusehen. Es(er) widerspricht elementaren Grundsätzen moderner Pädagogik. ...: Die Schule muß die Grunderfahrungen bereitstellen, die man gemacht haben muß, um in der Gesellschaft, in der Kultur zu bestehen: körperliche, sinnliche, intellektuelle, ästhetische, politische, sittliche ... Sie muß Kindern Eigenverantwortung geben (für ›meine Sache‹), den Anlaß für Gemeinsinn (›unsere Sache‹). Sie muß ... gegen das eigene Belehren-und-Abfragen-Gesetz Schranken errichten, Bewegung, Gesellung und Alleinsein zulassen und alles tun, was das Kind ermutigt, Subjekt seines Lebens zu sein – sich gegen die Welt der Apparate und Institutionen zu behaupten, von denen und mit denen es lebt. Der Computer dagegen hält es an seinem Stuhl fest, grenzt seine Lebensregungen auf das Feld zwischen Bildschirm und Taste ein, legt alle anderen Sinne lahm, schaltet anderen Kontakt aus, bannt den Geist des Kindes auf das Frage-und Antwort-Schema des Programms oder der Programmierung. Sein Einsatz macht – im Prinzip – alles zunichte, was sich die moderne Pädagogik seit Beginn unseres Jahrhunderts ausgedacht hat – zum Wohl des Kindes wie der Gesellschaft. Er bestärkt die Schule in dem, was man an ihr zu kritisieren hat. Er macht sie unmodern im Zeichen der Modernisierung« (ebd., S. 68).

Aus solchen Beschreibungen leitet sich schließlich das vernichtende Urteil bzw. Bekenntnis ab:

»Blicke ich auf die Schulwirklichkeit, bin ich geneigt zu sagen:
- Alles, was man pädagogisch erreichen will, erreicht man besser ohne den Computer.
- Alles, was man pädagogisch vermeiden will, vermeidet man besser ohne ihn.
- Alle Dummheiten, die die Schule macht, macht sie mit ihm verstärkt.
- Das, was man nur mit dem Computer lernen kann, ist herzlich wenig und kann kurz vor der Entlassung in die Arbeitswelt ... realistischer und wirksamer absolviert werden« (ders., 1993, S. 60).

Ein pädagogischer Rundumschlag gegen die Arbeit mit dem Computer, wie er entschiedener kaum ausfallen könnte! Natürlich sind alle Schulstufen, aber in Sonderheit die Grundschule, angesprochen. – Stimmt aber die Beschreibung, auf die sich das Pauschalurteil von Hentigs gründet? Liest man die Darstellung, so fragt man sich, ob ihr Urheber jemals Kinder am Computer beobachtet hat (vgl. auch Nestle, 1994)? Tauchen hier schon Zweifel auf, so verstärken sich diese bezüglich der Frage, ob von Hentig jemals Kinder beobachtet hat, die im Unterricht deutscher Grundschulen mit Computern gearbeitet haben. Konkrete Arbeitsbeispiele nennt er nicht, statt dessen belegt er seine Vermutungen mit der Beschreibung von zwei – zugegebenermaßen miserablen – Software-Beispielen, die in der Tat nicht in die Grundschule gehören. Hat von Hentig jemals erlebt, wie Kinder im vierten Schuljahr, die von den Lehrerinnen als »schreibmüde« eingestuft wurden, mit Hilfe der Textverarbeitung eine neue Schreibmotivation, ja sogar Schreibbegeisterung entwickelt haben? Natürlich läßt sich eine solche Entwicklung nicht alleine auf den Computer zurückführen, vielmehr steht der Computer in dem pädagogischen Gesamtzusammenhang von Kleinprojekten und Schreibkonferenzen. Die Textverarbeitung eröffnet hier aber – übrigens in Verbindung mit der Handschrift! – neue grundschulpädagogisch interessante Möglichkeiten, die vor allem Barbara Kochan in ihren Publikationen, die von Hentig leider nicht erwähnt, beschrieben hat. Eine Auseinandersetzung mit Details, die von Hentig anführt, macht die Problematik der Argumentation deutlich. Eine gegenteilige Beobachtung reicht aus, um die pauschale Negation zu widerlegen:

Da ist das Zerrbild von dem Kind, das durch den Computer an seinen Stuhl gefesselt wird, dessen »Lebensregungen« und Sinne reduziert oder lahmgelegt werden und das keine sozialen Kontakte mehr unterhält. Abgesehen von den Fragen, wie es denn eigentlich im weitverbreiteten Papier-und-Bleistift-Unterricht aussieht und wie es sich mit dem von einem Buch gefesselten Schüler verhält, hat der Autor selten so lebendige Kinder wie bei der Arbeit in computergestützten Schreibkonferenzen gesehen. Freude, Lachen, geschäftiges Treiben im Klassenraum, Gedankenaustausch mit der Nachbarin, Rückfrage bei einem entfernt sitzenden Schüler, der Rückzug von einzelnen Schülern oder Schülergruppen in die Leseecke, die Identifikation mit dem Produkt (mein/unser Text), das man voller Stolz der Gruppe oder der ganzen Schule (für unsere Schulzeitung) präsentiert, ... all dies gehört hier – wie in anderen guten projektorientierten Unterrichtssequenzen – zum Unterrichtsalltag. Anders als von Hentig glauben machen will, haben viele Praktiker es längst gelernt, den Computer in pädagogisch und didaktisch gelungenen Unterricht sinnvoll einzubinden und seine besonderen Möglichkeiten zu nutzen. Die gegensätzlichen Beobachtungen, die auch an anderer Stelle dieses Bandes zu finden sind, erschüttern sein Gebäude, das auf einer Gegenüberstellung von gutem, aber computerfreiem Unterricht einerseits und schlechter Software und empirisch nicht belegten Konstrukten andererseits basiert. Während die lineare Wirkungsmacht des Computers grob überschätzt wird, werden die pädagogische Phantasie und das Verantwortungsbewußtsein des Praktikers weit unterschätzt.

Wenig zuversichtlich, daß seine Appelle gehört werden, beschreibt von Hentig schließlich die düstere Zukunft einer durch und durch geistlosen, wirklichkeitsfernen Schule:

> »So werden es freilich weder die Schulverwaltungen noch die Pädagogen noch die Arbeitgeber sehen: Sie werden den Computer einführen – eingekleidet in kritische Vorbehalte, denen zu genügen sie weder fähig noch ernstlich gesonnen sind (wiederum eine nicht belegte Unterstellung!, d.V.) Die Schule wird der Knochenerweichung erliegen, gegen die sie immunisieren sollte: Der Flucht aus dem Denken in die Algorithmisierung, aus dem Wissen in die abrufbare Information, aus der Wirklichkeit in die Graphik der Bildschirme, aus Erlebnis und Tat in das Drücken von Befehlstasten, aus Verantwortung in Automatik« (ebd., S. 61).

Im Gegensatz zu dieser pessimistischen Einschätzung ist der Verfasser dieser Zeilen nach zahlreichen Beobachtungen zuversichtlich, daß die große Mehrheit der Grundschulpraktiker die hier angedeuteten Fehlentwicklungen verhindern wird.

Um die Reaktionsmöglichkeiten der Schule auf die neuen Techniken zu verdeutlichen, hat von Hentig an anderer Stelle seines Buches zwei Positionen konstruiert: Hier die Schule A., die »den Computer entdramatisieren« will, »die Kinder sollen seine Nützlichkeit, seine Verführungen und seine Borniertheit gleichermaßen erfahren; ihnen wird mit der Einübung in und die Gewöhnung an den Computer zugleich ein Gegengewicht zu und ein Schutz vor ihm gegeben«, vom vierten Schuljahr an werden die Kinder deshalb z.B. mit der Textverarbeitung vertraut gemacht. – Auf der anderen Seite die allem Anschein nach bessere Schule B., die »den Computer aus ihren Mauern verbannt und den Kindern einen reichen Vorrat an geistigen und sinnlichen Erfahrungen auf den Weg gibt«. Im »Sachunterricht« legt Schule B. Wert »auf eigene Beobachtung und eine Form der sprachlichen Erklärung, die die Phänomene nicht vergewaltigt, kurz: auf einen Wagenscheinschen Unterricht, der einen Computer nicht gebrauchen kann, aber gut auf den Computer vorbereitet« (ebd., S. 47f.).

Die Polemik dieser polarisierenden Beispiele ist nicht zu übersehen. Die Beispiele vermögen nicht zu überzeugen, da sie als Alternativen in der Unterrichtswirklichkeit einfach nicht ausreichen. Mit welchem Recht wird der Eindruck erweckt, daß es keine Kombination von A. und B. zu geben vermag? Wieso sollte Schule A. beim Einsatz der Textverarbeitung (neben und in Verbindung mit der Pflege der Handschrift! und der Handzeichnung!) nicht auch und zugleich einen »reichen Vorrat an geistigen und sinnlichen Erfahrungen« anstreben. Hätte sich der Verfasser der polarisierenden Beispiele mit den konkreten Arbeiten, die in diversen Praxisprojekten realisiert worden sind, auseinandergesetzt, wäre er gerade auf diese Verbindung gestoßen! Anders als für von Hentig bleibt für mich – u.a. als Sachunterrichtsdidaktiker – die Schule C. denkbar, in der die konkrete Erfahrung und das Wagenscheinsche Prinzip groß geschrieben werden, aber auf einer anderen Arbeits- und Abstraktionsstufe *zugleich auch* der Umgang mit Datenbanken und Textsystemen eine Rolle spielt. Und diese Verbindung beruht gerade auf der Intention, die »Kräfte der Kinder zu stärken« und ihnen – wie von Hentig immer wieder zu Recht betont – zu »helfen, in *ihrer* Welt erwachsen zu werden« (Herv. H.M.). »Schule B. schirmt die Kinder« – nach von Hentig – »gegen das Problem ab« (a.a.O., S. 48). Allein der Versuch wird sich als Illusion erweisen! Nicht zuletzt deshalb sollte der Weg, der Kindern bei der Begründung eines »mündigen Umganges« mit den neuen Medien zu helfen versucht (vgl. Mitzlaff u.a., 1990), in pädagogischer Verantwortung eingeschlagen werden.

Gestützt auf die Auseinandersetzung mit dem CLiP-Projekt hat Fritz Nestle eindrucksvoll gezeigt, wie sich gerade aus den pädagogischen Prämissen von Hentigs die entgegengesetzte Forderung nach einer frühen Begegnung mit dem Computer im Grundschulunterricht ableiten läßt:

> »V. Hentig fordert Grunderfahrungen auf den Gebieten, die man zum Bestehen in der Gesellschaft braucht. Ein ungezwungener – und respektloser – Umgang mit dem Computer gehört unbedingt dazu ... v. Hentig plädiert für Eigenverantwortung. Diese gewinnt das Schulkind unter anderem dadurch, daß es in die Verantwortung für sein Lernen eingeübt wird. CLiP hat ... gezeigt, daß der Computer dazu beitragen kann ... v. Hentig bemängelt das Belehren und Abfragen der Schule. Geeignete Computerprogramme erzeugen eine Forschungsumgebung (treffender wäre wohl: Arbeitsumgebung, H.M.), die das Kind mit seinen Geistesgaben selbsttätig erkunden oder umgestalten kann ... Im Gegensatz zum Fernsehen bleibt dabei die Initiative beim Kind. Die Schule soll nach v. Hentig sowohl Gesellung als auch Alleinsein ermöglichen. Dann darf auch ein Alleinsein am Computer nicht stören, wenn das Kind dies wünscht ...« (Nestle, 1994, S. 191f.).

Da der Versuch Nestles, die eingängigen Schlußformeln von Hentigs (in dem FAZ-Artikel) umzumünzen, weniger überzeugt und zu neuen Mißverständnissen Anlaß geben könnte, sei abschließend ein eigener Versuch dieser Art unternommen: Im Unterschied zu von Hentig gibt es Grundschullehrer, die – auf Grund konkreter Erfahrungen – davon überzeugt sind, daß der Computer ihnen im Rahmen geeigneter pädagogischer und didaktischer Konzepte dabei helfen kann, die Schule von dem zu befreien, was man an ihr zu kritisieren hat. Er wird ein Element modernen Unterrichts, weil mit seiner Hilfe – gute Software vorausgesetzt – einige Prinzipien, die sich die moderen Pädagogik seit Beginn unseres Jahrhunderts ausgedacht hat, leichter im Schulalltag zu verwirklichen sind.

Dem Bekenntnis von Hentigs, das in seiner Formulierung keinen Widerspruch und keine empirischen Versuche zu dulden scheint, sei entgegengesetzt:

Sieht man die bisherigen Erfahrungen, die in der konkreten Arbeit von Grundschulkindern mit dem Werkzeug und Medium Computer gewonnen werden konnten, dann darf man feststellen:

- Einige Erziehungs- und Unterrichtsziele, die man in der Grundschule anstrebt, können mit großer Wahrscheinlichkeit mit Hilfe des Computers und mit kindgemäßer Software leichter, interessanter effektiver und zeitgemäß erreicht werden. Nach den bisherigen Erkenntnissen gilt dies z.B. für die Förderung von kreativen Schreibprozessen und von der Schreibmotivation und für verschiedene Übungsprozesse im Sprach- und Mathematikunterricht (z.B. Arenhövel, 1994). Das Entscheidende ist aber hier – wie in jedem anderen Unterricht – die pädagogisch-didaktische Konzeption, in die die Arbeit mit dem Computer und didaktisch guter Software eingebettet ist. Wir Erwachsene haben längst die Vorteile und die neuen Möglichkeiten der Textverarbeitung erkannt (im Detail Kochan, 1993). Warum und mit welchem Recht, so muß man die Kritiker fragen, wollen wir den Heranwachsenden diese Möglichkeiten des neuen Werkzeugs vorenthalten? zumal die Angst vor dem Neuen, die einige von uns umtreiben mag, den Kindern an dieser Stelle völlig fremd ist. Warum sollte man mit (giftigen) Bleilettern drucken, wenn der freie Schreibprozeß mit einem Textverarbeitungssystem leichter gefördert werden kann? Warum sollte man die Möglichkeiten der kooperativen Textentwicklung und -gestaltung am Bildschirm ungenutzt lassen? – Das Nachschlagen in Hypermedia-Datenbanken wird in wenigen Jahren ebenso zum Alltag gehören wie das Nachschlagen in Lexika. Warum sollte man, beste Software vorausgesetzt, Kindern diesen Weg zur selbständigen, spielerischen Daten- und Antwortsuche vorenthalten?
- Zu den Erscheinungen, die man in der Grundschule »pädagogisch vermeiden will«, gehört zweifellos die Abhängigkeit des Schülers von einem Informationsmonopol des Lehrers. Statt dessen soll der Grundschüler frühzeitig den selbständigen Umgang mit Informationen und eine selbstbestimmte Organisation von Lernprozessen erlernen. Bei guten Programmen steuert der Schüler seinen Lernprozeß (Tempo, Niveau, Rückgriff auf Hilfen usw.) selbst. Betrachtet man die bisher verfügbaren multimedialen Datenbanken und hypermedialen Lernumgebungen, dann erkennt man, daß der Computer – neben und im Verbund mit anderen Informationsträgern (allen voran das Buch!) – völlig neue pädagogisch und didaktisch bedeutsame Möglichkeiten erschließt. Vermieden oder reduziert werden sollen im Grundschulunterricht Mißerfolgserlebnisse und negative Lernbiographien. Die Berichte über konkrete Arbeiten zeigen – z.T. eindrucksvoll –, wie geeignete, adaptionsfähige Programme dabei eine Hilfe bieten können, vorausgesetzt der pädagogische Rahmen stimmt. Übungen am Computer sind für viele Kinder nicht belastend, sondern interessant. Die computergestützte Textverarbeitung ermöglicht es, die Schreibkomponenten zu entzerren (vgl. Kochan), und kann dazu beitragen, Mißerfolgserlebnisse zu verhindern. Durch die Korrigierbarkeit verlieren Schreibfehler für viele Kinder ihren »Schrecken«. Überarbeitungen werden oft gerne und mit Ausdauer ausgeführt. Schreibinteresse wurde anstelle von Schreibmüdigkeit beobachtet...
- »Dummheiten« hat die Schule ohne Computer gemacht, und Dummheiten wird sie mit oder ohne Computer sicherlich auch zukünftig machen. Es hieße den Computer in seiner pädagogischen und didaktischen Bedeutung völlig überschätzen, wollte

man von ihm eine Vermeidung von menschlicher Dummheit erwarten. Kritische Lehrerinnen und Lehrer, die auch das neue Medium kritisch handhaben und über eine breite pädagogische Software-Kompetenz verfügen, sind der beste Garant dafür, daß die didaktische Dummheit, die in manchen Drill-and-Practice-Programmen potenziert zu werden droht, aus der Unterrichtspraxis ferngehalten wird. Dummheit kann allerdings auch über schlechte Schulbücher und Arbeitsmaterialien vervielfacht werden.

- Mit Hilfe von Simulation und Animation, um zwei Anwendungsbereiche zu nennen, kann der Computer Prozesse begreifbar machen, die ohne diese Hilfe nicht oder nur schwer zu erschließen sind. Die Arbeit mit ihm vermag zahlreiche andere Medien zu ersetzen und kann verschiedene Lernprozesse *erleichtern*, und letzteres dürfte aus primarstufenspezifischer Sicht das Entscheidende sein. Abgesehen davon, maßt sich der Verfasser nicht an, die technische Weiterentwicklung der nächsten Jahre voraussehen zu können.
- Da Computer immer stärker in unseren Alltag hineinreichen und die Arbeit mit ihnen große Bereiche bestimmt, ist für alle Schulstufen zukünftig »eine kritische informations- und kommunikationstechnologische Grundbildung als Moment einer neuen Allgemeinbildung« zu fordern (Klafki, 1993, s.u.). Erste kindgemäße Schritte zu dieser Grundbildung werden bereits in der Grundschule zurückzulegen sein. Aus der Forderung nach Altersgemäßheit leitet sich die Konzeption eines handlungsorientierten und konkreten Umgangs mit leicht zu handhabenden Computern ab.

2.1 Drei weitere Gründe für die Ablehnung des Computereinsatzes in der Grundschule

Viele der Widerstände gegen eine Arbeit mit Computern im Grundschulunterricht, die in keinem zweiten Land so entschieden und emotionsgeladen vorgetragen wurden wie in Deutschland, erklären sich aus einer kulturkritischen Tradition (vgl. dazu Mitzlaff, 1985) oder aus Ängsten, die inzwischen widerlegt werden konnten (s.o.). Manche Gründe der Ablehnung werden nur selten offen ausgesprochen, liegen aber auf der Hand:

- Eine Ausstattung der Grundschulen mit Computern erfordert hohe finanzielle Mittel, die in der gegenwärtigen Haushaltssituation der Länder und der kommunalen Schulträger nicht vorhanden sind. Vielen Gemeinden bereitet es schon erhebliche Schwierigkeiten, die Schulen der Sekundarstufen mit akzeptabler Hard- und Software auszustatten, »wie sollte man da auch noch Computerträume von Grundschulen finanzieren« (Frage eines Kultusbeamten)? Wäre die Fragestellung in einer anderen haushaltspolitischen Situation »entstanden«, wäre die bildungspolitische Diskussion wahrscheinlich ein wenig anders verlaufen.
- Bei kritischer Betrachtung erkennt man, daß der offene, werkzeugorientierte Ansatz, der in den bisherigen primarstufenspezifischen Ansätzen realisiert worden ist (s.u. und Mitzlaff u.a., 1990), die Konzeption der ITG bzw. der (technischen) Informatik der Sekundarstufen wenn nicht in Frage stellt, so doch als stark ergänzungsbedürftig erscheinen läßt. Wenn schon Grundschüler der Klassen 3 und 4 mit Gewinn auf Computer als Werkzeuge und Informationssysteme zurückgreifen können, mit wel-

chem Argument wollte man Sekundarstufenschülern derartige Systeme im Klassenraum vorenthalten? Auch hier stellt sich natürlich die Kostenfrage.

- Bisherige Erfahrungen beim Einsatz von Computern im Grundschulunterricht deuten darauf hin, daß dieses Medium und Werkzeug geeignet sein könnte, das Programm offener, schülerorientierter und selbstbestimmter Lernprozesse zu fördern und zu unterstützen und die relative »Monopolstellung« des Lehrers als Wissensvermittler zugunsten anderer Rollensegmente zu beenden (vgl. Papert, 1994). Während diese Erfahrung für die Autoren dieses Bandes ein wichtiges Argument zur weiteren Beschäftigung mit dem Medium darstellt, wäre es immerhin denkbar, daß aus diesem unterrichtsinnovativen Potential auch ein Teil der Ablehnung resultiert.

Wer Computer in seinem Grundschulunterricht einsetzen möchte, wird mit diesen Gründen rechnen müssen. Zumindest die beiden erstgenannten Gründe, die sich oft hinter pädagogischen Einwänden verstecken, sind nicht pädagogischer und didaktischer »Natur« und dürften in einer Industriegesellschaft, die sich gerne als zukunftsorientiert präsentiert, nicht unüberwindbar sein.

3. »Computer« – Vom »Tabu« zum grundschulpädagogischen Thema

1985 mußte Hans Brügelmann feststellen, daß

> »sich die Diskussion um die Einführung von Computern in die Schule bzw. ihre Verbannung aus der Primarstufe zu einer gefühlsbeladenen Auseinandersetzung ... entwickelt ..., in der missionarischer Eifer und Tabuisierungsneigungen nüchterne Analysen verdrängen und kaum Raum für behutsame Praxisversuche und ihre kritische Auswertung lassen« (Brügelmann, 1985, S. 85).

Auf dem Soester Symposion zum Computereinsatz in Grundschulen fiel dem Berliner Grundschulpädagogen Jürgen Liepe vier Jahre später

> »... eine ganz merkwürdige Allianz auf, die im politischen Spektrum von Grün bis Schwarz reicht. Ganz merkwürdigerweise, ich nehme an, aus unterschiedlichen Gründen, ist sie im Ergebnis einig: Computer an der Grundschule sollen nicht sein! Und das sieht ein bißchen nach Tabu aus, wie wir das früher auch bei anderen Themen hatten« (ders., 1989 siehe LSW, 1989, S. 47).

Diese Allianz beginnt erst heute langsam brüchig zu werden. Ihr sahen sich alle Initiativen, sei es in der Wissenschaft, sei es in der Unterrichtspraxis, ausgesetzt, die sich in den 80er und 90er Jahren der Themenstellung zu nähern versuchten. Fragt man nach den Ursachen für dieses Tabu, so wird man auf ein komplexes Gefüge verwiesen, an dem zumeist – und in individueller Dosierung – generationenspezifische Ängste und Unsicherheiten, kulturkritische Perspektiven, pädagogische Motive, aber vor allen Dingen finanzpolitische Bedenken beteiligt sind (s.o.). Insbesondere auf der bildungspolitischen Ebene, die in den 90er Jahren auf weiten Strecken von den Finanzministern bestimmt wird, werden dabei letztere oft hinter vermeintlich pädagogischen und psychologischen Argumenten verschleiert.

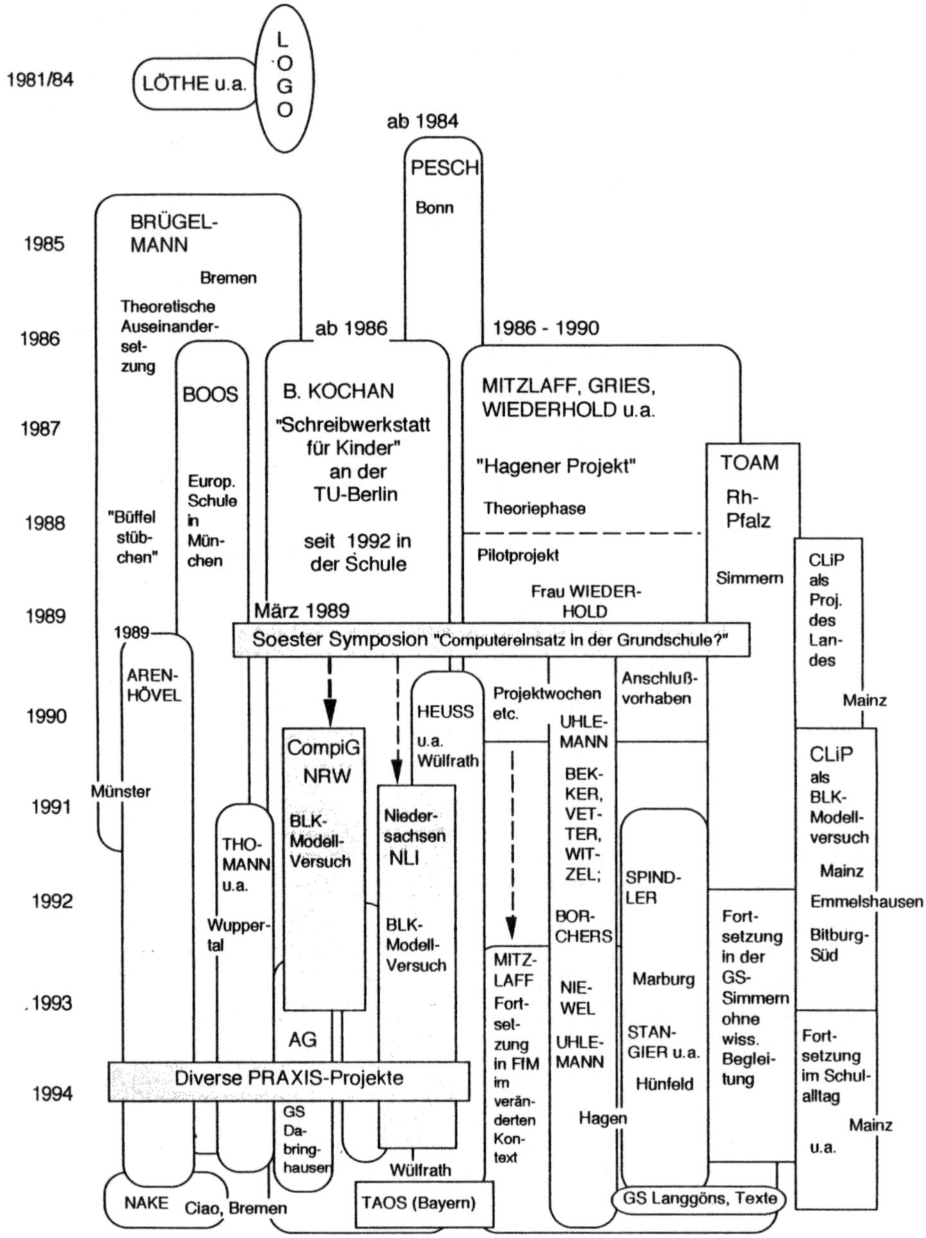

Abbildung I.1: Kleine Chronologie der Projekte, Modellversuche und wissenschaftlichen Arbeiten zum Computereinsatz in deutschen Grundschulen

Die recht junge Geschichte des Computereinsatzes in deutschen Grundschulen und der wissenschaftlichen Beschäftigung mit diesem Thema soll nachfolgend kurz skizziert werden. Ohne Anspruch auf absolute Vollständigkeit versucht Abb. I.1 einen Überblick über die bisherigen Initiativen zu geben.

Zu den frühesten Arbeiten, die auch den Primarbereich einbezogen, gehören Herbert Löthes Versuche mit dem von Papert in den 60er Jahren entwickelten LOGO-Ansatz (vgl. Mitzlaff, 1994) an der PH Esslingen (ab 1981), die ab 1984 an der PH Ludwigsburg fortgesetzt wurden. Lötze und seine Mitarbeiter sprachen Kinder und Jugendliche ab acht Jahren an (vgl. Löthe, 1984, 1985, 1987; Hagenmeyer und Löthe, 1984).

Im Unterschied zu Frankreich, Belgien, Großbritannien, den USA, Australien, Costa Rica und vielen anderen Ländern (vgl. Mitzlaff u. a., 1990, S. 232 ff.) hat der ziemlich künstliche und lebensferne LOGO-Ansatz – über kleine Experimente hinaus – in deutschen Grundschulen keine nennenswerte Rolle gespielt. Fritz kam schon 1985 zu dem Ergebnis, daß »Logo frühestens ab dem 8./9. Schuljahr vertretbar« sei (ders., 1985). LOGO kommt heute in Deutschland – außerhalb der Hochschule – im Informatikunterricht der Gymnasien und dort auch nur noch in einer Nebenrolle vor. Für den Grundschullehrer, der als fortgeschrittener Computeranwender Grundbegriffe und Struktur einer Programmiersprache erlernen möchte, besitzt aber die Auseinandersetzung mit dieser Programmiersprache und ihrer Schildkröten- oder Igel-Grafik gleichwohl ihren Reiz (vgl. auch Papert, 1994). In den Anfangstagen der Mikrocomputer wurde LOGO in den genannten Ländern als Möglichkeit propagiert, Grundschüler spielerisch in die Lage zu versetzen, einen Computer zu beherrschen und mit ihm sinnvoll kreativ zu arbeiten (vgl. auch Hanninger, 1984). Durch die Entwicklung benutzerfreundlicher Oberflächen erscheint dieses Konzept nicht nur technisch, sondern auch pädagogisch überholt zu sein, von der Tatsache, daß klassische Programmierfertigkeiten heute für den durchschnittlichen Anwender keine Bedeutung haben, ganz abgesehen.

Zu den Pionieren des Computereinsatzes im Grundschulunterricht gehört zweifelsohne Walter Pesch von der katholischen Bernhardschule in Bonn. Seit 1984 arbeitet er dort – unbeirrt und beharrlich – mit Programmen, die er selbst oder seine Söhne für Commodore-Rechner geschrieben haben. Für Pesch ist der Computer ein modernes »Arbeitsmittel«, das seinen Platz im alltäglichen Unterricht, im Förderunterricht und vor allem in der Freien Arbeit findet. Entscheidend sind für ihn auch beim Einsatz des Rechners, wie bei allen anderen Medien, die pädagogischen und anthropologischen Prämissen: »Wir müssen entscheiden, ob wir die Kinder zu aktiven, kritischen und verantwortlichen Individuen oder zu willenlosen Fabrikarbeitern erziehen wollen! Diese Entscheidung bestimmt auch die Arbeit mit dem Computer« (Pesch, 1994 in einem Gespräch). Obwohl Pesch bereits 1986 einen detaillierten Erfahrungsbericht vorlegen konnte (vgl. Pesch, 1986) und obwohl ihn Politiker verschiedener Parteien (bis zu Ex-Ministern) im Unterricht besuchten, haben die BLK-Vorgaben bis heute jede finanzielle Förderung und einen Ausbau des Projekts verhindert. Pläne zu einem Pilotprojekt der Stadt Bonn scheiterten vor Jahren am Kultusministerium.

Zu den ersten deutschen Grundschuldidaktikern, die die neuen Medien als pädagogische Herausforderung begriffen und kritisch und vorurteilsfrei nach ihren didaktischen Möglichkeiten fragten, gehören Hans Brügelmann in Bremen und Barbara Kochan in Berlin.

Als Schrift- und Sprachdidaktiker (vgl. ders., 1983, 1984a) beschäftigt sich Brügelmann, der heute in Siegen lehrt, seit 1984 mit der Frage, ob und wie die Arbeit mit dem Computer den Lese- und Schreiblernprozeß unterstützen kann. Dabei folgte er von Anfang an der Papertschen Konzeption, derzufolge die Kinder den Computer programmieren und beherrschen sollen – und nicht umgekehrt. Ließe sich diese Konzeption von einem aktiven, selbstbestimmten Lernen am Computer realisieren, dann böte – so Brügelmann bereits 1984 – »die Verbreitung der Computer auch Chancen für eine grundsätzliche Umorientierung unserer Grundschulpädagogik« hin zu einem aktiven, entdeckenlassenden Lernen (vgl. Brügelmann, 1984, S. 21). Brügelmann machte entsprechende Lernsoftware und Entwicklungsarbeiten aus den USA und Großbritannien in Deutschland bekannt (a.a.O., ders., 1985a/b). Anstelle von Abschottungsstrategien formulierte er frühzeitig differenzierte Fragen zur grundschulpädagogischen Einschätzung der neuen Medien. So fragte er beispielsweise 1984:

> »Gibt es bestimmte Umgangsformen mit dem Computer, die für die soziale, für die Gefühls- und Denkentwicklung im Vor- und Grundschulalter schädlich sind? Auf der anderen Seite: Gibt es Programmtypen, die den Erfahrungs- und Handlungsbereich der Kinder erweitern und ihnen helfen, den Computer als Instrument zu nutzen?«

Nach wie vor aktuell sind einige seiner Thesen, in denen er z.B. feststellt:

> »Die Konfrontation mit dem Computer im Klassenzimmer zwingt uns Pädagogen, über Ziele und Stile des Unterrichts, insbesondere über die Funktion vorgefertigter Materialien grundsätzlich nachzudenken.
>
> Viele Pädagogen äußern sich enttäuscht oder sogar erschrocken über die gegenwärtig verfügbaren Programme zum Lesen-Schreiben-Lernen. In der Regel handelt es sich dabei aber nur um eine technische Perfektionierung dessen, was unseren Schülern Tag für Tag allerorten geboten wird. Konsequenterweise müßte die Kritik am Computerprogramm zur entschiedenen Selbstkritik der Fachdidaktik bzw. ihrer Umsetzung in Fibeln, Arbeitsblätter und Übungshefte werden ... Das primäre Problem ist nicht das Medium (Computer vs. herkömmlicher Unterricht), sondern die didaktisch-methodische Konzeption. Die Computerprogramme zeichnen sich lediglich dadurch aus, daß sie herkömmliche Aufgaben technisch perfektionieren. Die vorgestellten Programme sind im Grunde nur ein Abbild dessen, was heute zum Arbeitsblätterrepertoire eines akzeptablen Lehrgangs gehört. Allerdings setzen sie dessen Inhalt und Methoden oft attraktiver und wirkungsvoller in Szene ... Das akute Problem ist nämlich nicht der Einzug von Computern in die Grundschule, sondern die Einfalt und Erstarrung der pädagogischen Bemühungen im Bereich des Erstlesens und Erstschreibens« (Brügelmann, 1984, S. 37, 34, 42).

Die hier geforderte Selbstkritik unterblieb allerdings in der zeitgenössischen Diskussion, die sich geradezu dadurch auszeichnete, daß an Computerprogramme völlig andere Maßstäbe angelegt wurden als an die übrigen Medien. Wäre es möglich, daß die ängstliche Abschottung gegenüber dem Computer ihre Wurzeln in einer subtilen Strategie zur Verdrängung oder Abblockung einer kritischen Auseinandersetzung mit der Grundschuldidaktik und vor allem mit dem Grundschulalltag hat?

Ausgehend von vielversprechenden Programmentwicklungen in den USA hat Brügelmann schon 1985 eine Art pädagogisch-didaktischen Pflichtenkatalog für die Entwicklung geeigneter Computerprogramme zur Förderung des Schreib-Lese-Lernprozesses entworfen (ders., 1985a, S. 109; vgl. auch Balhorn/Brügelmann, 1991). Dem Verfasser ist bis heute kein deutschsprachiges Programm bekannt, das alle sechs Forderungen erfüllt.

Brügelmann beließ es nicht bei theoretischen Arbeiten. In der von ihm initiierten Bremer »Lernwerkstatt«, namens »Büffelstübchen«, gewannen er und seine Mitarbeiter zwischen 1988 und 1989 – außerhalb der Schule – praktische Erfahrungen beim Einsatz von Computern in der Förderarbeit mit Grundschulkindern (vgl. Bohenkamp, 1993, ders. in LSW, 1989, S. 41f.).

In Berlin sammelt seit 1986 Barbara Kochan vom Institut für Fachdidaktik Deutsch und Fremdsprachen in der »Schreibwerkstatt« der Technischen Universität grundlegende Erfahrungen zur kreativen Arbeit von Grundschülern mit dem Computer als Schreibwerkzeug bzw. zum Einsatz des Computer als Instrument zur Förderung des Schriftspracherwerbs. Ziel des komplexen Projekts »Schreibwerkstatt« ist – wie Kochans Mitarbeiter Norbert Kühn 1993 zusammenfaßt –

> »die Entwicklung, Erprobung und didaktische Evaluation einer Schreibumgebung, die Grundschulkinder zum selbstgesteuerten entdeckenden Erwerb und Gebrauch der Schriftsprache herausfordert« (ders., 1993, S. 36).

Aufgrund der ablehnenden Haltung des leitenden Schulrates konnten diese Arbeiten lange Zeit nur am Nachmittag außerhalb des Schulbetriebes stattfinden. Erst 1992 erhielten einige Berliner Grundschulklassen die Möglichkeit, sich an den computergestützten Schreibprojekten, über die Barbara Kochan weiter unten berichten wird, zu beteiligen. 1994 nahmen vier Jahrgänge – von der Klasse 0 bis zur Klasse 2 – an den Arbeiten teil. Insgesamt bildet Frau Kochans »Schreibwerkstatt« in Deutschland das längste, kontinuierlich realisierte, wissenschaftlich (u.a. sprachdidaktisch) begründete und begleitete Projekt zum Computereinsatz im Grundschulalter (vgl. Kochan, 1988; Kochan/Herz, 1988; Kochan in: LSW, 1989, S. 37, dies., 1993). Eingebettet sind und begleitet werden ihre Arbeiten durch eine kontinuierliche Entwicklung von Theorien und Modellen zum Prozeß des Schriftspracherwerbs. Für Kochan ist der Computer seit langem »Werkzeug« zum produktiven Gebrauch und nicht Medium zur Darbietung zweifelhafter Rechtschreibübungsprogramme. Sie interessiert vor allem die Frage, »was dieses Werkzeug zu leisten vermag, wenn Kinder es für kommunikative oder kreative (Schreib-)Handlungen in Gebrauch nehmen dürfen« (Kochan/Herz, 1988). Frühzeitig kritisierte Kochan, daß der Schreiblernprozeß in Deutschland oft »von außen nach innen ... unterrichte(t)« werde: »von manuellen Einübungen der Schreibbewegungsmuster über das Einprägen der Rechtschreibung bis endlich zum Formulieren eigener Gedanken«. Der schriftliche Ausdruck von Gedanken komme dabei vielfach zu kurz und bleibe manchmal ganz auf der Strecke. Ausgehend von angelsächsischen Beiträgen zur Schreibtheorie und empirischen Schreibforschung stellt sie diesem Vorgehen den Grundsatz entgegen, »daß Schreiben ein von innen nach außen gerichteter Vorgang ist. Entsprechend wird das Schreibenlernen als von innen nach außen fortschreitende Entwicklung aufgefaßt und pädagogisch unterstützt«, und in eben diesem Prozeß der Unterstützung fungiert der Computer als Hilfsmittel (a.a.O., S. 25). Trotz ihrer überzeugenden Grundlagenforschung und des hohen Elaborationsniveaus ihres theoretischen Ansatzes (vgl. bes. Kochan, 1993) mußte auch Barbara Kochan ihre Arbeiten bis heute ohne wirksame finanzielle Förderung und gegen erhebliche Widerstände realisieren.

Zu den frühesten grundschulpädagogischen und verbandspolitischen Verlautbarungen zum Thema »Computer und Grundschulkinder« gehört eine Feststellung von R. Portmann, I. Naegele und R. Valtin, die 1986 in dem Mitteilungsblatt des »Arbeitskreises Grundschule e. V.« erschien. In ihr betonen die Autorinnen:

»Wie die Grundschule die Kinder auf eine computerisierte Gesellschaft vorbereitet, ob der Computer überhaupt schon einen Platz in der Grundschule hat, wie der Computer oder computerunterstütztes Lernen in der Grundschule sinnvoll eingesetzt werden könnten – all dies sind Fragen, die bisher weder in größer angelegten Untersuchungen erprobt noch von wissenschaftlicher und didaktischer Seite diskutiert werden. Die umfassende, sachliche Auseinandersetzung mit den Neuen Technologien in der Grundschule muß deshalb so schnell wie möglich begonnen werden« (a. a. O., Nr. 14, S. 32).

Der Aufruf fand offenbar nur wenig Zustimmung. Trotz spürbar gewachsenen Interesses kann auch 1995 von einer »*umfassende(n)*, sachliche(n) Auseinandersetzung mit den neuen Technologien« weder in der Grundschulpraxis noch in der grundschulpädagogischen Theorie die Rede sein!

Nach Beobachtungen von Grundschülern am Computer (vgl. Wiederhold/Gies/Mitzlaff, 1988) konstituierte sich im April 1986 an der Universität Dortmund die Arbeitsgruppe »Grundschulcomputer«. Ihr Ziel war es, das komplexe Themenfeld »Grundschulkind und Computer« systematisch zu erforschen, theoretische Konzepte und praktische Erfahrungen aus dem Ausland aufzuarbeiten und – nach entsprechenden theoretischen Vorarbeiten – an ausgewählten Grundschulen auch praktische Unterrichtsversuche durchzuführen. Methodisch orientierte sich die Gruppe vor allem an qualitativen Ansätzen und an Konzepten der pädagogischen Handlungsforschung.

Geleitet wurde die Gruppe, der zeitweilig bis zu 17 engagierte studentische Mitarbeiter (»Hilfskräfte«) angehörten, von Karl A. Wiederhold und dem Verfasser. Rückblickend ist die Arbeit in dieser Gruppe für mich die beeindruckende Erfahrung, wie in Deutschland versucht wird, innovative Unterrichtsforschung und prospektive Schulversuche zu verhindern, zu behindern oder – wenn dies an der Hartnäckigkeit der Wissenschaftler und Praktiker scheitert – in genehme Bahnen zu lenken. Details würden den Rahmen dieser Darstellung sprengen.

Unter Berufung auf das Nordrhein-Westfälische Rahmenkonzept »Neue Informations- und Kommunikationstechnologien in der Schule« aus dem Jahre 1985, das ausdrücklich »Modellversuche an ausgewählten Grundschulen« vorsah (vgl. a. a. O., S. 7 und 18), wurde im April beim Kultusminister des Landes NRW der Antrag gestellt, mit eigenen Computersystemen in zwei Hagener Grundschulen eine begrenzte Pilotuntersuchung auf der Basis eines ausführlich beschriebenen Arbeitskonzeptes durchführen zu dürfen. Der Antrag löste verschiedene Aktivitäten bei der Schulaufsicht, im Kultusministerium und im Landtag aus. Erst an dem 1. April 1988 bzw. nach den Sommerferien 1988 konnte, eingebunden in eine dreipolige Forschungsgruppe und ausgestattet mit bescheidenen, aber seinerzeit höchstwillkommenen Fördermitteln des BMBW (Bundesministeriums für Bildung und Wissenschaft) und des Kultusministeriums von NRW mit konkreten Projektarbeiten in Hagener Schulen begonnen werden. Damit war das Hagener Pilotprojekt – neben dem eher exotischen TOAM-Projekt in Rheinland-Pfalz (s. u.) – das erste wissenschaftlich begleitete Projekt zum Thema, das in der alltäglichen Praxis unterschiedlicher Grundschulen und in verschiedenen Handlungsfeldern mit handelsüblichen Computern realisiert werden konnte. Die Förderung endete am 31. März 1989, kurz nach dem Soester Symposion zum »Computereinsatz in der Grundschule« (13.–14. März 1989), auf dem auch die Hagener Gruppe ihre Ergebnisse zur Diskussion stellen konnte. Zur Interschul 1990 konnte in Dortmund der bei McGraw-Hill veröffentlichte Projektbericht vorgelegt werden.[4] Details über die pädagogisch-didaktische Konzeption und die konkrete Arbeit in den vier Hagener Projektschulen, in denen der Computer hauptsächlich als *mehrdimensionales Werkzeug* begriffen wurde, sind dort nachzulesen (Mitzlaff/Wiederhold, 1990).

An dieser Stelle seien lediglich einige ausgewählte Ergebnisse angedeutet:

Die *Schülerinnen und Schüler* der Klassen 3 und 4 erlernten problemlos die Handhabung von Hard- und Software. Die intendierte Fähigkeit, die Geräte und die angebotene Software völlig selbständig zu beherrschen und zielgerichtet (z.B. im Rahmen der Textprojekte) einzusetzen, wurde mit Hilfe der bedienerfreundlichen und – zum damaligen Zeitpunkt – technisch hochentwickelten Systeme wesentlich schneller erworben als ursprünglich angenommen.

Bei fast allen Schülerinnen und Schülern fielen den Beobachtern die große Freude an der Arbeit mit dem Computer, die erhöhte Schreibmotivation, die positive – aber nicht verabsolutierende – Einschätzung der computergestützten Textarbeit, die Entdeckung ganz neuer Dimensionen der Textgestaltung sowie die hohe und ausdauernde Konzentration am Computer auf. Die hohe Schreibmotivation war auch bei Kindern mit relativ schwachen Rechtschreibleistungen und Kindern, die von ihren Lehrerinnen als ausgesprochen »schreibmüde« eingestuft worden waren, über mehrere Wochen hinweg zu beobachten.

Die meisten Kinder bevorzugten kooperative Arbeitsformen (über 60 %) und entwickelten am Computer völlig neue arbeitsteilige Verfahren. Die seinerzeit verbreitete Auffassung, der Computer führe zwangsläufig zu einer Vereinsamung der Schüler wurde – nach Auffassung der beteiligten Beobachter und Lehrer – eindrucksvoll durch die Kinder selbst widerlegt.

Jungen und Mädchen arbeiteten gleichermaßen kreativ und phantasievoll mit den

4 Die Dortmunder bzw. Hagener Projektgruppe hatte während ihres gesamten aktiven Arbeitszeitraumes stets mit sehr knappen finanziellen und personellen Ressourcen (Zeitstelle, studentische Hilfskraftstunden) zu kämpfen. Dank der engagierten Mitarbeit zahlreicher Studentinnen und Studenten gelang es trotzdem, in der knappen Zeit neben den Projektarbeiten ein weltweites Netzwerk von Kontakten zu entsprechenden Forschungsgruppen aufzubauen. Die Projektarbeiten wurden von interessierten Gästen aus dem In- und Ausland besucht; die internationale Presse berichtete (bis in die damals noch abgeschottete UdSSR) über die Arbeiten; 1989 und 1990 erhielten die beiden Projektleiter Einladungen zu Vorträgen nach Japan, Australien u. a. Aus finanziellen Gründen konnten diese aber nicht wahrgenommen werden. – Nach der Interschul 1990 hat der Verfasser die Dortmunder Gruppe, die sich zunehmend auflöste, verlassen. Neben einer Tätigkeit in der beruflichen Bildung beriet er anschließend interessierte Schulen beim Einsatz von Computern. Ab 1992 konnte er dann – zunächst an der Bergischen Universität Gesamthochschule (BUGH) Wuppertal und seither an der Goethe-Universität Frankfurt am Main – die wiss. Auseinandersetzung mit ausgewählten Aspekten der Fragestellung »Grundschulkinder und Computer« fortsetzen und vertiefen.

ausgewählten Programmen. Geschlechtsspezifische Unterschiede oder gar Technikbarrieren (bei Mädchen) konnten – trotz gezielter Frageansätze der zumeist weiblichen Beobachter – nicht festgestellt werden. Dieses Ergebnis wird u.a. auf die »post-technische« Bedienoberfläche und die pädagogischen Rahmenbedingungen zurückgeführt.

Das gesamte Projekt fand bei den *Eltern* großes Interesse und hohe Zustimmung. Bereits 1989 plädierten 89,1 % der Eltern nach den Erfahrungen, die ihre Kinder und sie selbst in diesem Projekt gewonnen hatten, für eine allgemeine Einführung der Arbeit mit dem Computer in den Klassen 3/4, und spätestens hier wird die kultur- bzw. finanzpolitische Brisanz entsprechender Forschungsarbeiten und Fragestellungen evident. 94,1 % der Eltern beurteilten die Arbeit ihres Kindes mit dem Computer als »sehr gut« oder »gut«. Die sehr hohe Akzeptanz des Computereinsatzes bei den Eltern, die weit über den bis zu diesem Zeitpunkt in anderen Projekten eruierten Werten lag (vgl. Mitzlaff u.a., 1990, S. 192), wird vor allem darauf zurückgeführt, daß die Eltern in allen Arbeitsphasen über die konkrete Aufgabenstellung und den pädagogischen Kontext des Projekts informiert wurden und sich in den Fragekontext des Projektes eingebunden fühlten.

Auch die Zustimmung der *Grundschullehrerinnen und -lehrer* fiel sehr hoch aus. Die beteiligten Lehrerinnen und Lehrer, von denen zwei Drittel zuvor keine Computerkenntnisse besaßen, arbeiteten sich mit großem Engagement relativ schnell in die neue Materie ein. Nach Abschluß des eigentlichen Projekts schätzten alle beteiligten Lehrerinnen und Lehrer den Projektansatz positiv ein, soweit die technischen Möglichkeiten gegeben waren, haben sie ihre Arbeiten fortgesetzt. Die Lehrerinnen und Lehrer waren u.a. von der hohen Motivation und Konzentration der Schüler überzeugt. Grundsätzlich empfahlen sie 1988/89 eine Integration der Arbeit mit dem Computer in den Kontext eines schülerorientierten, binnendifferenzierten und handlungsorientierten Grundschulunterrichts.

Nach Abschluß des Projekts zeigten zahlreiche Grundschullehrerinnen und -lehrer im Schulamtsbezirk, aber auch weit darüber hinaus, großes Interesse an den Projektarbeiten sowie an elementaren Computerkursen und Softwareeinführungen. Die oft geäußerte Vermutung, Grundschullehrerinnen und -lehrer seien – insbesondere nach längerer Dienstzeit – nicht an der Thematik interessiert, kann von dem Verfasser weder durch seine Hagener noch durch spätere Erfahrungen bestätigt werden. Eher das Gegenteil ist festzustellen. Das Angebot an spezifischen, adressatenbezogenen Fortbildungsveranstaltungen scheint weit hinter der Nachfrage zurückzustehen.

Da die offizielle empirische Versuchsphase, die in vier Fallstudien dokumentiert wurde, nur knapp vier Monate dauerte, waren die Ergebnisse natürlich nicht zu generalisieren. Dies war aber auch nicht das Ziel der Pilotstudie. Ausgehend von den viermonatigen Erfahrungen formulierte sie in ihrem Schlußabschnitt zehn Empfehlungen zu weiteren Aktivitäten und Forschungsansätzen im Primarbereich. Diese Empfehlungen, die hier nicht im Detail vorgestellt zu werden brauchen, bezogen sich u.a. auf drei Ebenen, nämlich 1. die Realisierung langfristiger, finanziell abgesicherter Modellversuche mit unterschiedlichen Schwerpunkten sowie den Ausbau der Grundlagenforschung; 2. die Entwicklung hochwertiger, exemplarischer Programme für den Primarbereich und 3. Maßnahmen der Fortbildung und der Ausbildung von Grundschullehrern im Bereich der neuen Techniken und Technologien. Die meisten der konkreten Empfehlungen sind auch heute noch Desiderat.

Mitte März 1989 fand in Soest ein *Symposion* zum Thema »Computereinsatz in der Grundschule?« statt (im einzelnen LSW, 1989), auf dem zunächst die Dominanz einer ablehnenden Haltung gegenüber dem Thema zu spüren war, am zweiten Tag – nach den Vorträgen der wenigen ausländischen Gäste – sich aber eine gedämpfte Sympathie für die Fortsetzung eng begrenzter Modellversuche ausbreitete. Und in einem weiteren Punkte bestand Einigkeit: Entscheidend für die Arbeit mit dem Computer in der Grundschule ist nicht die technische Seite, sondern *der didaktisch-methodische und pädagogische Rahmen*, in dem sich diese Arbeit vollzieht.

Das Hagener Projekt erntete auf dem Symposion von einigen Seiten (Kochan, Liepe und ausländische Teilnehmern) Lob und Anerkennung, sah sich aber – neben durchsichtiger Polemik – auch direkter oder subtiler Kritik ausgesetzt. Kritik bezog sich zumeist auf Schwachstellen, die in dem Bericht selbst markiert worden waren. Im Kern betraf dies die kurze Spanne, in der die konkreten Erfahrungen gesammelt worden waren. Wenn auf diesem Symposion von mehreren Seiten gefordert wurde, die in Hagen eruierten Effekte in »Langzeitstudien« (u. a. Herrmann in LSW, 1989, S. 70) zu überprüfen, zu erhärten oder ggf. zu falsifizieren, dann traf dies voll und ganz mit den selbstkritischen Forderungen der Hagener Gruppe zusammen. Nicht untypisch für den Umgang mit dem Thema ist aber die Tatsache, daß diese Langzeituntersuchungen mit wissenschaftlicher Begleitung, die auch eine Vertiefung und Verbreiterung einzelner Fragen hätte einschließen müssen (siehe Mitzlaff u. a., a. a. O., S. 221 ff.) gerade nicht finanziell gefördert wurde und an der Finanzierungsfrage scheiterten mußte. Solange aber die finanziellen und personellen Ressourcen zu derartigen Langzeitprojekten mit wissenschaftlicher Begleitung in der Grundschulpraxis fehlen, wird man diese methodologische Kritik immer wieder ins Feld führen können. Forschungspolitischer Zufall?

Nach dem Symposion gab es vor allem zwei voneinander getrennte Ebenen und Entwicklungsstränge, in denen die Auseinandersetzung mit dem Thema fortgesetzt wurde, nämlich a) konkrete Projekte einzelner Praktiker, für die es inzwischen genügend theoretische Argumente und Konzepte gab, um in ihrer konkreten Klasse den Computer einzusetzen, und b) die drei weiter unten beschriebenen Modellversuche (siehe Kap. III).

In den 80er Jahren erschienen verschiedene *Meta-Studien*, die eine systematische Auswertung und Zusammenfassung der bisherigen empirischen Untersuchungen zu den Effekten der Computernutzung im schulischen Bereich zu leisten versuchten. Die bekannteste Meta-Studie aus dem deutschen Sprachraum stammt von Karl Frey von der ETH Zürich und bezieht eine breite Zahl internationaler Untersuchungen ein. Bezüglich der Frage nach der Wirksamkeit von Computer-Lernprogrammen gelangt sie zu dem Ergebnis, daß

»computergestützte Programme im Vergleich zum Standardunterricht in Schulen für Lernbehinderte und in Sonderschulen den größten Nutzen bringen. Die Effektstärke übertrifft jene der Sekundarstufe um das Doppelte. Dann folgen die Primarschulen« (Frey, 1989, S. 640).

Für die Sonderschulen wurde in einem – hier nicht näher zu erläuternden Verfahren – eine Effektstärke von 0.66 (Basis 26 Untersuchungen), für die Primarschulen eine Effektstärke von 0.45 (Basis N = 28) ermittelt. Für die Sekundarstufe hingegen nur eine Effektstärke von 0.32 und für das College lediglich von 0.26 (a. a. O.), wobei Frey erläutert, daß man Effektstärken von 0.2 oder 0.3 »bereits zur Kenntnis nehmen« dürfe, »solche ab 0.4 oder 0.5« hingegen »beachtlich« seien »und ... eine Verdopplung der Wirkung in der Experimental- gegenüber der Kontrollgruppe bedeuten« könnten (ebd., S. 639). In zahlreichen ausländischen Arbeiten findet Frey für die Primar- und die Sekundarstufe bestätigt, »daß der Computereinsatz« bzw. die Arbeit mit Lern- und Übungsprogrammen den schwächeren Schülern stärker hilft als den leistungsstarken (vgl. a.a.O., insbes. S. 650).

Besonderen Nutzen hätten nach Freys Studie computergestützte Programme für »jüngere Kinder und Jugendliche mit Lernschwierigkeiten«, die sicherlich nicht nur in der Sonderschule zu finden sind, von integrativen Konzepten einmal ganz abgesehen. Für die Primarschule glaubt Frey indes eine »ambivalent(e) Sachlage« ausmachen zu können:

> »Wer auf möglichst gute Schreib-, Lese- und Rechenleistungen Wert legt, und dies auch noch für Randgruppen, die bislang benachteiligt waren, sollte hier aktiv werden. Wer dagegen auf eine Schule ohne die üblichen Primarschulnoten und die nachfolgende Momentanselektion setzt, kann während der nächsten Jahre die Computer links liegen lassen. Allerdings sollte man die Arbeiten in Frankreich, Schottland und den USA im Auge behalten« (a.a.O., S. 641).

Demnach würde also der eher progressiv gesonnene Grundschulpädagoge auf die Arbeit mit dem Computer verzichten! oder doch nicht?

So verdienstvoll die Studie Freys auch ist, seine grundschulpädagogischen Schlußfolgerungen vermögen nicht in allen Punkten zu überzeugen und enthalten meines Erachtens eine fragwürdige Überinterpretation der Datenbasis. Schaut man genauer hin, dann basieren sie allein auf der Analyse von Arbeiten mit *Lern- und Übungssoftware* (Drill-and-Practice-Typ, aber auch sog. Tutorials); offene Anwenderprogramme, die für stärkere und schwächere Schüler in einem hier angedeuteten selbstbestimmten Lernkontext von Interesse sein könnten, werden nicht erwähnt. Daß die Arbeit mit derartigen Programmen, die Entwicklung gerade eines solchen Lernkontextes (Stichwort: Schreibprojekte und -konferenzen) fördern kann, wird nicht einmal angedeutet. Überdies fließen in die pädagogische Schlußfolgerung auch zeitbedingte und aus pädagogischer Sicht eigentlich sekundäre Aspekte ein, die erst in späteren Passagen der Darstellung deutlich werden. So z.B. die Frage nach den hohen Kosten für leistungsstarke Hardware-Systeme, die für höherwertige Software notwendig wären (vgl. ebd., S. 643). Allerdings erkennt Frey, daß sich diese Situation mit den sinkenden Speicherkosten »ab Mitte der neunziger Jahre« für die Primarschule grundlegend »ändern« könnte (ebd., S. 643), und eben an diesem Punkt dürften wir heute angelangt sein.

3.1 Neuere Publikationen – Leseanregungen

Nach dem Soester Symposion sind einige Zeitschriftenbeiträge zum Thema »Grundschule und Computer« erschienen, die überwiegend in dem Literaturanhang erfaßt sein dürften. Nur wenige von ihnen enthalten völlig neue Aspekte, die Mehrheit bestätigt oder variiert bereits vorgetragene Positionen. Die »Grundschulzeitschrift« widmete der

Fragestellung 1991 – unter der Moderation von Heiko Balhorn und Hans Brügelmann – ein Themenheft (Nr. 47). In drei Teilen berichtete Eva Schumacher 1993 in der »Grundschule« über ihre, auch in einem Buch niedergelegten, Erfahrungen bei der »computergestützten Gestaltung von Arbeitsmaterialien für den Deutsch- und Sachunterricht in der Primarstufe« (Untertitel, TU-Berlin, 1989). Im September 1994 setzte sich die Zeitschrift »Fragen und Versuche« der Bremer Pädagogik-Kooperative mit dem Computereinsatz in der Freinet-Pädagogik auseinander (vgl. Lehmann; Adam; Bronkhorst; Sehrbrock; Haehnel; Paulke, 1994). Die Buchpublikationen, die nach 1990 in Deutschland zum Thema erschienen sind, lassen sich – abgesehen von den Veröffentlichungen aus den drei Modellversuchen – an einer Hand abzählen: Unter dem Titel »Computer und Kulturtechniken« erschien 1992 ein Tagungsband aus dem Münchner Staatsinstitut für Schulpädagogik und Bildungsforschung (Bogner u. a., 1992), der grundsätzliche Fragen des Themas erörtert, den Primarbereich aber nur am Rande streift. Ralf Schmidt und Heinz-Peter Hallen legten 1992 unter dem Titel »Computer in der Grundschule« ein wenig beachtetes Lese- und Arbeitsbuch vor, das vor allem Lehrerinnen und Lehrern, aber auch Eltern Grundkenntnisse im Umgang mit Hard- und Software vermitteln will, sich aber auch in einem relativ knappen Teil mit pädagogisch-didaktischen Grundsatzfragen beschäftigt. Hofmann, Müsseler und Adolphs gaben 1993 einen bemerkenswerten Sammelband mit Beiträgen zum Themenausschnitt »Computer und Schriftspracherwerb« heraus, der über Programmentwicklungen, exemplarische Anwendungen und Lernkonzepte (Beiträge u. a. von Bohnenkamp, Kühn und Kochan, Müsseler u. a. über TAO) sowie über Einsatzmöglichkeiten des Computers bei spezifischen Behinderungen und Störungen des Schriftspracherwerbs informiert (vgl. Schubenz und Koch, Huber, Störmer, Günther). Unter dem fragenden Titel »Computereinsatz in der Grundschule?« veröffentlichten die beiden ehemaligen Mitarbeiter des Soester Landesinstituts Günter Krauthausen und Volker Herrmann 1994 einen Sammelband, der neue Texte, aber zur Hälfte auch leicht veränderte Wiederabdrucke älterer Beiträge enthält. Informativ sind in diesem Band vor allem die Beiträge von Weber über das Dokumentationssystem SODIS (vgl. auch Glossar), von Sesink und van Lück über die Hyper-Media-Umgebungen (siehe auch van Lück, Kap. III), von Baumann und Monnerjahn über den Rheinland-Pfälzischen Modellversuch (vgl. dies. auch Kap. III) und Nilshon und Klep über britische bzw. niederländische Grundschulsoftware. Zu bedauern bleibt, daß die Beiträge der Herausgeber nicht gründlich überarbeitet wurden, sondern immer noch einige der alten, Ende der 80er Jahre konstruierten Polarisierungen und Vorurteile enthalten. Auffällig ist für den Insider die Annäherung in Hardwarefragen (und in pädagogischen Grundsatzfragen) an die ehemals scharf kritisierte Position des Hagener Konzepts. – Weitgehend ohne Fragezeichen argumentiert der – ebenfalls 1992 – von Franz Arenhövel vorgelegte Band »Computereinsatz in der Grundschule«, in dem der Autor über seine mehrjährigen Erfahrungen in den Klassen 1–4 der Münsteraner Margaretenschule berichtet und reflektiert. Insbesondere dem Einsteiger vermag dieser Band mit seinen Arbeitsbeispielen und Einzelfalldarstellungen wichtige Anregungen und Orientierungshilfen zu geben. Seine Konzeption beschreibt Arenhövel, der in dem vorliegenden Buch mit zwei Beiträgen zu Wort kommt (siehe Kap. II), wie folgt:

> »In unseren Klassenräumen der 2. bis 4. Schuljahre stehen neben anderen Medien wie Puzzles, Lernkarteien, Spielen und anderen mehr auch ein bis drei Rechner. Die Rechner sind Werkzeuge unseres Unterrichts, nicht ganz unwichtige. An diese Werk-

zeuge geben wir einige Aufgaben ab. Schon im 2. Jahrgang verfassen die Kinder eigenständig Schülerzeitungen...« (ders. 1994, S. 42).

In der Margaretenschule ist der Computer vor allem ein Textwerkzeug und eine *Übungshilfe*. Besonders überzeugend wirkt die Verbindung von alltäglichem Unterricht (mit oder ohne Computer) und einer gezielten Individualförderung mit Computerhilfe unter Verwendung *adaptionsfähiger* Software. Wichtiger als der Computer selbst ist dabei aber der pädagogische Gesamtrahmen, der eine breite Palette von Einzelfall-Hilfen und ein sehr hohes persönliches Engagement des Lehrers vorsieht.

3.2 Ausblick

Der Schlußabschnitt des Hagener Projektberichts ging 1990 davon aus, daß »die neuen Informationstechnologien ... auch die Grundschule verändern ..., in die sie früher oder später einziehen werden«, hielt aber eine Empfehlung zur allgemeinen Einführung der neuen Informationstechnologien in den Grundschulbereich noch für verfrüht. Statt dessen plädierte er für die bewußte Nutzung der noch »vorhandenen Freiräume« zugunsten der Grundlagenforschung sowie zur Realisierung einer breiten Palette langfristig angelegter, wissenschaftlich begleiteter Modellversuche bzw. Projekte, »in denen in einer begrenzten Zahl von Schulen wissenschaftlich reflektierte und transferierbare Erfahrungen zum Thema ... gewonnen werden, die geeignet sind, mittel- und langfristige Entscheidungen ... vorzubereiten« (a.a.O., S. 229). Sieht man von den drei Modellversuchen der Länder Rheinland-Pfalz, Nordrhein-Westfalen und – bedingt – Niedersachsen ab, gab es keine entsprechenden Großprojekte. Die Zahl der wissenschaftlich begleiteten kleineren Projekte blieb aus finanziellen Gründen weit hinter den damaligen Vorstellungen zurück. Positiv fällt indes die Zahl engagierter Lehrerinnen und Lehrer auf, die sich inzwischen ohne finanzielle Förderung in schulklassenspezifischen Kleinprojekten dem Thema gestellt haben. Diese Art der Auseinandersetzung fällt insofern nicht aus dem Rahmen, als die meisten grundlegenden Reformen der letzten 15 Jahre im Primarbereich weniger von der wissenschaftlichen oder der bildungspolitischen Ebene als vielmehr von der Praxis ausgegangen sind. Es steht zu erwarten, daß auch die Frage nach der Arbeit mit dem Computer im Grundschulunterricht in den nächsten Jahren auf dieser Ebene weiterentwickelt und beantwortet werden wird, sofern die Kultusbehörden dazu die erforderlichen Freiräume schaffen und immer wieder beobachtbare Abwehrstrategien endlich aufgeben. Zwar besteht die Forderung nach einem Ausbau der wissenschaftlichen Grundlagen- und Begleitforschung weiter. Aber die bereits vorhandenen unterrichtswissenschaftlichen Konzepte dürften mittlerweile genügen, um weiteren Praxisversuchen grundlegende Impulse zu geben. Wertvolle Anregungen könnte der Praktiker aus der Auseinandersetzung mit der britischen Literatur der letzten sechs Jahre (aus der Post-LOGO-Phase) gewinnen, eine Übersetzung richtungsweisender Titel wäre hilfreich.

Von grundlegender Bedeutung für unser Thema ist die eigene Erfahrung der Grundschullehrerin und des Grundschullehrers mit der Computernutzung. Entdecken die Lehrer den Wert des neuen Werkzeuges für ihre eigene (unterrichtsvorbereitende) Arbeit, werden sie mit großer Wahrscheinlichkeit früher oder später auch eine Erprobung in Teilbereichen ihres Unterrichts ins Auge fassen. Während ein Teil der im Dienst befindlichen Lehrergeneration heute noch gewisse Berührungsängste gegenüber den neuen Techniken empfindet, sind diese Ängste der z. Zt. studierenden Generation fremd (vgl. den Beitrag der Frankfurter Studentinnen in Kap. II). Soweit ihr Eintritt in den Schuldienst nicht an finanzpolitischen Vorgaben scheitert, wird damit auch der Einsatz des neuen Mediums im Grundschulunterricht wahrscheinlicher. Die Frage der Arbeit mit dem Computer in der Grundschule wäre demnach letztlich eine Generationenfrage, sofern nicht bildungspolitische Weitsicht schon vorher die Notwendigkeit einer informationstechnischen Basisbildung auch für deutsche Grundschüler erkennen sollte.

Der Spielraum für wissenschaftliche Experimente und bildungspolitische Entscheidungen, den der Hagener Projektbericht 1989/90 betonte, ist angesichts des Einzugs des Computers in die privaten Haushalte (insbes. mit Kindern), der verstärkten Marketingstrategien (u.a. über spezielle Fernsehsendungen), des ab 1993/94 deutlich zunehmenden Engagements der Lehrmittelindustrie und des wachsenden Angebots an Software für den Spiel- und Infotainment-Bereich inzwischen geschrumpft. Die Forderung nach einer basalen, kritischen Medienerziehung, die auch den Umgang mit dem Computer einschließt und die nur in den wenigsten Fällen vom Elternhaus erfüllt werden kann, wird dringlicher. Die Ergebnisse der computergestützten Textprojekte sind inzwischen so überzeugend und zahlreich, daß man dieses Werkzeug heute eigentlich keinem Grundschüler – und auch keinem Schüler der Sekundarstufen – mehr vorenthalten sollte. Ganz anders ist die Situation bei der Lernsoftware einzuschätzen: Die Mehrzahl der Produkte fällt nach wie vor aus pädagogischer, didaktischer, lern- bzw. kognitionspsychologischer, aber oft auch aus technischer Sicht äußerst defizitär aus. Die Gründe dafür sind bereits an anderer Stelle beschrieben worden (vgl. Mitzlaff, u.a. 1990, S. 207ff.). Um so wichtiger ist die Softwareauswahl und um so entschiedener stellt sich die Forderung nach Hilfen für den Grundschullehrer (und auch die Eltern) bei der kritischen Bewertung und Auswahl von geeigneter Lernsoftware (vgl. Kap. VII). Dazu gehört auch die Forderung nach Fortbildungsangeboten zur Entwicklung einer kritischen Software-Kompetenz. Dubiosen Werbeversprechungen und vermeintlichen Prüfsiegeln könnte man u. U. mit einem institutionalisierten pädagogischen Prüfverfahren begegnen.

Schon auf dem Soester Symposion hatte Barbara Kochan für die Grundschulpraxis die notwendigen Freiräume eingefordert:

> »... wir haben doch wohl noch nie über eine wesentliche grundschulpädagogische Frage wissenschaftlichen Konsens gehabt. In all den ›alten‹ strittigen Fragen haben wir noch nie Lehrer dazu angehalten, vorläufig noch nichts zu tun, da die Experten der Wissenschaft erst einmal sagen müssen, ob das überhaupt zu verantworten ist. Die Lehrer haben die Verantwortung. Die Lehrer haben die Verantwortung mit und ohne Computer. Und ich möchte an die Schulbehörden appellieren, den pädagogischen Sachverstand der Lehrer auch in Sachen Computer zu respektieren. Lassen Sie Lehrern, die gute Gründe vorbringen, daß sie sich und ihre Schüler und deren Eltern einer konkreten Erfahrung aussetzen wollen, Freiräume. Lassen Sie dieses Erfahrungmachen zu, bevor die Wissenschaft endlich – zupottegekommen sein sollte. Sie kann diese (von anderen Teilnehmern des Symposions, dV) geforderte Sicherheit niemals bieten« (Kochan, 1989; siehe LSW, 1989, S. 38).

Genau diesen Weg haben seither viele kleine Gruppen oder einzelne Lehrerinnen und Lehrer in mehreren Bundesländern beschritten, auch wenn man ihnen anfangs nicht immer ausreichende »Freiräume« zugestehen wollte und wenn sie nur in Ausnahmefällen mit einer finanziellen Unterstützung seitens des Schulträgers rechnen konnten.

Einige Lehrerinnen und Lehrer, an die hier zu denken ist, haben erfreulicherweise an diesem Band mitgearbeitet (s. u.). Ihre Beiträge können der Grundschullehrerin Anregungen zur theoretischen Beschäftigung mit dem Thema, aber auch zu ersten praktischen Schritten bieten. Die Grundschule verfügt über innovationsfreudige, aber zugleich kritische Lehrerinnen und Lehrer, die sich mit der Frage des Computereinsatzes im pädagogisch-didaktischen Kontext der demokratischen, reformpädagogisch orientierten Grundschule ebenso verantwortungsbewußt auseinandersetzen wie mit anderen Fragen und Schlüsselthemen der Gegenwart (vgl. Klafki, 1993). In zahllosen Gesprächen und Unterrichtsbesuchen habe ich diese Berufsgruppe als dermaßen »hellwach«, aufgeschlossen und kritisch erlebt, daß ich die Empfehlung einer »AWARE-Strategie«, wie sie Krauthausen formulieren zu müssen glaubt (ders., 1994, S. 99ff.), auch bei dieser Fragestellung für völlig überflüssig halte (da sie »offene Türen einrennt«). Das Gleiche gilt übrigens für die Forderung nach einem ›Primat der Didaktik‹ vor der Technik (ebd.). In den vielen Kontakten zu Grundschullehrerinnen und -lehrern ist mir kein Pädagoge begegnet, der diese Forderung nicht akzeptiert und in seinem Unterricht – mit oder ohne Computer – umzusetzen versucht!

Um einem Mißverständnis vorzubeugen: Es wäre völlig falsch, wollte man als Grundschullehrer 1995 in eine technische Torschlußpanik verfallen und umgehend Computer in den Klassenraum stellen. Es wird auch zukünftig guten Grundschulunterricht ohne Computereinsatz geben können. Die Zahl der Computer in einem Klassenraum ist weder heute noch morgen Gradmesser für einen guten Unterricht. Mittelfristig wird aber jede Grundschule eine überzeugende medienpädagogische Antwort auf die außerschulischen Computererfahrungen ihrer Kinder finden müssen! Die Arbeit mit dem Computer in der Grundschule erfordert eine eingehende Vorbereitung, die hier nur andeutungsweise und höchst lückenhaft skizziert werden kann. Zu einer solchen Vorbereitung gehört es zunächst einmal, daß sich der Lehrer mit ausgewählten Anwendungen vertraut macht und dabei die Überzeugung vom Nutzen des neuen Werkzeugs gewinnt. In einem zweiten Schritt wäre dann – unter Zuhilfenahme entsprechender Literatur – z. B. die Frage nach der Bedeutung der Textverarbeitung für den Schriftspracherwerb und die Förderung von Schreibprozessen zu stellen. Wird sie positiv beantwortet, dann wäre in einem dritten Schritt nach geeigneten Textverarbeitungsprogrammen für diese Altersstufe zu suchen und die Frage der Finanzierbarkeit von zwei oder maximal drei Geräten in einem Klassenraum zu klären. Hilfreich ist die Aufnahme von Kontakten zu Lehrerinnen und Lehrern, die bereits seit längerem in der Grundschule mit dem Computer arbeiten. Hilfreich kann auch die Teilnahme an einer schulinternen oder schulamtsspezifischen Fortbildung sein, vorausgesetzt sie verfährt adressatenbezogen und konzentriert sich auf den primarstufendidaktischen Bereich. Bevor es zur Anschaffung von Hard- und Software kommt, wird man sich mit weiteren pädagogisch interessanten Einsatzfeldern, mit der kritischen Prüfung von Lernsoftware und ihren psychologischen Prämissen und pädagogischen Implikationen sowie mit der Analyse und medienpädagogischen Bewertung von Spielsoftware, mit der sich die Kinder außerhalb der Schule beschäftigen, befassen …

3.3 Grundschulspezifische Aufgabe oder privates Angebot?

Abschließend sei über ein Projekt berichtet, das durch seine Organisationsstruktur aus dem Rahmen fällt, aber darin »Schule« machen könnte. Es begann im Februar 1993 in Wermelskirchen, in einem vierten Schuljahr der Grundschule Dabringhausen. Das Besondere an diesem Projekt: Es wurde nicht von der Schule, sondern von einer computerversierten Schülermutter angeboten, die erkannte, daß Grundschüler mit den z. T. bedenklichen Computerspielen nicht alleine gelassen werden dürften. Um die Kinder in sinnvolle Anwendungen – wie Textverarbeitung und Grafik – einzuführen, bot Elisabeth Steffens, den Klassenkameraden ihrer Kinder in Abstimmung mit der Schulleitung in ihrem Privatbüro eine Computer-AG an. Die Kinder und die meisten Eltern waren von dieser Initiative begeistert, in der Tagespresse stieß der Versuch auf die bekannten Vorurteile. Nach der AG hat Frau Steffens eine Projektwoche angeboten, die bei den Kindern eine hohe positive Resonanz fand. Zum Abschluß wurden mit dem Computer u. a. Aufkleber gefertigt, die am Tag der offenen Tür verkauft wurden. Diese Initiative einer engagierten und computerversierten Schülermutter ist aufschlußreich und anerkennenswert zugleich. Die Verlagerung in den halbprivaten Angebotsbereich kann aber auf Dauer – allein schon aufgrund des Gebotes der Chancengleichheit – in einem demokratischen Industrieland sicher nicht als bildungspolitische Lösung angesehen werden!

An den Schluß dieses Abschnittes paßt die Meldung, daß die Firma Futurekids (!), die sich als »weltweit größter Anbieter von Computerschulungen für Kinder im Alter von 4–14 Jahren« vorstellt, Ende Januar 1995 in München ihr erstes deutsches »Schulungszentrum« eröffnet: »Einmal pro Woche, zwischen 45 und 60 Minuten pro Unterrichtseinheit« werden hier die Kinder mit Computern einer speziellen Firma vertraut gemacht … Bis Ende 1995 sollen in zwölf weiteren deutschen Großstädten Computerschulen des amerikanischen Franchise-Unternehmens entstehen …

Hartmut Mitzlaff

Computer und Grundschule 1995 – Zur offiziellen Position in den Bundesländern

> »Es gibt einen Unterschied zwischen der BR Deutschland und den Niederlanden, wenn es zu der Analyse dieser Fragen (den Computereinsatz in der GS betreffend, dV) kommt. Es sind auf dieser Tagung viele Fragen gestellt (worden), wie z.B.: ›Was ist überhaupt menschliche Erfahrung?‹ Ja, diese Fragen haben wir in Holland nicht. Wir erfahren« (Dirk de Jong auf dem Soester Symposion, LSW, 1989, S. 162f.).

1988 stellen Jürgen Liepe und Helmut Schreier fest:

> »Sehen wir uns in unserem Lande um, stoßen wir häufig auf Ablehnung des Computers – nicht nur in der Grundschule, aber dort fast einhellig übereinstimmend« (dies., 1988, S. 100).

Hat sich an dieser einhelligen Abwehrfront in den letzten sieben Jahren etwas geändert? Die Frage verweist uns auf die Ebene der offiziellen Erlasse, Richtlinien und Lehrpläne der Kultusminister der 16 Bundesländer.

1. Das Gesamtkonzept der BLK

Auch heute gilt: Vor dem siebten Schuljahr ist in den offiziellen Plänen der Kultusminister keine aktive Beschäftigung mit dem Computer vorgesehen. In den Klassen 1–6 (also der Grundschule und der Eingangsstufe) kommt das Thema Computer im Regelunterricht nicht vor. Noch immer orientieren sich die Länder, die inzwischen auf höheren Altersstufen die Informationstechnische Grundbildung (ITG), einen Wahlpflichtbereich »informationstechnische Inhalte« und das Fach »Informatik« eingeführt haben, an der Maxime der Bund-Länder-Kommission für Bildungsplanung und Forschungsförderung (BLK) aus dem Jahre 1985 bzw. 1987, und noch immer koppeln sich damit die meisten Bundesländer von einer internationalen Entwicklung ab.

In dem für die Länder richtungsweisenden »Gesamtkonzept für die informationstechnische Bildung« der BLK aus dem Jahre 1987 heißt es:

> »In den meisten Ländern der Bundesrepublik Deutschland ist bisher [Text 1985: »ist bereits«] eine Festlegung dahingehend getroffen, daß die Grundschule zumindest vorerst von einer systematischen Einführung in die informationstechnische Bildung ausgenommen werden soll. Dafür spricht, daß Schülern der Grundschule in erster Linie die traditionellen Kulturtechniken vermittelt werden müssen, deren Beherrschung für das tägliche Leben weiterhin erforderlich bleibt; auch für den Umgang mit dem Computer sind diese Kulturtechniken eine grundlegende Voraussetzung« (BLK, 1987, S. 12).

Neu gegenüber der Darstellung aus dem Jahre 1985 ist allerdings der ergänzende Satz:

> »Inwieweit Computer diese Lernprozesse unterstützen können, wird derzeit in einigen Ansätzen erprobt« (a.a.O., S. 12).

Auf diese Ansätze, die bisher aber in keinem Bundesland zu einer offiziellen Revision der Ablehnung geführt hat, wird weiter unten einzugehen sein. An dieser Stelle sei kurz auf eine Reihe fehlerhafter Unterstellungen und problematischer Setzungen hingewiesen, die die BLK-Aussage enthält:

- Zunächst wird der Eindruck erweckt, als gäbe es keine didaktische Alternative zu einer »systematischen Einführung in die informationstechnische Bildung«. Damit stellt die BLK aber nicht nur ihre eigene Konzeption der (unsystematischen oder vor-systematischen) ITG in Frage, sie blendet auch sämtliche Konzepte des modernen, kind- und lebenwelt-orientierten, vielfach höchst unsystematischen Sachunterrichts der Grundschule aus.
- Die Fassung von 1985 geht von einer sukzessiven Vermittlung der Kulturtechniken und des Computerumgangs aus und unterstellt – im Rahmen einer normativen Setzung –, daß es diesbezüglich keine Verbindung oder gar einen positiven Einfluß der Computerarbeit auf die Entwicklung der Kulturtechniken geben kann (oder genauer: geben darf).

Vermutlich unter dem Einfluß ausländischer Erfahrungen mit mathematischen Drillprogrammen und mit Textverarbeitungsprojekten rückt die BLK 1987 mit ihrem Hinweis auf nicht näher bezeichnete »Ansätze« von dieser strikten Trennung ab.

2. Die aktuelle Position der Kultusminister der Bundesländer

Zum Thema »Computer im Unterricht« befragt, stellte der langjährige Ministerialrat im Mainzer Kultusministerium Alfons Rissberger im November 1994 in einem SPIEGEL-Interview fest:

> »Viele Kultusminister, überhaupt die meisten Bildungspolitiker sind moderne Analphabeten. Die lassen ihre Mitarbeiter am Computer arbeiten. Sie selbst können mit den Geräten kaum umgehen. Für die Zukunft wäre das etwa so, als könnte der Chef einer Fahrschule nicht Auto fahren. Die verantwortlichen Politiker müssen jetzt handeln, sie müssen die Schüler mit Computern und Lern-Software ausstatten, flächendeckend. Sonst verpassen wir international den Anschluß. Zu Hause sind viele Kids ohnehin mit modernsten Geräten versorgt...« (SPIEGEL, 48-1994, S. 79).

In der bundesdeutschen Bildungspolitik steht Rissberger mit dieser provokativen Position noch ziemlich allein.

Um einen Überblick über die aktuellen Positionen der Kultusminister zu gewinnen, wurden 1993 die Kultusministerien der 16 Länder zum Computereinsatz in Grundschulen befragt. Soweit keine Antworten eintrafen, wurde ein Jahr später noch einmal nachgefragt. Die Fragen betrafen die »grundsätzliche Position« des »Ministeriums...

bzgl. des Computereinsatzes im Grundschulunterricht«, die eventuelle Planung von Projekten und Modellversuchen, die eventuelle Arbeit einzelner Grundschulen mit Computern, die Arbeit der Landesinstitute und – über Informationen aus den Wissenschaftsministerien – die Arbeit wissenschaftlicher Institute oder Gruppen.

Die Kernaussagen der Antworten werden nachfolgend wiedergegeben. Um die teilweise recht interessanten Nuancen, die in dieser Art früher nicht zu beobachten waren, erfassen zu können, wird bewußt auf eine tabellarische Synopse verzichtet. Soweit möglich und sinnvoll, werden die Antworten um aktuelle Hinweise oder auch ältere Aussagen ergänzt. Falls Projektberichte vorliegen, werden diese bei der Beschreibung der Länderposition zusätzlich herangezogen.

Baden-Württemberg

In einem Schreiben aus dem Jahre 1988 betont das KM unter Verweis auf die landesspezifische Gesamtkonzeption »Neue Medien und moderne Technologien in der Schule« (1984), daß

> »für die Grundschule der Computer und der Informatikunterricht nicht in Betracht kommen können«.

Begründet wird diese strikte Ablehnung, die in besonderer Weise an der Erfahrungswirklichkeit heutiger Kinder vorbeizielen dürfte, mit dem Prinzip der »Altersangemessenheit« und dem »ganzheitlichen Bildungsbegriff«, dem man sich in besonderer Weise verpflichtet wisse:

> »Musische, emotionale, rationale und soziale Erziehungsziele wurden aufeinander abgestimmt. Eine frühzeitige Hinführung auf eine Computer-Nutzung in der Schule würde die rational-technische Komponente einseitig verstärken. Gerade in jungen Jahren darf keine Verengung des Denkens erfolgen« (KM, BW, 1988).

Im September 1994 weist das Ministerium für Kultus und Sport auf den Plan hin,

> »ab dem Schuljahr 1995/96 an zehn bis zwölf Grundschulen einen Multimedia-Versuch durchzuführen, um den Einsatz des Computers als Unterrichtsmedium auch an dieser Schulart zu erproben. Bei diesem Versuch geht es um die Klärung der Frage, inwieweit multimediale Arbeitsumgebungen als pädagogisch angemessene, zeitgemäße Form des entdeckenden und interaktiven Lernens bereits in der Grundschule eingesetzt werden könnten«. Diese »Erprobung« werde vom »Landesinstitut für Erziehung und Unterricht wissenschaftlich begleitet« (KM, 21. 9. 1994).

Als Software ist die modifizierte Version des *»Grünen Klassenzimmers«* (s.u.) auf Windows-Basis vorgesehen. Ein Abschlußbericht wird für Oktober/November 1997 in Aussicht gestellt.

Weiterhin seien dem Ministerium im Lande »einzelne Grundschulen« bekannt, die den »Computer auch als Arbeitsmedium« einsetzten. Da es sich dabei aber um keine koordinierten oder wissenschaftlich begleiteten Versuche handele, könne man auch keine Anschriften nennen. Auf die Frage, ob »interessierte Lehrerinnen und Lehrer in den Grundschulen« des »Landes Computer einsetzen… dürfen«, antwortetet das Ministerium 1994:

> »Der Einsatz des Computers in der Grundschule ist rechtlich nicht geregelt. Grundsätzlich ist jedoch in Baden-Württemberg für Lehrerinnen und Lehrer Methodenfreiheit gewährleistet« (ebd.).

Summa summarum darf man im Unterschied zu der strikten Ablehnung, die Franz Arenhövel für dieses Bundesland noch vor wenigen Monaten ausmachen zu können glaubte (vgl. ders., 1994, S. 18), für Baden-Württemberg heute eine vorsichtige Öffnung gegenüber der Thematik konstatieren, die an das hochentwickelte Multi-Media-Konzept gebunden ist.

Bayern

Offiziell »erfolgt derzeit kein Computereinatz in der Grundschule« (Schreiben des KM, 1993). In dem beigefügten »Gesamtkonzept für die informationstechnische Bildung in der Schule« (1990) heißt es zum Thema Grundschule:

> »Das Staatsministerium verfolgt die Versuche in anderen Ländern zum Einsatz des Computers mit Aufmerksamkeit. Auch an einzelnen bayerischen Schulen experimentieren interessierte Lehrerinnen und Lehrer mit dem Computer als didaktisch-methodisches Hilfsmittel zum Lese-, Rechtschreib- und Rechentraining.
>
> Das Staatsinstitut für Schulpädagogik und Bildungsforschung und die Zentralstelle für Computer im Unterricht werden diese Ansätze weiterhin verstärkt beobachten, vorhandenes Material sichten, einzelne Fragestellungen untersuchen und die gewonnenen Erfahrungen auswerten. Hier sind vor allem die Auswirkungen der informationstechnischen Bildung auf die traditionellen Kulturtechniken zu beachten. Dies ist Gegenstand eines Forschungsvorhabens des Staatsinstituts, das ab Sommer 1990 durchgeführt wird.
>
> Eine systematische Einführung des Computers als Lerngegenstand ist derzeit in der Grundschule nicht vorgesehen« (a.a.O., S. 27).

Im Rahmen des hier erwähnten Forschungsvorhabens fand im November 1990 in der Dillinger Akademie für Lehrerfortbildung eine internationale Fachtagung zu den »Auswirkungen der informationstechnischen Bildung auf allgemeinbildende Elemente, Einstellungen und Verhaltensweisen von Jugendlichen« statt. In den interessanten Diskussionsbeiträgen spielt die Grundschule überwiegend aber nur eine untergeordnete oder gar keine Rolle (Bogner, 1992). Leider konnte das Modellvorhaben selbst nicht verwirklicht werden, da eine Förderung durch das BMBW ausblieb. Seit dem Schuljahr 1994/95 läuft an ausgewählten Grundschulen des Aufsichtsbezirkes Oberbayern und Schwaben sowie an Sonderpädagogischen Diagnose- und Förderklassen unter dem Titel TAOS (= Texte für Auge und Ohr im Schuleinsatz) ein Schulversuch, in dem die TAO-Programme (Texte für Auge und Ohr) des Münchner Max-Planck-Instituts für Psychologische Forschung (Prof. Prinz und Dr. Werner Hoffmann) zur Förderung des Erstleselernprozesses zu Beginn der Jahrgangsstufe 1 (!) eingesetzt werden. Der Versuch, der vor allem auf Einzelfallstudien abzielt, ist auf drei Jahre angelegt.

Die Signale, die man bezüglich der grundsätzlichen Einschätzung des Mediums 1994 aus dem Freistaat erhält, sind – insgesamt gesehen – uneinheitlich. Während die Augsburger »Zentralstelle für Computer im Unterricht« im September die zurückhaltende Linie des Bayerischen Staatsministeriums« (vgl. auch Zehetmair in FOCUS, 1994) bestätigt und den »Vorrang« der »klassischen Kulturtechniken« unterstreicht, deutet die Position des Münchner »Staatsinstituts für Schulpädagogik und Bildungsforschung« auf eine Trendwende hin. Der Rektor des Instituts, Peter Huber, teilt ebenfalls im September mit:

> »Das Thema Computereinsatz in der Grundschule wurde lange Zeit in Bayern zurückhaltend behandelt. Derzeit wird eine Fortschreibung des Gesamtkonzeptes zur informationstechnischen Bildung erarbeitet (s. o., d. V.), die aber nicht vor Mitte 1995 veröffentlicht werden wird. Hier wird ganz sicher das Kapitel, das die Grundschule betrifft, eine Überarbeitung erfahren ... Daß der Einsatz des Computers als Differenzierungs- und Übungsmedium in manchen Bereichen des Grundschulunterrichts sinnvoll sein kann, ist 1994 eigentlich selbstverständlich« (a. a. O., 1994).

Berlin

Eine Antwort der Berliner Senatsverwaltung für Schule, Berufsbildung und Sport ließ lange auf sich warten. Im Dezember 1994 teilte die Behörde mit, daß in der Senatsverwaltung

> »zur Zeit ... an einem Berliner Gesamtkonzept gearbeitet« werde, »das die grundschulrelevanten Aspekte der informations- und kommunikationstechnologischen Bildung mit der notwendigen Medienerziehung altersgemäß, exemplarisch und handlungsorientiert verbinden soll. Ob und in welchem Umfang ein Computereinsatz in der Grundschule in Frage« komme, könne »erst dann beantwortet werden, wenn« dieses »Konzept fertiggestellt und intern abgestimmt« sei.

In einer Anlage werden 14 Grundschulen aufgeführt, die zur Zeit mit Computern arbeiten. Eine solche Arbeit sei – so betont der zuständige Sachbearbeiter – für interessierte Grundschullehrer und -lehrerinnen grundsätzlich möglich. »Vor dem Einsatz« des Computers sei allerdings »eine schulfachliche Genehmigung einzuholen«. Ab Schuljahr 1995/96 wird eine Berliner Grundschule auch an dem geplanten COMENIUS-Projekt teilnehmen. Dabei handelt es sich um ein medienpädagogisches Pilotprojekt, das Schulen über ein Glasfaserkabel miteinander und mit Datenbanken verbindet.

Brandenburg

Das Pädagogische Landesinstitut Brandenburg, das mit der Beantwortung der Anfrage beauftragt wurde, teilt die

> »Auffassung«, daß der »Bereich der informationstechnischen Bildung ... in der Grundschule beginnen sollte«.

Deshalb verfolge man dort auch mit Interesse die Modellversuche anderer Bundesländer und einzelner Forschungsinstitute. Zur Zeit konzentrierten sich die brandenburgischen Initiativen allerdings auf die Sekundarstufe I und die neustrukturierte gymnasiale Oberstufe.

Bremen

1988 teilte der bremische Senator für Bildung, Wissenschaft und Kunst mit, daß in Bremer Grundschulen »keine Computer eingesetzt« würden und daß »deren Einsatz« auch »mittelfristig nicht vorgesehen« sei. Diese ablehnende Haltung blieb bis 1994 bestimmend (vgl. Arenhövel, 1994, S. 18). Seit dem 1. 8. 1994 läuft – unter Federführung des Informatikers Frieder Nake von der Universität Bremen – die erste, vorbereitende Phase eines Projekts der Schulbegleitforschung zum Thema »Computer in Arbeitsumgebungen für offenen Unterricht« (kurz »Ciao«). An dem Projekt, das bis zum 31. 7. 1997 dauern soll, werden sich in der Praxisphase acht Grund- und Sonderschulen des Stadtstaates beteiligen.

Grundsätzlich gehen Nake und seine Bremer Gruppe davon aus,

> »daß die Informationstechnik und ihr Kern, der Computer gesellschaftlich so sehr zur allgemeinwirksamen Realität geworden ist, daß ein Tabu sie nicht (länger) von der Grund- und Sonderschule fernhalten wird. Den Computer deswegen dort emphatisch mit einem erleichterten ›endlich‹ zu begrüßen, dafür besteht allerdings kein Anlaß« (Nake, 1994, S. 7).

Der Bremer Ansatz interessiert sich für den Computer nicht als Tutor oder Unterrichtsgegenstand, sondern »als instrumentales Medium«, sprich als Werkzeug, und fragt u. a., ob und wie die Arbeit mit ihm in Grund- und Sonderschulen die intendierte »Öffnung von Unterricht« fördern kann. Hier berührt sich das Projekt mit bereits bekannten Ansätzen, wie z. B. dem Hagener oder dem Marburger Konzept; deutlicher als diese, scheint es aber »eine informatische Ausrichtung« verfolgen zu wollen, die bisher allerdings nur vage angedeutet worden ist. Zu den übergeordneten Fragen, die die Einzelprojekte verbinden, gehören u. a.

»– Was sind gute Beispiele für eine nützliche Funktion des Computers im Rahmen des Offenen Unterrichts? Was sind schlechte Beispiele?
– Was sind erfolgreiche Beispiele für die Förderung von Lernprozessen bei Behinderten? Was sind unglückliche Beispiele?« (Nake, 1994).

Unterhalb dieser Rahmenfragen verfolgt Nakes Ansatz ein ganzes Bündel von Detailfragen, das im Verlauf der Handlungsforschung weiter präzisiert werden soll. Zu einem Großteil der Fragen, die den Zusammenhang von Computereinsatz und offenem Grundschulunterricht betreffen, liegen bereits überzeugende Beispielantworten vor, die aber häufig an der Kürze des entsprechenden Beobachtungszeitraums kranken. Es bleibt abzuwarten, ob die Bremer Schulbegleitforschung, die sich über einen längeren Zeitraum als viele der bisherigen Projekte erstreckt, die dabei gewonnenen Kurzzeitdaten erhärten kann oder nicht.

Von besonderem Interesse sind die Einbeziehung von Grund und Sonderschule in einen gemeinsamen Forschungskontext und die dabei anvisierten integrativen und kooperativen Konzepte.

Mit Nakes Projekt, das sich in besonderem Maße um Ausgewogenheit bemüht (vgl. im Detail Nake, 1994), hat auch Bremen eine wissenschaftlich begleitete Öffnung der Grundschule für das neue Werkzeug Computer eingeleitet. Man darf auf die Konkretisierung des Ansatzes und die dabei gewonnenen Ergebnisse gespannt sein. Der Bremer Senator will »die Erfahrungen des Schulbegleitforschungsprojektes abwarten, ehe vom Haus aus weitere Schritte der Unterstützung für den Computereinsatz in Grundschulen geplant werden« (Mitteilung, Okt. 1994). Die positive Formulierung läßt aufmerken!

Hamburg

Im Grundsatz folgt man der BLK-Vorgabe und plädiert für den Beginn der ITG in Klasse 7.

> »In Grundschulen werden Computer... nur in Ausnahmefällen, im Rahmen von Erprobungen (z.B. für die Freiarbeit in Integrationsklassen) und aufgrund der Initiative einzelner Lehrerinnen und Lehrer eingesetzt.«

Diese Initiativen werden immerhin von der Schulbehörde der Hansestadt geduldet. Weiterhin enthält das Schreiben des Hamburger Oberschulrates den Hinweis auf ein Schreibprojekt von Heiko Balhorn, das an zwei Hamburger Schulen durchgeführt wurde und von der »Schulbehörde unterstützt« worden sei.

Hessen

Das Kultusministerium stellte 1993 fest, daß »der Computereinsatz in der Grundschule in Hessen bislang sehr zurückhaltend gefördert« worden sei. Man habe zunächst die Ergebnisse der Modellversuche aus den drei Bundesländern abwarten wollen (s.u.). Im Rahmen des »Zukunftsdialogs zum Lehren und Lernen« seien dann im hessischen KM 1992 »erste Vorschläge für das weitere Vorgehen... formuliert« worden. »Demnach«, so heißt es weiter, »sollte Computereinsatz in der Grundschule in erster Linie der Medienerziehung dienen.« Darüber hinaus sei das Hessische Institut für Bildungsplanung und Schulentwicklung (HIBS) mit der systematischen Auswertung von Erfahrungen zum Computereinsatz in Grundschulen beschäftigt. Schließlich plane dieses Institut »eine *systematische Unterstützung* von Computeranwendungen im Grundschulbereich« (Hinweis 1993).

Weiterhin wird in dem Schreiben des Kultusministeriums auf ein konkretes Pilotprojekt hingewiesen, das seit 1991 aus Eigeninitiative an sechs Grundschulen in Marburg bzw. im Kreis Marburg/Biedenkopf – in Absprache mit dem Schulträger und dem Hessischen Institut für Lehrerfortbildung (HILF), Zweigstelle Marburg – entstanden ist. Nach der Vorbereitung der 13 Lehrkräfte (zwölf Lehrerinnen und ein Lehrer!) konnten im Februar 1993 die praktischen Arbeiten in den Schulklassen beginnen. 1994 wurden die Projektergebnisse aus den insgesamt 15 Klassen (mit 258 Schülern) offiziell der Öffentlichkeit vorgestellt.

Zu den Kennzeichen des Marburger Ansatzes, über den der Projektleiter Udo Spindler weiter unten ausführlich berichtet (siehe Kap. II; vgl. auch Terstappen, 1992, 1993 und 1994), gehören

- die Konzentration der Arbeit auf »kreative Textproduktionen«;
- der Einsatz des Computers im binnendifferenzierten Unterricht;
- die Absage an »sture Übungsprogramme« nach dem Drill-and-Practice-Typ;
- die Einbindung der Textverarbeitung in komplexe Projekte;
- die Betrachtung des Computers als ein ergänzendes Arbeitsmittel und Medium neben anderen.

Mit diesen Merkmalen entwickelt der Marburger Ansatz Konzepte weiter, die bereits für die Hagener Pilotstudien grundlegend waren. Neu ist allerdings die Ausdehnung der Arbeit auf die Klassen 1 und 2 sowie die Vorklasse (s.u.).

Allem Anschein nach haben das Marburger Projekt und andere Schulversuche in Hessen manche Vorurteile gegen einen Computereinsatz im Grundschulunterricht abgebaut und weitere Innovationsprozesse in Gang gesetzt: So plädiert das HIBS in Wiesbaden inzwischen für einen systematischen Erfahrungsaustausch zwischen den Schulen des Landes, die in den letzten Jahren in Einzelinitiative Erfahrungen mit Computern gesammelt haben (vgl. Terstappen, 1994). Im Oktober 1994 stellte das HIBS in Kooperation mit den HILF-Außenstellen Marburg und Fulda ein Projekt vor, das von 1994 bis 1996 an acht Schulen realisiert werden soll. Dabei sind vier Bereiche zum Einsatz des Computers vorgesehen:

»I. Computereinsatz im Sinne des Werkzeuggebrauchs – schreiben, gestalten, konstruieren;
II. Computereinsatz in einem differenzierten und flexiblen Unterricht – üben, vertiefen, ergänzen, selbständiges Erkunden;
III. Medienerziehung – herstellen, gebrauchen und reflektieren;
IV. Computer als Hilfe in einem integrativen Unterricht – helfen, unterstützen, kompensieren« (HIBS, Okt. 1994, S. 4).

Vor dem Hintergrund der hessischen Integrationsprojekte wird mit dem vierten Einsatzbereich ein wichtiger, bislang kaum beachteter Ansatz in die Diskussion eingebracht. Der Katalog der Bereiche unterstreicht die Komplexität des didaktisch-methodischen Ansatzes.

Die Vorbemerkungen des verantwortlichen Projektleiters des HIBS, Rudolf Peschke, markieren die Neueinschätzung, die sich in Hessen abzeichnet. U.a. heißt es dort:

> »Heute sind Computer in allen Lebensbereichen selbstverständlich geworden. Zum Für und Wider ihrer Einführung und Verbreitung wird keine große Debatte mehr geführt. Sie sind Bestandteil unserer Lebenswirklichkeit geworden. Für die Grundschuldiskussion haben sich dadurch Rahmenbedingungen entscheidend geändert. Wenn die Grundschule den Kindern helfen soll, ›sich auf ihre Weise mit ihrer Umwelt auseinanderzusetzen und ihre Kräfte und Fähigkeiten in gelebter Gegenwart auszubilden‹ sowie ›den Kindern die geistigen moralischen und praktischen Grundlagen für die zukünftigen Aufgaben in der Erwachsenenwelt zu vermitteln‹ (Rahmenplan Grundschule), dann ist eine Auseinandersetzung mit dem Phänomen Computer nicht aufschiebbar« (Peschke in: HIBS, Okt. 1994. S. 3).

So deutlich wurde dies bisher noch in keinem Konzept eines Landesinstituts zum Ausdruck gebracht!

Förderung vom HIBS erhält inzwischen auch das Projekt der Paul-Gerhard-Schule in Hünfeld, das sich seit Januar 1992 in den Klassen 2–4 mit der computergestützten Herstellung und dem Vertrieb einer Schulzeitung befaßt. Das Projekt, das »den Kindern eine Orientierungshilfe zur sinnvollen Nutzung des Computers hinsichtlich von Textbearbeitung eröffne(n)« will (Stangier, 1994), wurde inzwischen in den hessischen Modellversuch HELIOS (»Eigeninitiative und ganzheitliches Lernen«), der sich um den Ausbau projektorientierter, lebensnaher Lernprozesse und einer gemeinwesenorientierten Schularbeit bemüht, aufgenommen (vgl. HIBS: HELIOS u. a., 1994). Die allgemeine Projektbeschreibung unterstreicht den Werkzeugcharakter des Computers und die Einbindung der Textverarbeitung in den lebensweltbezogenen Lernprozeß:

> »Die Schulzeitung ist ein Produkt, das die enge Verbundenheit der Grundschule mit ihrer Gemeinde widerspiegelt. Die Kinder unterschiedlicher Klassen gewinnen Anregungen für Texte durch eigene Ideen, über Gespräche mit Eltern, Erwachsenen und anderen Kindern oder durch Ereignisse im Umfeld und produzieren mit Hilfe von Computern eine Zeitung. Elemente der Planung, der Arbeitsteilung und des Vertriebs sollen die Kinder schrittweise entwickeln und verbessern« (HELIOS, a.a.O., S. 3).

Auch in dem bereits zitierten Entwurf zum neuen hessischen »Rahmenplan Grundschule« werden Computer an verschiedenen Stellen thematisiert. Eine »Klassenzeitung am PC gestalten« wird dort zu den beispielhaften Erfahrungen des Technikbereichs gezählt, in dem es um den »sachgemäßen Umgang mit und kreativen Gebrauch von technischen Geräten und Medien« geht. Unter dem fächerübergreifenden Gebiet der Medienerziehung findet der Lehrer in dem Rahmenplan auch die Aufgabe »Computer als Werkzeug benutzen«. Interessanterweise steht diese Aufgabe neben dem Inhalt »Mit der Freinet-Druckerei Texte/Bilder drucken«. Im Rahmen der Aufgabe »Reflexion über Medien« sollen die Kinder dann u. a.: »Möglichkeiten der Freinet-Druckerei, einer Schreibmaschine und eines Computers untersuchen« (Fassung September 1993, u. a. S. 215).

Auf der Lehrplanebene und auf der Ebene der kultusministeriell geförderten Projekte markieren diese Aussagen eine *klare Wende hin zur offiziellen Anerkennung* der Arbeit mit dem Computer im Grundschulunterricht. Bundesweit liegt damit »Hessen vorn«.

Mecklenburg-Vorpommern

Die Referentin für Neue Technologien im KM beschreibt die bisherigen Aktivitäten in der Sekundarstufe I und verweist auf die Notwendigkeit, daß man sich bei der Neuorganisation des Schulwesens – allein schon aus Kostengründen – auf bestimmte Bereiche konzentrieren müsse. Immerhin würden aber

> »Modellversuche, wie beispielsweise (der) rheinland-pfälzische Modellversuch CLiP, … mit Interesse« verfolgt.

Eigene Vorhaben sind derzeit noch nicht geplant.

Niedersachsen

> »Grundschulen, die bereits Erfahrungen mit dem Einsatz des Computers als Werkzeug und Medium gewonnen haben, sind dem Niedersächsischen Kultusministerium« – laut Antwort aus dem Jahre 1993 – »nicht bekannt«.

Auf dem Soester Symposion hatte der Vertreter Niedersachsens indes noch von einer Lehrergruppe berichtet, die seit vier Jahren Erfahrungen beim Einsatz des Computers im Unterricht gewonnen hatte und über diesen längeren Zeitraum die Erfahrungen aus dem Hagener Ansatz grundsätzlich bestätigen konnte. Recht offen und reformfreudig klang seinerzeit die abschließende Feststellung W. Vogts:

> »In Niedersachsen kann jeder Lehrer, so wie er einen Kassettenrecorder einsetzt, auch einen Computer einsetzen. Es ist didaktisch gesehen nichts anderes, ein Hörspiel mit dem Kassettenrecorder entstehen zu lassen, als einen Computer einzusetzen« (ders. in LSW, 1989, S. 51f.).

Der Modellversuch des Landes, der im Anschluß an das Symposion beantragt wurde und der weiter unten dargestellt werden wird (vgl. Astrid Vietmeier in Kap. III), setzt nicht auf einen Einsatz von Computern im Unterricht, sondern verfolgt – nach den Angaben des KM – vor allem »die Frage, wie eine grundlegende, auch die sog. ›Neuen Medien‹ erschließende, allgemeine Medienkompetenz der Schülerinnen und Schüler angebahnt werden kann. Daneben« – so heißt es in der differenzierten und ausführlichen Antwort weiter – »sollen die Schülerinnen und Schüler auch propädeutisch Einsatzmöglichkeiten der Neuen Techniken in ihrer unmittelbaren Lebensumwelt kennenlernen«. Im übrigen regele man die Arbeit mit Computern in der Grundschule nicht per Erlaß, sondern stelle sie »in die pädagogische, didaktisch-methodische Verantwortung der Lehrkräfte«. Der einzelne Lehrer darf also, wenn er will und über entsprechende Geräte verfügt, mit Computern arbeiten:

> »Weder wird ein Computereinsatz in der Grundschule besonders befürwortet, noch werden Schulen, die in Eigeninitiative entsprechende methodische Versuche unternehmen, hieran gehindert oder durch besondere Auflagen eingeengt. Wir gehen davon aus, daß die Lehrerinnen und Lehrer den Computer nur in solchen Unterrichtsphasen einsetzen, in denen er gegenüber anderen Lernmedien tatsächlich methodisch-didaktische Vorteile aufweist.«

Gedacht wird dabei vor allem an

> »zusätzliche Möglichkeiten zur Individualisierung von Übungsphasen etwa im Mathematikunterricht oder zur Förderung der Kreativität im Deutsch- oder Kunstunterricht«.

Deutlich distanziert man sich von offenkundigen Fehlentwicklungen:

> »Pädagogisch nicht vertretbar wäre dagegen eine Neuauflage des sogenannten ›programmierten Unterrichts‹ der 60er Jahre; also ein Versuch, den Schülerinnen und

Schülern umfangreiche Unterrichtsinhalte durch didaktisch kleinschrittige und linear organisierte Computerprogramme in Frage- und Antwort-Manier zu vermitteln« (KM, Niedersachsen, a.a.O., 1993).

Nordrhein-Westfalen

Nach wie vor berichten Lehrerinnen und Lehrer, daß sie bei ihren Plänen, den Computer in der Grundschule einzusetzen, keine Unterstützung erhalten. Offiziell gilt im Lande nach wie vor die BLK-Linie von 1987. Ein Einsatz des Computers »als komfortable Schreibmaschine« wird derweil in einer wachsenden Zahl von Schulen durch die Schulaufsicht toleriert. Das Kultusministerium verweist auf den weiter unten beschriebenen Modellversuch (s.u. sowie W. van Lück in Kap. III).

Rheinland-Pfalz

Auch hier verweist das Ministerium auf den weiter unten skizzierten Modellversuch (s.u. sowie Baumann und Monnerjahn in Kap. III dieses Bandes).

Saarland

Im Saarland diskutiert man das angeschnittene Thema »eher zurückhaltend«. In der Antwort des Ministeriums für Bildung und Sport heißt es wörtlich:

> »Selbstverständlich verfolgen wir mit Interesse die Entwicklung in den anderen Bundesländern und werten Modellversuchsergebnisse differenziert und konsequent aus. Bisher sind ... jedoch keine Erkenntnisse und Konzeptionen bekannt, die so überzeugend wären, daß sie angesichts der im Saarland sehr angespannten Haushaltslage ein finanzielles Engagement in einem größeren Rahmen rechtfertigen würden.«

Der Hinweis auf die Finanzlage, der in dieser Offenheit einmalig ist, wirkt aufschlußreich.

Sachsen

Die zuständige Referentin im KM verweist auf die bekannten Schwierigkeiten bei der Umstrukturierung des Schulwesens. Weiterhin wird betont, daß »das Sächsische Staatsministerium für Kultus« der Frage des Computereinsatzes im Grundschulunterricht »offen gegenüber«-stehe. »Es ist uns bekannt«, so heißt es weiter, »daß Computer im täglichen Leben und auch beim Spielen der Grundschulkinder zunehmend an Bedeutung gewinnen. Welche Möglichkeiten sich dadurch den Kindern eröffnen und welche Gefährdungen sich dadurch ergeben können, wird sorgfältig zu beobachten sein. Rheinland-Pfalz hat mit dem computerunterstützten Lernen in der Grundschule bereits positive Erfahrungen gemacht.«

Des weiteren wird darauf hingewiesen, daß in einigen Grundschulen, die mit weiterführenden Schulen unter einem Dach untergebracht seien, »einige Grundschulleiter... die Computerkabinette... außerunterrichtlich in Form von Arbeitsgemeinschaften nutzen. Im Unterricht« selbst »kommen keine Computer zum Einsatz«. Erwähnt sei, daß man im Freistaat Sachsen – nach entsprechenden Initiativen des Kultusstaatssekretärs Nowak – ein eigenes Schulfach Medien plant.

Sachsen-Anhalt

Z. Zt. ist »nicht vorgesehen, die Computerbildung auch im Primarbereich des Landes... einzuführen«. Projekte und Modellversuche sind weder bekannt noch geplant.

Schleswig-Holstein

Das Kieler Landesinstitut IPTS stellt 1993 fest, daß

> »der Einsatz von Computern in der Grundschule« in Schleswig-Holstein »z. Zt. noch kein Thema ist«. Es werde »die generelle Auffassung vertreten, daß Computer zunächst nur in den Sekundarstufen eingesetzt werden sollten«.

Neben oder außerhalb dieser Generallinie gäbe

> »es eine Reihe von Einzelfällen, in denen auch an Grundschulen Computer im Unterricht zum Einsatz kommen. Hierbei handelt es sich in der Regel um den Einsatz von Lernprogrammen in den Aufgabenfeldern ›Lese- und Rechtschreibschwäche‹ und Rechenschwäche«.

Modellversuche oder »Projekte zum generellen Einsatz von Computern in Grundschulen« existierten nicht und seien auch nicht geplant.

Der stufenübergreifende Modellversuch des IPTS »Bausteine für eine schulische Medienerziehung unter besonderer Berücksichtigung der Leseförderung« (vgl. Keudel, 1990/91; Landesinstitut... IPTS), der von 1987 bis 1991 dauerte, berührt die Arbeit mit dem Computer nur am Rande (im Themenfeld Zeitungsherstellung).[1] Er entwickelt aber ein übergreifendes Konzept von Medienerziehung, das auch für den Primarbereich richtungsweisend werden könnte und in das sich – theoretisch – langfristig auch eine stufenspezifische Arbeit mit dem Computer integrieren ließe.

1 Der zeitweilig vorhandene Plan, einen zweiten Block von didaktischen Bausteinen zu entwikkeln, der speziell auf den Computer (und seine Bedeutung für das Leseverhalten) eingehen sollte, mußte inzwischen aufgegeben werden; mündl. Mitteilung des Leiters des Modellversuchs, U. Keudel, 1994.

Thüringen

Ein Computereinsatz ist derzeit nicht vorgesehen. Aktivitäten einzelner Grundschulen sind bisher »nicht bekannt«. Im außerschulischen Bereich sei eine Erfurter Schülerakademie aktiv.

3. Zu den Modellversuchen

Drei Länder – Nordrhein-Westfalen, Rheinland-Pfalz und Niedersachsen – haben nach längerer Vorbereitung Modellversuche auf den Weg gebracht, auf die nachfolgend kurz eingegangen werden soll. Eine detaillierte Beschreibung der drei Modellversuche erfolgt durch die jeweiligen Projektleitungen in Kapitel III dieses Handbuches.

Dem Leser fällt auf, daß an keinem dieser Modellversuche eine Gruppe beteiligt wurde, die zuvor bereits Erfahrungen in altersstufenbezogenen Pilotstudien (z.B. B. Kochan) gewonnen hatte. Dies mag an den thematischen Schwerpunkten liegen. Tatsache ist, daß damit auf die Ausschöpfung vorhandener Innovationspotentiale verzichtet wurde.

Niedersachsen

Am 1. 7. 1990 begann in Niedersachsen der Modellversuch »Beitrag der Grundschule zur informations- und kommunikationstechnologischen Bildung«, der im Juni 1994 abgeschlossen worden ist. Dieser Modellversuch wurde von dem Niedersächsischen Landesinstitut für Lehrerfortbildung, Lehrerweiterbildung und Unterrichtsforschung in Hildesheim (NLI) durchgeführt und verstand sich als Bestandteil des schulformübergreifenden Vorhabens »Neue Technologien und Schule«, das von 1984 bis 1994 lief. Orientiert am alten Rahmenkonzept der BLK, sieht dieses Gesamtvorhaben »die Informations- und Kommunikationstechnologien« vor allem »als *Lerngegenstand*«. Eine »Bewertung von Computern als Werkzeug und Medium im Unterricht« wird demgegenüber an die Fachdidaktik verwiesen. Im Grundschulbereich geht es dem Modellversuch, wie bereits angedeutet, um die Entwicklung und Förderung einer »allgemeine(n) Medienkompetenz der Schülerinnen und Schüler«, in die die »Neuen Medien« eingeschlossen werden sollten, allerdings ohne daß die Kinder direkt mit diesen Medien in der Schule arbeiten und Erfahrungen sammeln können. Die pädagogische und lernpsychologische Problematik dieses Ansatzes, der vor allem auf finanzpolitische Aspekte zurückzuführen sein dürfte, liegt auf der Hand.

Immerhin bezieht Niedersachsen strukturell die Grundstufe voll in das Gesamtkonzept der »Informations- und kommunikationstechnologischen Bildung« ein. Der Modellversuch

> »geht von der Annahme aus, daß bereits die Grundschule hierzu (d.i. zur ›Informations- und kommunikationstechnologischen Bildung‹, d.V.) einen propädeutischen Beitrag leisten kann und muß. Denn die Einführung der neuen Informations- und Kommunikationstechnologien ist Ursache und Folge eines grundlegenden Wandels in unserer Gesellschaft, von dem die Schülerinnen und Schüler nicht erst ab Klasse 7, sondern bereits von früher Kindheit an betroffen sind«,

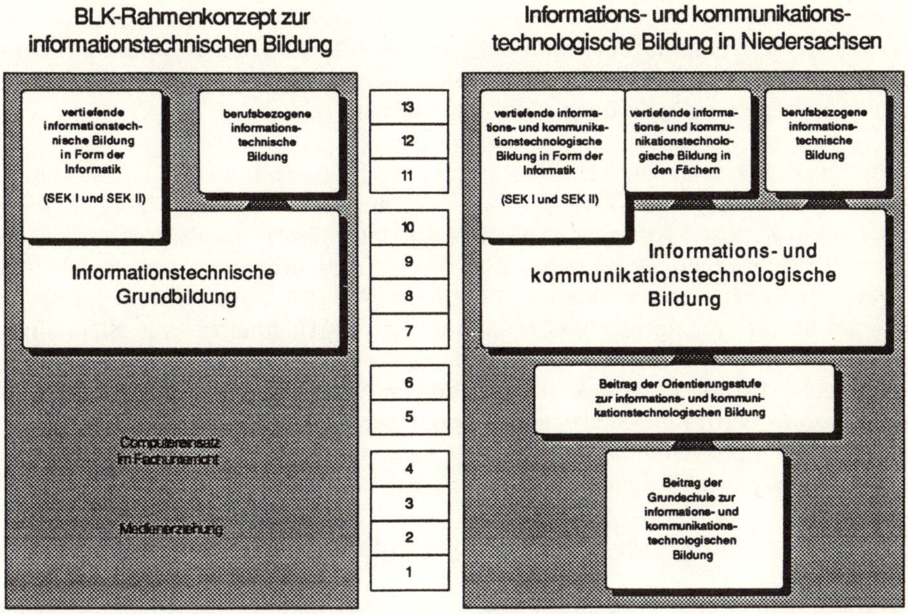

Abbildung I.2: Der stufenübergreifende Ansatz Niedersachsens, KM Niedersachsen 10/1992.

heißt es in einer Kurzbeschreibung des Modellversuchs aus dem Jahre 1992. Ähnlich deutlich wird die propädeutische bzw. basale Rolle der Grundschule bezüglich der informationstechnischen Bildung zu diesem Zeitpunkt nur noch in Rheinland-Pfalz gesehen (vgl. Rissberger, 1993).

In fünf zentralen Dimensionen beschreibt das niedersächsische Konzept den Einfluß der modernen Medien auf die Kommunikations- und Informationsprozesse sowie die Wahrnehmung des Menschen und auf die Produktionsprozesse der Industriegesellschaft und prüft dann, inwieweit bereits Grundschüler von diesen Veränderungen betroffen sind. Bei der so festgestellten »Modernisierung des Kinderalltags« werden verschiedene Aspekte angesprochen, die vom Computerspiel über das Telefon bis zur Scannerkasse im Supermarkt und zum Geldautomaten reichen. Wenngleich diese Auswirkungen der angedeuteten Veränderungsprozesse in der aktuellen Gesellschaft kontrovers diskutiert und bewertet werden, so steht für den niedersächsischen Modellversuch 1992 außer Frage,

> »daß dies… nicht zu pädagogischer Untätigkeit verleiten darf. Vielmehr gilt auch hier, daß der Erwerb von Fertigkeiten und Fähigkeiten, Kenntnissen und Einstellungen, die für einen kompetenten und selbstbestimmten Umgang mit den vielfältigen Informations- und Kommunikationstechniken erforderlich sind, *pädagogisch organisierte Lernprozesse* voraussetzt« (a.a.O., 1992; Herv. im Original).

Und weiter führt das Konzept aus:

»Da die Schülerinnen und Schüler ... bereits im Grundschulalter mit den Neuen Techniken in Berührung kommen, muß nach exemplarischen, altersgemäßen, an der Lebenswelt der Schülerinnen und Schüler orientierten Themen und methodischen Zugängen zu den skizzierten durch die Informations- und Kommunikationstechniken hervorgerufenen Veränderungen gesucht werden« (ebd.).

Konzeptionell setzt man dabei auf eine grundlegende »*Kommunikationserziehung*«, die die Defizite der alten »an einzelnen Medien« orientierten Medienerziehung überwinden will. In ihrem Zentrum soll »der Erwerb von Kompetenzen zur ›Entschlüsselung mediatisierter Erfahrungen‹ ... stehen«. Ziel ist die Verdeutlichung der »›produktive(n) Differenz‹ zwischen den verschiedenen Medien«. Als »wichtige Voraussetzung« dafür wird »die Ausdifferenzierung und Schulung der Wahrnehmung ›mit allen Sinnen‹« beschrieben (a.a.O., 1992, S. 7).

Diese recht abstrakt klingenden Vorstellungen hat man in verschiedenen »Lernfelder(n) (didaktische(n) Leitideen)« und zugehörigen »Materialsammlungen« inhaltlich, intentional und methodisch zu konkretisieren versucht. Die bisher vorliegenden Materialsammlungen tragen folgende Überschriften:

- Sinneswahrnehmung – die eigenen Sinne und ihre Leistungsfähigkeit (wieder) entdecken;
- Sensoren statt Sinne – Technik ergänzt, erweitert und ersetzt sinnliche Wahrnehmung;
- Kommunikation verbindet Menschen miteinander;
- Aktive Medienarbeit – Kinder als Mediennutzer, Kinder als Medienmacher (Stand 1994; siehe im Detail Astrid Vietmeier in Kap. III).

Nordrhein-Westfalen

Am 1. 8. 1990 startete unter Federführung des Landesinstituts für Schule und Weiterbildung in Soest (LSW) in Nordrhein-Westfalen der Modellversuch »Ausgleich von Lernrückständen durch Computer in der Grundschule«, kurz CompiG genannt. Der Titel erweist sich rückblickend als irreführend, betont er doch eine Konzentration auf Lerndefizite und kompensatorische Unterrichtsmaßnahmen. Tatsächlich ist der Ansatz, der in Kapitel III von seinem Projektleiter Willi van Lück erläutert wird, didaktisch und methodisch wesentlich breiter angelegt. Der BLK-Modellversuch, in dem mit hohem Finanzaufwand eine Hypermedia-Arbeitsumgebung entwickelt und erprobt wurde, endete am 31. 7. 1993. Es schloß sich ein Landesmodellprojekt zur »Evaluation und Weiterentwicklung der Hypermedia-Arbeitsumgebung *Grünes Klassenzimmer*« (EVA) an, an dem 12 Grundschulen in NRW teilnahmen.

»Schwerpunktmäßig« sollte der Modellversuch CompiG klären

»– ob und wie mit Hilfe von Hypermedia-Arbeitsumgebungen selbstbestimmtes, entdeckendes, konstruierendes und einsichtiges Lernen sowie Lernen in Sinn- und Sachzusammenhängen gefördert werden kann und möglichst weniger Lernrückstände entstehen,
– ob und wie mit Hilfe von Hypermedia-Arbeitsumgebungen in kleinen Gruppen sachbezogenes, immanentes und festigendes Üben gefördert werden kann, damit

gelernte Verfahren und Sachverhalte besser behalten und auf ähnliche Sachverhalte transferiert werden können,
- wie der Unterricht, in dem die Hypermedia-Arbeitsumgebung als ein Medium eingesetzt wird, zu gestalten ist und
- wie sich in diesem Unterricht die Rollen von Schülerinnen und Schülern sowie von Lehrerinnen und Lehrern ändern« (Kurzbeschreibung CompiG, o.J.).

Die Erprobungsfassung der hochentwickelten Hypermedia-Arbeitsumgebung (dazu einführend auch Sesink, 1994), die 1993/94 für den Apple-Macintosh vorgestellt werden konnte, fand große Aufmerksamkeit. 1994 startete in der Schweiz an zwölf Schulen eine Erprobung, deren wissenschaftliche Auswertung von H. Forneck von der Universität Zürich geleitet wird (vgl. Langenegger, 1994). Wie bereits oben vermerkt, plant Baden-Württemberg ab Schuljahr 1995/96 eine Erprobung der Windows-Version des *Grünen Klassenzimmers.*

Rheinland-Pfalz

Wenngleich aus anderen Bundesländern ältere Versuche einzelner Lehrer oder Wissenschaftler bekannt sind, so ist Rheinland-Pfalz das Bundesland mit den längsten, von offizieller Seite initiierten Pilotstudien und Modellversuchen zum Computereinsatz im Grundschulunterricht. Zu verdanken ist dieser Umstand vor allem dem Engagement von Ministerialrat Alfons Rissberger aus dem Ministerium für Bildung (vgl. Rissberger u. a., 1986; ders. 1993). Rissberger hat das mit Landesmitteln geförderte TOAM-Projekt, das von der israelischen Lehrmittelindustrie (DEGEM) gefördert wurde, auf ministerieller Ebene koordiniert. Der sich daran anschließende Modellversuch CLiP, der die Schwächen des Pilotversuchs TOAM überwinden sollte, trägt vollends seine Handschrift. Rissberger ist heute Geschäftsführer des Datenverarbeitungszentrums Mecklenburg-Vorpommern und einer der Initiatoren des Berliner Memorandums »Aktiver Lernen: Multimedia für eine bessere Bildung« (Dezember 1994).

An dem rheinland-pfälzischen Pilotversuch mit TOAM nahm neben anderen Schulformen auch eine Grundschule in Simmern (Hunsrück) teil. Die Versuche begannen dort im Februar 1987; 1992 legte Reinhold S. Jäger einen Abschlußbericht über das Pilotprojekt vor (vgl. Jäger, 1992).

Da die Grundschulpraktiker die Arbeit mit dem adaptierten israelischen System positiv einschätzten, wurden die Arbeiten auch über 1992 hinaus fortgesetzt. Die Grundschule Simmern arbeitet noch heute mit dem System, der Projektleiter, Herr Klemm, sieht seine positive Einschätzung, die von dem offiziellen Gutachten R.S. Jägers abweicht, auch 1994 bestätigt. Inzwischen hat sich mit der Grundschule Gmünden, die das System der Realschule übernahm, eine zweite Grundschule der Arbeit mit TOAM angeschlossen.

Die didaktische Konzeption des TOAM-Systems, das seit 1977 in zahlreichen israelischen Schulen installiert wurde, stammt von dem in Tel Aviv tätigen Luis Osin. Sein Name geht auf die hebräische Abkürzung für »Computerunterstütztes Testen und Üben« zurück und bezeichnet die enge Verbindung von Drill-and-Practice-Bausteinen mit einem ausgefeilten, von manchen Lehrern geschätzten (vgl. auch Jäger, 1992, S. 122) Dokumentations- bzw. Diagnosesystem, das jeden Arbeitsschritt des Schülers genau erfaßt und den Schwierigkeitsgrad der angebotenen Aufgaben nach der jeweiligen

Abbildung I.3: TOAM-Projekt in der Grundschule Simmern, Juli 1987 (Foto: Mitzlaff)

Fehlerquote individuell anpaßt. Das technische System, das mit einem exotischen Betriebssystem (RT 11/RSTS-E) operiert, umfaßt eine Zentraleinheit und 32 Arbeitsplätze, ähnelt im Aufbau den alten Sprachlabors und sollte 1986 stolze 250000 DM kosten. In der Grundschulversion wurde die übliche Tastatur entfernt, so daß die Kinder ihre Eingaben nur über 30 am Gerät angebrachte, berührungsempfindliche Markierungen machen konnten (vgl. Offir, 1988; Osin, 1984; Kauntz, 1987; Werner, 1988; auch Mitzlaff u.a., 1990, S. 18f.).

In Simmern waren die 32 Schülerbildschirme zunächst in einem klimatisierten Container untergebracht, später wurde die Anlage in einem Klasenraum installiert. Das System wurde gezielt zur *Ergänzung des herkömmlichen Unterrichts* eingesetzt (vgl. Rissberger in LSW, 1989, S. 56). Fünf Klassen aus dem dritten und sechs Klassen aus dem vierten Schuljahr haben nach 1987 pro Woche zweimal je 10 Minuten (anfangs 20 Minuten) an diesen Terminals geübt, wobei von den Lehrern mathematische Übungssequenzen aus den Bereichen »Zahlenaufbau und Zahlensysteme« und den »vier Grundrechenarten« bevorzugt wurden (vgl. Erfahrungsbericht der Projektgruppe in: Jäger, 1992, S. 122). Die anfänglichen Arbeiten im zweiten Schuljahr mußten bald eingestellt werden, da die israelische Software nicht den deutschen Lehrplänen entsprach.

Trotz hoher Akzeptanz bei den Kindern und bei den Grundschullehrern sorgte die von Professor Jäger über einen Zeitraum von acht Wochen durchgeführte Evaluation des Lernerfolges für Ernüchterung:

> Die Arbeit mit TOAM führte in der untersuchten Gruppe der Viert- und Fünftkläßler »nicht zu einer systematischen Wissenserweiterung bei den Schülern, die TOAM nutzen konnten, vielmehr schnitten die Schüler der KG (= Kontrollgruppe ohne

Arbeit am TOAM-System, d.V.) besser ab... Die Individualisierung, die durch TOAM erreicht werden sollte, führt nicht zu den gewünschten Lernfortschritten, und zugleich ergeben sich Indizien dafür, daß sogar ein negativer Transfer stattfindet« (Jäger, 1992, S. 109 und 111).

Im Widerspruch dazu steht eine relativ positive Einschätzung der Grundschullehrer, die in dem Abschlußbericht die Überzeugung zum Ausdruck bringen,

»daß durch die Anwendung von TOAM im Mathematikunterricht zum ersten Mal das Ziel erreicht wurde, alle Kinder zu sicherem Beherrschen der Grundrechenarten zu führen; hier besonders: schriftliche Division« (in Jäger, a.a.O., S. 123).

Das CLiP-Projekt wurde im Dezember 1988 auf Landesebene gestartet, 1990 zum BLK-Modellversuch ausgebaut und dauerte bis Ende 1993. Es konzentrierte sich auf das »*c*omputerunterstützte *L*ernen *i*m Mathematikunterricht des *P*rimarbereichs« und sollte die offenkundigen Schwachstellen des TOAM-Projektes reduzieren, hielt aber zunächst in den meisten Schulen an dem *frontalen Laborkonzept* (eigener »Computerraum«) fest. Neu war vor allem die Hinwendung zu seinerzeit marktüblichen Geräten. Mit dem AMIGA 500 der Firma Commodore setzte man in Mainz allerdings zunächst wieder auf ein wenig zukunftsträchtiges System. Seit 1991 arbeiteten die Grundschulen Emmelshausen und Bitburg-Süd schließlich mit PS/1-Geräten der Firma IBM und dem DOS-System. Neu war weiterhin die adaptive Übungssoftware, die von dem Mathematiklehrer Rolf Monnerjahn entwickelt wurde (s.u.). Rolf Monnerjahn und der Projektgruppenleiter Grundschulrektor Georg Baumann berichten über das CLiP-Projekt weiter unten in eigenen Darstellungen (siehe Kapitel III).

Sowohl in der wissenschaftlichen Begleituntersuchung, die wiederum von Professor Jäger durchgeführt wurde, als auch in den persönlichen Beobachtungen des Projektgruppenleiters Baumann überwiegen die positiven Resultate und Einschätzungen (s.u.). U.a. wird die Altersplacierung (ab Klasse 3) als passend bestätigt. Im Verlauf der Versuche haben sich die Lehrerinnen und Lehrer offenbar zunehmend einem multifunktionalen Einsatz des Mediums geöffnet. Interessanterweise wurde dabei inzwischen das Laborkonzept zugunsten einer Integration von zwei Systemen in den Klassenraum und den dort realisierten offenen Unterricht aufgegeben. Neben der Arbeit mit dem Übungsprogramm *FELIX*, die der eigentliche Gegenstand des Modellvorhabens war, haben die Mainzer Schulen Rechtschreib- und Leseförderprogramme (u.a. *»Lalipur in der Schatzkammer«* von Rele, s.u.) sowie verschiedene Mathematikprogramme (Mathe-Memory u.a.) eingesetzt. Im Deutschunterricht wurden auch Textverarbeitungsprogramme erprobt.

Zum Schluß dieses Abschnittes sei eine zusammenschauende Stellungnahme zu den drei Modellversuchen erlaubt, die sicherlich nicht ganz frei ist von subjektiven Momenten und die der Leser durch die eigene Auseinandersetzung mit den Modellberichten korrigieren oder erweitern mag:

Jeder der drei Modellversuche hat zweifelsohne einen wichtigen Ansatz zur experimentellen Auseinandersetzung mit den Neuen Technologien und Medien im Grundschulalter realisiert. Alle drei Ansätze sind Beleg dafür, daß in einzelnen Bundesländern die amtlich verordnete Verdrängungsstrategie – zumindest auf der Ebene von Modellvorhaben – langsam verlassen wird.

Der *niedersächsische Ansatz* überzeugt durch die konsequente Aufnahme der Grundschule mit einer spezifischen Stufe der »Kommunikationserziehung« in ein Gesamtkonzept der »informations- und kommunikationstechnologischen Bildung«. Während andere Bundesländer dies mit zweifelhaften Normen (Altersgemäßheit, Verhinderung von Verfrühung o. ä.) zu verdrängen versuchen, stellt sich der Modellversuch der Frage nach dem Einfluß der modernen Technologien auf heutige Kinder und auf eine mögliche ›Veränderung von Kindheit‹ und liefert dabei wichtige Ansätze zur Beschreibung und Reflexion dieser Entwicklung. Für die Ebene des »Lerngegenstandes«, d. h. für die thematische Auseinandersetzung mit dieser Entwicklung in der Grundschule, bietet das niedersächsische Modell eine ganze Reihe überzeugender Materialien und Konzepte an, die auch wichtige Teilbereiche des Themas »Grundschule und Computer« im Kontext einer breiten »Kommunikationserziehung« aufgreifen.

Der Modellansatz überzeugt in seinem Grundprinzip, den »Kindern frühzeitig Modelle« anzubieten, »die die« technischen »Phänomene, die in dieser (ihrer, d. V.) Umwelt vorkommen, für sie verstehbar machen« (NLi, 1994, S. 11). Und mit diesem Prinzip flüchtet sich der Ansatz nicht – wie dies in der Geschichte der Grundschule immer wieder versucht worden ist (vgl. Mitzlaff, 1985) – in eine heile, vorindustrielle Welt, sondern er stellt sich der mit technischen Medien ›vollgestopften‹ Erfahrungswelt der Kinder der 90er Jahre. Dies geschieht auf dem Fundament aufklärerischer Traditionen der Grundschulpädagogik.

Der niedersächsische Ansatz postuliert eine »aktive Medienarbeit« und propagiert allenthalben ein »learning-by-doing« (NLi, 1994, S. 14). Bei Medien wie Videorecorder, Telefon, Telefaxgerät, Camcorder o. ä. wird diese Position auch eingelöst. Aber ausgerechnet der Computer wird von diesem Grundsatz ausgenommen. Hier offenbart sich sicherlich die größte Schwäche und ein immanenter Widerspruch des Modells, der nur durch normative Vorgaben erklärt werden kann, lernpsychologisch auf dieser Altersstufe aber nicht zu rechtfertigen ist. (Die Verfasser des Materialpakets 4. haben dies offenbar erkannt. Für Schulen, die über »eine entsprechende Ausstattung« verfügen, bauten sie drei Seiten zur Erstellung eines kleinen Trickfilms am Computer [»Computeranimation«] ein; vgl. NLi, 1994, Heft 4, S. 63 ff.).

Ließe man aber auch bei dem Computer einen konkreten und aktiven Umgang zu, dann böten die niedersächsischen Materialien eine Fülle von Experimentier- und Reflexionsanstößen sowie von *medienpädagogischen Impulsen* zur kritischen Thematisierung dieses Mediums. Zusammen mit den Ergebnissen aus dem – völlig anders ausgerichteten – Modellversuch Schleswig-Holsteins gewönne man so eine tragfähige Basis zu einem medienpädagogischen Gesamtkonzept für die Primarstufe.

Im Mittelpunkt des *rheinland-pfälzischen CLiP-Ansatzes*, der den pädagogisch inakzeptablen, vom TOAM-Konzept übernommenen Laboransatz zunehmend verlassen hat, stand die Erprobung einer spezifischen *Übungs*software für den Mathematikunterricht. An eben diesem Übungsprogramm mit dem Titel *»Rechnen mit FELIX«* scheiden sich die Geister. Sehen die am Projekt beteiligten Lehrer und der Programmentwickler in den integrierten Hilfen eine Neukonzeption gegenüber den behavioristischen Konzepten des Programmierten Unterrichts, so sieht der Kritiker Matros in *FELIX* »ein reines Drill-Programm«, dessen Übungskonzept »als eine didaktische tabula rasa« abqualifiziert wird (Matros, 1994, S. 133, 144). Die Gruppe der beteiligten Lehrer urteilt zusammenfassend wie folgt:

> »Aus Sicht der Versuchsschulen ist *FELIX* ein wichtiger Schritt mit beispielsweisenden Elementen auf dem Weg zu neuartigen Medien. … Die beteiligten Schulen

sind an einer Weiterentwicklung von Softare – wie sie mit *FELIX* begonnen wurde – interessiert... Deutlich sehen die im Versuch verantwortlichen Lehrerinnen und Lehrer das wünschenswerte Ziel, künftig über Programme zu verfügen, die noch weit mehr kindliches selbstgesteuertes Lernen zulassen. So wäre es notwendig, in noch höherem Maße die Manipulation von graphischen Hilfen bei der Lösung von mathematischen Aufgaben zu ermöglichen. Dadurch würde das Kind noch mehr in die Rolle eines aktiven, selbstbestimmten Lerners schlüpfen können« (Baumann u.a., 1994, S. 43f.).

Dieser im Kern positiven Einschätzung, die zugleich die Richtung der weiteren Programmentwicklung zu markieren scheint (vgl. auch Monnerjahn, 1994, S. 67ff.), steht in dem Abschlußbericht des Modellversuchs die vernichtende Programmkritik von Norbert Matros gegenüber (ders., 1994). Die Qualität der damit bezeichneten Kontroverse, die hier nicht im Detail beschrieben werden kann, ist nicht untypisch für die Auseinandersetzung mit dem Thema »Computer und Grundschule«. Matros' Kritik, die auf dem Konzept des entdeckenden Mathematiklernens und des produktiven Übens basiert, enthält sicherlich an verschiedenen Stellen berechtigte Einwände und könnte sogar einen konstruktiven Beitrag zur Software-Revision leisten (vgl. etwa die Überlegungen zu Hilfen im Programm, die den Schüler zu einer handlungsorientierten Überprüfung und Verifikation anregen könnten etc.). Aber ist dies überhaupt von dem Kritiker intendiert? Die polemische Diktion, deren »Niveau« den Leser oft erstaunt (etwa wenn man einzelnen Programmelementen bescheinigt, sie machten den Anwender »bald klapsmühlenreif«, a.a.O., S. 128!), dürfte wohl kaum geeignet sein, den notwendigen Dialog zwischen den Fronten zu fördern! Beim Leser bestärkt derartige Polemik eher den Eindruck, der Rezensent stehe der Einführung der modernen Technik – soweit sie über den Taschenrechner hinausreicht – in den Grundschulunterricht prinzipiell ablehnend gegenüber (vgl. auch a.a.O., S. 165f.). Überdies könnten einige Aussagen auch als Beleg für die Praxisferne heutiger Fachdidaktik gelesen werden. Andererseits wirkt es allerdings peinlich, wenn Matros der Jäger-Gruppe simple Auswertungsfehler nachzuweisen vermag (vgl. Matros, S. 157f.)! Wesentlich praxisnäher als Matros' Rundumkritik fällt das ebenfalls in den Abschlußbericht aufgenommene Gutachten von Fritz Nestle aus, das die Software im Unterrichtskontext des Grundschulalltags zu würdigen versucht. Für Nestle ist das Programm und das Gesamtkonzept von CLiP *»ein erster Schritt* auf einem langen Weg« (ders. 1994).

Im Zentrum des *nordrhein-westfälischen CompiG-Versuchs* stand die Entwicklung einer neuartigen interaktiven Lernsoftware. Der Titel des Modellversuchs »Ausgleich von Lernrückständen durch Computer in der Grundschule« erscheint fraglich bzw. irreführend. Ein Modellvorhaben dieser Art nur auf Kinder mit »Lernrückständen« zu konzentrieren, wäre mehr als problematisch, haben doch alle Grundschüler – gleichgültig ob leistungsstark oder leistungsschwach – Anspruch auf eine Einführung in einen mündigen Umgang mit den neuen Technologien. Es wäre undenkbar, wollte man zwei oder drei Geräte im Klassenraum installieren und nur die leistungsschwachen Schüler mit diesen Systemen arbeiten lassen.

Die bisherige Erprobungsfassung der interaktiven Lernsoftware zeichnet sich durch ein hohes informationstechnisches wie didaktisches Niveau aus. An eine breite Einführung der Arbeit mit diesem Programm im Grundschulalltag und an die inhaltliche Komplettierung dieser Modellsoftware für den Primarbereich ist – meines Erachtens – aber frühestens in acht bis zwölf Jahren zu denken. Allein die hohen Hardware-

Anforderungen wirken zur Zeit noch utopisch. Welche Grundschule verfügt schon über ein schnelles CD-ROM-Laufwerk?

So überzeugend die bisherigen Bausteine zum *»grünen Klassenzimmer«*, zur »Post« oder zum »Glasrecycling« auch sind, langfristig stellt sich die Frage nach dem thematischen Ausbau im Sinne der geltenden Curricula. Ein solcher Ausbau, der etwa die meisten Sachunterrichtsthemen einschließen müßte, wäre zeitaufwendig (wieviel Humanjahre bzw. -jahrzehnte wären wohl erforderlich?) und – aus heutiger Sicht – kaum zu finanzieren. Mit Recht fragt Arenhövel, ob diese hochkomplexe Software-Konzeption möglicherweise nicht eher für den Prozeß einer außerschulischen Wissensvermittlung als für den Grundschulunterricht tauge (ders. 1994, S. 22). Problematisch erscheint weiterhin die Fixierung des Ansatzes auf ein einziges Programm, aber dieses Problem wird der souveräne Lehrer in der Praxis durch Rückgriff auf ergänzende Angebote zu lösen vermögen. Bildungspolitischen Skeptikern könnte sich bei dem NRW-Modellansatz die Frage aufdrängen, ob man die software-*technische* Meßlatte nicht bewußt so hoch angesiedelt habe, um eine positive Entscheidung hinsichtlich der pädagogisch-didaktischen Frage des Computereinsatzes möglichst lange hinauszuzögern.

Auf die Frage nach der Arbeit mit dem Werkzeug Computer in der alltäglichen Grundschulpraxis und nach ihren pädagogisch-didaktischen Rahmenbedingungen geben alle drei Modellversuche nur unzureichend oder gar keine Antwort. Am ehesten überzeugen hier noch die Begleitmaterialien aus dem CompiG-Projekt, die Beispiele für einen handlungs- und projektorientierten Einsatz der Modellsoftware skizzieren. Das Grundkonzept dieser Beispiele, das sich – ähnlich wie der Hagener Projektansatz – aus den NRW-Grundschulrichtlinien und der Didaktik des offenen Grundschulunterrichts ableitet, ließe sich zweifellos ausbauen.

Trotz der mehr oder weniger ausgeprägten positiven Elemente wirkt jeder der drei Länderansätze für sich genommen mehr oder weniger einseitig bzw. ergänzungsbedürftig. Das Minimum der weiteren Entwicklung wäre – aus meiner Sicht – eine produktive Verknüpfung der pädagogisch-didaktischen Essentials der drei Konzepte. Dabei kann der Niedersachsen-Ansatz wichtige Bausteine zur Thematisierung des Computers im Grundschulunterricht bieten. Der nordrhein-westfälische Ansatz zeigt anhand konkreter Bausteine und exemplarischer Projektbeschreibungen Grundlinien der zukünftigen Software-Entwicklung auf, die allerdings erst mittel- und langfristig in dem Grundschulalltag greifen werden. Der rheinland-pfälzische Ansatz geht pragmatischer vor und liefert Software-Ansätze zu einer Konzeption, den Computer in – keineswegs überflüssigen – mathematischen Übungs- und Trainingsphasen einzusetzen, wobei die pädagogisch obsolete Computerlabor-Konzeption zugunsten des Lernzonenmodells im Klassenraum aufgegeben worden ist.

Vernachlässigt wird in dem niedersächsischen und rheinland-pfälzischen Ansatz die kreative und produktive Arbeit mit offenen Anwenderprogrammen und damit der Einsatz des Computers als multi-funktionales Werkzeug (siehe Schema zu einem integrativen Ansatz, Abb. I.5., S. 90). Integraler Bestandteil ist dieser Ansatz immerhin in der komplexen Hypermedia-Umgebung des Soester LSW. In einigen Jahren könnte letztere die Arbeit mit eigenen Anwenderprogrammen aus den Bereichen Text, Grafik, Datenbank überflüssig machen. Solange diese Werkzeuge aber noch nicht voll entwickelt sind (z. Zt. fehlt bspw. ein grafisches Werkzeug) und solange die hohen Hardware-Voraussetzungen nur von sehr wenigen Schulen erfüllt werden, wird der Grundschullehrer auf ergänzende Anwenderprogramme zurückgreifen.

Versucht man die Stellungnahmen der Kultusministerien aus den Jahren 1993 und

1994 zusammenzufassen und vergleicht man diese mit Aussagen aus dem Jahre 1988, so mehren sich in den letzten beiden Jahren die Hinweise auf eine Bereitschaft verschiedener Länder, die alte BLK-Linie von 1985/87 zugunsten einer vorsichtigen und – zunächst – begrenzten Öffnung gegenüber dem neuen Medium, Werkzeug und/oder Lerngegenstand Computer aufzugeben. Verhinderungstrategien wurden seltener bzw. verloren an disziplinarischer Schärfe[2], die Zahl der geduldeten Unterrichtsprojekte ist bundesweit deutlich angestiegen. Die meisten Bundesländer befinden sich Anfang 1995 in einer abwartenden Haltung, einige scheinen sich mit kleineren Projekten, die sie (noch) nicht »an die große Glocke« hängen, auf den Tag nach der offiziellen Aufgabe der BLK-Position vorzubereiten. In Brandenburg und Hessen findet die Forderung nach einer frühen Auseinandersetzung mit dem zeitgenössischen Medium heute relativ hohe Zustimmung; Sachsen signalisiert ›Offenheit‹; die Integration in den Kontext einer komplexen Medienerziehung zeichnet sich als verbindende Konzeption in mehreren Ländern ab; Baden-Württemberg, das bisher zusammen mit Bayern die harte Ablehnungslinie anführte, plant einen eigenen Multi-Media-Versuch; die Antworten aus Bayern spiegeln im kleinen die Widersprüchlichkeit zwischen bildungspolitischer Zurückhaltung und dem Wissen um die positiven Möglichkeiten wider.

Bestätigt wird obige Einschätzung durch die neuerlichen »Empfehlungen« der Kultusministerkonferenz »zur Arbeit in der Grundschule«, in denen sich – reichlich unvermittelt – in den Grundaussagen zum »grundschulgemäßen Lernen« der Hinweis findet: »In diesem Zusammenhang (also im Kontext der Prämissen eines grundschulgemäßen Lernens, d. V.) *ist auch der Stellenwert des Computers in der pädagogischen Arbeit der Grundschule zu bestimmen*« (KMK, 1994, S. 7). Nach zähen Diskussionen haben sich die 16 Länder 1994 auf diese Formel einigen können. In den vorangegangenen Abschnitten wurde gezeigt, daß sich einzelne Praktiker, kleine Praktikergruppen, vereinzelte Forschergruppen und drei Modellversuche seit längerem um die hier betonte ›Bestimmung des Stellenwerts des Computers im Grundschulunterricht‹ bemühen. In Kontext einer demokratischen Schulentwicklung werden Grundschullehrer und -lehrerinnen die neuerliche KMK-Formel als Ermunterung bzw. Aufforderung lesen dürfen, an dem damit bezeichneten theoretischen und praktischen Diskurs aktiv teilzunehmen. Wie ernst es die Länder tatsächlich mit der ›Bestimmung des Stellenwerts des Computers im Grundschulunterricht‹ meinen, wird aber nicht zuletzt an den finanziellen Mitteln für entsprechende Aktivitäten von Schülern und Lehrern zu messen sein!

2 Aus den 80er Jahren sind Fälle bekannt, daß Lehrer(innen), die im bloßen Verdacht standen, möglicherweise Computer in ihrem Grundschulunterricht einsetzen zu wollen – auf Veranlassung des Kultusministers – zur Schulaufsicht zitiert wurden. Aufschlußreich ist in diesem Zusammenhang F. Arenhövels Erfahrungsbericht: »... die Empfehlung der Bund-Länder-Kommission hing wie ein Damokles-Schwert über meinem Haupt. Offiziell durfte ich die Computer nicht in meinem Pflichtunterricht einsetzen. Die ›Angst‹ vor einem Einsatz ging so weit, daß ich, nachdem im Januar 1991 ein Artikel von mir in der Zeitschrift ›Grundschule‹ erschienen war, zum Schulamt zitiert wurde und eine Erklärung unterschreiben mußte, daß ich den Computer nicht in meinem Pflichtunterricht einsetze. Der zuständige Referent im Kultusministerium NRW erlaubt nur den Einsatz einer komfortablen Schreibmaschine... Inzwischen besuchen mich Aufsichtsbeamte aus der Unteren und Oberen Schulaufsicht und überzeugen sich davon, daß der Computer durchaus seinen Platz im Unterrichtsgeschehen der Grundschule haben kann. Der Schulträger läßt mich gewähren; denn es kommen ja keine zusätzlichen Kosten auf ihn zu, die Hard- und Software gehört dem Förderverein bzw. mir persönlich...« (Arenhövel, 1994, S. 26f.).

Hartmut Mitzlaff

Lernen und arbeiten mit dem Computer im grundschulpädagogischen Kontext – Skizzen zu einem pädagogisch-didaktischen Konzept

> Demgegenüber »ist der Pädagogenstreit, ob die Kinder mit oder ohne Coputer lernen sollen, nicht nur längst entschieden, sondern ungefähr so bedeutungsvoll wie ihr Streit in den zwanziger Jahren, als es darum ging, ob die Kinder auf Papier oder Schiefer schreiben sollten. Selbstverständlich sind verfügbare Werkzeuge zu benuten«, Johannes Beck, 1994.

> »Kein ernsthafter Erziehungswissenschaftler und kein engagierter Pädagoge wird sich … von einem technischen Instrumentarium die didaktischen Prinzipien vorgeben lassen«, Sesink, 1994, S. 114.

Soweit er nicht bewußt als Lerngegenstand thematisiert wird, ist der Computer für Schule und Unterricht ein Werkzeug und ein Lern- und Arbeitsmedium und *eben nur ein Medium* (ein Mittel oder Mittler und keineswegs bereits »the message«), das in den komplexen Kontext von Unterrichts- und Erziehungszielen, von Inhalten, Methoden, psychologisch-anthropologischen Prämissen und sozialen Beziehungsaspekten eingebunden ist. In besonderem Maße gilt dies für den Grundschulunterricht, in dem seine Rolle als Lerngegenstand seine zunächst eher sekundär ist und Informationen über diesen Gegenstand überwiegend im Gefolge des aktiven Werkzeuggebrauchs gewonnen werden (vgl. Mitzlaff u.a., 1990, S. 178ff.).

In dem Bericht über die Hagener Projekte wurden pädagogische Prämissen und Rahmenbedingungen des Computereinsatzes im Grundschulunterricht skizziert (a.a.O., S. 31ff.). Aus pragmatischen Gründen und aufgrund des Interesses an einem möglichst breiten Konsens geschah dies hauptsächlich unter Bezugnahme auf die geltenden Richtlinien und Lehrpläne der Grundschule in Nordrhein-Westfalen (NRW, 1985). Nachfolgende Überlegungen knüpfen an die dort begonnene Argumentation an. Sie konzentrieren sich bewußt auf den allgemeinen Rahmen der Arbeit mit dem neuen Medium in der Grundschule. In Kapitel II findet der Leser konkrete Beispiele und Konzepte.

1. Arbeit in »pädagogischer Verantwortung«

In ihrem Schlußreferat stellte Ilse Lichtenstein-Rother auf dem Soester Symposion fest:

> »Computer in der Grundschule, war die Frage. Ich würde sagen: selbstverständlich gehören sie in die Grundschule, aber eben in pädagogischer Verantwortung. In pädagogischer Verantwortung sind Ort und Einsatz zu bestimmen« (dies. LSW, 1989, S. 169).

Akzeptiert man den Begriff der »pädagogischen Verantwortung« als Verständigungsformel, dann wird man ein halbes Jahrzehnt nach dieser Aussage feststellen dürfen, daß eine beachtliche Zahl von Praktikern inzwischen Projektbeispiele entwickelt und vorgestellt hat, die belegen, wie man pädagogisch verantwortlich mit dem Computer in der Grundschule umgehen kann, wie man ihn zwanglos und altersgemäß in einen handlungsorientierten Unterricht einbinden kann, wie er als ein Baustein im fließenden und sich ständig verändernden didaktisch-methodischen Kontext das Handlungsrepertoire der Kinder erweitern helfen kann. Dies gilt z. B. für die Textverarbeitung im Rahmen von Schreibkonferenzen. Hier ist der Computer – möglicherweise in Verbindung mit einem Stempelkasten oder der Freinet-Druckerei – aber eben nur ein Medium, das im größeren pädagogisch-didaktischen Kontext der Schreibkonferenzen zum Zuge kommt, wobei letztere wiederum eingebettet sind in einen handlungsorientierten, entdeckenden Unterricht, der sich zum Schulbezirk hin öffnet und selbstbestimmte Lernprozesse auf den Weg zu bringen versucht.

Mittelfristig sollte man es vor allem dem pädagogischen Verantwortungsbewußtsein der einzelnen Grundschulpädagogin (der Grundschulpädagoge sei eingeschlossen) überantworten, ob und wie sie in ihrem Unterricht mit dem Computer arbeitet. Dies entspricht dem Umgang mit den vielen anderen Unterrichtsmedien und entzieht dem Computer jede Sonderrolle.

2. Die lebensnahe Grundschule und die neuen Technologien

Die moderne Grundschule will eine lebensnahe Schule sein, die an die außerschulischen Erfahrungen der Kinder anknüpft, diese bewußt macht, klärt, ergänzt, ordnet und in schlüssigen Theorien aufzuklären versucht. Sie will eine Basis zu einem kritischen und kompetenten Verhalten und Handeln in der zeitgenössischen Lebenswirklichkeit vermitteln.

Aus der Wirklichkeit der zeitgenössischen Gesellschaft und auch bereits aus der Erfahrungswirklichkeit vieler Kinder sind Computer nicht mehr wegzudenken. Ob man ihre Existenz befürwortet oder ablehnt, sie werden im Leben der heutigen Grundschüler eine – mehr oder weniger wichtige – Rolle spielen. Eine Rückkehr unserer Gesellschaft zu einem computerlosen Zustand bleibt reine Illusion. Wir werden aber aufpassen müssen, daß wir uns von Computern nicht beherrschen oder durch sie nicht von lebenswichtigen Aktivitäten abbringen lassen. Der einzige Weg, um dieser Gefahr zu entgehen, besteht darin, möglichst alle Menschen in den Stand zu versetzen, daß sie mit den neuen Techniken kritisch, kompetent und selektiv umzugehen vermögen und daß sie sich der Grenzen dieser neuen Techniken und der Vielfalt der Lebenswirklichkeit bewußt bleiben. Erste Schritte auf diesem Wege sollten und können – wie Erfahrungen im Ausland und inzwischen auch im Inland belegen – in pädagogischer Verantwortung in der Grundschule gegangen werden.

Eine Grundschule, die die Erfahrungen der Kinder ernst nimmt und auf die Lebenswirklichkeit vorbereiten will, kann die neuen Technologien nicht ausklammern, sondern sollte – ihrem Erziehungsauftrag gemäß – eine erste Basis zu einem mündigen Umgang legen. Diese Zielperspektive schließt sowohl die kritische Aufgeschlossenheit gegenüber positiven Einsatzmöglichkeiten als auch die bewußte Distanznahme gegenüber problematischen Angeboten – etwa im Computerspielbereich – ein (vgl. Mitzlaff u. a., 1990, S. 25).

Viele Kinder finden Computer spannend und interessant, manche sind fasziniert, nicht wenige trauen – genährt durch spezielle Marketingstrategien und durch Science-fiction-Filme – Robotern und Computern wunderbare Fähigkeiten zu. Mit Recht erwarten die Kinder von ihrem Grundschullehrer (die Lehrerin ist eingeschlossen), daß er diese Interessen ernst nimmt, auf diesbezügliche Fragen eingeht und altersgemäß über die tatsächlichen Möglichkeiten eines Computers aufklärt. Wäre es angesichts der sicheren Prognose, daß Computer auch zukünftig eine wichtige Rolle in der Gesellschaft spielen werden, nicht geradezu fahrlässig, das kindliche Interesse nicht zur Fundierung zukunftsrelevanter Lernprozesse nutzen zu wollen?

3. Die neuen Technologien als »epochaltypisches Schlüsselproblem« – Grundsteine zu einem kritischen Bewußtsein und Verhalten

»Ich finde Computer toll. Aber ich möchte nicht, daß Computer die Welt beherrschen!« Antwort einer Neunjährigen aus dem Hagener Projekt, 1988.

Für Wolfgang Klafki hat sich die Grundschule – und hier besonders der Sachunterricht – mit »epochaltypischen Schlüsselproblemen« unserer Zeit auseinanderzusetzen. Diese Forderung unterscheidet die moderne Grundschule deutlich von großen Bereichen der Grundschule der 50er und 60er Jahre, die sich – sicherlich in guter pädagogischer und humanistischer Absicht, aber oft in völliger Verkennung der kindlichen und gesellschaftlichen Wirklichkeit – in eine vermeintlich heile, vorindustrielle Idylle flüchten zu können glaubten (vgl. Mitzlaff, 1985). Zu den »epochaltypischen Schlüsselproblemen« zählt Klafki neben der »Frage von Krieg und Frieden«, der »ökologischen Frage«, dem Problem des »rapiden Wachstums der Weltbevölkerung«, dem Problem der »gesellschaftlich produzierten Ungleichheit« sowie der Spannung zwischen der Subjektivität des Egos und der Ich-Du-Beziehung auch

> »die Gefahren und die Möglichkeiten der neuen technischen Steuerungs-, Informations- und Kommunikationsmedien im Hinblick auf die Weiterentwicklung des Produktionssystems, der Arbeitsteilung oder aber ihrer schrittweisen Zurücknahme, der möglichen Vernichtung von Arbeitsplätzen durch eine ausschließlich ökonomisch-technisch verstandene ›Rationalisierung‹, der Folgen für veränderte Anforderungen an Basis- und Spezialqualifikationen, für die Veränderung des Freizeitbereichs und der zwischenmenschlichen Kommunikationsbeziehungen«.

Angesichts dieser Gefahren betont Klafki für den Sachunterricht der Grundschule:

> »Wir brauchen in einem zukunftsorientierten Bildungssystem auf allen Schulstufen und in allen Schulformen eine gestufte, kritische informations- und kommunikationstechnologische Grundbildung als Moment einer neuen Allgemeinbildung; ›kritisch‹, d.h. so, daß die Einführung in die Nutzung und in ein elementarisiertes Verständnis der modernen, elektronisch arbeitenden Kommunikations-, Informations- und Steuerungsmedien immer mit der Reflexion über ihre Wirkungen auf die sie benutzenden Menschen, auf die möglichen sozialen Folgen des Einsatzes solcher Medien und auf den möglichen Mißbrauch verbunden werden« (Klafki, 1993, S. 4f.).

Diese Forderung deckt sich weitgehend mit unseren Vorstellungen von einem »mündigen Umgang« mit den neuen Informationstechnologien und einer »aufklärerischen Grundbildung« (vgl. Mitzlaff/Wiederhold, 1990). Grundschulferne Gruppen hegen Zweifel, ob ein solcher Ansatz überhaupt in der Grundschule möglich ist. Wer mit Grundschülern umgeht und ihnen Zeit und Raum (»Muße«) für Betroffenheit und geistige Auseinandersetzung bietet, der wird aber immer wieder vom teilweise hohen Niveau ihrer kritischen Reflexionsfähigkeit überrascht (vgl. Freese, 1989; Schreier, 1993 a/b). Der Außenstehende neigt hier eher zur Unter- als zur Überschätzung. Auch die Schülergespräche aus den frühen Hagener Versuchen haben belegt, daß schon Kinder im Alter von 8–10 Jahren zu einer kritischen Einschätzung der neuen Technologien und ihrer Folgen in der Lage sind (vgl. Mitzlaff u.a. insbes. S. 165 ff.). Spätere Gespräche haben bestätigt, daß Kinder durchaus die Ambivalenz vieler Computerlösungen kennen und begreifen und sich – z.T. mit großem, moralischem Engagement – für einen behutsamen und kritischen Einsatz der neuen Technologien in Wirtschaft und Gesellschaft einsetzen.

Stellvertretend sei hier ein Junge aus der vierten Klasse zitiert, der einerseits seine Kenntnisse über Industrieroboter ins Feld führt, die dem Menschen »im Autowerk gefährliche Lackierarbeiten abnehmen«, andererseits aber erfahren hat, daß sein »Bruder durch solch ein Ding im Stahlwerk wahrscheinlich bald überflüssig« sein wird, und ergänzend darauf hinweist, daß seine Schwägerin »fürs Büro jetzt einen Computerkursus machen« müsse, um nicht auch arbeitslos zu werden. Sein Fazit: »Man muß zuerst an die Menschen denken, und genau überlegen, wo der Computer hilft und wo er den Menschen schaden kann. Da sollte man ihn dann lieber weglassen oder auch kaputthauen!«

4. Pädagogisch-didaktische Wirkungsfaktoren des Computereinsatzes im Lernprozeß

Computern mit entsprechender Software werden in der – vornehmlich ausländischen – Literatur u.a. folgende positive Eigenschaften bzw. Wirkungsmöglichkeiten zugeschrieben:

- sofortige Rückmeldung (Feedback) über Erfolg und Mißerfolg, keine Einprägung fehlerhafter Lösungen, sofortige Korrektur; [»neutrale«, »gleichbleibend geduldige« Reaktion auf Fehler];
- (Möglichkeit der) Anpassung an den individuellen Leistungsstand, besondere Eignung für ein differenziertes Lehren/Lernen;
- Förderung bzw. Aktivierung der Motivation, Lernen kann – durch neue Wege/ Konzepte interessanter werden;
- der Lernende bestimmt sein Lerntempo in der computergestützten Sequenz selbst, weitergehende Selbstbestimmung bei der Arbeit mit Datenbanken und – in besonderem Maße – bei der Arbeit mit Textsystemen;
- hohe Arbeitsintensität, z.T. größere Aktivitätsdichte als im Klassenverband;
- neue Möglichkeiten der individuellen Diagnose und gezielten Intervention, die der Lehrer über ein Fehlerprotokoll gewinnen kann;
- Hilfsmittel bei der Veranschaulichung abstrakter Vorgänge (Transposition von der symbolischen → auf die ikonische Ebene durch Grafik, Animation);

- Möglichkeit neuer kooperativer Arbeitsformen, insbesondere bei der Textverarbeitung und der datenbankgestützten Informationsrecherche; Anregung statt Reduzierung der Kommunikation;
- Möglichkeit zur (globalen) Ausweitung der schriftsprachlichen Kommunikation (Kontakt zu Korrespondenzklassen),
- Erleichterung des Schreib(lern)prozesses durch zeitliche Entzerrung der Schreibkomponenten;
- die Möglichkeit, »quasi-professionelle Druckvorlagen« zu erstellen, wird schon Kindern gegeben; wirklichkeitsnahe »Publikationsmöglichkeiten«;
- Relativierung der Bedeutung der Schreibmotorik im Schreiblernprozeß, unterstützende Hilfe bei entsprechenden Defiziten;
- Förderung und Anregung entdeckender Lernprozesse in Verbindung mit schriftsprachlicher Verarbeitung und Verbreitung;
- »sprechende Schrift« mit simultaner Darstellung von Graphem/Phonem wird möglich;
- besondere Eignung bei lernspezifischen und körperlichen Behinderungen.

(vgl. Müsseler u. a., 1993; Hofmann, 1995; Kochan, 1993; Kochan/Herz, 1988; Arenhövel, 1994; Greenfield, 1987, Mitzlaff u. a., 1990; Nestle, 1994).

Soweit diese Zuschreibungen empirisch bestätigt werden können und in pädagogisch sinnvollen Softwarelösungen zum Tragen kommen, wird sie ein zeitgenössischer Grundschulunterricht in pädagogischer Verantwortung zu nutzen versuchen. Offenkundig decken sich einige der Zuschreibungen (Motivationsaktivierung, selbstbestimmte und entdeckende Lernprozesse) in besonderer Weise mit grundsätzlichen Vorstellungen der aktuellen Grundschuldiskussion (vgl. Mitzlaff u. a. 1990; ders. 1994).

5. Computer im »guten« Grundschulunterricht

> »Der Computer macht den Lehrer nicht überflüssig. Ganz im Gegenteil: Der Einsatz des Computers im Grundschulunterricht fordert einen kompetenten Pädagogen. Schlechte Lehrer wären auch mit diesem Medium nicht in der Lage, die Defizite ihres Unterrichts zu überwinden. Ebensowenig kann ein gehäufter Computereinsatz schulpolitische Defizite – wie beispielsweise den Mangel an Lehrkräften – beheben (Mitzlaff u. a., 1990, S. 219).

Mit der Formel von der »pädagogischen Verantwortung« und der Frage nach den Rahmenbedingungen verbindet sich stillschweigend die Frage nach dem Charakter eines »guten« Grundschulunterrichts. Unterstellt man, daß diese Frage überhaupt zu beantworten ist, dann stellt man fest, daß über eine mögliche Antwort spätestens seit Comenius und in jeder Epoche wiederum neu gestritten wird. In den letzten 15 Jahren hat die Diskussion über die Prinzipien, die einen »guten« Grundschulunterricht ausmachen, wiederum wichtige Impulse erhalten, die nicht immer ganz neu sind, sondern oft ihre Wurzeln bei Rousseau (Lernen in möglichst breiter Selbstbestimmung), Pestalozzi (u. a. ganzheitliches Lernen mit »Kopf, Herz und Hand«) und vor allem in der internationalen Reformpädagogischen Bewegung des frühen zwanzigsten Jahrhunderts

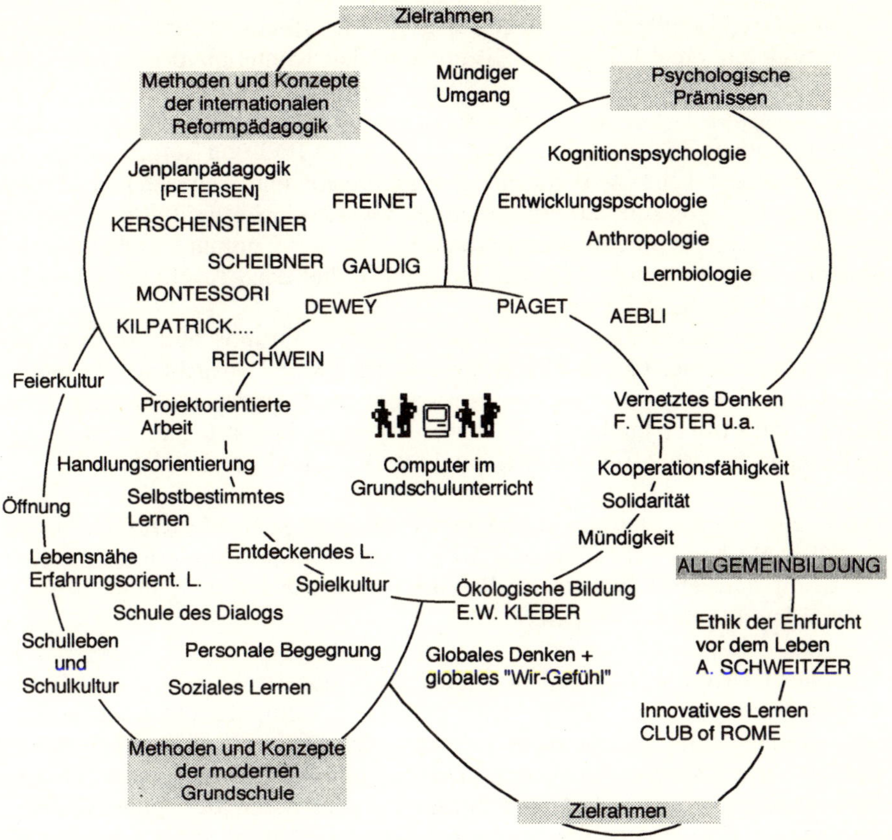

Abbildung I.4: Die Arbeit mit dem Computer im Kontext pädagogisch-psychologischer Konzepte und ethischer Zielsetzungen

finden. Freinet, Dewey, Montessori, die Arbeitsschulbewegung, die Jenaplan-Bewegung, die Bewegung »vom Kinde aus« und Reichweins Tiefensee-Projekt seien stellvertretend genannt.

In einem Gespräch hat Rainer Winkel unlängst zu Recht eine neue, visionäre »Theorie der Schule« eingefordert, die auch den theoretischen Rahmen zukunftsorientierten und guten Grundschulunterrichts markieren würde. Winkel skizziert dabei fünf Aufgaben, die die Basis einer solchen konsensfähigen und handlungsorientierten Theorie bilden könnten, nämlich

- Die Schule – und für uns besonders die Grundschule – muß »eine Schule des *Gesprächs*«, der Dialoge – im Sinne Bubers – ein Ort der »Gesprächskultur« sein.
- Die gute Schule pflegt »das *Spielen* als gleichwertig(e)« der fünf Aufgaben, wobei Winkel betont, daß »Spiele etwas anderes sind als ein bißchen Entertainment«.
- Zentrale Aufgabe ist und bleibt die »*Lernarbeit*«, die von dem Lernenden oft Anstrengung und Disziplin fordert.

- Die gute Grundschule entwickelt und pflegt eine echte »*Feierkultur*«, die aber etwas anderes ist als »Würstchengrillerei« (Winkel).
- Die gute Grundschule pflegt »*Begegnungen*«, sie öffnet sich zur Umwelt hin, pflegt aber zugleich eine Kultur der Stille und der Kontemplation (s.o.) (Winkel, 1994).

Nimmt die Grundschule diese fünf Aufgaben, die in der Tradition Reformpädagogischer Bildungskonzepte stehen (vgl. Petersen), engagiert wahr, dann sehe ich keine Probleme, den Computer pädagogisch verantwortlich als Werkzeug, Lernmittel und Lerngegenstand in den Unterricht einzubinden (vgl. Abb. I.4). Der Computer steht dann in dem ganzheitlichen Kontext eines erziehenden Unterrichts der »Kopf, Herz und Hand« (Pestalozzi) gleichermaßen anspricht.

Von dem zeitgenössischen Wissen um einen »guten« Grundschulunterricht, das hier natürlich nicht in seiner Gänze ausgebreitet werden kann, ausgehend, versuchen die nachfolgenden Skizzen, den Ort des Computers im Grundschulunterricht näher zu beschreiben und Mißverständnisse abzubauen. Weitere Antworten auf diese Frage findet der Leser in den nachfolgenden Kapiteln und ihren Unterabschnitten.

1. Als zeitgenössisches Medium, das in der Gesellschaft seinen festen Platz besitzt und für das sich viele Kinder naheliegenderweise interessieren, kann ein technisch hochwertiger Computer neben anderen Medien mit Gewinn in einem »guten« Grundschulunterricht sinnvoll genutzt werden.

Angesichts der Komplexität pädagogischer Handlungsstrukturen ist es vollkommen klar, daß die modern anmutende Arbeit mit einem Computer einen ansonsten defizitären Grundschulunterricht nicht in einen pädagogisch und didaktisch »guten« Unterricht zu transformieren vermag. Den »guten« Grundschulunterricht kann die Arbeit mit dem Computer aber bereichern, wie andersherum der »gute« Grundschulunterricht den Kindern helfen wird, möglichen Gefahren einer mißbräuchlichen individuellen und gesellschaftlichen Nutzung des Computers vorzubeugen, indem er gemeinsam mit den Kindern erste Schritte auf dem Weg zu einem »mündigen Umgang« mit den neuen Techniken zurücklegt.

2. Der Computer sollte im Grundschulunterricht vor allem dann eingesetzt werden, wenn er *reformpädagogische Konzepte der Grundschularbeit* fördert und unterstützt (vgl. Mitzlaff u.a., 1990), wenn er also zu entdeckenden Lernprozessen anregt oder als Werkzeug zur Nachbereitung und Aufarbeitung dieser Entdeckungen fungiert!

Von den Programmen, die heute zur Verfügung stehen, eignen sich hier vor allem die Textverarbeitung, Programme zur Veranschaulichung sowie die Multi-Media-Konzepte aus dem westfälischen Modellversuch.

3. In pädagogischer Verantwortung sind in der konkreten Lernsituation die folgenden didaktischen Fragen zu beantworten: Mit welchem Ziel setze ich den Computer in meiner Klasse ein? In welcher Lernsituation und bei welchen Inhalten ist er anderen Medien überlegen? Wie setze ich ihn ein? Welcher methodische Rahmen ist in dieser Lerngruppe geeignet? Welche Organisationsform ist für meine Lerngruppe bei meiner Medienausstattung und dem vorhandenen Zeitrahmen optimal?

Das System aus Computer und ausgewählter Software ist ein Medium unter vielen anderen. Im didaktisch-methodischen Planungs- und Entscheidungskontext sollte der Grundschullehrer dieses System dann bevorzugt wählen bzw. anbieten, wenn es mit großer Wahrscheinlichkeit anderen Medien, Arbeitsmitteln und Werkzeugen *überlegen* ist. Er sollte dabei nicht vergessen, daß oft gerade die einfachen Medien (Arbeitsblatt, Lehrererzählung) die effektivsten sein können.

4. Natürlich ist beim Computereinsatz auch der *unterrichtsökonomische Aspekt* zu berücksichtigen, also die Frage nach der Relation von Hard-/Software-Aufwand und Lerneffekt zu stellen.

Auch aus dieser Sicht sind vielfach einfache Medien oder die enaktive Begegnung dem Computer überlegen: Um den Zusammenhang zwischen Wassereinlaufzeit (bei gleichem Zulaufquerschnitt) und Wasserstand/-menge in einer Wanne zu entdecken, wird man in der Regel auf einen konkreten Schülerversuch (mit Stoppuhr) zurückgreifen und anschließend eigene grafische Darstellungen entwickeln. Nur unter Publikationsdruck werden Pädagogen auf die Idee kommen, hier z.B. das englische EUREKA-Programm und seine »Mikrowelt« mit der Simulation eines Wannenbades einzusetzen und Kinder »Geschichten« zu einem vorgegebenen »Graphen« schreiben zu lassen (– von lernpsychologischen Bedenken ganz abgesehen) (Nilshon, 1994, S. 158ff.).

5. Nach den bisherigen Erfahrungen, die hierzulande in wissenschaftlichen Arbeiten (z.B. Kochan u.a.) und in schulpraktischen Projekten (mit oder ohne wissenschaftliche Begleitung) gewonnen werden konnten, und unter Einbeziehung kritisch aufgearbeiteter Erfahrungen ausländischer Grundschulen (insbes. aus Großbritannien) ist der – verantwortlich eingesetze – Computer für den Grundschulunterricht ein Mittel,

- um *Übungs- und Trainingsprozesse*, die insbesondere aus dem Lernprozeß der drei Kulturtechniken nicht wegzudenken sind, mit Hilfe adaptionsfähiger Software kindgerecht zu erweitern, individuell anzupassen und interessanter zu gestalten (Frage der Motivationsaktivierung).

  Die Frage ob und inwieweit dabei auch die Effektivität gesteigert werden kann, wird in empirischen Vergleichsuntersuchungen noch genauer als bisher zu klären sein. Praxisberichte (z.B. Arenhövel) legen eine entsprechende Annahme nahe. Geeignete Software vorausgesetzt, kann der Computer einen wichtigen Beitrag zur *Individualisierung der Übungsprozesse* leisten. Einige Programme – wie z.B. der *Lesemeister* aus der Software-Entwicklung der Margaretenschule – enthalten eine informative Fehlerdokumentation, die dem Lehrer bei der Bereitstellung differenzierter Lernangebote (auch ohne Computer) helfen kann.

Der Computer ist weiterhin ein Mittel,

- um *Schreib(lern)prozesse* zu erleichtern (Entzerrung bisher verbundener Schreibkomponenten) und in einem neuen pädagogischen Rahmen (freies Schreiben, Schreibprojekte) wirksam zu fördern und in interessanter Weise anzuregen;
- um *Texte* (quantitativ und qualitativ) zu entwickeln, zu gestalten und für die Klasse,

die Schulgemeinde oder das Schulumfeld und für Korrespondenzklassen zu *publizieren*;

- um Kinder mit einem komfortablen, zeitgenössischen, leicht zu handhabenden *Schreibwerkzeug*, das zum Alltag der Industriegesellschaft gehört, vertraut zu machen;
- um im Verbund mit anderen Medien und Quellen auf individuellen, zunehmend selbtbestimmten Lernwegen *Informationen* zu gezielten Fragen zu gewinnen (Datenbanken, multi-mediale Arbeitsumgebungen), die dann an der Wirklichkeit überprüft, erweitert, verstanden, kritisch reflektiert und in individuelles Problem(lösungs)wissen umgewandelt werden;
- um abstrakte Vorgänge zu *veranschaulichen* (Animation, Umsetzung von der symbolischen auf die ikonische Ebene, graf. Darstellung, Animation, Simulation);
- um in neuer Art *kooperative Lern- und Problemlösungsprozesse* – z.B. bei der Informationssuche und beim (dialogischen) Schreiben – zu unterstützen;
- um die Kinder – auf einer basalen Handlungs- und Reflexionsebene – mit ausgewählten Möglichkeiten eines zeitgenössischen Werkzeugs (Schlüsseltechnolgie) *vertraut* zu machen und eine *kritische Einordnung* in den gesellschaftlichen und individuellen Bedeutungskontext anzubahnen;
- um im Rahmen einer basalen Medienerziehung und auf dem Wege von Handlung und aufklärerischer Reflexion *Computermythen* abzubauen, über die *Grenzen* des Computers aufzuklären, gegen Negativformen und -folgen der Computernutzung zu *immunisieren* und das *Interesse an computerfreien Erfahrungen* und *Handlungen* zu erhalten, zu pflegen und zu wecken (z.B. Brettspiel contra Computerspiel).

Der Schlüssel zu den Einsatzbereichen ist natürlich die *Qualität der Software*. Hier sind z.T. noch erhebliche Anstrengungen zu leisten, Defizite abzubauen und bisher ungenutzte Möglichkeiten umzusetzen. Voraussetzung dazu ist eine enge Kooperation von (informationstechnischen) Programmentwicklern, Pädagogen und Didaktikern, die heute nur unzulänglich gegeben ist.

6. Die Halbwertszeit des reinen Sachwissens nimmt in vielen Lebensbereichen und Berufen rapide ab, in einigen Berufen ist die Hälfte des Wissens bereits nach einigen Jahren veraltet. Dies hat auch Folgen für die Schule. Wichtiger als Wissensvermittlung wird in ihr die Einübung in einen sinnvollen und effizienten Umgang mit Informationssystemen, über die unter bestimmten Fragestellungen gezielt fremdes Wissen ›abgerufen‹ werden kann, um es auf dem Wege der kritischen Informationsprüfung und -bewertung für längere oder kürzere Zeiträume in das eigene Wissen zu integrieren. Für die Grundschule ergeben sich daraus m.E. zwei verschiedene Aufgaben: Zum einen muß sie ihre traditionelle Aufgabe konsequent fortsetzen und ein breites Wissensfundament vermitteln, das relativ dauerhaft zu sein verspricht. Hier sind intensive didaktische Prüfungen, Auswahlprozesse und Diskurse gefordert, deren Bedeutung heute in der Diskussion um offene Lernformen nicht immer ausreichend erkannt wird. Zum anderen hat sich die Grundschule noch intensiver als bisher um ein *Erlernen des Lernens* und um die damit verbundene selbständige Organisation von Lernprozessen zu bemühen. Eine Schlüsselrolle spielt dabei der Umgang mit Informationsquellen und -systemen. Heute stehen dabei Sachbücher, altersspezifische Lexika, Interviews mit Menschen aus der Familie und dem Stadtteil oder kleine Recherchen vor Ort im Vordergrund. In naher Zukunft werden altersgeeignete Datenbanken und Multi-Media-

Systeme hinzukommen. Einen Eindruck, wie solche Systeme für den Primarbereich aussehen könnten, bietet die bereits mehrfach erwähnte Hyper-Media-Arbeitsumgebung »Das grüne Klassenzimmer« (vgl. van Lück in diesem Band).

7. Vor einigen Jahren wurde ich auf einer Tagung von einem besorgten Geisteswissenschaftler gefragt, ob ich davon ausgehe, daß »Kinder wirklich Computer brauchen«. Unter Verweis auf die grundlegenden Arbeiten von Mia Kellmer-Pringle antwortete ich damals:

> »Natürlich *brauchen* Kinder *keine* Computer. Was sie brauchen ist Liebe und Geborgenheit in einem vertrauten sozialen Umfeld, in dem sie in ihrer Persönlichkeit akzeptiert werden. Sie brauchen weiterhin neue Erfahrungen, die ihnen geistiges Wachstum ermöglichen. Sie brauchen Lob und Anerkennung für ihre Arbeiten und ihre Versuche, und sie brauchen die Gelegenheit, Verantwortung übernehmen zu können, um eben diese zu üben. Wenn all dies gegeben ist und die damit bezeichneten Bedürfnisse des Kindes befriedigt sind, dann sehe ich allerdings auch keine Gefahr, in einem solchen pädagogisch-sozialpsychologischen Rahmen gelegentlich und in Teilgebieten mit einem Medium wie dem Computer zu arbeiten. Nach den bisherigen Erfahrungen könnte es sogar sein, daß entsprechende Computerprogramme dabei helfen könnten, gewisse Lernprozesse oder ein selbstbestimmtes Lernen zu fördern und daß sie damit geeignet wären, die Entwicklung von Selbständigkeit, Verantwortungsgefühl, Selbstbewußtsein u.a. zu unterstützen ...«

Einem Journalisten der Frankfurter Rundschau, der vor dem Hintergrund des Weihnachtsgeschäftes mit Personal- sowie Lern- und Spielcomputern eine ähnliche Frage aufwarf, antwortete ich:

> Den Eltern ist zu raten: Kaufen Sie Ihren Kindern keinen Computer, sondern schenken Sie ihnen Zeit. Wenn Sie viel Zeit haben und auch einen Computer besitzen, dann nehmen Sie sich – neben vielen anderen sinnvollen Unternehmungen – auch einmal die Zeit, gemeinsam mit ihren Kindern ein (harmloses) Computerspiel auszuprobieren und zu besprechen oder andere Einsatzmöglichkeiten des Computers zu entdekken (vgl. FR, 11. Dez. 1993).

Es gibt zweifellos weit wichtigere Dinge im Leben und in der Grundschulpädagogik als die Arbeit mit einem Computer: die Frage nach dem Sinn des Lebens, das soziale Zusammenleben, die Kommunikation zwischen Menschen, die sich verstehen, die Frage nach der Mitwelt und nach der Rettung unseres Ökosystems, damit wir als »Leben inmitten von Leben, das leben will« (Albert Schweitzer), überleben können, um nur einige wenige zu nennen. Aber weil Computer auf Kinder und Jugendliche allem Anschein nach eine hohe Faszination ausüben, weil sie in unserer zeitgenössischen Gesellschaft und Technologie eine Schlüsselrolle spielen und weil sie uns als instrumentelles Medium bei der Bewältigung grundlegender Probleme ein wenig helfen können (vgl. z.B. Young, 1994), sollten wir uns frühzeitig mit ihnen im Unterricht beschäftigen und Kindern Hilfen zur sinnvollen Handhabung, zur Bewertung und Einordnung in den Lebenskontext bieten. Die Kinder mit diesem Medium und den verheißungsvollen Versprechungen der Marketingstrategien, die mit der Entwicklung von Multi-Media, Edutainement und CD-ROM eine neue Qualität gewinnen, alleine zu lassen, ist die denkbar einfachste Reaktion, aber auch der ungeeignetste Weg, um einen mündigen Umgang zu begründen.

8. Kernstück und Basis des Grundschulunterrichts, zumal des Sachunterrichts, sollte der *handelnde Umgang in und mit der Wirklichkeit,* die *Primärerfahrung* in der Umwelt, die gemeinsame Entdeckung und die Lösung von Fragen und Problemen sein:

> »Die Arbeit mit dem Computer darf nicht den grundschuldidaktischen Primat der unmittelbaren Erfahrung in Frage stellen. Sie sollte vielmehr zu neuen Primärerfahrungen anregen und ihre lernintensive Verarbeitung fördern« (Mitzlaff u.a., 1990, S. 32).

> Gerade im Zeitalter der Medien gewinnen diese Grundsätze zunehmend an Bedeutung. In vielen Bereichen ist die Grundschule bemüht, basale Erfahrungen, die für die Anthropogenese unverzichtbar sind, zu vermitteln und Erfahrungsdefizite, die in der naturfernen und alles andere als kinderfreundlichen Industriewelt entstehen können, auszugleichen. Dies gilt für den lebensnotwendigen Umgang mit der Natur und Mitwelt (vgl. Mitzlaff, 1991 und 1992), für den Einblick in komplexe Arbeitsabläufe, die den meisten Kindern heute verborgen sind; dies gilt aber vor allem für den Bereich der sozialen Interaktion der Kinder untereinander (vgl. Meier, 1993).

Kritisch ist allerdings zu fragen, ob diese Forderungen nicht allzu oft bloße Theorie oder auf schulische Sonderveranstaltung beschränkt bleiben? Wie sieht der Grundschulalltag in Klassen, deren Schülerzahlen von Finanz- und Kultusministern erhöht werden, tatsächlich aus? Ist unsere Schulkultur im Alltag nicht oft überwiegend eine *Text- und Buch-Kultur*, die die Lebenswirklichkeit nur selten ins Klassenzimmer hineinholt und nur selten das Schulgebäude verläßt? Nehmen wir an, wir verfügten in wenigen Jahren über vielfältige, kindgerechte, interaktiv zu erarbeitende, pädagogisch gestaltete und z.T. offene Multi-Media-Programme, wie sie sich heute in einigen CD-ROM-Produkten abzuzeichnen beginnen, würde damit unsere Unterrichtskultur nicht stärker als dies heute oft *tatsächlich* der Fall ist mit der außerschulischen Wirklichkeit verbunden? Könnten von der medialen Auseinandersetzung nicht neue Impulse zur wirklichen Öffnung der Schule, zu einem überprüfenden, erweiternden, transferierenden und ggf. korrigierenden Lernen vor Ort ausgehen?

9. Kritiker des Computereinsatzes im Grundschulunterricht befürchten u.a. eine Reduzierung der sozialen Interaktion und Kommunikation. Auf dem Soester Symposion hatte Barbara Kochan diesen Kritikern folgende Beobachtung aus ihrer Schreibwerkstatt entgegengesetzt:

> »Schreiben war noch nie so laut wie in unserer Schreibwerkstatt! – durch die Kommunikation beim Schreiben. Und schließlich ist das, was sie dort schreiben, auch etwas, was sie an andere Menschen schreiben und nicht an den Computer. Wir sind nicht euphorisch, sind aber überzeugt, daß es wertvolle pädagogische Aspekte beim Computer als Schreibwerkzeug gibt« (Kochan, in: LSW, 1989, S. 62f.).

Inzwischen stützen zahlreiche Beobachtungen die Annahme, daß die Arbeit mit dem Computer neue Interaktions- und Kooperationsformen eröffnen kann, Formen, die der grundschulpädagogischen Forderung nach einer Intensivierung und Ausweitung der sozialen Lernprozesse entsprechen und auf die veränderten Rahmenbedingungen in der kooperierenden Dienstleistungsgesellschaft vorzubereiten vermögen. Die Arbeit am Computer kann die Teamfähigkeit der Grundschüler fördern, regt zu Diskussionen, Diskursen und Planungsprozessen an, die oft vom Computer wegführen und originale Begegnungen mit Personen, mit Sachen und mit der Natur provozieren. Aber dies ist wiederum eine Frage der *pädagogischen Konzeption*, die dem Computereinsatz zugrunde liegt, und der *Intentionen*, die der Pädagoge mit ihm verbindet.

10. Bei dem Thema »Grundschule und Computer« kann es nicht darum gehen, ein neues Fach oder ein neues Unterrichtsprinzip zu begründen. Es geht vielmehr um die situationsgemäße, weitgehend fakultative Nutzung eines zeitgenössischen Werkzeugs und einer differenzierten Übungshilfe durch die Kinder im Kontext eines offenen und handlungsorientierten Unterrichts.

11. Bei der Arbeit mit dem Computer im Grundschulunterricht geht es nicht um die Zurückdrängung der klassischen drei Kulturtechniken, ganz im Gegenteil: Der Computer kann und sollte so eingesetzt werden, daß die Entwicklung dieser Kulturtechniken des Schreibens, Lesens und Rechnens gefördert und geübt wird und daß die kulturtechnischen Fertigkeiten in neuen Handlungskontexten mit neuem Interesse angewandt werden. Insbesondere für den Bereich des Schreibens gibt es inzwischen auch in Deutschland überzeugende Beispiele, daß dies möglich ist (z.B. Kochan u.a.).

12. Beim Einsatz des Computers im Grundschulunterricht geht es auch nicht um eine Überschätzung oder Überbewertung des Mediums. Pädagogisch geht es vielmehr um eine *Entmythisierung*, um den Abbau eines Wunderglaubens, der bei vielen Kindern vorhanden ist und aus dem sich heraus auch (unreflektierte) Besitzwünsche entwickeln. Es geht um eine *Aufklärung* über die wirklichen Möglichkeiten, aber auch Grenzen des Computers bzw. verschiedener, ausgewählter Programmtpyen. Von Hentig ist zuzustimmen, wenn er betont:

> »... wir sollten Erkennen, Verstehen, Urteilen, Handeln an den Phänomenen lehren, von denen der Computer eines ist; er hätte sich einzureihen unter andere menschliche Erfindungen, deren Prinzip, Geschichte, Wirklichkeit und Wirkung uns beschäftigen: Sprache und Schrift, Buchdruck und Verbrennungsmotor, Kapital und Arbeit, Recht und Staat, Wissenschaft und Kunst, Pädagogik und Politik – eine Reihe, die, wenn man sie ordnet, konsequent fortsetzt und hinreichend differenziert, von alleine deutlich macht, ein wie kleiner Teil dem Computer in ihr einzuräumen ist« (von Hentig, 1993, S. 59).

Ja, der »Computer« und die Arbeit mit ihm hat »sich einzureihen« in diesen großen Gesamtzusammenhang von bildungsrelevanten Phänomenen. Aber er markiert den heutigen Stand technischer Entwicklung in einigen der genannten Bereiche (z.B. im Buchdruck). Deshalb wird, die Schule, die die geellschaftliche Lebenswirklichkeit und die Erfahrungswirklichkeit der Schüler ernst nimmt, häufig – und im Kontrast zu historischen Phänomenen – auf ihn zurückkommen.

13. Noch in einem weiteren Punkt ist von Hentig zuzustimmen. 1984 betont er, daß es

»für uns alle von größter Wichtigkeit« sei, »als was wir ihn (nämlich den Computer, d. V.) bekommen: als Herr oder als Knecht« (ebd. S. 124). In der Tat ist dies die grundsätzliche Frage, die im Grunde jede größere technische Innovation in der Vergangenheit und Gegenwart betroffen hat und betrifft. Aber man wird den Heranwachsenden wohl kaum zum Beherrscher des Computer-Knechts heranbilden, wenn man ihn mit seinen Computererfahrungen, die er in zunehmendem Maße außerhalb der Schule gewinnt, alleine läßt. Gerade dann besteht für mich am ehesten die Gefahr, daß er sich zunehmend von ihm beherrschen läßt. Wir sollten das Kind stärken und altersgemäß über die sinnvollen Möglichkeiten, aber auch die Grenzen und Gefahren aufklären, damit es frühzeitig zum Beherrscher des Computers wird – und nicht umgekehrt.

14. Die eine Theorie des Computereinsatzes im Grundschulunterricht gibt es nicht. Es gibt verschiedene Möglichkeiten, mit diesem multifunktionalen Werkzeug zu arbeiten, die konkrete Arbeit hängt von sehr verschiedenen Software-Gruppen und nicht zuletzt von den beteiligten Lehrerinnen/Lehrern und Schülern ab, und es gibt – wie auch ausländische Beschreibungen immer wieder betonen (z.B. Squires, 1992) – stark *unterschiedliche* Arbeitsformen und Nutzungsmöglichkeiten. Theoretiker und Bildungspolitiker sollten Grundschulpraktiker *ermuntern, unterschiedliche Wege* zu gehen und diese Wege in Fallstudien zu dokumentieren. Wissenschaftler sollten diese Arbeit durch didaktisch-methodische Entwürfe anregen und kritisch begleiten.

15. Längst nicht alles, was auf dieser Altersstufe technisch machbar und handhabbar wäre, ist auch pädagogisch sinnvoll. Vieles wird man bewußt ausschließen! Vieles, was grundschulpädagogisch sinnvoll ist, verzichtet ganz bewußt auf technische Medien und basiert auf der originalen Begegnung mit Sachen, mit der Natur und Mitwelt und mit Personen. In reflektierten Unterrichtsprojekten – mit und ohne wissenschaftliche Begleitung – und damit verbundenen pädagogischen Diskursen wird zu klären sein, wie groß langfristig der Schnittbereich zwischen dem (computer-)technisch Machbaren und dem grundschulpädagogisch Sinnvollen sein kann bzw. sein sollte.

16. Die moderne Grundschule »muß Orientierungshilfe zur kritischen Einschätzung der Medien ... geben und so dazu beitragen, daß die Kinder die Medienangebote sinnvoll nutzen lernen« (Richtlinien, GS, NRW, 1985, S. 9; vgl. auch Hess. Rahmenplan, Entwurf 1993, S. 214). Diese Forderung sollte zukünftig auch das neue Medium Computer einschließen.

Mit dem wachsenden Zugang von Kindern zu Computern (in der Familie oder bei Freunden) ist die Grundschule aufgerufen, eine – bislang erst in groben Umrissen erkennbare- *medienpädagogische Antwort* auf bestimmte Nutzungsmöglichkeiten zu finden. Dies gilt insbesondere für *Computerspiele*, die viele Kinder faszinieren, zu der die Pädagogengeneration aber nur selten Zugang sucht (vgl. dazu Fritz in Kap. IV.). Insgesamt wird der Grundschulpädagoge sein Wissen über die z. T. sehr unterschiedlichen Medienbiographien seiner Schülerinnen und Schüler erweitern müssen. Wo er bei vielen Kindern auch auf Computerspielerfahrungen trifft, wird er auf diese eingehen müssen, mit den Kindern gemeinsam exemplarische Spiele analysieren und hinterfragen. Neben der – ggf. kontrastierenden – Arbeit mit einem positiven Computerspiel empfiehlt sich eine Umsetzung des Bildschirmspiels in aktivere und kreativere Spielformen (vgl. Theiner, 1993) sowie die Auseinandersetzung mit der breiten Palette komplementärer bzw. alternativer Spielmöglichkeiten. Allerdings müssen wir erkennen, daß vielen Kindern in ihrer Lebensumwelt längst der Raum für manche dieser Spielaktivitäten (Verstecken spielen etc.) fehlt. So gesehen, könnte das Computerspiel geradezu eine logische Antwort auf beengte Wohn- und eingeengte Spielverhältnisse sein. Will sich die Grundschulpädagogik mit dieser Entwicklung nicht einfach abfinden, wird sie – z.B. mit einer phantasievollen Schulhofgestaltung – auch nach ausgleichenden Möglichkeiten suchen müssen.

Wo notwendig, wird der Grundschulpädagoge versuchen, die medienbiographische Entwicklung des Kindes positiv zu beeinflussen. Ohne eine aktive Unterstützung im Elternhaus und ein entsprechendes Modellverhalten kann dies aber kaum gelingen.

17. Bei falscher, unkritischer und übermäßiger Nutzung können Computer zweifellos zu einem (weiteren) »Zeitkiller« werden. Man vergißt und »vertut« an ihnen wertvolle und unwiederholbare Zeit und schränkt so – sich selbst, sein endliches Zeitdeputat und seine Bedürfnisse vergessend – seine Bewegung ein. Diese Fehlentwicklung haftet allen Bildschirmmedien an und könnte durch eine falsche Nutzung des Computers noch gesteigert werden. In der Tat bleibt dann zu fragen:

> »Was eigentlich geschieht nicht, nicht mehr oder noch nicht, während unsere Zuschauer ihre Zeit serienweise vor den Bildschirmen absitzen? ... Wie viele Briefe bleiben ungeschrieben, Bücher ungelesen, Spaziergänge ungegangen, Freunde unbesucht, Gäste nicht empfangen, Gespräche ungesprochen, Plätze und Straßen verödet – und alles nur, weil unsere Hintern sich einbilden, das Leben fände in einem Kasten statt und sie könnten darin etwas versäumen?« (J. Beck, 1994, S. 95f.).

Dieses Problem wird aber nicht gelöst, indem man den Computer aus der Grundschule verbannt, eher in Gegenteil. Der Reiz, sich außerhalb der Schule mit der geheimnisvollen Maschine zu befassen, dürfte um so größer sein, je entschiedener man ihn aus der Schule fernhält. Andersherum konnte in verschiedenen Projekten beobachtet werden, daß der Reiz alberner oder brutaler Computerspiele mit der schulischen Nutzung nachließ. Freilich handelt es sich auch hier wieder um Kurzzeiteffekte, die in – bislang nicht finanzierten – Langzeitprojekten zu überprüfen wären. Aber abgesehen von diesen empirisch nachzuweisenden Effekten geht es der Grundschulpädagogik ja gerade darum, die Arbeit mit dem Computer in einen komplexen Handlungskontext einzubinden und die Vielfalt der Handlungs- und Erlebnismöglichkeiten (einschließlich der zahlreichen Alternativen zur Bildschirmtätigkeit und zum Fernsehkonsum) aufzuzeigen und erlebbar zu machen. Was die Quantität anbelangt, so sei darauf hingewiesen, daß die Kinder in den von mir selbst geleiteten oder den beobachteten Projekten nie länger als 10 bis 15 Minuten mit dem Computer gearbeitet haben, und dies auch nur an einem oder maximal an zwei Tagen in der Woche. Gerade durch diese zeitliche Beschränkung, die sich aus der Problemstellung situativ ergibt, und durch die Einbindung in größere Arbeitszusammenhänge wird die Bedeutung des Computers eher als eine beschränkte, zumeist stark ergänzungsbedürftige erfahren. Eben dies sollte unbedingt zum pädagogischen Programm gehören, wenn die Grundschule einen oder zwei Computer im Klassenraum installiert.

18. Nach den bisherigen Erfahrungen und von obigen Prämissen ausgehend, findet die Arbeit mit dem Computer im Grundschulunterricht ihren adäquaten Ort:

- im Wochenplanunterricht und der Freien Arbeit;
- in projektorientierten Arbeitsformen und Projektwochen;
- im Förderunterricht für Kinder mit Lese-, Rechtschreib- oder Rechenschwächen, aber auch für stärkere Schüler mit besonderen Sach- und Schreibinteressen;
- in spezifischen Arbeits- und Übungsphasen eines binnendifferenzierten Unterrichts;
- in medienpädagogischen oder anderen Arbeitsgemeinschaften
- oder in nachmittäglichen Betreuungsangeboten (dazu insbes. Arenhövel, 1994).

19. Das Werkzeugkonzept und die Forderung nach einer Einbindung in den unterrichtlichen Handlungskontext verbietet in der Grundschule (abgesehen von der Sonderform der AG und einem zusätzlichen Betreuungsangebot) die Anlage eines gesonderten Computerraumes. Das Sprachlabormodell, das für jedes Kind einen eigenen Bildschirmarbeitsplatz vorsieht, ist aus grundschulpädagogischer Sicht völlig ungeeignet und eliminiert die sozialerzieherischen Möglichkeiten, die bei vielen Computerarbeiten gegeben sind (z.B. beim dialogischen Schreiben). In den meisten Grundschulen, die heute in Deutschland bereits mit Computern arbeiten, hat sich das *Werkstatt- bzw. Lernzonenmodell* durchgesetzt: Ein bis drei Computer stehen hier neben vielen anderen Medien in einem Klassenraum, der aus differenzierten Lernzonen (z.B. Leseecke, Spieleregal, Zeichen- und Malecke, Zone für Langzeitbeobachtungen, Sammlungstisch, Schreibmaschinenzone und Computerzone) besteht, und sind jederzeit von interessierten Schülerinnen und Schülern zu erreichen. An manchen Tagen sind Absprachen erforderlich. Es kann aber auch geschehen, daß der Computer 14 Tage ungenutzt bleibt.

20. Die Stärken des Computers liegen im Bereich der Wissensvermittlung, der Informationsspeicherung, des Trainings von Fertigkeiten und der instrumentellen Unterstützung von Schreib- und Publikationsprozessen. In diesen Bereichen kann und wird er auch im Grundschulunterricht wirksam werden, ja vielleicht kann er hier, wie Seymour Papert in seinem neuen Buch prognostiziert, langfristig sogar so etwas wie eine »Revolution des Lernens« einleiten (vgl. Papert, 1994). Aber diese Bereiche machen nur einen Teil des Bildungsauftrages der Grundschule aus. Von besonderer und wachsender Bedeutung sind die Bereiche des sozialen und personalen Lernens, des Orientierungswissens, des Umganges mit der Informationsfülle (des Einschätzens relevanter, nützlicher, grundlegender Informationen; der bewußten Informationsauswahl usw.), der »Aufklärung über bisher selbstverständliche Alltagsangelegenheiten« (Rolff/Zimmermann, 1989, S. 39) und der personalen Erziehung und der Vermittlung einer ethischen Grundorientierung. Hier sind aber nicht technische Medien, sondern Lehrerinnen und Lehrer in ihrer »persönlichen Präsenz« (Rolff/Zimmermann), in ihrem pädagogischen Engagement, mit ihrer aufklärerischen Kompetenz sowie mit ihrer Empathie und Dialogfähigkeit gefragt und gefordert. Sollten Computer und andere Medien dazu beitragen, den Raum für diese Bereiche zu verbreitern, wäre dies ein pädagogischer Glücksfall.

Hartmut Mitzlaff

Computer in der Grundschule – Arbeitsfelder und Arbeitsbeispiele – Ein Überblick

»Nicht der Computer ist die entscheidende Wirkkomponente, sondern die Art der Aktivität, die der Schüler mit ihm ausführt« (Mandl/Heiland, 1992, S. 35).

»Aber ist das nicht gerade das Überraschende: daß ausgerechnet der Computer ein Medium sein könnte, dessen Einsatz die Toleranz der Schule für Formen selbstbestimmten und spontanen Lernens überstrapaziert?!« Werner Sesink, 1994.

An welcher Stelle wird im Grundschulunterricht bisher mit dem Computer gearbeitet? Wo kann er dazu beitragen, die Lernprozesse zu verbessern? Wo kann er helfen, qualitativ neue (z.B. stärker selbstbestimmte) Lernprozesse freizusetzen? Wo ist sein Einsatz pädagogisch sinnvoll? Was können Kinder und Lehrer überhaupt mit dem Computer anfangen? Welche Anforderungen sollten Lehrerinnen und Lehrer an die Soft- und Hardware stellen? Im Sinne einer Einführung, die in den nachfolgenden Kapiteln an verschiedenen Stellen vertieft, erweitert und konkretisiert werden wird, wollen die folgenden Abschnitte eine Antwort auf diese Fragen geben. Wenn dabei eine breite Palette von Möglichkeiten, mit dem Computer in der Grundschule zu arbeiten, gezeigt wird, so darf dies nicht dahingehend mißverstanden werden, daß der einzelne Lehrer den kompletten Katalog dieser Möglichkeiten umsetzen sollte. Unter der Zielperspektive einer Erziehung zum »mündigen Umgang« (s. o.) haben die einzelne Schule und der einzelne Lehrer – u. a. in Abhängigkeit von den Kompetenzen des Lehrers – vielmehr Schwerpunkte zu setzen und gegebenenfalls epochale Angebote zu unterbreiten (bspw. wäre im Kunstunterricht ein ca. vierstündiger Themenschwerpunkt »Malen mit dem Computer – Malen mit der Hand« denkbar).

Der Personalcomputer (PC) gilt als universelles, besser: multifunktionales Instrument, das je nach Aufgaben- und Problemstellung und in Abhängigkeit von der darauf abgestimmten bzw. abzustimmenden Software unterschiedlich genutzt werden kann. Auch in der Grundschule finden wir – wenn wir die internationale Projektliteratur sowie grundschulpädagogische Handbücher (insbes. aus dem angelsächsischen Raum) durchsehen – unterschiedliche Nutzungsmöglichkeiten, deren Summe sich als pädagogisch und didaktisch definierte und modifizierte Teilmenge aus den bekannten Einsatzmöglichkeiten darstellt. Dabei geht es um die altersadäquate Erschließung der darin enthaltenen pädagogisch-didaktischen Potentiale und zugleich um eine erste Aufklärung über die gesellschaftlichen Einsatzgebiete der Computertechnik. Intendiert ist die Erreichung einer ersten Stufe auf dem Weg zu einem mündigen Umgang mit den neuen Technologien. Der Sache und ihrer Dynamik entsprechend ist dieser Bildungsprozeß eingebettet in den gesamtgesellschaftlichen Diskurs über die neuen Techniken, der in vielen Bereichen noch offen ist und kontrovers verläuft. Mittel- und langfristig wird auch schon die Grundschule durch die Art, wie sie mit den neuen Techniken umgeht, einen Beitrag zur Weiterentwicklung dieses Diskurses leisten (s.o.).

Strukturierungsversuche

In den letzten zehn Jahren hat es verschiedene Versuche gegeben, die schulischen Einsatzgebiete des Computers zu strukturieren. Der Rückgriff auf diese Versuche mag gerade dem »Einsteiger« helfen, das komplexe Angebot zu durchschauen und unter pädagogischen Prämissen Schwerpunkte zu setzen.

In Anlehnung an belgische Konzepte hat Peter Gorny 1986 vier Formen des schulischen Einsatzes von Computern unterschieden, nämlich:

1. Informationstechnologie als *Unterrichtsgegenstand*, dem man sich mit sehr unterschiedlichen Intentionen nähern kann, nämlich:
   - dem Ziel der Vermittlung von (berufsbezogenen) Fähigkeiten und Fertigkeiten im Umgang mit der Hard- und Software;
   - dem Ziel, eine rationale und kritische Beziehung gegenüber der neuen Technik zu entwickeln;
   - dem Ziel, die Technologienutzung in den Kontext einer Erziehung und Bildung zu integrieren, die den Schüler befähigen will, sein Leben selbst zu gestalten.

2. Informationstechnik als *Medium und Werkzeug*, wobei Gorny insgesamt sechs Bereiche nennt:
   - Denkwerkzeuge bzw. höhere Sprachsysteme wie LOGO und Prolog;
   - Werkzeuge zur Organisation von Information (u.a. Standardanwenderprogramme);
   - entdeckendes Lernen unter Anleitung (genannt werden Simulationsprogramme und Spiele);
   - Hilfsmittel für das Lehren und Lernen (Demonstrations- und Kommunikationsmedium);
   - tutorielle Software, die Lehrfunktionen übernimmt;
   - Trainingsprogramme.

3. Einsatz der Informationstechnik in der Unterrichtsverwaltung bzw. im *»Classroom-Management«*.
4. Einsatz der Informationstechnik in der *Schulverwaltung* (nach Gorny, 1986; vgl. Mitzlaff u.a. 1990, S. 38).

Ältere Darstellungen des Verfassers und der Hagener Projektgruppe gingen von dem ausländischen Softwareangebot aus. Um neuere Angebote ergänzt, aber ohne Anspruch auf Vollständigkeit, lassen sich heute folgende Gruppen unterscheiden:

- Offene Anwendersoftware aus den klassischen Anwendungsbereichen wie Textverarbeitung, Zeichnen und Malen, Satz und Layout, Datenbankverwaltung, Tabellenkalkulation, Präsentation/Veranschaulichung, Projektplanung und -steuerung;
- integrierte offene Anwendersoftware, die einen Teil dieser Programmtypen in Modulen verbindet (z.B. *MS-Works* oder *Claris-Works*);

- Programme zur Daten(fern)übertragung (»Kommunikationssoftware«);
- Übungs- und Trainingsprogramme zur Übung und Automatisierung grundlegender Kenntnisse und Fertigkeiten überwiegend in Form von Drill-and-Practice-Programmen;
- Tutorials zur Vermittlung neuer Lehrinhalte und ggf. zur Kontrolle des Lernfortschritts;
- Programme, die in Programmiersprachen (z.B. LOGO) einführen;
- Simulationsprogramme;
- Steuerungs- und Regelprogramme;
- Multi-Media- und Hyper-Media-Systeme aus den Bereichen Bildung, »Infotainment und Edutainment« (vgl. Glossar);
- Autorensysteme, mit denen der Benutzer eigene Lernprogramme oder Multi-Media-Bausteine erstellen kann (z.B. *MacPilot Pro* für den Macintosh);
- Computerspiele (wiederum unterteilbar) und Lernspielprogramme.

Bei einigen Programmtypen ist sofort erkennbar, daß sie für den Primarbereich irrelevant sind (z.B. »Projektplanung«), bei anderen wird der Grundschullehrer fragen, ob und in welchem Bereich die Arbeit mit der angebotenen Software zur Lösung seiner pädagogisch-didaktischen Aufgabenstellung beitragen kann. Gelangt er grundsätzlich zu einer positiven Einschätzung, wird sich eine detaillierte Qualitätsprüfung unter pädagogisch-didaktischen Prämissen anschließen.

Unter pädagogischem Blickwinkel und vor allem bezogen auf das zeitgenössische Angebot an deutscher Lernsoftware hat Werner Sesink (ders. 1994) zwischen *»ziel-offenen« und »ziel-fixierten«* Programmkonzepten unterschieden. Diese Unterscheidung korrespondiert mit der Diskussion um geschlossene und offene Curricula in den 70er Jahren. Sesink kritisiert die »ziel-fixierte« Struktur der überwiegend angebotenen Lernsoftware aus der Drill-and-Practice-Gruppe und verweist darauf, daß der Lehrer auch mit den gängigen Autorensystemen lediglich in die Lage versetzt werde, Programme mit ziel-fixiertem Aufbau für seine Lerngruppe herzustellen. Ziel-offene Konzepte, die das in der Grundschule auf weiten Strecken intendierte selbstbestimmte, ziel-offene Lernen und ein assoziatives Denken unterstützen, zeichnen sich für Sesink erstmals in den Hyper-Media-Programmen ab, wie sie van Lück in diesem Band vorstellt (Kap. III). Ziel-offenes Lernen mit dem Computer wird aber z.B. auch durch die Arbeit mit offenen Anwenderprogrammen und integrierten Systemen ermöglicht (vgl. Mitzlaff u.a., 1990). Überdies darf davon ausgegangen werden, daß auch ein offener Unterricht nicht völlig ohne geschlossene, »ziel-fixierte« Sequenzen auskommen wird. Adaptionsfähige, individualisierbare Übungsprogramme finden hier ihren Platz.

Ein pädagogisch-didaktischer Strukturierungsversuch hat von der Frage auszugehen, bei welchen Arbeitsaufgaben der Computer bzw. die verschiedenen Softwaregruppen im Grundschulunterricht helfen können:

Der Computer als Werkzeug und Medium in der Hand des Schülers:
- Der Computer als Werkzeug zum Zeichnen und Malen;
- der Computer als komfortables und interessantes Schreibwerkzeug zum freien Schreiben und zur Realisierung kleinerer und größerer Schreibprojekte sowie als Hilfsmittel bei der Entwicklung der – ungeliebten, aber notwendigen – Rechtschreibfertigkeiten;

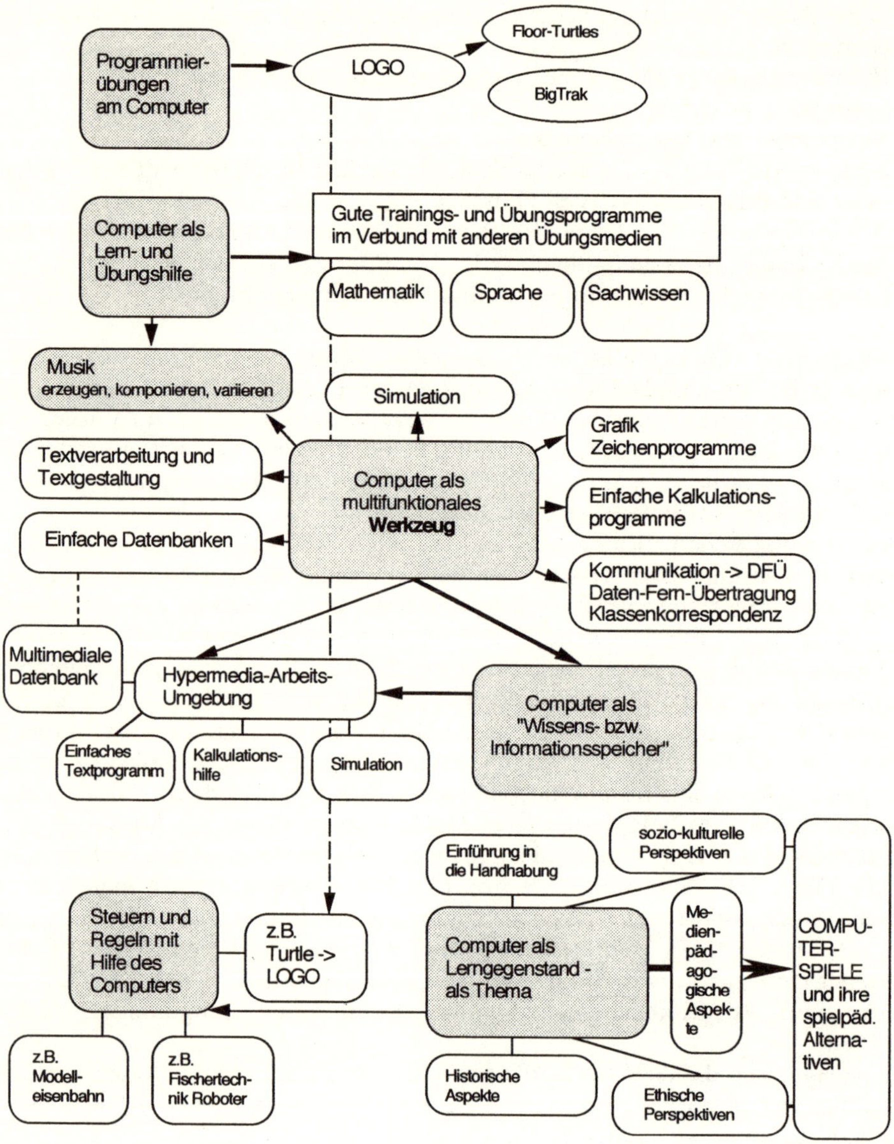

Abbildung I.5: Computer im Grundschulunterricht Themen- und Handlungsfelder

- [der Computer als Schaltstelle zur Übertragung geschriebener, gezeichneter oder multi-medialer Informationen (DFÜ)]
- Lernprogramme zur Förderung und zum Training der Lese- und Rechtschreibfertigkeiten bzw. der Rechenfertigkeiten;
- der Computer als komfortabler Karteikasten und schließlich als komfortables multi-mediales Nachschlagewerk, dessen Informationen Fragen beantworten und zu neuen Entdeckungen in der Welt/Umwelt anregen können;
- der Computer als Instrument a) zur rechnerischen Simulation oder b) zur spielerischen Simulation realer Vorgänge (z.B. Girokontenführung, vgl. Mitzlaff u.a., 1990, S. 149);
- der Computer als flexibles Musikinstrument, Musikrecorder und integrierter Notenschreiber;
- der Computer als Zentrale zur Steuerung von Spielzeug (und algorithmisierbaren Prozessen);
- der Computer als Spielgerät, dessen Programme einer kritischen Hinterfragung bedürfen;
- der Computer als Hilfsmittel zur Veranschaulichung und zur Förderung des Nachdenkens;
- der Computer als programmierbares System und Werkzeug der eigenen Programmentwicklung (z.B. mit LOGO).

und in der Hand des Lehrers und der Schulleitung:
- der Computer als Werkzeug zur Herstellung individualisierter, standortspezifischer Materialien und Arbeitsmittel;
- als Hilfsmittel in der Schulverwaltung;

als Gegenstand der Gegenwartskultur wird der Computer schließlich:
- zum Lerngegenstand und zum Gegenstand der kritischen, medienpädagogischen Betrachtung mit dem Ziel, einen »mündigen Umgang« mit ihm zu begründen.

Zusammen mit der entsprechenden Software sind diese Arbeitsfelder in Abbildung I.5. dargestellt. Die nachfolgenden Abschnitte geben einige einführende Beispiele.

1. Zeichnen und Malen mit dem Computer[1]

Neben Computerspielen kennen Grundschüler vor allem die Möglichkeit, mit dem Computer zu malen und zu zeichnen. In den Hagener Versuchen wurde das einfach zu handhabende Mal- bzw. Zeichenprogramm *MacPaint*, das anfangs zum Lieferumfang

1 Bei der Gruppe der Grafikprogramme unterscheidet man üblicherweise zwischen den Malprogrammen (oder auch Pixel- und Bitmap-Grafikprogrammen), den eigentlichen Zeichen- und Illustrationsprogrammen (Vektor- oder Objektgrafikprogrammen), den Geschäfts- bzw. Businessgrafik- und Präsentationsprogrammen, den komplexen CAD-(= Computer Aided Design-) Programmen, den Bildbearbeitungsprogrammen und schließlich den Animationsprogrammen, die zur Herstellung von bewegten Bildsequenzen (Zeichentrickfilmen, Simulation von Vorgängen) verwendet werden. Für die Arbeit in der Grundschule sind vor allem erstere interessant. Letztere finden Einsatz bei der Entwicklung komplexer Multi-Media-Lernprogramme oder Hypermedia-Arbeitsumgebungen.

Abbildung I.6: Die Villa *Kunterbunt*, gezeichnet von Diana und Benjamin, 1989 mit *MacPaint* in der zweiten Computerstunde

der Macintosh-Rechner gehörte und über eine intuitive Bedienerführung (Pictogramme) verfügt, eingesetzt, um die Kinder mit den wichtigsten Aspekten der *Gerätehandhabung* vertraut zu machen. Den Kindern machte diese Tätigkeit recht viel Spaß, und sie gelangten dabei recht schnell zu interessanten Arbeitsergebnissen, die zum Schluß der Arbeitsphase ausgedruckt wurden. Zwei bis drei Zeichenphasen reichten so aus, um die Kinder zur selbständigen Beherrschung der Grundtechniken im Umgang mit der Hardware zu befähigen. Dies war die Grundlage der weiteren Arbeiten und förderte offensichtlich bei den Mädchen ebenso wie bei den Jungen das Selbstbewußtsein: ›Schaut her, ich kann mit dem Computer umgehen, ich beherrsche das Ding und kann meine/unsere Arbeiten ausdrucken!‹ Grundlegende Menübefehle, die im Umgang mit *MacPaint* gewonnen wurden, konnten auf andere Programme (etwa die Textverarbeitung *MacWrite*) übertragen werden. Abbildung I.6. zeigt die Arbeit zweier Schüler (Klasse 3 und 4), die während einer solchen Einführung in die Gerätehandhabung entstand.

Ein ähnliches Vorgehen wie im Grundschulunterricht hat sich später interessanterweise auch in der Lehreraus- und -weiterbildung bewährt, in der anfangs noch Berührungsängste zu überwinden waren.

Eine interessante Erfahrung mit dem Malprogramm *MacPaint* konnte Mitte 1989 in einer Projektwoche gewonnen werden. Zu dieser Projektwoche gehörte eine Arbeitsgruppe, die es sich zur Aufgabe gemacht hatte, über die Ereignisse in den insgesamt 25 Gruppen (durchschnittliche Stärke: sieben Teilnehmer) im Rahmen einer Projektwochen-Zeitung zu berichten. Das Besondere war, daß diese Zeitung, die auch das 30jährige Schuljubiläum thematisieren wollte, mit Hilfe des Computers geschrieben und gestaltet werden sollte. Für die Arbeit in der Zeitungsgruppe entschieden sich vier Jungen und vier Mädchen aus den Klassen 3 und 4. Am ersten Projekttag hatte sich die Gruppe bei sonnigem Wetter auf dem Schulhof versammelt, um ein Bild von dem Schulgebäude anzufertigen. Am dritten Projekttag, als die Kinder die Hard- und Software bereits sehr gut beherrschten, entschlossen sich Jan und Daniela, die Vorlage ihrer Handzeichnung mit *MacPaint* in eine Computerzeichnung zu übertragen. Am darauffolgenden Tag wurden alle Handzeichnungen und die Computerzeichnung im Rahmen einer »Redaktionssitzung« begutachtet. An der Frage, welche »Bilder« denn nun in die Projektwochenzeitung aufgenommen werden sollten, entzündete sich eine lebhafte Diskussion, die hier aus dem Gedächtnis wiedergegeben werden soll:

»Also, ich finde die Zeichnung mit Hand schöner.«

»Ja, die ist bunt, und die Computerzeichnung ist nur schwarz-weiß.«

»Aber, die Farbe geht beim Kopieren weg.«

»Trotzdem, die mit Hand sind schöner« ...

»Man kann das gar nicht so genau sagen, die ist schöner und die nicht so sehr.«

Lehrerin: »Warum nicht?«

»Die Handzeichnung und die Computerzeichnung sind irgendwie ganz anders!«

Studentin: »Wie meinst du das? Kannst du uns das erklären?«

»Die Zeichnungen sind irgendwie anders. Die eine, die ist so, wie ein Künstler malt, so mit Farbe und so krumm aus freier Hand. Die andere, die ist so, da könnte man die Schule nach bauen. So wie ein Architekt oder ein Ingenieur die malt, äh, zeichnet!«

»Ja, der Jan, der hat recht. Man kann gar nicht sagen, welche schöner oder besser ist. Man macht damit was anderes.«

»Ja, deshalb sollten wir beide irgendwie auf eine Seite machen und den Leuten zeigen, man kann das so und auch so zeichnen. Kommt drauf an wozu.«

Der Vorschlag fand einhellige Zustimmung, und so entstand die in Abb. I.7. wiedergegebene Seite der Projektwochenzeitung. Die Schülerinnen und Schüler hatten hier selbständig eine wichtige Lektion im »(ziel-)perspektivischen Denken« erarbeitet und belegt, daß sie sich nicht von der – zweifelsohne beeindruckenden – Akkuratesse und technischen Souveränität der Computerzeichnung zu einem einseitigen ästhetischen Urteil verleiten ließen.

Auf dem Soester Symposion hatte der Brite Bob Hart über Arbeiten mit Mal- und Zeichenprogrammen berichtet, die wesentlich weiter reichten als unsere Hagener Ansätze:

»Ich habe Kinder gesehen, die ein Bild mit einem Pinsel malten, einem richtigen Pinsel, den wir auch beibehalten müssen, und dann wurde ein ›Video-Digitizer‹ (digitales Zeichenbrett) benutzt, um dieses Bild am Computer zu bearbeiten. Nun konnten die Kinder mit dem Bild spielen, sie konnten die Farben und die Strukturen verändern, ein Objekt umherschieben, ein anderes Haus, einen Baum oder eine Kuh hinzufügen. Das Ergebnis dieses Designs wird dann mit einem Farbdrucker ausgedruckt. Die Tinte des Druckers besteht aus einer Wasserbasis, so daß das Kind nach dem Ausdruck mit dem Pinsel weitermalen kann. Für mich ist das eine große Hilfe in dem kreativen Prozeß der Kinder, es macht den Pinsel nicht überflüssig, es drängt die Kreativität nicht zurück, sondern hilft dem Design...« (Hart, nach LSW, 1989, S. 153).

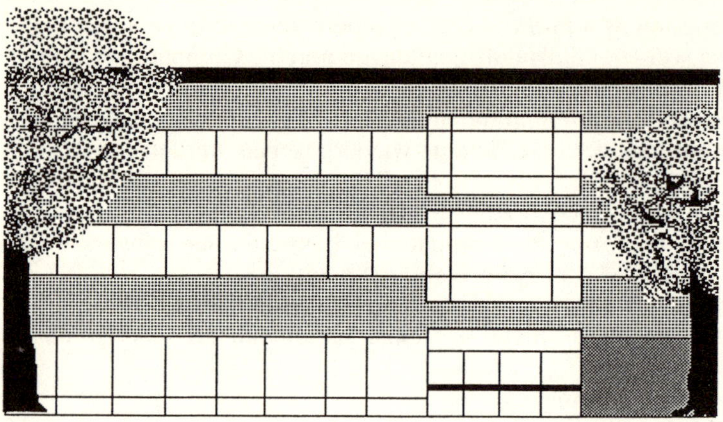

von Jan und Daniela mit dem Computer gezeichnet

von Melanie mit der Hand gemalt

Abbildung I.7: Computer- und Handzeichnung im gewollten Kontrast

In dem Hagener Konzept war ein solcher Einsatz von digitalen Mal- und Zeichenwerkzeugen im ›Kunstunterricht (zunächst) bewußt ausgeklammert‹ worden (vgl. Mitzlaff u.a., 1990, S. 49). Angesichts der obigen Skizze sowie der erstaunlichen Weiterentwicklung dieser Werkzeuge von dem relativ simplen *MacPaint* oder *KidPix* zum *Painter* (Version 2.0 oder 3.0), dem vereinfachten, aber didaktisch interessanten *Dabbler* (beide von Fractal Design) oder zu anderen Malinstrumenten und einen entsprechenden kunstpädagogischen Rahmen vorausgesetzt, wird man diese Position inzwischen überprüfen müssen. Auch hier wären Fallstudien, die Hand- und Computerzeichnungen mit exemplarischen Werkbetrachtungen und museumspädagogischen Ansätzen verbinden sollten, hilfreich. Als zusätzliches Eingabegerät müßte man bei derartigen Programmen über ein Grafik-Tablett verfügen, als Ausgabegerät wäre ein Farbdrucker erforderlich, der heute nur wenigen deutschen Schulen zur Verfügung steht.

Für Schüler, aber mehr noch für Lehrerinnen und Lehrer, die Arbeitsblätter erstellen und über mehrere Schuljahre hinweg modifizieren und aktualisieren, ist die Anlage und Speicherung eines Bildarchivs von Interesse. Auf dem Apple Macintosh können derartige Bilder z.B. in dem Album, das jederzeit unter dem sogenannten »Apfel-Menue« aufgerufen werden kann (DA = Desk Accessories), gespeichert werden. Natürlich können auch mit Hilfe verschiedener Programme themenspezifische Bilddateien angelegt werden. Bilder (Skizzen und Zeichnungen) lassen sich mit einem Grafikprogramm selbst anfertigen oder aus Bilddatenbeständen (die z.B. auf CD-ROM angeboten werden) in die eigene Datei kopieren oder aber über einen Scanner (= optisches Abtastgerät) in den Computer einlesen (und in digitale Informationen umwandeln). Ein Scanner erlaubt auch das Einlesen von Fotos und von Textvorlagen, die mit Hilfe spezieller OCR-Programme (= Optical Character Recognition) von der erfaßten Bitmap-Grafik wieder in Textinformationen umgewandelt und anschließend mit gängigen Textprogrammen weiterverarbeitet werden können. Die beiden letztgenannten Möglichkeiten dürften mittel- und langfristig vor allem bei der Erstellung besonders anspruchsvoller Arbeitsblätter und standortspezifischer Materialien – etwa im geographischen Sachunterricht – von Interesse sein, setzen aber a) eine entsprechende Geräteausstattung und b) beim Lehrer die Zeit für entsprechende Arbeitsprozesse voraus. Letzteres gilt aber im Grunde für die gesamte Arbeitsmittelproduktion.

Mit der Herstellung von Arbeitsblättern auf dem Computer beschäftigen sich eingehend die Beiträge von Ralf Lohuis und Joachim Niewel (s.u.). Über Disketten wäre leicht ein Austausch von Arbeitsblättern zwischen verschiedenen Schulen möglich. Die Lehrerin könnte so Bausteine aus den Vorlagen der Kollegen übernehmen oder modifizieren. Ein solcher Datenaustausch hat sich bereits in der Schweiz unter dem Dach des »Computerstudios TeachSoft« in Bern etabliert. Die Mehrzahl der bisher verfügbaren und auf der multi-fuktionalen Plattform von Claris-*Works* entwickelten »aktiven« oder »passiven« Arbeitsblätter stammt allerdings aus der Mittel- und Oberstufe. Das Konzept als solches könnte für den deutschen Primarbereich eine Anregung sein.

2. Schriftspracherwerb, Schreib- und Leseförderung, Schreibprojekte

> »Das Schreibwerkzeug Computer ermöglicht, daß sich die Entwicklung des Kindes als Schreiber als allmähliche Ausdifferenzierung einer von Anfang an komplexen Schreibhandlungsfähigkeit vollziehen kann« (Kochan/Herz, 1988).

Die pädagogisch vielleicht interessantesten Möglichkeiten bietet der Einsatz des Computers im Sprachunterricht der Grundschule. Die Arbeit mit entsprechender Software kann

- den Schreib- und Leselernprozeß fördern und dabei auftauchende Probleme reduzieren;

- komplexe Schreibprozesse aufspalten und dadurch unterstützen und erleichtern;
- durch diese Vereinfachung und durch die von uns Erwachsenen seit langem geschätzten Korrektur-, Umstrukturierungs- und Gestaltungsmöglichkeiten zu Schreibprozessen motivieren und mit einiger Wahrscheinlichkeit – was aber im Detail noch genauer zu untersuchen wäre – zu einer neuen Qualität von grundschulspezifischen Schreibprodukten führen;
- zu typografischen Experimenten und Reflexionen anregen.

Natürlich ist auch hier ein entsprechender pädagogischer Rahmen, der die Arbeit mit dem Computer bestimmt, vorausgesetzt (s.o.).

Für den Sprachbereich lassen sich verschiedene Software-Gruppen unterscheiden. Aus Raumgründen ist eine detaillierte Software-Vorstellung und -Kritik nicht möglich. Es können lediglich einige Programmbeispiele genannt werden. Die Nennung stellt keine Wertung dar.

A. Übungsprogramme zur Förderung des Schreib- und Leselehrganges bzw. kulturtechnischer Teilfertigkeiten einschließlich orthographischer Fertigkeiten;

A.1. Drill-and-Practice-Programme mit (ohne) Adaptions- bzw. Individualisierungsmöglichkeit; wie z.B. die Programmpakete *Deutsch I und II* aus der Medienwerkstatt Mühlacker mit dem sog. »Begleitertrainingsprogramm« (bestimmte/unbestimmte Artikel) (s. Abb. I.8.), dem »Wortartentrainer«, den »Lautsuchübungen« und verschiedenen Rechtschreibtrainingsprogrammen nach dem Lückenprinzip (vgl. Abb. I.9) oder dem Rechtschreibübungsprogramm *KONRAD* von Dr. Gira-Software (Ilmenau);

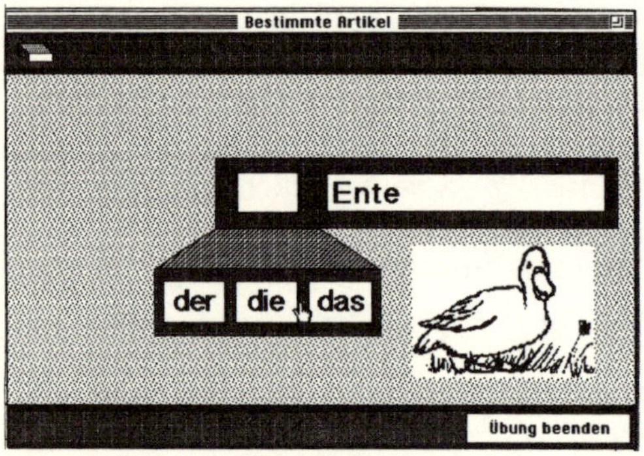

Abbildung I.8: »Begleitertraining« Medienwerkstatt Mühlacker

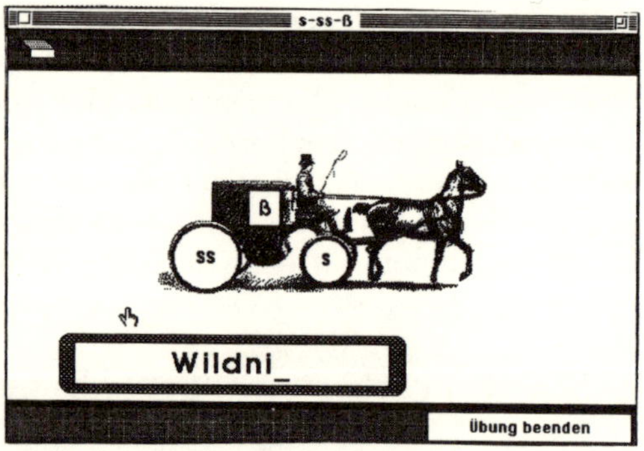

Abbildung I.9: Rechtschreibtraining mit Lücke

A.2. etwas komplexere Lern- und Übungsprogramme wie z.B. *Groß oder klein* von TopStack, der *Multitrainer Deutsch* von PestiSoft (beide Zürich) das Lese- und Schreibtrainingsprogramm *Mano – mit dem Lesepfeil* von *RELE* oder der *Rechtschreibführerschein* von A. Rogg in drei Stufen für die Klassen 3/4–10;

A.3. technisch komplexe Programme mit digitalisierter Sprachausgabe (natürliche Sprache, die digital gespeichert wurde), wie z.B. das Programm *Lokführerin Lilli in der Buchstabenfabrik* oder die *Abenteuer mit Rudi Wieselwurm* aus der

COMLES-Gruppe, die ursprünglich von der Münchner Firma RELE vertrieben wurde, seit Ende 1994 aber über Cornelsen-Software in Berlin zu beziehen ist, oder das Lesetool »Leseadventure« (!) und Lesememory *TAO* (»Texte für Auge und Ohr«) des Max-Planck-Instituts für Psychologische Forschung in München (vgl. auch die Programme *Auwiesel* 1.1 und *Picwiesel* von Cornelsen zur Förderung sprachbehinderter Kinder);

A.4. Diktat-Trainingsprogramme mit natürlicher Sprachein- und -ausgabe (Computer als komfortabler Kassettenrecorder), wie z.B. der *Diktattrainer* aus der Medienwerkstatt Mühlacker oder *PC-Training Diktat Deutsch* (von Heureka-Klett);

A.5. einfache sprachbezogene Lernspiele wie das *Wörterraten* von Mühlacker oder das *Kreuzworträtselprogramm* aus der Margaretenschule;

A.6. schriftsprachliche Computerspiele (Adventures), in denen die Schreib- und Lesefertigkeit im Kontext von Spielaufgaben trainiert wird, z.B. *ULK* (von Cornelsen Software und RELE) oder *Mit Lalipur in die Schatzkammer* (RELE aus der COMLES-Gruppe).

B. Einfache Textverarbeitungsprogramme, die auf Schulanfänger zugeschnitten sind und z.B. mit speziellen Bilddatenauflagen für die Tastatur oder speziellen, berührungsempfindlichen Tableaus (Keyboard Overlays oder Concept Keyboards) geliefert werden (z.B. *FreeWriter* oder *Prompt/Writer*).

C. Offene Anwendersoftware: Textverarbeitungsprogramme:

C.1. die Arbeit mit einer altersspezifisichen, computergestützten Schreibumgebung, die eine dynamische Unterstützung bietet, wie z.B. J.A. Levins *A Writer's Assistent* (vgl. Kochan, 1988) und in Ansätzen *Der lustige Briefkasten* aus der COMLES-Gruppe;

C.2. die Arbeit mit altersgeeigneten offenen Textverarbeitungsprogrammen, die im Rahmen von Schreibprojekten bzw. Schreibkonferenzen eingesetzt werden und mehr oder weniger umfangreiche Korrektur- und Gestaltungsmöglichkeiten eröffnen, wie z.B. *MacWrite* oder das multifunktionale CLARIS *Works* für Macintosh oder Windows und für IBM-kompatible Rechner z.B. *PC-Profi-Text* vom Deutschen Sparkassenverlag, *Startext* von SYBEX, *MS-Write* unter Windows;

C.3. die Arbeit mit Textprogrammen, die über Rechtschreib- bzw. -korrekturhilfen verfügen, wie z.B. *MacWrite Pro* von CLARIS, *Word Perfect* u.a.

2.1 Texte schreiben, korrigieren, entwickeln, gestalten und drucken im Rahmen von Schreibprojekten oder Schreibkonferenzen

»Lesen und Schreiben haben in vielen Familien nur noch einen geringen Stellenwert... Die Grundschule muß den Zugang zur elementaren Schriftkultur öffnen«, KMK-Empfehlungen, 1994, S. 13f.

Die Textverarbeitung gehört weltweit zu den Schwerpunkten der professionellen Computernutzung. Aus grundschulpädagogischer und -didaktischer Sicht eröffnet die Textverarbeitung völlig neue schreibmethodische Möglichkeiten. Deshalb gehört dieser Bereich zu den vielversprechenden und wichtigsten Einsatzgebieten des Computers im Grundschulunterricht.

Die Bedeutung der computergestützten Textverarbeitung für den Schreibprozeß und seine Entwicklung in der Grundschule ist in Deutschland am weitesten von Barbara Kochan untersucht worden, die in Kapitel I über ihre Forschungsarbeiten berichtet. 1993 stellt sie u.a. fest:

»Die Zwänge herkömmlicher Schreibtechnik zur Linearität gehören ... nicht notwendig zum Schreiben. Der Computer ermöglicht dem Schreiber gerade in dieser Hinsicht radikal andere Möglichkeiten. Am Computer muß der Schreiber das lineare Produkt nicht auf lineare Weise produzieren... Der Computer lädt den Schreiber geradezu zum kritischen Lesen ein und unterstützt auf diese Weise die Bereitschaft, ggf. Änderungen vorzunehmen; wohlgemerkt: nicht nur am Text, sondern ggf. auch an den eigenen Gedanken. Der Computer kann also insbesondere das Ideen hervorbringende, Gedanken klärende Schreiben unterstützen, eine Art des Schreibens, bei der die Gedanken allmählich verfertigt werden... Der Computer erlaubt auch eine andere Art der Linearität des Schreibens, nämlich ein Entzerren einzelner Schreibkomponenten in ein Nacheinander« (Kochan, 1993, S. 62ff.).

Ermöglichte der Computer nur die hier genannten Aspekte, deren schreibmethodische Relevanz offenkundig ist, sein Einsatz in der Grundschule wäre allein schon auf dieser Basis gerechtfertigt und dürfte nicht an dem Kostenargument scheitern.

Vor allem die neuen, aus dem angelsächsischen Raum stammenden schreibdidaktischen Konzepte, für die das »Schreiben ein von innen nach außen gerichteter Prozeß ist« (Kochan), sehen in der Textverarbeitung positive Möglichkeiten zur Förderung der Schreibentwicklung und »Literalität«. Der Computer wird dabei zum wichtigen Werkzeug in einer schreibkulturellen, schreibanregenden Arbeitsumgebung, das Kindern neuartige Möglichkeiten eröffnet (im Detail Kochan, s.u.). Er wird zum wichtigen Werkzeug in Schreibkonferenzen und Schreibprojekten. Dies ist etwas völlig anderes als das Training von kulturtechnischen Teilfertigkeiten durch Drill-and-Practice-Programme.

Während computergestüzte Schreibprojekte im angelsächsischen Raum seit längerem zum Grundschulalltag gehören, sind sie in Deutschland noch eine Seltenheit. Die Schreibkonzepte und -projekte von Gudrun Spitta, die das angelsächsische Konzept der Schreibkonferenz (Graves u.a.) hierzulande populär gemacht haben, klammern – aus unerfindlichen Gründen – den Computer völlig aus (Spitta, 1988, 1992). Richtungsweisend und grundlegend sind in diesem Bereich sicherlich die Berliner Arbeiten von Barbara Kochan, die lange Zeit auf den außerschulischen Bereich beschränkt bleiben mußten. Erwähnung verdienen die schulischen Schreibprojekte, die im Rahmen des Hagener Konzeptes realisiert werden konnten. Einige der beteiligten Projektschulen haben diese Konzepte anschließend weiterentwickelt. In Kapitel II berichten Joachim Niewel, Bernhard Uhlemann, Gisela Heuß, Franz Arenhövel und Udo Spindler über ihre Hagener, Wülfrather, Münsteraner und Marburger Schreibprojekte.

Textprojekte spielten in der frühen Hagener Studie von 1988/89 eine zentrale Rolle. Die Kinder der beteiligten dritten und vierten Schuljahre erstellten

- eine *Schulbroschüre*, die über den Namenspatron der Schule und über die verschiedenen Lehrerinnen und Lehrer (Interviews) informierte und Erlebnisberichte zur Einschulung, Kurztexte zu den einzelnen Fächern, Interviews mit »Leuten aus unserem Stadtteil«, eine Bauanleitung und zahlreiche Handzeichnungen enthielt;

- einen *Gedichtband* mit selbstverfaßten und von Hand illustrierten Herbstgedichten (im vorausgegangenen Schuljahr war ein vergleichbarer Band handschriftlich erstellt worden);
- ein *»Klassenbuch«* mit Selbstdarstellungen der einzelnen Kinder, das nach dem Übergang an die vierte Klasse erinnern sollte, sowie ein ähnlich gelagertes *»Erinnerungsbuch«* mit selbstverfaßten, auf dem Computer geschriebenen und von Hand illustrierten Schulgeschichten;
- eine *Landheimzeitung* (die anläßlich eines Schullandheimaufenthaltes begonnen wurde) und verschiedene Ausgaben einer *Schülerzeitung*, die von diesem Projekt intitiiert wurden;
- eine *Jubiläums- und Projektwochenzeitung* zum dreißigjährigen Bestehen der Schule (vgl. a.a.O., S. 51ff.).

Drei Aspekte, die in dem Hagener Projekt auffielen, sind inzwischen in der weiteren Projektliteratur bestätigt worden:

- die hohe Schreibmotivation und – damit verbunden – das ausdauernde, konzentrierte Arbeiten am Text;
- die kooperative Arbeit am Text;
- der Aspekt der Veröffentlichung.

Hohe Schreibmotivation, konzentrierte Arbeit am Text:
Zu den Erfahrungen, die die Projektteilnehmer am meisten beeindruckt haben, gehört die hohe Schreibmotivation, ja Schreibbegeisterung der meisten Kinder, die im Rahmen der Schreibprojekte mit dem Computer arbeiteten. Dies galt, wie mehrfach beschrieben worden ist, auch für Kinder, die von ihren Lehrerinnen eher als »schreibmüde« eingestuft wurden (Mitzlaff u.a., 1990). Die beobachteten Kinder arbeiteten über längere Zeitabschnitte intensiv an ihren Texten, tauschten sich über Inhalte aus, überarbeiteten die ersten Fassungen, schoben neue Aussagen ein, korrigierten Fehler, die sie selbst, der Arbeitspartner oder die begleitende Lehrerin/Studentin entdeckt hatten, und zeigten den Klassenkameradinnen und -kameraden stolz das ausgedruckte Zwischen- oder Endprodukt.

Der Ergebnisbericht des Hagener Projekts hält u.a. folgende Beobachtungen fest:

»– Das große, anhaltende Interesse fast aller Schülerinnen und Schüler an der Arbeit mit dem Rechner.
  Die Kinder haben gerne und mit viel Freude ... gearbeitet und dabei mit hoher Motivation auch schwierige oder ermüdende Aufgaben (Textkorrektur, Textüberarbeitung) ausgeführt. In dem hier erfaßten Zeitraum deutet sehr viel darauf hin, daß der Computer mit einer entsprechenden Software ein Medium darstellt, das geeignet ist, die Lern- und Arbeitsmotivation zu fördern.
– Die hohe bis sehr hohe und ausdauernde Konzentration während der Arbeit am Computer, die selbst in den ungünstig plazierten Stunden am Ende des Schultages vorhanden war. Dies gilt auch für leistungsschwächere Schüler.
– Die hohe und anhaltende Schreibmotivation, die in allen textbezogenen Projekten bei den Kindern beobachtet werden konnte.
  Die hohe Schreibmotivation verband sich mit einer gesteigerten Bereitschaft, Texte zu überarbeiten und zu korrigieren. Dies ist – nach Aussagen der Kinder –

darauf zurückzuführen, daß man bei der computergestützten Textverarbeitung nicht den gesamten Text noch einmal abschreiben muß... Die hohe Schreibmotivation blieb auch bei Kindern mit relativ schwachen Rechtschreibleistungen erhalten. Selbst nach 14 Wochen hatte die Textverarbeitung für die Kinder nicht an Attraktivität verloren...« (Mitzlaff/Wiederhold, 1990, S. 165, 213).

Eine Projekt-Lehrerin stellte fest:

»Die Motivation der Kinder war schon bei den vorbereitenden Arbeiten groß. Texte wurden lieber geschrieben und freiwillig verfaßt, weil das Eingeben in den Computer, das Ausdrucken einer Arbeitsfassung und schließlich der Endausdruck ... lockte. In Partnerarbeit wurden die Zwischenausdrucke bearbeitet und dann mit dem Computer berichtigt. Die Arbeit empfanden die Kinder nicht – wie sonst oft – als eine ›so schreckliche Tätigkeit‹, da nur die Fehler berichtigt werden mußten oder nur noch fehlende Passagen eingefügt wurden, während bei der ihnen bisher bekannten Textbearbeitung aus optischen Gründen ... eine Neuschrift des ganzen Textes unumgänglich war.«

Während viele Kinder die Schreibtätigkeit mit der Hand als anstrengend und oft entmutigend erleben, erfuhren viele Kinder die computergestützten Schreibprojekte als angenehme, wenig anstrengende Tätigkeit. Gelegentlich wird das Schreiben sogar als entspannend erlebt. So zitiert eine Lehrerin ein Kind, das zu ihr mit der Feststellung und Frage gekommen sei: »Ich bin jetzt so müde, ich hab keine Lust mehr zum Schreiben, darf ich an den Computer?« (auf dem lediglich ein Schreib- und Zeichenprogramm installiert waren). In den Gesprächen mit Schülerinnen und Schülern taucht oft der Hinweis auf, daß das Schreiben mit dem Computer »keine so müde Hand« verursache.

Sicherlich ist der Effekt erhöhter Schreibmotivation nicht alleine auf den Computer bzw. die neuen Möglichkeiten der Textverarbeitung, sondern auch auf das relativ offene Konzept eines Schreibprojekts, auf die intensive Betreuung durch die Lehrerin und – oft zusätzlich durch Studentinnen – und auf das gesamte pädagogische Rahmenkonzept zurückzuführen. Die computergestützte Textverarbeitung ist ein kleiner, aber nicht unwesentlicher Baustein in diesem Kontext.

Kritiker haben entgegnet, daß sich diese Beobachtungen auf einen relativ kurzen Zeitraum von einigen Monaten bezögen und man nicht wissen könne, ob dieser Effekt langfristig anhielte. Jene Lehrer, die ihre Arbeiten nach dem eigentlichen Pilotprojekt in Hagen fortsetzen konnten oder die an anderen Orten inzwischen eigene Projekte durchgeführt haben, können heute bereits auf mehrjährige Erfahrungen zurückblicken; und eben diese Erfahrungen bestätigen, daß eine hohe Schreibmotivation bei den meisten Kindern auch über einen längeren Zeitraum erhalten bleibt, wenn der pädagogisch-didaktische Kontext der Schreibprojekte aufrechterhalten wird (vgl. u.a. Arenhövel weiter unten). Zutreffend ist der Einwand, daß diese Erfahrungen bisher nicht hinreichend wissenschaftlich begleitet oder überprüft werden konnten, weil zu einer solchen Langzeitstudie allen interessierten Wissenschaftlern die finanziellen Mittel fehlten. Die positiven Beobachtungen der Praxiskollegen müßten Anlaß genug sein, um die wissenschaftliche Begleitforschung bzw. die Grundlagenforschung zur computergestützten Schreibförderung endlich finanziell wirksam zu fördern und langfristig abzusichern.

Abbildung I.10: Kooperation im Schreibprozeß:
Daniela gibt den gemeinsam entwickelten Textentwurf ein, während Jan den Schreibprozeß kontrolliert (später tauschen beide die Rollen)

Kooperative Textentwicklung und Textüberarbeitung:
Die Beobachtung der Arbeitsweise von Kindern in computergestützten Schreibprojekten hat das Vorurteil von der zwangsläufigen »Vereinsamung« des Computernutzers gründlich widerlegt. Die meisten Kinder bevorzugten – in bewußter Entscheidung (vgl. Befragungsergebnisse) – die Arbeit zu zweit oder zu dritt, nur in ganz besonderen Phasen, in denen man in höchster Konzentration sehr persönliche Texte entwickelte (oder aber mit der Lernsoftware arbeitete), entschieden sich Kinder bewußt für die Einzelarbeit. Die Arbeit am Computer ermöglicht vielfältige, z. T. völlig neue, nämlich kooperative bzw. »dialogische« Formen der Textentwicklung und sukzessiven Textüberarbeitung:

> »Die Schüler gaben sich gegenseitig Hilfen und entwickelten neue, arbeitsteilige Verfahren (Vorlesen, Eingeben, Korrekturhinweise usw.). Die partnerschaftliche Kooperation überwog... In der weitgehend bevorzugten Partnerarbeit wird der Schreibvorgang bereits zu einem öffentlichen Prozeß: Der Partner hilft bei der Eingabe und weist auf Rechtschreibfehler hin«, oder es entwickelt sich sogar ein neuer kooperativer, ideen-koppelnder Schreibprozeß (a. a. O., S. 81, 137).

Wie sich diese kooperativen Möglichkeiten, die in dieser Qualität nur von der Textverarbeitung eröffnet werden, auf die individuelle Schreibentwicklung und die Qualität der Schreibprodukte auswirkt, wird noch zu erforschen sein.

Textverbreitung – Publikation:
Ein Faktor, der am Zustandekommen der erhöhten Schreibmotivation beteiligt sein dürfte, ist in der Tatsache zu suchen, daß die Kinder in den computergestützten Schreibprojekten die Möglichkeit erhalten, ihre Produkte in einer ansprechenden, z.T. quasiprofessionellen Form zu präsentieren. Das Schreiben gewinnt damit seinen natürlichen Rahmen, der in der Schule oft genug verlorengegangen ist, zurück. Texte richten sich wieder an *Leser*, und wenn diese Leser zur schulischen oder gar außerschulischen Öffentlichkeit gehören, wachsen – nach den bisherigen Beobachtungen in den wissenschaftlichen und praxisspezifischen Projekten – das Interesse der Kinder an einer sorgfältigen, orthographisch korrekten bzw. akzeptablen Gestaltung sowie die Bereitschaft zur Überarbeitung und Entwicklung ihrer Texte. Man muß die Begeisterung erlebt haben, mit der Kinder ihre Texte redigieren, in der »Redaktionskonferenz« zu einer Zeitung oder einem »Buch« zusammenstellen, mit der sie Zeichnungen auswählen, mit der sie schließlich die Fotokopierarbeiten organisieren oder selbst ausführen, mit der sie die Einzelexemplare zusammenlegen und -heften und dann schließlich am Tag der offenen Tür den Besuchern der Schule und evtl. den Interviewpartnern aus dem Schulbezirk zum Lesen übergeben, um die Bedeutung dieses Faktors für das Grundschulkind zu begreifen. Stichworte wie »Öffnung der Schule«, »Lebensnähe und (relativer) Ernstcharakter«, das »Gefühl, von den erwachsenen Lesern als ›Autor‹ (als jemand, der etwas zu sagen und zu schreiben hat) akzeptiert zu werden«, Arbeit mit »Kopf, Herz und Hand«, »aktives Lernen in komplexen Sinnzusammenhängen« sind nur einige Hinweise, die Eckpfeiler dieses wichtigen Moments solcher Schreibprojekte andeuten, von Schreibprojekten, die in dieser Qualität ohne Computer nicht zu realisieren sind.

In ihren Berichten hat Gudrun Spitta eindrucksvoll beschrieben, wie sich im Kontext von Schreibkonferenzen das Schreibniveau und die Schreibhaltung der Kinder steigert bzw. zum kompetenten Schreiber hin entwickelt (Spitta, 1992). In Anlehnung an Bereiter werden dabei fünf Niveaus unterschieden, wobei Niveau 3 bis 5 nach der traditionellen Schreibdidaktik älteren Schülern oder gar Erwachsenen vorbehalten bleiben. Spitta ist davon überzeugt, daß Kinder aus den »produktiven Lernszenarien«, wie sie in den Schreibkonferenzen entstehen, »sehr früh damit beginnen, Aspekte« dieser hochentwickelten »Schreibhaltungen in ihre Schreibweise zu integrieren« (Spitta, 1992, S. 89). Aus meiner Sicht spricht einiges dafür, daß der Einsatz der hochentwickelten Schreibwerkzeuge »Computer und Textverarbeitung« im Rahmen von schreibkonferenzähnlichen Zusammenhängen helfen kann, daß mehr Kinder früher eine entwickelte Schreibhaltung erarbeiten:

> Niveau 2 markiert für Spitta und Bereiter beispielsweise die schrittweise Integration normbezogener Aspekte (Orthographie, Stilistik, Grammatik) in die Schreibweise des Kindes. Niveau 3 bezeichnet eine »kommunikativ orientierte Schreibhaltung«, die die Adressatenperspektive berücksichtigt. Die Arbeit mit der computergestützten Textverarbeitung dürfte geeignet sein, den Weg zu beiden Schreibhaltungen wesentlich zu erleichtern: einmal durch die Zerlegung des Schreibprozesses in Teilprozesse und die (spurenlose) Einbindung diverser Korrektur- und Änderungsphasen, zum anderen durch die frühe Einbindung wechselnder Perspektiven in den kooperativen Schreibprozeß. Niveau 4 beschreibt die Umsetzung einer »distanziert kritischen Bewertungskompetenz« gegenüber dem eigenen Text, der sich in einer wachsenden Bereitschaft zur Überarbeitung äußert. Auch hier dürfte der Einsatz des Computers – in Verbindung mit einem schreib- und kommunikationsfördernden Sozialkontext –

fördernd wirken, erleichtert er doch die Textüberarbeitung ganz erheblich und erlaubt er doch das Experimentieren mit verschiedenen Textversionen. Niveau 5 bezeichnet eine »heuristische Schreibhaltung«, die sich dadurch auszeichnet, daß nicht nur fertige Gedanken notiert, sondern »beim Schreiben selbst Ideen, Gedankengänge, Zusammenhänge schreibend neu entdeckt bzw. entwickelt werden«. Da die Textverarbeitung sehr flexible Vorgehensweisen erlaubt, darf vermutet werden, daß die Arbeit mit dem Computer auch dieses »Schreibdenken« (Spitta, 1992, S. 87) eher fördert als behindert.

Wer die Textverarbeitung als Werkzeug nutzt, weiß, wie sich die Qualität des Schreibprozesses verändert. Grundschüler erkennen sehr schnell die daraus resultierenden Vorteile:

- Schreibfehler lassen sich jederzeit ohne Spuren korrigieren.
- Satzzeichen können ebenso eingefügt werden wie vergessene Begriffe.
- Neue Gedanken können nachträglich eingebaut werden, ohne daß man unästhetische Korrekturspuren sieht.
- Der Text kann sukzessiv überarbeitet werden, der Schüler muß sich nicht auf mehrere Aufgaben gleichzeitig konzentrieren (Ideenentwicklung, Schrifteingabe, Rechtschreibung, Zeichensetzung, Schriftgestaltung).
- Einzelne Teile des Textes können korrigiert werden, ohne daß der Zwang besteht, den gesamten Text noch einmal abschreiben zu müssen.
- Texte können nachträglich schrittweise in der Qualität verbessert werden.
- Das Schreiben am Bildschirm trennt den Schreibvorgang von der Schriftausgabe mittels Drucker. Bevor der Ausdruck erfolgt, kann der Text am Bildschirm überarbeitet werden. Erst wenn der Verfasser mit der Qualität zufrieden ist und wenn Fehler korrigiert wurden, gibt er den Ausdruck frei. Dank der Speichermöglichkeiten kann das ausgedruckte Produkt aber auch später noch abgeändert werden.
- Bereits in der Partnerarbeit wird der Schreibvorgang zu einem öffentlichen Prozeß: Der Partner hilft bei der Eingabe und weist auf Rechtschreibfehler hin.
- Nach der Texteingabe und -überarbeitung kann man Absätze bilden, den Text auf dem zur Verfügung stehenden (elektronischen) Blatt positionieren und aufteilen. Überschriften oder auf optische Wirkung angelegte Gedichtzeilen lassen sich zentrieren, Texte lassen sich im Block- oder Flattersatz gestalten.
- Die Ausdrucke können eine hohe, quasi-professionelle Qualität erreichen. Diese Möglichkeit, wie ein Erwachsener zu publizieren, vermag das Selbstbewußtsein der Schülerinnen und Schüler zu stärken.

Textverarbeitungsprogramme erlauben aber nicht nur die Erfassung, die spurenlose Korrektur und Überarbeitung von Texten sowie die Seiten- oder Absatzgestaltung. Kinder können auch mit Schriften spielen, experimentieren und drucktechnisch gestalten. Nach unseren Beobachtungen macht dies Grundschülern besonders viel Spaß. Sie probieren spielerisch die verschiedenen Möglichkeiten, vergleichen und diskutieren den ästhetischen Wert ihrer Produkte, verwerfen Gestaltungsmerkmale und suchen im Kleingruppengespräch neue. Im Verlauf dieser Prozesse sind sie immer wieder gehalten, ihre Texte zu lesen und zu überarbeiten. Mit einem entsprechenden typographischen Wissen (vgl. z.B. Baeseler/Heck, 1989) kann die Grundschullehrerin beraten und an typographische Gestaltungsmomente heranführen (Überlegungen zur Verbindung von Inhalt/Perspektive und Form etc.).

Die Kinder können die Größe der Schrift verändern:

Adolf-Reichwein-Schule - Adolf-Reichwein-Schule
- Adolf-Reichwein-Schule
- Adolf-Reichwein-Schule
- Adolf-Reichwein-Schule

Sie können den sogenannten »Stil« der Schrift ändern:

Adolf-Reichwein-Schule - **Adolf-Reichwein-Schule**
- *Adolf-Reichwein-Schule* - Adolf-Reichwein-Schule
- Adolf-Reichwein-Schule -> usw.

Natürlich lassen sich Stil- und Größenänderungen auch kombinieren. Viele Programme und Zeichensätze erlauben eine stufenlose Größenveränderung von 7 bis xy Punkt. Abhängig von der Zahl der gespeicherten Zeichensätze (den sogenannten Fonts), die letztlich eine Kostenfrage ist, kann die Festplatte den Zeichensatz einer ganzen Druckerei enthalten. So können die Kinder ihre Lieblingsschrift finden, erste typografische Überlegungen anstellen und ästhetisch mehr oder weniger ansprechende Zeichensatzvarianten erproben. Nachfolgend soll nur eine kleine Auswahl von 12-Punkt-Schriften – von Helvetica bis zur Vereinfachten Ausgangsschrift – wiedergegeben werden.

- Adolf-Reichwein-Schule - **Adolf-Reichwein-Schule** - Adolf-Reichwein-Schule - Adolf-Reichwein-Schule - **Adolf-Reichwein-Schule** - Adolf-Reichwein-Schule - ADOLF-REICHWEIN-SCHULE - **Adolf-Reichwein-Schule** - **Adolf-Reichwein-Schule** - Adolf-Reichwein-Schule - Adolf-Reichwein-Schule - **Adolf-Reichwein-Schule** - Adolf-Reichwein-Schule - **ADOLF-REICHWEIN-SCHULE** - Adolf-Reichwein-Schule - Adolf-Reichwein-Schule - *Adolf-Reichwein-Schule* - Adolf-Reichwein-Schule - Adolf-Reichwein-Schule - **Adolf-Reichwein-Schule**- Adolf-Reichwein-Schule - *Adolf-Reichwein-Schule* - Adolf-Reichwein-Schule - ***Adolf-Reichwein-Schule*** - Adolf-Reichwein-Schule - *Adolf-Reichwein-Schule* - *Adolf-Reichwein-Schule*

Die extra für Grundschulen entwickelten »Schulfonts« von Ralf Lohuis umfassen neben spezifischen Schul- und Fibelschriften (z.B. Druckschrift Süd oder Nord) sowie Sonderzeichensätzen für diverse Lineaturen (z.B.) noch eine Reihe sogenannter Rätselschriften, wie z.B. Box Question, abgedeckte Schrift, Line-Question, No-Vokal, X-Schrift, Spiegel-Schrift, sowie Piktogramm-Sätze, die der Lehrerin u.a. bei der Anfertigung non-verbaler Arbeitsanweisungen helfen sollen und in verschiedenen Größen dargestellt werden können. Darüber hinaus ist eine Belegung der Tastatur mit allen möglichen Zeichen und Symbolen, wie z.B. den wichtigsten europäischen Verkehrszeichen, möglich. Entsprechende Bild-Zeichen-Sätze sollen die Anfertigung von Arbeitsblättern erleichtern, sind also vornehmlich für die Hand des Lehrers gedacht.

Rätselschriften: -> Adolf-Reichwein-Schule -> -> Adolf-Reechween-Schele -> Adolf-Reichwein-Schule -> Adolf-Reichwein-Schule

In dem Piktogramm-Zeichensatz ist beispielsweise die Taste A mit a für »Arbeitsheft« belegt, dem Buchstaben E ist für »Einzelarbeit« zugeordnet, L steht für das Arbeitsmittel = »Little Professor«, C = für die Arbeit mit dem Computer; N für = »Noten/Musik«, Z = für »Lesen« usw. Aus den insgesamt 80 Symbolen kann der Lehrer nach einiger Übung Wochenpläne zusammenstellen, deren Qualität weit über den oft schwer lesbaren Umdrucken, die heute in der Grundschule dominieren, liegt. Ähnliches gilt für die Fibeldruckschriften, die mit eingespeicherten Bildern (z.B. in dem sog. »Album«) kombiniert werden können und die Herstellung qualitativ hochwertiger, fibelnaher Arbeitsblätter erlauben:

Haus, das Haus

die Maus ist im Haus
wo ist die Maus?
im Haus

3. Schülerkorrespondenz über DFÜ und E-Mail – pädagogische Zukunftsmusik?

»Die Menschen haben sich nichts mehr zu sagen. Mit dem Handy können sie dies aber inzwischen von allen Punkten der Welt aus zum Ausdruck bringen«.

Aufgrund des lange wirksamen Postmonopols und der hohen Kosten gehören die Datenfernübertragung (DFÜ) und die »Electronic-Mail« in Deutschland noch immer zu den relativ exotischen Gebieten, an denen Schulen kaum teilhaben (zur Technik vgl. Rost/Schack, 1993; Sarnow/de Presnow, 1994). Sieht man von dem erfolglosen BTX-Konzept ab, dann gibt es in Deutschland erst heute kultusministerielle Anstöße zu einer Diskussion über die »Telekommunikation im Bildungswesen« (Vorstoß von Bayern, Dez. 1994), aber selbstverständlich bleibt dabei die Primarstufe ausgeklammert. In Großbritannien, den USA und Frankreich (Minitel) wird die elektronische Post hingegen seit den 80er Jahren auch schon in Grundschulen zur Korrespondenz zwischen verschiedenen Schulen bzw. Orten und als Instrument zur Schreibförderung genutzt. Auf dem Soester Symposion berichtete Bob Hart:

»In meiner Stadt gibt es zur Zeit ein Projekt, das wir ›Freunde aus der ganzen Welt‹

nennen. Die Kinder können eine Nachricht über den Computer durch Telefonsatellit zu irgend jemandem in der Welt schicken, und sie erhalten sehr schnell eine Antwort. Die Kosten dieses Unternehmens sind zudem sehr gering, es entspricht einem Ortsgespräch. In Sheffield haben wir Kinder, die jede Woche mit Kindern aus Japan, hier aus Deutschland, aus den USA und aus Australien kommunizieren, und das ist sehr aufregend für sie und öffnet das Klassenzimmer« (Hart, 1989, S. 153).

Die DFÜ erlaubt es, mit entfernten Partnern ohne Zeitverzögerung schriftlich in Verbindung zu treten, die Teilnehmer können »quasi schriftlich miteinander telefonieren« (Kochan, 1993). Für die Grundschüler könnte auf diesem Wege eine völlig neue Schreibmotivation entstehen. Die Kinder könnten nicht nur sehr schnell Ideen, Erlebnisse, Fragen und Probleme mit entfernten Schulklassen austauschen, sie könnten auch z.B. kooperativ an einem gemeinsamen Text oder einem Schreibprojekt arbeiten. Beginnen könnte man mit Korrespondenzen zwischen inländischen Schülern (etwa in den alten und neuen Bundesländern). In einem nächsten Schritt könnten Schulen in Österreich und der Schweiz hinzukommen. Zur aktiven Förderung der Begegnungssprachen wären schließlich erste Brückenschläge nach Großbritannien oder Frankreich denkbar.

Neben bzw. in Verbindung mit der Entwicklung einer aktiven und aufgeklärten Beziehung zu den »kleinen Millieus« von Heimat und Mitwelt hat eine Grundschule an der Schwelle zum dritten Jahrtausend die Aufgabe, globale Denkweisen sowie ein planetarisches Bewußtsein und Wir-Gefühl zu begründen bzw. auf den Weg zu bringen (dazu Mitzlaff, 1985; 1991, 1992). Bei aller Skepsis gegenüber Möglichkeiten des Mißbrauchs, eröffnet der Ausbau weltweiter Computernetze und »Info-Autobahnen« hier völlig neue Kommunikations- und Informationsmöglichkeiten, die bald von allen Punkten der Erde genutzt werden können (vgl. John E. Young, 1994). Grundsätzlich besteht damit die Chance, daß die familiy of men in dem Raumschiff Erde näher zusammenrückt und ihre Probleme gemeinsam in Angriff nimmt. Es könnte sich ein globales Milieu einer neuen Schriftkultur entwickeln. Dank der kinderleichten Handhabung werden früher oder später sicher auch deutsche Grundschüler an dieser Entwicklung teilhaben. Wichtiger als das Vorhandensein globaler Netzwerke ist es aber, daß sich die Kinder von verschiedenen Punkten der Welt überhaupt »etwas mitzuteilen« haben, und diese elementare Voraussetzung verweist abermals auf den pädagogischen und bildungstheoretischen Kontext entsprechender Aktivitäten.

4. Computer und Begegnungssprache

Neuere Erlasse (vgl. z.B. NRW, 1992) und Richtlinien (vgl. z.B. Hess. Rahmenplan, Entwurf 1993) sehen in der Grundschule eine frühe, z.T. spielerische, weitgehend unsystematische Begegnung mit verschiedenen Sprachen vor. Zur Wahl stehen die Sprachen des Nachbarlandes, der Mitschüler aus anderen Herkunftsregionen, der Partnerländer bzw. -städte (des Schulträgers) sowie die europäischen und globalen Konferenzsprachen Englisch und Französisch. Diese Begegnung soll,

> »so gestaltet werden, daß Kreativität und Phantasie der Kinder gefördert, ihrem Tätigkeits- und Bewegungsdrang entsprochen und ihre Fähigkeiten zum Entdecken, Gestalten und Sprechen entwickelt werden« (RdErl. KM, NRW, 13. 2. 1992).

Die Arbeit mit dem Computer könnte sich in dieses breite methodische Konzept als eine Ebene einfügen. Konzentriert man sich auf die Begegnungssprache »Englisch«, dann wäre es beispielsweise denkbar, daß die Kinder eines der interaktiven »Living Books« (z.B. *Just Grandma and me* von Brøderbund, Kalifornien) schrittweise entdecken, die neuen englischen Begriffe und Sätze notieren und anschließend im Rollenspiel nachspielen. Schüler der Klassen fünf und sechs könnten in dem geographischen Spiel *Where in the World is Carmen Sandiego* (ebenfalls Brøderbund), in das die Arbeit mit einem umfangreichen amerikanischen Lexikon integriert ist, ihre Sprachkenntnisse anwenden und erweitern. Die in dem Programm auftauchenden Schauplätze könnten Anlaß zu einer geographischen und kulturkundlichen Auseinandersetzung sein (vgl. Gies/Mitzlaff, 1989). Ein spezielles Sprachlernprogramm für Kinder ab sieben bietet der Softwareverlag Heureka-Klett mit seinem *English für Kids* an. Ein französisches Pendant ist angekündigt. Natürlich wäre die Arbeit mit dem Computer auch in diesem Bereich nur ein kleiner, zeitlich begrenzter Baustein in einem Gesamtkonzept. Auf die sprachpädagogischen Möglichkeiten der DFÜ wurde bereits hingewiesen. Sie werden aber hauptsächlich von älteren Schülern, die bereits über Grundkenntnisse der entsprechenden Fremd- bzw. Begegnungssprache verfügen, genutzt werden können.

5. In altersspezifischen Datenbanken recherchieren, eigene Datenbanken entwerfen, aufbauen und verwalten

> »The computer helps the children to explore the information in a way that would have been virtually impossible before schools had computers...« (A. Straker, 1989, über »Databases«).

Jürgen Liepe und Helmut Schreier berichten über die Teilnahme von britischen Grundschülern an dem 1985 vom Schulfunk der BBC veranstalteten »Domesday-Projekt«, das alle britischen Schüler aufforderte, bestimmte Daten aus ihrer Umwelt zu sammeln, in den Schulcomputer einzugeben und nach einer Überarbeitung schließlich an den Zentralrechner der BBC weiterzuleiten. So entstand eine einmalige, landesweite Datenbank mit Text- und Bildinformationen (vgl. Liepe/Schreier, 1988; Schreier/Liepe, 1987).

Da der Umgang mit Informationen und die Handhabung von Datenbanken immer bedeutsamer wird, hat man in den angelsächsischen Grundschulen schon früh mit Datenbankprogrammen gearbeitet (vgl. auch W. Boos in diesem Band). David Cowell berichtet beispielsweise über ein Datenbankprojekt mit neun- bis elfjährigen Schülern, das von Recherchen in einer historischen Erhebung aus dem Jahre 1881 ausging und von dort in zahlreichen Detailprojekten die Brücke zur Gegenwart des Ortes schlug. In dem Schlußbericht Cowells heißt es:

> »... it is important to remember that it all started with a file on a simple data-base program... For these children, information technology had played an important role in their motivation, their acquisition of skills and their developing understanding of the locality« (in: Crompton, 1989, S. 128f.).

Anita Straker beschreibt den Aufbau einer Wetterdatenbank über einen längeren Zeitraum und die damit möglichen Suchoperationen beispielsweise zur Beantwortung der Frage nach dem wärmsten oder kältesten Tag eines Jahres/Zeitabschnittes oder der Frage nach dem sonnenreichsten und zugleich wärmsten Tag u. v. a. m.

Weiterhin berichtet Straker über eine Testreihe, die von (siebenjährigen) Schülern der infant school aus Diskussionen zur Geschmackswahrnehmung entwickelt wurde:

> Reihum testeten die Schüler ihre Mitschüler, denen sie die Augen verbunden hatten, zur Wahrnehmung vier fester und vier flüssiger Stoffe. Nachdem die wichtigsten Aspekte zur Anlage der Datenfelder erarbeitet bzw. definiert worden waren (z. B. Name bedeutet nur Vorname, bei Namensgleichheit wird zusätzlich der Anfangsbuchstabe des Nachnamens eingegeben...), wurden die Auswertungsdaten in eine einfache Datenbank übertragen. Die Kinder lernten u. a., daß es dabei auf besondere Sorgfalt ankommt: »They started to appreciate that information in a database is only as reliable as the people who enter ist« (a. a. O., S. 35). Nach der Eingabe aller Daten begann die Datenbankrecherche bzw. die Auswertung der Erhebung: Wie viele Kinder hatten den Käse richtig geschmeckt? Gab es dabei Unterschiede zwischen den Jungen und Mädchen? Wie oft wurde der Lieblingsgeschmack »zuckersüß« gewählt? usw. Die Ergebnisse konnten jeweils tabellarisch und in verschiedenen Grafiken dargestellt werden. Aus den einfachen Fragen entwickelten sich im Gespräch mit dem Lehrer kompliziertere, die dann selbständig mit Hilfe der Datenbank beantwortet werden sollten, so z. B. die Frage: Gab es jemanden, der alle Geschmackstests korrekt gelöst hatte? Konnten die meisten Kinder, die Tomatensauce erkannten, zugleich auch Essig identifizieren? ... – An die Klärung dieser Fragen schloß sich eine Gesamtbilanz und eine Diskussion über Schlußfolgerungen und mögliche Ursachen an. Weitere Fragen und Hypothesen, etwa zu den vermutlichen Testergebnissen älterer Schüler und Erwachsener, kamen auf. Die Gesamtergebnisse wurden schließlich in Berichten und Wandzeitungen auf dem Schulflur präsentiert (vgl. Straker, 1990, 2. Aufl., S. 32ff., auch Bob Hart, 1989, S. 152).

Straker unterbreitet zahlreiche Vorschläge zu ähnlich gelagerten Erhebungen und Datenbankprojekten aus dem natur- und sozialwissenschaftlichen Lernbereich. Dabei findet sich u. a. auch die Frage, was die Menschen eigentlich mit ihrem Computer machen bzw. was sie gerne mit ihm machen:

> »Do women and girls enjoy and use them as much as men and boys? If not, why not?«

Eine Frage, über die in Deutschland Erziehungs- und Sozialwissenschaftler gerne diskutieren. In Großbritannien hielt man es Ende der 80er Jahre für möglich, daß schon Grundschüler dieser Frage mit empirischen Methoden und mit dem Werkzeug Computer »auf den Leib rücken« und dabei – am Rande – eine lebensnahe Anwendung von Datenbankwerkzeugen kennenlernen!

Grundsätzlich wird man bei der schulischen Datenbankarbeit zwischen a) bereits vorhandenen, vorgefertigten Datenbanken mit mehr oder weniger umfangreichen Datenbankbeständen und b) selbst anzulegenden neuen Datenbanken unterscheiden. Bei ersteren wird die Entwicklung im Grundschulbereich zunehmend auf leicht zu bedienende multimediale Datenbanken bzw. Lexika hinsteuern (vgl. van Lück in diesem

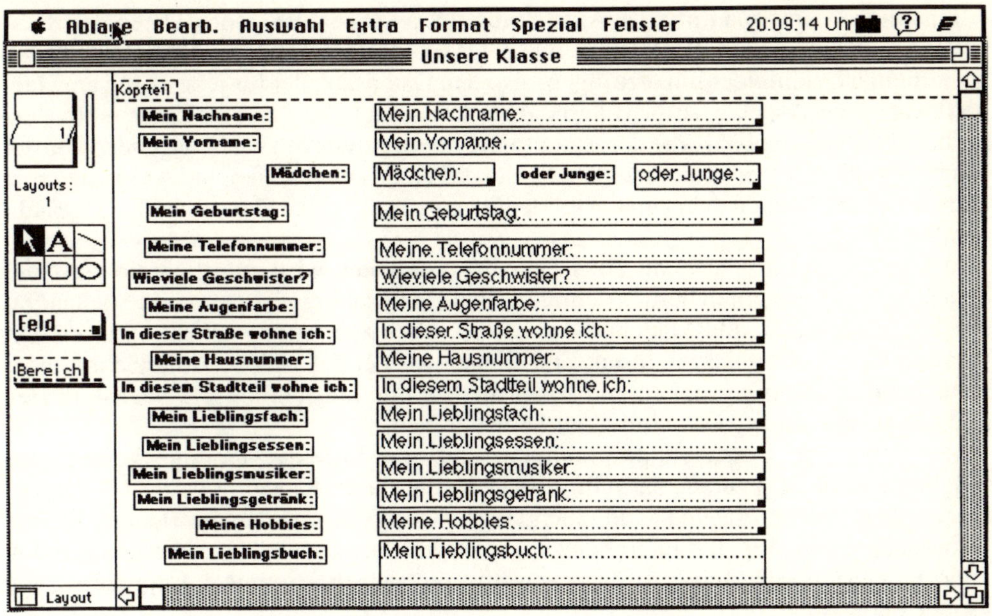

Abbildung I.11: Die Schülerinnen und Schüler unserer Klasse – Layout einer einfachen, ausbaufähigen Datenbank mit Claris *FileMaker*

Band). Bei letzteren wird man auf einfache Anwenderprogramme bzw. eventuell verfügbare spezielle Schulversionen zurückgreifen. Ideal wäre eine Kombination aus beiden Systemen, d.h. eine vorgegebene, mächtige Multi-Media-Datenbank, die von den Kindern individuell und standortspezifisch ausgebaut werden kann. Technisch läßt sich dies schon heute mit dem Hypercard-System realisieren.

Die Arbeit mit beiden Datenbank-Konzepten böte vor allem im Sachunterricht völlig neue Möglichkeiten zur selbstbestimmten Informationsrecherche und zur Sammlung von Informationen über Ereignisse, Dinge und Erlebnisse in der kindlichen Umwelt. Man denke etwa an eine Datenbank, in der alle Pflanzenbeobachtungen der Kinder im Schulbezirk nach einem vereinbarten, schrittweise auszubauenden Raster festgehalten werden. Man stelle sich die Entwicklung einer Warendatenbank vor, in die alle bekannten, haushaltsüblichen Waren aus dem Supermarkt u.a. mit Preis und Herkunftsort (Was beziehen wir alles aus Spanien? Was stammt aus unserem Bundesland?) aufgenommen werden. Man denke beispielsweise an gezielte Beobachtungen zur Umweltqualität oder zur Entwicklung im Schulgarten. Abgesehen von den Versuchen mit der spezifischen Hypermedia-Datenbank »Das grüne Klassenzimmer« (s.u.), die einen sehr hohen Hardware-Standard voraussetzt, ist in der Bundesrepublik bisher kein Grundschulprojekt bekannt, das mit einer Datenbank gearbeitet hat. Dies mag darauf zurückzuführen sein, daß es bisher kein deutschsprachiges Datenbankprogramm für diese Altersstufe gibt. Will man eine eigene Datenbank anlegen, müßte man also auf einfache Anwenderprogramme zurückgreifen, mit denen die Kinder schrittweise ihre Datenbankstruktur entwickeln und aufbauen könnten. Als geeignete Programme wären MS-*Access* für Windows und Claris-*FileMaker* für den Macintosh zu nennen.

Inhaltlich könnte man mit der Aufstellung der personenbezogenen Daten der Klassenkameraden beginnen. Programme wie *FileMaker* bieten dabei die Möglichkeit auch nachträglich Datenfelder hinzuzufügen, also den Datensatz, der für jedes Kind angelegt wird, um neue Aspekte zu erweitern. Abb. I.11. zeigt die Struktur einer einfachen, ausbaufähigen Datenbank, die der Autor mit Kindern entwickelt hat. Ausgehend von der Frage, was die Klassenkameraden über einen selbst erfahren sollen und was man lieber nicht preisgibt, können dabei erste Überlegungen zum Thema »Datenschutz« angestellt werden.

Wer in der Grundschule mit einer Datenbank arbeitet, wird natürlich die verschiedenen Abstraktionsstufen berücksichtigen, also eine Katalogisierungs- und Suchaufgabe (Wir suchen z.B. alle Mädchen der Klasse, die blaue Augen haben) zunächst mit herkömmlichen Karteikarten lösen. Erst danach wird er die gleiche Aufgabe mit einer Datenbank zu lösen versuchen und dabei die Vorteile hinsichtlich der Suchstrategien und der Bearbeitungsgeschwindigkeit kennenlernen.

Die Arbeit mit Datenbankprogrammen setzt eine intensive Planung voraus, und möglicherweise liegt gerade darin ihr pädagogischer Wert. Kinder müssen sich darüber klarwerden, welche Fragen sie an einen Gegenstand oder eine Person richten, welche Informationen wichtig und interessant sind und welche vernachlässigt werden können. Hier entwickeln sich Teilqualifikationen, die für selbstbestimmte Lernprozesse von großer Bedeutung sind.

6. Computer im Mathematikunterricht

Im Mathematikunterricht läßt sich der Computer einsetzen

- als Übungs- und Trainingshilfe,
- als dynamisches Veranschaulichungsmedium
- und als Rechenwerkzeug.

Der Schwerpunkt der bisherigen Nutzung liegt im erstgenannten Bereich, für den es inzwischen auch in Deutschland ein breites, aber qualitativ oft nicht befriedigendes Software-Angebot gibt.

Übung- und Training mathematischer Fertigkeiten
Das »›Üben im Mathematikunterricht der Grundschule‹ ist« – wie Radatz und Schipper in ihrem bekannten »Handbuch« beschreiben – seit langem »ein Thema voller Widersprüche, Probleme und Ungereimtheiten – tatsächlicher und vermeintlicher« (dies., 1983, S. 190). Dennoch sind Übungen auf dem Weg zur Rechenfertigkeit nicht zu vermeiden. Um die Widersprüche und Mißverständnisse aufzuklären, haben Radatz, Schipper und Lorenz verschiedene Übungsformen mit ihren je-spezifischen Intentionen unterschieden. In aktueller Fassung kommen sie dabei auf zehn Übungsformen, nämlich das gestufte Üben, das automatisierende Ü., die Zehn-Minuten-Übungen, das operative Ü., das spielerische Ü., das anwendungsorientierte Ü., das offene Ü., das Ü. mit Selbstkontrolle, das problemorientierte Ü. und das produktive Üben (Lorenz/Radatz, 1993, S. 86ff.; vgl. Radatz/Schipper, a.a.O., S. 191ff.). Arenhövel knüpft an diese Unterscheidung an und gelangt nach einem mehrjährigen Einsatz verschiedener Rechenübungsprogramme zu dem Ergebnis:

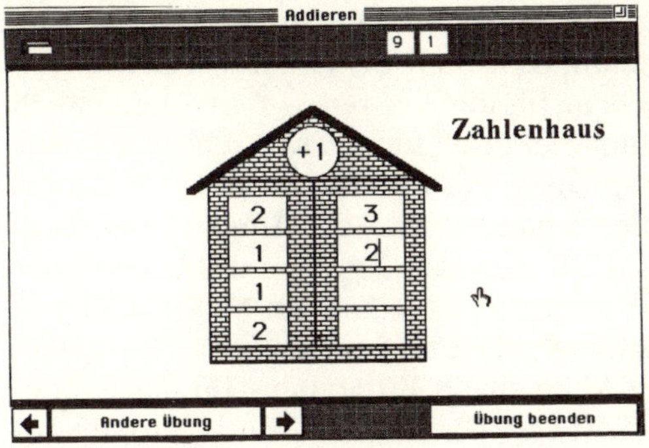

Abbildung I.12: Addition im Zahlenhaus

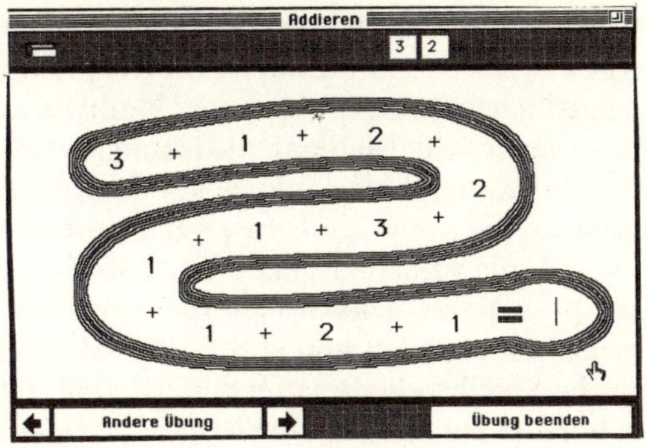

Abbildung I.13: Rechenschlange mit Sofortkontrolle

Die »Bilanz spricht für den Einsatz des Computers im Mathematikunterricht. Fast alle Übungsformen lassen sich, wohl z. T. mit Einschränkungen (sofern es sich um nicht adaptionsfähige Programme handelt, d. V.), verwirklichen. Für das offene Üben fehlt noch die geeignete Software – ich bin davon überzeugt, daß diese Programme nicht lange auf sich warten lassen. Auch Übungen mit Selbstkontrolle, in denen nicht der Computer die Kontrolle übernimmt (sondern das Kind selbst, d. V.), sind denkbar« (Arenhövel, 1994, S. 90).

Geradezu prädestiniert ist die Arbeit mit dem Computer sicherlich bei den Formen des automatisierenden Übens, der Zehn-Minuten-Übungen und des spielerischen Übens. Auf diese Übungsformen bezieht sich auch das Gros des Software-Angebots. Einen höheren Prgrammieraufwand (Adaptabilität) und zugleich ein höheres Maß an didaktisch-methodischer Phantasie erfordern die Formen des (individuell) gestuften Übens, des operativen Übens sowie des anwendungsorientierten, problemorientierten und produktiven Übens. Was die Selbstkontrolle anbelangt, so wäre dieser Aspekt – u.a. im Rückgriff auf die historische Arbeitsmitteldiskussion (Petersen u. a.) – genauer zu definieren.

Auch hier müssen einige ausgewählte Programmbeispiele aus einem expandierenden Angebot, das sich zunehmend an Eltern wendet, genügen: In Kapitel II und III stellen die Entwickler ihre komplexen Programme *Rechenkönig* (Gruner) und *Rechnen mit Felix* (Monnerjahn) vor, die verschiedene Übungsformen enthalten. Ebenfalls in Kapitel II berichtet Arenhövel über die Arbeiten mit dem *Mathe-Meister* und dem *Mathe-Memory*, die beide aus der Margaretenschule hervorgegangen sind. Die Abbildungen I.12./I.13. geben Beispiele aus dem *Mathematik-Paket I* der Medienwerkstatt Mühlacker wieder. Das Paket enthält Übungen zu den vier Grundrechenarten, wobei der Schüler jeweils zwischen sieben Übungsarbeiten (Lückenrechnen, Puzzle, Schnellrechnen mit Stoppuhr usw.) wählen kann. Bei jeder Übung können neun Schwierigkeitsgrade eingestellt werden. Die Firma Cornelsen Software (ehemals CoMET), eine Tochterfirma des Cornelsen Verlages, bietet z. Zt. drei verschiedene Programme für den Grundschulbereich an: Das digitale Kaufladenspiel *Rechenladen* für die Klassen 2–6, das die spielerische Simulation von Sachaufgaben und Rechentraining verbindet. In verschiedenen Läden (Blumenladen, Eisenwaren) müssen die Schüler rechnerisch relevante Aufträge ausführen (z.B. acht Blumen aus zwei Sträußen mit ungerader Blumenzahl zusammenstellen). Bei fehlerhafter Eingabe errötet der Verkäufer und erklingt ein schriller Ton. Von Cornelsen stammt auch *Conny*, ein Programm zur Übung der Grundrechenarten mit schriftlicher Zwischenstufe und Kopfrechenebene für die Klassen 3–6 und schließlich das spielerische Mathematik-Übungsprogramm *Ziel 2000* für die Klassen 3–8. – Aus dem Software-Verlag Traeger kommen die Programme *Plättchenrechnen* zur Übung des kleinen 1 × 1 und *Zahlenwaage*. Heureka-Klett bietet für Klasse 1 *Adam der Rechenriese* (mit Sprachausgabe) und für 6- bis 12jährige das Programm *Matheblaster* (ursprünglich Davidson) an. Letzteres gehört zu den meistverkauften Mathematikprogrammen der Welt und soll 50000 Mathematikaufgaben umfassen, die in eine galaktische Spielhandlung eingebunden sind. Fünf Mathematik-Programme für das Grundschulalter enthält die *Lernbox* von Dr. Gira-Software (Ilmenau in Thüringen), die als Shareware vertrieben wird (*Mathe-Mosaik, Mathe-Man, Mathe-Mister, Mathe-Mouse und Mathe-Eins*). Unter den Titeln *Einmaleins, Größentrainer, Rechnen leicht gemacht* und *Reihenrechnen* bietet die Schweizer Firma TopStack verschiedene Rechenprogramme für den Primarbereich an…

Veranschaulichungsmittel
Der Computer bietet u.a. neue Möglichkeiten, Daten und Sachzusammenhänge zu veranschaulichen, und kann so das Nachdenken über bereits erworbenes Wissen fördern (vgl. Krauthausen, 1994, S. 107). Wie dies aussehen kann, sei an einem kleinen Modellprogramm aus einer britischen Grundschule gezeigt. Auf der Basis von Claris *Works* verbindet es die numerische Eingabe mit einer sofortigen grafischen Darstellung: Im Rahmen ihrer täglichen Wetterbeobachtung haben die Schüler u.a. die Niederschlags-

Abbildung I.14: Spannende Arbeiten am Computer, die Lehrerin wird zur Beraterin oder Moderatorin – (Foto aus der Harkort-Schule, Haspe, Foto HM)

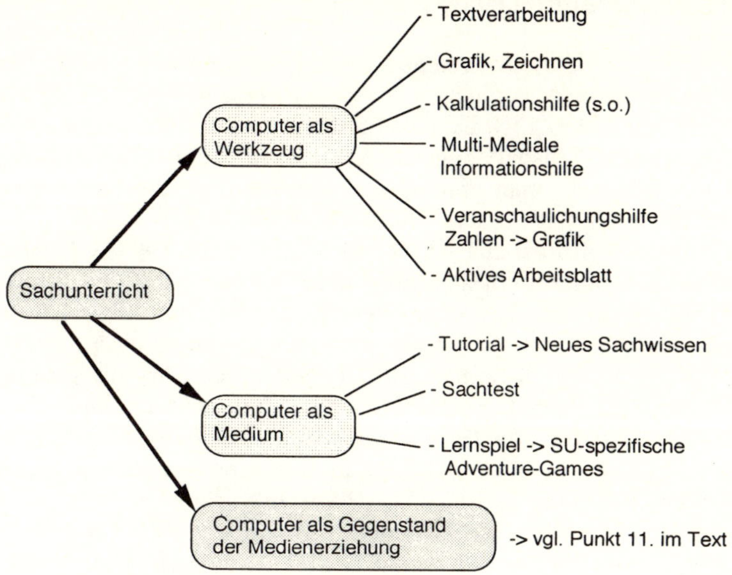

Abbildung I.15: Computer im Sachunterricht

menge gemessen. Diese Meßdaten werden in die vorbereiteten Felder eingegeben und schon setzt der Computer diese Daten in ein Balkendiagramm um. Auf dem Bildschirm und dem Ausdruck, der am Ende einer Woche erfolgt, sind so – über beliebig lange Zeiträume – anschauliche Vergleiche möglich. Das Grundmuster läßt sich auf verschiedene Datenarten übertragen. Das Verfahren sollte natürlich erst angewandt werden, nachdem die Schüler die Methode der grafischen Veranschaulichung über konkrete Operationen erarbeitet haben (etwa durch Aneinanderfügen von Streichholzschachteln zu einem Balkendiagramm). Daher ist das Beispielprogramm frühestens für das vierte Schuljahr geeignet.

Rechenhilfe? – Tabellenkalkulation in der Grundschule?
Aus Laiensicht könnte man den Computer im Grundschulunterricht zuerst als maschinelle Rechenhilfe, die möglicherweise fehlende Rechenfertigkeiten ersetzen soll, einsetzen. Nichts wäre aber abwegiger als dies! Zum einen intendiert die Grundschule die Förderung und nicht den Ersatz von Rechenfertigkeiten. Zum anderen wäre im Rahmen einer maschinellen Kontrolle von Rechenergebnissen, wenn sie denn im vierten Schuljahr für sinnvoll gehalten werden sollte, eher ein einfacher Taschenrechner als ein komplexes und kostspieliges Computersystem geeignet. Aus dem Ausland sind allerdings Versuche bekannt, bereits Grundschüler in einfache Arbeiten mit der Tabellenkalkulation einzuführen. Die Hyper-Media-Umgebung das Grüne Klassenzimmer dürfte das erste deutsche Programm sein, das ebenfalls mit einem Kalkulationsblatt (mit 45 Rechenfeldern) arbeitet. Der Modellversuch geht davon aus, daß mit Hilfe dieses Werkzeugs »das Rechnen in Sinn- und Sachzusammenhängen geübt werden kann« (LSW, 1993, S. 93, 23, 33). In welchem Umfang derartige Arbeiten bereits in durchschnittlichen vierten Schuljahren oder erst in den Klassen 5 und 6 sinnvoll und möglich sind, wird durch wissenschaftlich begleitete Unterrichtsversuche zu klären sein.

7. Computer im Sachunterricht

Auch im Sachunterricht gibt es zahlreiche Aufgabenstellungen, bei deren Bewältigung der Computer helfen könnte, vorausgesetzt, es existierte geeignete, deutschsprachige Software (vgl. Skizze Abb. I.15.). Da diese Software aber bisher nicht zur Verfügung stand, erstaunt es nicht, daß bisher keine entsprechenden Arbeiten aus deutschen Grundschulen bekannt sind, sieht man einmal von den Textprojekten ab, die vielfach im wichtigen Schnittbereich von Sprach- und Sachunterricht angesiedelt sind.

Mit der Expansion multimedialer CD-ROM-Systeme, die 1994 in Deutschland begann, würden dem Sachunterricht zukünftig neue Nachschlage- und Informationssysteme zur Verfügung stehen. Die erste, gezielt für den Primarbereich entwickelte Lernumgebung dieser Art stellt das bereits mehrfach erwähnte *Grüne Klassenzimmer* dar (siehe van Lück, Kap. III). Kommerzielle Hersteller bieten inzwischen multimediale Nachschlagewerke u. a. zu verschiedenen Tierarten (*Multi Media Animals Encyclopedia* (von Applied Optical Media) und *Tiere unserer Welt – Säugetiere* (von Rheinhaben & Busch), zu den europäischen Vogel- und Fischarten (Springer electronic Media), zu dem bei Kindern beliebten Thema Saurier (*MS-Dinosaurs* von Microsoft und *Abenteuer Dinosaurier* von Heureka-Klett), zur Raumfahrt (*Abenteuer Weltraum*) und zur Unterwasserwelt (*Abenteuer Unterwasser*, beide Heureka-Klett) an. Unter dem Titel *Der sichere Schulweg* haben Studenten der Fachhochschule Druck in Stuttgart als Semesterarbeit ein multimediales Lernspielprogramm zur Verkehrserziehung für Kinder von 5–7 entwickelt. Bisher nur in englischer Sprache werden angeboten *Animals and how they grow, Dictionary of the living world* und das Virtual-Book *The Elephants.* – Teile des Geographieprogramms *Kennst Du Deine Erde*? von Heureka-Klett wären bereits für Klasse 4 geeignet (z.B. Bundesländer). Vermutlich wird es in den nächsten Jahren entsprechend Programme zur Landeskunde der einzelnen Bundesländer geben. Theoretisch wären zu den meisten Sachunterrichtsthemen multi-mediale Programmproduktionen denkbar. Ob es in ferner Zukunft auch die unverzichtbaren standortspezifischen Materialien in Form multi-medialer Datenbanken geben wird, hängt von der Entwicklung leicht zu handhabender Autorenwerkzeuge ab. Auch sie hätten aber in dem pädagogisch-didaktischen Gesamtzusammenhang nur die Rolle eines Mediums zu spielen, das zu konkreten Entdeckungen anregen und bei deren Aufarbeitung helfen soll.

Bei der Festigung und Überprüfung von Sachwissen werden heute Arbeitsblätter eingesetzt. In Kapitel V. zeigen Lohuis und Niewel, wie der Computer dem Lehrer helfen kann, standort- bzw. klassenspezifische Arbeitsblätter in hoher Qualität herzustellen (und auf einem aktuellen Stand zu halten). In der Schweiz und in Großbritannien arbeiten bereits viele Grundschulen mit digitalen Arbeitsblättern, die von den Schülern am Computer bearbeitet und dann als individuelles Dokument für die Arbeitsmappe ausgedruckt werden können. Wie ein solches Arbeitsblatt im Sachunterricht aussehen kann, zeigt Abbildung I.16. zur Metamorphose des Frosches. Aus einer kleinen Bilddatenbank zieht der Schüler die zweimal vorhandenen Abbildungen zu den vier Entwicklungsstadien heraus, um sie in den Kreislauf und die Textfelder einzufügen.

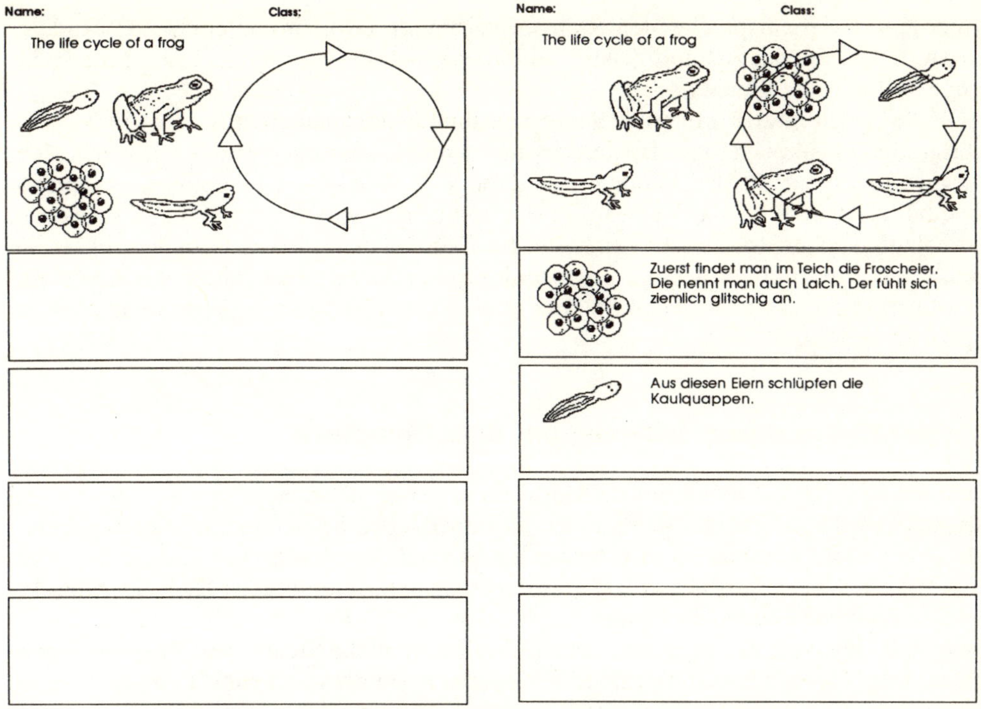

Abbildung I.16: Aktives digitales Arbeitsblatt zur Metamorphose des Frosches – Beispiel aus Großbritannien (mit CLARIS*Works* erstellt)

8. Computer und Musikerziehung

Aus dem angelsächsischen Raum, aber neuerdings auch z.B. aus russischen Grundschulen (vgl. Margolis, 1994) sind Arbeiten mit Musikprogrammen und -editoren bekannt. Als Edutainement-Produkte werden derartige Programme seit längerem auch für den außerschulischen Bereich angeboten.

Das englische Programm *Compose* bietet den Kindern beispielsweise eine grafisch-musikalische »Umgebung« an, in der sie aus verschiedenen Bildern und den ihnen zugeordneten Melodien neue Melodienfolgen zusammenstellen können, die dann mit unterschiedlichem Tempo und ausgewählten Instrumenten abgespielt und abgehört werden können (vgl. Crompton, 1989, S. 44). Das aktuelle Baukasten-Programm *Thinkin' Things* der Edmark Corporation (1993), das sich an Kinder aus dem Vor- und Grundschulalter wendet, bietet in humoristischer Einkleidung unterschiedliche Instrumente (Xylophon, Gläser etc.), die mit der Maus angeschlagen werden können. Anschließend kann die Komposition abgehört werden. Die Aufgabe, vorgegebene Tonfolgen nachzuspielen, soll dem »musikalischen Gedächtnistraining« dienen. Komplexere Musikprogramme, wie z.B. das *»Deluxe Music Construction Set«*, bieten die Möglichkeit, Noten mit der Maus, aber auch direkt über ein Midi-Keyboard einzugeben und Melodien schrittweise zu bearbeiten. Auf der Basis von Hypercard offeriert die Medienwerkstatt Mühlacker »für Kinder und Erwachsene« den *Klingenden Notensetzkasten* des österreichischen Gesangspädagogen W. Jocher (Päd. Akademie Linz, Bruckner Konservatorium). Es handelt sich um ein Notenklanginstrument, das Noten- und Instrumentensymbole mit den entsprechenden Klängen verbindet. Den Einsatz computergestützter Hilfen in der Musikerziehung geistig behinderter Schüler erprobt z. Zt. der Musikpädagoge Wilbert aus Landau.

Ob die Arbeit mit derartigen Programmen auch in der Grundschule sinnvoll ist, wird im Rahmen musikpädagogischer Diskussionen und Unterrichtsversuche, die hier nicht vorweggenommen werden können, zu klären sein. Um eine pädagogisch akzeptable Tonqualität zu erhalten, wird man an die Hardware höchste Anforderungen (Soundkarte, Stereolautsprecher usw.) stellen müssen. Im Falle einer positiven Grundeinschätzung spricht aus lern- und entwicklungspsychologischer Sicht vieles dafür, die Arbeit mit derartigen Prgrammen auf jeden Fall mit einer breiten Nutzung herkömmlicher Instrumente zu verbinden.

9. Wir steuern unser Spielzeug mit dem Computer

Sieht man die internationale Entwicklung, dann gehört die Steuerung von Spielzeugen und mechanischen Schildkröten mittels der Papertschen Sprache LOGO zu den frühesten Arbeiten mit Computern im Grundschulunterricht überhaupt (vgl. Crompton, 1989; auch Papert, 1994). Für die Informationstechnische Grundbildung (ITG) oder den Informatikunterricht bieten die Firmen Lego-Dacta und CVK-fischertechnik (Computing) komplexe Lehrsysteme zur spielerischen Einführung in die Steuer- und Regelungstechnik an. Der Hagener Lehrer Bernhard Uhlemann berichtet in Kapitel II darüber, wie er seit Jahren in der Grundschule mit Hilfe einer elektronisch gesteuerten Eisenbahnanlage, mit dem Programm *Märklin Training* und einer selbstgefertigten Arbeitskartei seine Kinder spielerisch in logische und algorithmische Problemlösungen einführt.

10. Computerspiele – Spielend Lernen am Computer?

Die meisten Grundschüler haben heute Computerspielerfahrungen. Da die Grundschule kein anders gelagertes Angebot unterbreitet und da die meisten Eltern überfordert sind, bleibt die Begegnung der meisten Grundschüler mit dem Computer auch auf diese schmale Anwendung beschränkt. Mit dem Themenkomplex »Bildschirmspiele« und der Frage, wie die Grundschulpädagogik auf dieses neue, für viele Kinder faszinierende Medium reagieren sollte, befaßt sich in Kap. IV der Kölner Spiel- und Medienpädagoge Jürgen Fritz. Zusammen mit Wolfgang Fehr vom Kölner Jugendamt und Tilman Ernst sowie Kindern und Jugendlichen erarbeitet Fritz seit 1992 für die Bundeszentrale für Politische Bildung die Analysen und Empfehlungen *Computerspiele auf dem Prüfstand*, die allen Eltern zur Information über die Computerspiele ihrer Kinder empfohlen seien. Für die Lehrer-, Eltern- und Jugendbildung liegt seit 1994 unter dem Titel *»Search & Play«* im Referat Medienpädagogik und Neue Medien (der Bundeszentrale) eine (ergänzungsfähige) interaktive Datenbank für Computerspiele vor. Wünschenswert wäre die Ergänzung um Demo-Versionen empfehlenswerter Spiele.

In den letzten Jahren haben zunehmend auch spielerische Lern- und Arbeitsformen Eingang in den Grundschulunterricht gefunden. Nur wenige Lehrer können sich heute vorstellen, daß dieser positive Ansatz auch um einige gute Computerspiele bzw. Lernspiele ergänzt werden könnte. Franz Arenhövel berichtet davon, wie er das Computerspiel *Sokoban* einsetzt, um Kinder mit Schwierigkeiten bei der Unterscheidung der

Lagebeziehungen (recht-links, vorne-hinten, oben-unten) zu fördern (vgl. ders., 1994, S. 117). In dem harmlosen Spiel ist eine Person zu steuern, die möglichst optimal Kisten durch ein Wegenetz schieben soll. Denkbar sind Abenteuerspiele (sog. »Adventures«), die in speziellen Sequenzen die Lösung mathematischer oder orthographischer Übungen oder die Beantwortung zuvor behandelter Sachfragen verlangen. Der Einsatz entsprechender Konzepte aus dem angelsächsischen Raum bleibt infolge der fehlenden Übersetzung in der Regel älteren Altersstufen vorbehalten (Gies/Mitzlaff, 1989). Ein deutsches Programmbeispiel, das sich auf einem hohen didaktischen und technischen Niveau bewegt, ist das »Leseadventure« aus dem Programm *TAO* des MPI-München. Es erlaubt einen spielerischen Umgang mit der Schriftsprache in Sinnzusammenhängen. Der Leseanfänger kann sich auf eine spannende »Entdeckungsreise durch eine Schreib- und Lesewelt« (dazu Hofmann, 1995, S. 77ff.) begeben. Als Rechtschreib-Adventure für die Klassen 1–6 ist das Programm *ULK* von Cornelsen Software konzipiert: Mit *ULK* organisieren die Kinder eine Rettungsaktion für ein auf der Erde notgelandetes Raumschiff. Um mit dem Dienstroboter Robi kommunizieren zu können, müssen orthographisch korrekte Texte eingegeben werden.

11. Computer als Thema kritischer Reflexionen – Ansätze schon in der Grundschule?

Die technische Entwicklung des noch recht jungen Mediums Computer (s.o.) schreitet mit enormer Geschwindigkeit voran. Es bestehen mindestens drei Gefahren: Einerseits die Gefahr, daß im Vorfeld technischer Entwicklungen nicht hinreichend reflektiert wird, wohin diese Entwicklung eigentlich gehen sollte, sondern daß das technisch Machbare von den technischen und ökonomischen Eliten auch hemmungslos umgesetzt und mit Hilfe subtilster Marketingstrategien vermarktet wird. Es besteht zweitens die Gefahr, daß die Konsumenten diesem Angebot erliegen, anstatt mit ihm kritisch und selektiv umzugehen und nach den langfristigen Folgen und Nebenwirkungen zu fragen. Und es besteht drittens die Gefahr, daß die Entwicklung unserer Denk- und Verhaltensweisen mit diesem Angebot ganz und gar nicht Schritt hält. In allen drei Bereichen sind die Sozial- und Geisteswissenschaften zu einer offensiven Auseinandersetzung mit der technischen und ökonomischen Wirklichkeit aufgerufen (eine kulturpessimistische Abkehr von der ganzen Entwicklung reicht nicht aus).

Wolfgang Klafki ist zuzustimmen, wenn er schon von der Grundschule eine erste »kritische« Auseinandersetzung mit den »Gefahren und Möglichkeiten der neuen technischen Steuerungs-, Informations- und Kommunikationsmedien« erwartet (s.o.). Welche Elemente zu dieser kritischen Haltung gehören, ist heute erst in Ansätzen erkennbar. Mit Sicherheit gehört dazu:

- die Fähigkeit, aus dem breiten Medienangebot gezielt und (zeitlich begrenzt) auszuwählen, und die Bereitschaft und Fähigkeit, sich computerfernen Tätigkeits-, Interaktions- und Erlebnisbereichen zuzuwenden (dies setzt Kenntnis und Angebot entsprechender Bereiche voraus!);
- das Erlernen eines bewußten und zielgerichteten Umganges mit der begrenzten Ressource *Zeit*;
- die Entwicklung dessen, was die angelsächsische Grundschulpädagogik als »information skills« bezeichnet, also die Fertigkeit, Fragen zu formulieren (*Was möchte ich*

wissen?), gezielt an verschiedenen Fundorten (Bücherei, Archiv, Hypermedia-System) und in verschiedenen Medien/Quellen (Büchern, Karten Zeitschriften, Interview) nach problemrelevanten Informationen zu suchen (*Wie und wo finde ich eine Antwort*?), kritisch nach der Relevanz der Information zu fragen (*Beantworten die I. meine Frage? Wie verläßlich sind die Informationen? Kann man ihnen trauen?*); die Fähigkeit des Exzerpierens (*Was ist das Wesentliche? Dies brauche ich zur Beantwortung meiner Frage!*) sowie die Fähigkeit, die aufgenommenen Informationen in individuelles Wissen zu transferieren und das neue Wissen der Lerngruppe zu präsentieren (*Dies habe ich zu der Frage herausgefunden, dies weiß ich nun!*) (vgl. Pat Avann, 1985);

- die damit verbundene Fähigkeit, aus dem breiten Informations- und Datenangebot eines Mediums gezielt auszuwählen, Informationen kritisch zu prüfen und zu hinterfragen;
- die kognitive und affektive Unterscheidung zwischen der originären zwischenmenschlichen Kommunikation und der technisch vermittelten Kommunikation (Telefon, DFÜ) und schließlich der »Interaktion« mit dem maschinellen Programm;
- die Einsicht in die Qualitäten und die Grenzen des Computers...

Die Arbeit der Grundschullehrerin und des -lehrers ist mit dieser neuen medien-, kommunikations- und informationspädagogischen Aufgabe zweifelsohne nicht leichter, sondern noch anspruchsvoller und noch komplexer geworden. Im Interesse der Heranwachsenden bleibt zu hoffen, daß sie die Gesellschaft, die Bildungs- und Finanzpolitik und die grundschulrelevanten Wissenschaften entschiedener als bisher bei der Wahrnehmung dieser zukunftsbedeutsamen Aufgabe unterstützen werden. In dem Lernbericht des Club of Rome, der 1979 unter dem Titel »No limits to learning: Bridging the human gap« erschien, stellen Botkin, Elmandjra und Malitza mit Recht fest:

> »Ein guter Lehrer muß zukunftsorientiert sein. Die besten Lehrer sind diejenigen, die Sinn für die Zukunft entwickelt haben und dies auch weitervermitteln können« (dt. 1979, S. 55).

Wie die Erwachsenen von morgen mit den Informationstechnologien umgehen werden, wird wesentlich von der Art abhängen, wie unsere Lehrer – einschließlich der Grundschullehrer – heute auf dieses Thema reagieren.

Hartmut Mitzlaff

Hard- und Software in der Grundschule

Bei der Frage nach der geeigneten Hardware, also nach den materiellen Komponenten eines EDV-Systems (= »alles das, was man anfassen kann!«), wird die Schnelligkeit der technischen Entwicklung deutlich. Die nachfolgenden Empfehlungen liegen z. T. weit über jenen Angaben, die der Autor vor fünf Jahren gemacht hat und die damals von vielen – aufgrund des hohen Kostenniveaus – als völlig überzogen und illusorisch belächelt wurden. Nach wie vor gilt der Grundsatz: *Für Grundschüler ist die beste Hardware gerade ausreichend. Ähnliches gilt für die Auswahl der Software.* Die Hardware sollte leicht zu bedienen, störsicher und robust sein und den höchsten sicherheitstechnischen und ergonomischen Normen und Entwicklungsstandards entsprechen (vgl. Förster/Vogel, 1994). Werbewirksam angelegte Aktionen, Schulen als Endlagerstätte für »ausgemusterte« Industriecomputer von vorgestern zu nutzen, sind aus grundschulpädagogischer Sicht inakzeptabel.

Nachfolgend sollen – vor allem dem Anfänger – einige Hilfen bei der Auswahl grundschulgeeigneter Hard- und Software gegeben werden.

1. Arbeitsspeicher und Prozessortypen

Handelsübliche Personalcomputer bestehen mindestens aus (vgl. Abb. I.17)

- einem Rechen- und Steuerwerk, das man als Zentraleinheit (Central Processing Unit, CPU) bezeichnet;
- einem Arbeitsspeicher, dem sogenannten RAM;
- Magnetplattenspeichern in Form von Festplatten und Diskettenlaufwerken;
- einem Bildschirm;
- einer Tastatur und – in der Regel – einer Maus als Eingabeinstrumente.

Diese Teile sind über ein System von Datenleitungen (»Bus« genannt) miteinander verbunden. Je größer die sogenannte Busbreite (abhängig von der Zahl der Leitungen), desto mehr Daten können parallel übertragen werden.

- Mit dem Computer ist üblicherweise ein Drucker als Ausgabeeinheit verbunden.
- Weitere Peripheriegeräte für den schulischen Einsatz sind z. B. CD-ROM-Laufwerke, Scanner (zum Einlesen von Bild- und Textvorlagen), ein Modem zur Datenfernübertragung über das Telefonnetz, ein Lichtgriffel (Lightpen) als Eingabegerät.

Die Zentraleinheit steuert und überwacht die gesamte Anlage und verarbeitet die eingegebenen Daten. Sie besteht aus einem Mikroprozessor und verschiedenen weiteren Bauelementen. Die Leistungsfähigkeit der verschiedenen Computer hängt entscheidend

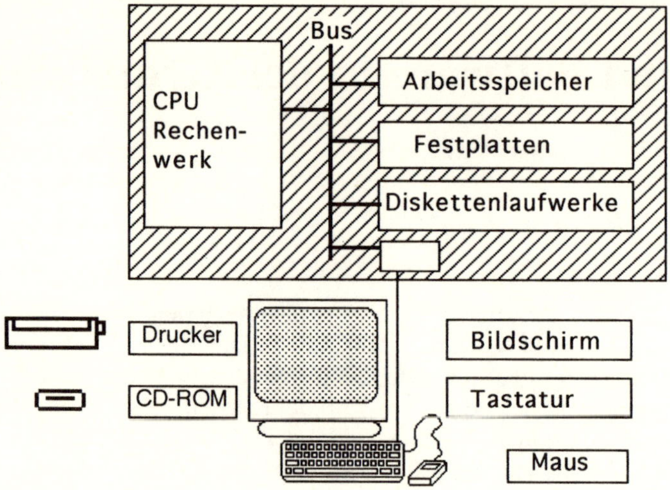

Abbildung I.17: Hardwarekomponenten eines PCs (in Anlehnung an Sommer, 1987)

von dem eingebauten Prozessortyp ab. IBM-kompatible PCs[1] arbeiten mit Prozessoren der »Familie« 80×86 hauptsächlich aus der Firma Intel (× steht für 1, 2, 3, 4 (5)), die Macintosh-Geräte verwenden, hingegen Chips aus der Prozessorfamilie 680×0 aus der Firma Motorola (× steht hier für 0, 2, 3, 4). Auf der Seite der IBM-Kompatiblen unterscheidet man dementsprechend 286er- (mit dem 1982 vorgestellten Prozessor 80286), 386er- und 486er-Geräte. Aus urheberrechtlichen Gründen firmiert der ab 1993 produzierte 80586-Prozessor unter dem Namen Pentium. Die höhere Zahl verweist auf das neuere Entwicklungsdatum und die höhere Leistungsfähigkeit. In den Apple-Geräten sind die Prozessoren 68000 des ersten Macintosh aus dem Jahre 1984 sowie die Typen 68020, 68030, 68040 und der neue 601-RISC-Proszessor des PowerPC, der gemeinsam von Apple, IBM und Motorola entwickelt und 1994 vorgestellt wurde, zu unterscheiden.

Geräte für die Grundschule sollten möglichst leistungsfähige Prozessoren besitzen. Im Hinblick auf die Windows-Oberfläche empfiehlt sich bei einer Neuanschaffung eines IBM-kompatiblen PCs ein Prozessor vom 386er aufwärts. Werden hauptsächlich Texte bearbeitet, könnte auch ein älterer Prozessor vom 286er Typ noch hilfreich sein (allerdings ist hier die Benutzung von Windows und allen Windows-Anwendungen nicht möglich!). Aufgrund der in das System integrierten grafischen Oberfläche (s.u.) erscheinen alle Macintosh-Geräte – vom 68000-Prozessor bis hinauf zum PowerPC – für den Grundschuleinsatz als geeignet.

Der Arbeits- oder Hauptspeicher (RAM = Schreib-Lese-Speicher) sollte ausreichend dimensioniert sein, um die Arbeit mit leistungsfähigen, speicherintensiven Programmen

1 In einigen deutschen Grundschulen wurde zeitweilig auch mit Geräten vom Typ AMIGA aus dem Hause Commodore (Bruhns und Richmann aus Köln) oder mit dem Tastaturcomputer ATARI ST gearbeitet (z.B. Thomann in Wuppertal). Wegen der geringen Verbreitung im schulischen Bereich und der rückläufigen Bedeutung kann auf eine Beschäftigung mit beiden Systemen an dieser Stelle verzichtet werden. Allerdings dürften entsprechende Geräte in den Familien einiger Grundschüler noch zu finden sein.

und Multi-Media-Datenbanken zu ermöglichen. Mit dem »Leistungsumfang« der Betriebssysteme und Programme ist in den letzten Jahren auch der Bedarf an Arbeitsspeicherkapazität gestiegen. Wurde vor Jahren selbst für die Sekundarstufe ein Speicherangebot von 512 KB als völlig ausreichend angesehen (vgl. BLK, 1987), so wird man heute schon im Primarbereich bei älteren Betriebssystemversionen und für Textanwendungen von einem Mindestbedarf von 1–2 MB ausgehen müssen. Die Arbeit mit komplexen Hyper- oder Multi-Media-Systemen setzt 4 MB Arbeitsspeicher und mehr voraus. Ausländische Lernprogramme für den Vor- und Grundschulbereich erfordern z.T. bereits heute 6–8 MB Hauptspeicher.

Programme mit Sprachausgabe, wie *TAO* oder *»Reise mit Käpten Tom«* (COMLES) benötigen eine zusätzliche Soundkarte (z.B.»Sound Blaster«), die leicht in den dafür vorgesehenen Steckplatz (des Desktop- oder Tower-Gehäuses) eingebaut werden kann. Bezüglich der Bildschirmauflösung und der Zahl der dargestellten Farben ist darauf zu achten, daß der Computer über die entsprechende Grafik- bzw. Bildschirmkarte verfügt (überwiegend VGA oder Super VGA-Karte, Video Graphics Array).

2. Festplatten und Diskettenlaufwerke (Magnetplattenspeicherung)

Aufgrund der hohen Kosten für Festplatten arbeiteten die ersten Grundschulprojekte ausschließlich mit relativ langsamen (Disketten-)Laufwerken und Disketten. Dabei standen anfangs Disketten von 5¼ Zoll (in IBM-kompatiblen PCs) oder einseitig beschreibbare 3½-Zoll-Disketten mit einer Speicherkapazität von nur 400 KByte zur Verfügung. Heutige Grundschulrechner sollten über möglichst große und schnelle Festplatten (20 oder 40 MByte aufwärts) verfügen. Da man nicht ganz auf Disketten (zur Übertragung, für Sicherungskopien oder als schülerspezifisches Speichermedium) verzichten kann, sollte man mit entsprechenden Laufwerken DD- oder HD-Disketten [bzw. ED-Disketten] mit (800 KByte und 1,4 MByte beim Macintosh bzw. 720 KByte und 1,4 [2,8 MByte] bei IBM-kompatiblen PCs) arbeiten. Für Schulen, die bereits über längere Zeiträume Computer einsetzen und die Arbeiten früherer Jahrgänge archivieren möchten, könnte sich u.U. die Arbeit mit Wechselplatten empfehlen.

3. Bildschirme

Mit Hilfe des Bildschirms werden Texte, Daten, grafische Darstellungen, Fotos und Filmsequenzen sichtbar gemacht. Dominierten früher monochrome Bildschirme, so werden heute hauptsächlich Farbbildschirme angeboten, die zumeist auf einen monochromen Status umgeschaltet werden können. Dabei ist – vor allem für die Textverarbeitung – auf die Möglichkeit der Positivdarstellung (Darstellung schwarzer Zeichen auf weißem bzw. hellgrauem Grund) zu achten. Um die Augen der Kinder nicht zu belasten, sollten an den Bildschirm die höchsten Anforderungen gestellt werden. Dies gilt für die hohe Auflösung ebenso wie für eine hohe Bildwiederholfrequenz (70 Hz und höher), die eine flimmerfreie Darstellung gewährleistet. Die Bildschirmdiagonale sollte möglichst zwischen 12 und 15 Zoll liegen, aber auch mit den integrierten hochauflösenden 9-Zoll-Bildschirmen des Macintosh I oder Classic konnten in der Grundschule gute Arbeitsergebnisse erzielt werden. Es sollte nur mit strahlungsarmen Bildschirmen (unter Einhaltung der schwedischen Grenzwerte) gearbeitet und – insbesondere bei Farbbild-

Abb. I.18. u. I.19.: Mangelndes Interesse an der Arbeit mit dem Computer bei Mädchen? – In den bisherigen Grundschulprojekten stellte sich diese Frage nicht (Fotos HM, Hagen, 1994/95)

schirmen – auf die Mindestabstände zum Bildschirm (ca. 50–70 cm) geachtet werden. Überdies ist für eine blendfreie Beleuchtung und für eine ergonomische Sitzplatzgestaltung (höhenverstellbarer Computertisch) zu sorgen (vgl. zum Fragenkomplex u.a. Förster/Vogel, 1994).

Einige Grundschulen konnten in den letzten Jahren kostengünstig sogenannte Portables erwerben, die als Zwischenprodukt mittlerweile vom Markt verschwunden sind. Dies sind Computer, die keinen separaten Bildschirm benötigen, sondern über eine (gut lesbare) flimmerfreie und strahlungsfreie Plasma- bzw. LCD-Anzeige mit oder ohne Hintergrundbeleuchtung verfügen. Als Vorläufer der tatsächlich tragbaren Computer, die als Laptops und Notebooks bezeichnet werden, waren sie recht gewichtig und nur in Ausnahmefällen (z.B. beim Macintosh-Portable) mit einem schweren Akku ausgestattet, der den netzunabhängigen Betrieb erlaubte. Die flachen Plasmabildschirme, die über keine Bildröhre verfügen, eignen sich besonders gut für die Textverarbeitung.

Vor allem aus dem Marketing-Bereich ist der Einsatz von Bildschirmen bekannt, die auf Berührung reagieren. Solche »Touch-Screens« werden auch in einigen Sprachlernprogrammen (z.B. *TAO*) eingesetzt.

4. Tastatur

Computer, die im Grundschulbereich eingesetzt werden, sollten grundsätzlich die deutsche QWERTZ-Standardtastatur besitzen. Es sollte die Möglichkeit gegeben sein, die Ansprechzeit der Tasten über die Software auf die Fingerfertigkeit der Kinder einzustellen. Für den vorschulischen Bereich und den Erstlese- und -schreiblehrgang werden in ausländischen Grundschulen (z.B. in Großbritannien oder Israel) sogenannte Concept Keyboards (vgl. Crompton, 1989, S. 142ff.) oder Keyboard Overlays benutzt, die – in Kombination mit einem entsprechenden Datensatz – z.B. das Zusammenstellen von Sätzen aus Bildern oder Ganzwörtern ermöglichen. Entsprechende Ansätze dürften nicht zuletzt für den sonderpädagogischen Bereich von Bedeutung sein.

5. Maussteuerung

Die Maus wurde erstmals 1982 angeboten, um die Kommunikation zwischen Mensch und Maschine zu erleichtern. Sie hat sich vor allem in menügesteuerten Programmen und bei der grafischen Benutzeroberfläche durchgesetzt. Mit ihr wird auf dem Bildschirm ein Zeiger gesteuert, der Menübefehle, Piktogramme bzw. Dokumente auswählt und letztere – mittels »Doppelklick« – öffnet, im Textprogramm die Einfügemarke (Cursor) setzt und Worte oder Zeichen aktiviert. Mit ihr kann aber auch auf dem Bildschirm gezeichnet oder gemalt werden. Der Schüler kann sich mit diesem Eingabegerät schneller auf dem Bildschirm bewegen als mit den Cursor-Tasten.

Beim Einsatz der optomechanischen Maus ist auf eine ausreichend große und staubfreie Arbeitsfläche zu achten. Empfehlenswert ist eine spezielle Mausunterlage, ein sogenanntes »Mousepad«. Nach häufiger Benutzung ist eine Reinigung der Rollkugel und der internen Steuerräder bzw. Abgreifzylinder durch den Lehrer unerläßlich. Vor allem tragbare Geräte verfügen über eine Integralmaus oder einen Trackball (Trackpad), die ohne Arbeitsfläche auskommen.

6. Drucker

Auch heute noch arbeiten die meisten Grundschulen aus Kostengründen mit Matrixdruckern, deren Druckqualität eigentlich nur bei größerer Nadelzahl (Letter Quality), bei relativ neuem Farbband und im hochauflösenden Druckmodus akzeptabel ist. Die Druckqualität bildet aber

> »ein Kriterium, das gerade im Grundschulbereich von besonderer Bedeutung ist. Qualitativ sehr einfache Pixelschriften, in denen ›vor lauter Punkten keine Buchstaben mehr zu erkennen sind‹ und die den Lesefluß hemmen, sind für den Grundschulbereich auf Dauer nicht geeignet. Im Hinblick auf den Leselernprozeß, die Wortwahrnehmung und die Entwicklung der Schriftkultur sind auf dieser Altersstufe besonders hochwertige Drucker zu fordern, deren Qualität eigentlich in der Nähe der Buchdruckqualität liegen müßte. Dieser hohen Qualitätsnorm, von der allerdings die vielen nicht-computergefertigen Umdrucke und Fotokopien in den Grundschulen weit entfernt sind, entsprechen heute nur die ... Laser- oder Tintenstrahldrucker« (Mitzlaff u.a., 1990, S. 204).

Erfreulicherweise sind die Preise für die beiden genannten Druckertypen inzwischen bei gleichzeitiger Qualitätssteigerung erheblich gefallen. Inzwischen gibt es auch bereits Farb-Tintenstrahl-Drucker zu erschwinglichen Preisen. Nicht zuletzt bei der Arbeitsmittelentwicklung (siehe Kap. V.) wäre es wünschenswert, daß die Schule über ein hochwertiges Drucksystem verfügt.

7. CD-ROM

Seit der Frankfurter Buchmesse 1994 zeichnet sich auch in Deutschland ein Aufschwung für die optische Platte mit hoher Speicherkapazität (682 MByte), die sogenannte CD-ROM (= Compact Disk Read Only Memory), ab. Wegen der hohen Speicherkapazität eignet sich diese Platte, die wie eine Musik-CD aussieht, besonders für die Anlage großer Datenbanken, Sammlungen, Lexika, sogenannter Living-Books (z.B. »Just Grandma and me«) oder komplexer Multi-Media-Systeme. Im Ausland werden bereits zahlreiche Programme für den Vorschul- und Grundschulbereich auf diesem Medium vertrieben (z.B. das *»L'Atelier des tout petits«* vom frz. Club PoM Logieciels). Man muß kein Prophet sein, um zu prognostizieren, daß dieses Medium, das sich langfristig kostengünstig multiplizieren läßt, in wenigen Jahren neben Kinderlexika, Spielesammlungen und Sachunterrichtsbüchern auch in deutschen Grundschulen zum Lernalltag gehören wird. Die Preise für die notwendigen speziellen CD-ROM-Laufwerke beginnen zu fallen, gleichzeitig erhöht sich ihre Verarbeitungsgeschwindigkeit, die erst bei sogenannten Double-speed- (bzw. Double-spin-)Laufwerken für Lernanwendungen akzeptabel zu werden beginnt. Langfristig ist vorstellbar, daß Schulamtsbezirke ihre Mediotheken und standortspezifischen Arbeitsmittelsammlungen den Grundschulen auf CD-ROMs in Kleinauflage zur Verfügung stellen werden.

8. Austattungsempfehlungen (Stand 1995)

Faßt man die obigen Daten zusammen, so lassen sich für die Hardware im Grundschulunterricht folgende Merkmale empfehlen:

- Eine Zentraleinheit möglichst mit einem Prozessor vom Typ 80386, 80486 oder Pentium bzw. 68000 bis 68040 oder PowerPC.
- Ein möglichst großer Arbeitsspeicher – in Abhängigkeit von dem Prozessortyp – zwischen 4 und 8 MB bei Neuanschaffungen.
- Eine geeignete Sound- und eine Grafik-Karte.
- Ein HD-Laufwerk und eine schnelle Festplatte mit möglichst hoher Kapazität (Minimum 20 MB, bei Neuanschaffung heute aufgrund der gesunkenen Preise möglichst 80 oder mehr MB).
- Ein hochauflösender, strahlungsarmer Monitor möglichst in Farbe mit Umschaltmöglichkeit auf eine monochrome Positivdarstellung, mit einer Bildschirmdiagonalen möglichst zwischen 12 und 15 Zoll (bei hochauflösenden SW-Systemen z.T. auch darunter akzeptabel), hohe Bildwiederholfrequenz.
- Eine robuste QWERTZ-Standardtastatur und eine Maus als Eingabegerät.
- Ein hochwertiger Drucker, möglichst ein Laserdrucker oder ein (langsamerer) Tintenstrahldrucker.
- Mittelfristig ein CD-ROM-Laufwerk mindestens mit double-speed (später mit drei- oder vierfacher Geschwindigkeit).

Zur Software
Wichtiger als die Hardware ist aber die Software. Man versteht darunter die verschiedenen Programme, die zum Betrieb der Geräte erforderlich sind, einschließlich des Betriebssystems und aller Anwenderprogramme und Hilfsprogramme.

1. Fragen des Betriebs- und Bediensystems

Das mit Abstand auf PCs am weitesten verbreitete Betriebssystem ist MS-DOS, das Microsoft Disk Operating System. Nach eingehenden Vorversuchen entschieden wir uns in den 80er Jahren aber nicht für den »Quasi-Standard«, sondern für das Macintosh-Betriebssystem von Apple, in das als Besonderheit eine leicht zu bedienende, sich weitgehend selbst erklärende grafische Benutzeroberfläche integriert war. Im Unterschied zu den IBM-kompatiblen PCs mußten zur Steuerung der Programme hier nicht lange, für Kinder weitgehend abstrakte Befehlszeilen in englischer DOS-Syntax eingegeben werden. Statt dessen stand eine schreibtischähnliche Oberfläche (Desktop) mit Symbolen (Papierkorb, Ordner), Ikonen (z.B. in *MacPaint*) und Pull-down-Menüs (in *MacWrite* u.a.) zur Verfügung. Erste Beobachtungen hatten gezeigt, daß diese Oberfläche von Kindern sehr schnell spielerisch entdeckt und erprobt wurde (vgl. Wiederhold/Mitzlaff/Gies, 1988a) und unseren Vorstellungen von einem System, das von den Kindern wirklich »beherrscht« wurde und selbstbestimmte Lern- und Arbeitsprozesse ermöglichte, offenbar entgegenkam. Diese Entscheidung gegen den auch im Bildungsbereich propagierten »Industriestandard« (vgl. BLK, 1987, S. 71) ist anfangs scharf kritisiert worden, basierte aber auf einem absoluten Vorrang pädagogisch-didaktischer »Standards« vor technischen Fragen. Inzwischen haben auch viele der ausländischen

Schulen auf grafische Benutzeroberflächen bzw. Bediensysteme umgestellt. Der NRW-Modellversuch hat seine prototypische Software auf dem Apple-Betriebssystem entwickelt.

Durch die vom Macintosh bekannte Steuerung sind inzwischen andere Hersteller zur Entwicklung grafischer Oberflächen angeregt worden. Mit dem heute weit verbreiteten Windows (inzwischen in der Version 3.1 und NT und Chicago [= 4.0] angekündigt: Windows '95) der Firma Microsoft steht auch für IBM-kompatible PCs inzwischen eine ausgefeilte grafische Bedienoberfläche als Betriebssystemerweiterung zur Verfügung (vgl. auch Mitzlaff/Uhlemann, 1989).

Langfristig dürfte eine Annäherung der Betriebssysteme auf einer grafischen Basis zu erwarten sein. Schon heute gibt es Software- (Emulationssoftware) bzw. Hardwarelösungen (z.B. 486er Steckkarte für den PowerMacintosh 6100), die es erlauben, mit der Software des einen Systems auf dem anderen zu arbeiten. Solange es aber für den PC-Bereich mehrere Betriebssysteme gibt, wird der Lehrer bei der Auswahl seiner Software darauf achten müssen, für welches System diese geeignet ist.

2. Zur Qualität angebotener Lernsoftware

1987/88 und 1990 kritisierten wir die überwiegend schlechte pädagogisch-didaktische Qualität der in Deutschland für den Primarbereich angebotenen Lernsoftware (vgl. Mitzlaff u.a., 1990, S. 1990). Schätzungen zufolge, waren damals 85–90% des Angebotes pädagogisch ungeeignet. Guten Gewissens empfehlen konnte man seinerzeit hauptsächlich die – unter professionellen Bedinungen entwickelten – offenen Anwenderprogramme, soweit sie den Arbeitsbedürfnissen der Altersgruppe entsprachen.

Technisch sind die meisten Lernprogramme inzwischen aufwendiger und variantenreicher geworden. Ob und inwieweit dem auch eine Steigerung der pädagogisch-didaktischen Qualität entspricht, bleibt einer kritischen Einzelprüfung vorbehalten, die in einer späteren Publikation darzustellen sein wird. Ohne hier ins Detail gehen zu können, wird man heute drei Qualitätsgruppen unterscheiden müssen:

1. Eine Gruppe von Lernprogrammen, die nach wie vor nicht grundschulpädagogischen, lernpsychologischen oder fachdidaktischen Anforderungen genügen;
2. eine Gruppe von Lernprogrammen, die positive pädagogische bzw. didaktische Ansätze enthalten, aber in der vorliegenden Version nicht (völlig) frei sind von sachlogischen und/oder methodischen Fehlern, mithin also auch (noch) nicht für den Unterrichtseinsatz empfohlen werden können;
3. eine Gruppe von Lernprogrammen, die einer breiten kritischen grundschulpädagogischen Prüfung standhalten und die Unterrichtsarbeit für Kinder, aber auch Lehrer bereichern können und ggf. auch im Privatbereich eingesetzt werden können.

Genauere quantitative Einschätzungen sind nach dem derzeitigen Stand der Analyse- und Bewertungsarbeiten noch nicht möglich. Es kann lediglich festgestellt werden, daß die Gruppen 2 und 3 in den letzten Jahren anteilig gewachsen sind. Der Anteil der Gruppe 3 liegt aber mit Sicherheit immer noch unter 50%, so daß Grundschullehrer und Eltern in jedem Fall zu einer kritischen Prüfung der Lernsoftwareangebote aufgerufen sind.

Die Probleme der Software-Entwicklung im Primarbereich sind an anderer Stelle beschrieben worden (vgl. Mitzlaff u.a., 1990, S. 208f, 226f). Die Entwicklung qualitativ hochwertiger Lernprogramme im Primarbereich setzt nach wie vor eine enge Zusammenarbeit von versierten Software-Experten (Programmierern, Informatikern, Mediendesignern), erfahrenen Grundschulpraktikern und Grundschulwissenschaftlern (Grundschulpädagogik und Fachdidaktiken) voraus. Diese ist zeitaufwendig und erfordert breite finanzielle Ressourcen. Nur wenige Software-Produkte konnten in der Bundesrepublik bisher unter entsprechenden Bedingungen entwickelt werden.

II. Der Einsatz des Computers in verschiedenen Arbeitsbereichen der Grundschule – Erfahrungen, Projekte, Konzepte, Perspektiven, Diskussionsanstöße

Barbara Kochan

Der Computer als Herausforderung zum Nachdenken über schriftsprachliches Lernen und Schreibkultur in der Grundschule

Argumente und Anregungen für entfaltenden Schreibunterricht

1. Vorbemerkungen

Warum sollte uns ausgerechnet der Computer zum Nachdenken über schriftsprachliches Lernen und Schreibkultur in der Grundschule herausfordern? Gibt es keine wichtigeren Probleme des schriftsprachlichen Unterrichts als die Frage, ob und ggf. wie dieses (in Deutschland) höchst umstrittene »Medium« eingesetzt werden könne? Bedarf der Schreib- und Leseunterricht (wie der Unterricht in der Grundschule überhaupt) nicht am allermeisten einer pädagogischen Reform statt technischer Innovation? Ist die außerschulische Faszination durch Computer nicht beklagenswert genug? Deshalb sollten wir doch jetzt erst recht zum Buch erziehen und das Schreiben auf betont sinnliche, manuelle und handwerkliche Weise vermitteln: mit der Hand und mit der Schuldruckerei. Übrigens: Ist bei uns der Computereinsatz in der Grundschule nicht sowieso verboten?

In solchen Fragen drückt sich eine hierzulande noch immer vorherrschende grundschulpädagogische Abwehr gegenüber dem Computer aus und verbergen sich Auffassungen von Schreibkultur und schriftsprachlichem Lernen, die auf der Grundlage internationaler Schreibtheorie, Schreiblernforschung und Schreibdidaktik (z.B. Calkins, 1983, 1986; Graves, 1983, 1986) fundamental zu kritisieren sind. Die in Deutschland verbreiteten Argumente gegen (jeden!) Computereinsatz im Grundschulunterricht dringen gerade *nicht* zu den wichtigsten schreibpädagogischen Grundfragen durch, sondern machen eher blind für fundamentale (also nicht nur mediale) Kritik an hergebrachten und auch an einigen neueren Formen schriftsprachlichen Unterrichts. Darum sind – aus schriftsprachdidaktischer Sicht – die Ablehnung und das (angebliche) Verbot des Computers zu hinterfragen (siehe Abschnitt 2 u. 3).

Der Lehrernachwuchs ist zwar – im Unterschied zur großen Mehrheit der jetzigen Grundschullehrer[1] – bereits überwiegend daran gewöhnt, mit dem Computer zu schreiben, aber damit geht keineswegs die notwendige schreibdidaktische Reflexion des Computers einher. Darum ist es *auch* für diejenigen, die über Schreiberfahrungen am

1 Mit dem Maskulinum (als Genus – im Unterschied zum Sexus) meine ich selbstverständlich sowohl die weiblichen als auch die männlichen Repräsentanten des jeweiligen Artbegriffs. Ich bin nicht davon überzeugt, daß grammatische Doppelformen, großes Binnen-I oder andere sprachliche Beschönigungen der faktischen Benachteiligung von uns Frauen entgegenwirken. Sprachkosmetik dieser Art zäumt unser Pferd von hinten auf. Wichtiger scheint mir, daß wir uns tatsächlich in die Sättel schwingen, in denen noch immer vorwiegend Männer sitzen.

Computer verfügen, erforderlich, den Gedankengang zu den Fundamenten des schriftsprachlichen Unterrichts voranzutreiben (Abschnitt 4 u. 5).

In Deutschland setzen einige wenige Grundschullehrer den Computer trotz rauhem Gegenwind als »neues Unterrichtsmedium« ein, quasi als elektronischen Arbeitsbogen. Ebenso selten wird er hierzulande (mit einem Textverarbeitungsprogramm) als »neues Schreibwerkzeug« oder – sogar von Freinet-Pädagogen[2] – als »neue Schuldruckerei« verwendet. Daraus resultiert aber noch kein »neuer Unterricht«!

Ferner ist in schriftsprachdidaktisches Nachdenken einzubeziehen, daß sich der Handel mit Lernsoftware (z.B. mit Rechtschreiblernprogrammen) – in Anbetracht der Computerabstinenz der Grundschule – inzwischen direkt an die Eltern wendet. Schriftsprachliches Lernen droht, eine kommerzielle Angelegenheit zu werden und künftig in der Privatsphäre stattzufinden, sobald es auch in Deutschland *gute* Programme gibt.[3] Wird auf diese Weise Lernerfolg – wieder – abhängig von Finanzkraft und didaktischer Fähigkeit der (früher gute Bücher, jetzt auch gute Software auswählenden) Eltern?

Um *allen* Kindern *in der Grundschule* zur aktiven Teilhabe an der Schriftkultur, auch an der mikroelektronisch veränderten Schriftkultur, zu verhelfen, müssen wir uns – bezüglich des Schreibenlernens – vor allem fragen: Was genau ist der Gegenstand des Unterrichts? Was für eine Tätigkeit also ist das Schreiben? Welche Rolle spielt dabei das Schreibwerkzeug? Verändert der Computer den Schreibprozeß, gar die Schreibkultur? Wie erwerben und entfalten Kinder ihre Schreibfähigkeit? Wodurch können sie dabei unterstützt werden? Möglicherweise auch durch Computer?

Als Einladung, darüber nachzudenken, skizziere ich mein Konzept entfaltenden Schreibunterrichts, das Prinzipien des schriftsprachdidaktischen Umgangs mit dem Computer einschließt.[4]

2. Ist der Computer eine Gefahr für Schriftkultur und schriftsprachliches Lernen?

Schon Mitte der 80er Jahre, als es hierzulande noch kaum einschlägige Schreibforschung gab, kursierte in der (alten) Bundesrepublik die Behauptung, der Computer führe zum »Aussterben der Schriftlichkeit« (Eurich, 1985, S. 112). Vor allem in Pädagogenkreisen glaubte man, auch aus diesem Grund, den Computer »stoppen, sabotieren, boykottieren« (S. 157) zu müssen. Dabei sei »dort anzusetzen, wo Zukunft heranwächst, bei den Kindern« (S. 163). Ihnen sei eine »Gegenorientierung« zu geben, die »durchaus die Bewahrung und Beherrschung *der* tradierten Kulturtechniken einschließt, die sich als sozial notwendig *und* sozial tauglich erwiesen haben« (S. 163f.).

Als ein grundschulpädagogisches Bollwerk gegen den Computer kamen die Kulturtechniken Schreiben und Lesen scheinbar zu neuen Ehren (die Betonung liegt nun auf *Kultur*) – auch bei jenen, die vorher im Schreiben und Lesen bloße *Techniken*, in Büchern, vor allem in Schulbüchern *tote* Gegenstände gesehen und einen Wandel von

2 Vgl. z.B. Fragen und Versuche, Heft 69, September 1994.

3 Zu meiner Kritik an »altem Wein in neuen Schläuchen« vgl. Kochan 1989. Inzwischen kündigt sich erheblich bessere Software an. Das erste deutsche Rechtschreiblernprogramm, das mich veranlaßt, meine prinzipielle Skepsis gegenüber Programmlernen zu überprüfen, ist das von Scheimann (1995) beschriebene ULK.

4 Vgl. dazu auch Kochan 1993, 1994.

der *Buch*schule zum Lebens- und Erfahrungsraum für Kinder gefordert hatten. Handschrift und Schönschreiben, zuvor als Mittel zur Normierung und Disziplinierung kritisiert, wurden nun als Ausdruck von Individualität und als kalligraphischer Beitrag zur ästhetischen Erziehung gegen die Bedrohung durch uniforme, seelenlose Maschinenschrift des Computers verteidigt. Sogar die deutsche Rechtschreibung und der Rechtschreibunterricht, zuvor als *das* Schulkreuz, Auslese-Instrument, ja gesellschaftliches Herrschaftsmittel und als entsprechend reformbedürftig erkannt, erfuhren plötzlich neue Wertschätzung. Aber die Möglichkeiten orthographischer Hilfe und Denkanstöße, die Kindern – unabhängig vom ewigen Gezerre um eine Rechtschreibreform – der Computer mit Textverarbeitungsprogramm ggf. einschließlich Rechtschreibkorrekturprogramm bieten könnte, wurden – ohne jede Forschungsgrundlage – »abgelehnt«. Durch Bewahrung der Grundschulkinder vor dem Schreibcomputer glaubte man, das »Ende der Schriftkultur« verhindern, wenigstens hinausschieben zu können.

Auch *computer*gestützte Rechtschreiblern- oder Übungsprogramme wurden *von vornherein* abgelehnt. Zwar geben die meisten in Deutschland verfügbaren Programme dieser Art allen Grund zur Kritik ihrer Methoden (vgl. Kochan, 1989b). Aber gleichermaßen angebracht wäre solche Kritik auch gegenüber der Methodik der meisten herkömmlichen Lernmittel gewesen. Statt dessen hielten sie in Form von Arbeitsbogen und -heften, Karteien und als Spiel verkleideter Materialien durch die Hintertür des Wochenplanunterrichts und der »freien« Arbeit unbehelligt triumphalen Einzug in angeblich offenen Unterricht. Dort tradieren sie – von den »Computergegnern« unbeanstandet – lernhemmende Aufgabenformen und Kontrollmechanismen. Viele dieser »Freiarbeits«-Materialien legen – ungeachtet der Erkenntnisse über den Wert von Fehlern (vgl. z.B. Brügelmann, 1986; Kochan, 1987; Spitta, 1988a) – nahe, den »Erfolg« des Kindes daran abzulesen, *ob* seine Schreibweise »richtig oder falsch« ist. Entsprechend wird den Kindern der »steinige Weg zur Selbstkontrolle« (Haueis, 1993, S. 64) gewiesen.

Der Computer drohe, »den Lehrer« zu ersetzen. Unversehens werden Lehrer nicht mehr in ihren unterschiedlichen Qualitäten wahrgenommen, sondern geraten zur bedrohten Spezies und als solche pauschal aus dem kritischen Blick. Die Kompetenz *der* Lehrer wird ebenso wie *die* »Selbstentfaltung kindlicher Intelligenz« *pauschal* gegen *den* Computer, *das* Computerlernen und *die* Computerpädagogen ausgespielt (so verfährt z.B. Bussmann, 1988). Daß Lehrer in computerlosem Unterricht sowie eine noch nicht vom Computer bedrohte Schriftkultur keineswegs nur Leser und Schreiber, sondern auch eine beschämende und bedrückende Anzahl von Analphabeten hervorgebracht haben, wird bemerkenswerterweise verdrängt. Die Frage, wer eigentlich an der durch den Computer angeblich vom Aussterben bedrohten Schriftkultur bislang überhaupt und auf welche Weise mit welchem Gewinn teilnimmt (bzw. wer durch welche Barrieren mit welchem Verlust davon ausgeschlossen ist) scheint im Angesicht der unheimlichen Maschine nicht zu interessieren.

Trotz der bei uns vorherrschenden Untergangsstimmung haben hierzulande einige Grundschulpädagogen die mikroelektronische Herausforderung der Schriftkultur und des schriftsprachlichen Lernens wissenschaftlich und unterrichtspraktisch (z.T. frühzeitig) aufgeschlossen und konstruktiv angenommen.[5] Im Ausland gab es dagegen von

5 Bohnenkamp, 1993; Bohnenkamp/Brügelmann, 1992; Brügelmann, 1984, 1985, 1994; Brügelmann/Bohnenkamp, 1990; Kochan, 1989a, 1989b, 1993; Kochan/Herz, 1988; Kochan u.a.,

Anfang an eine breite Vielfalt von Anstrengungen, die anstehenden Probleme unvoreingenommen zu erkennen sowie Lösungen zu suchen und in der Schule zu realisieren.[6] Der Kanadier Frank Smith sieht im Computer ein Werkzeug, das dem Schreiber »Kontrolle und Macht im Dienst der Kreativität« gibt und insbesondere bei Schreibschwierigkeiten hilfreich sein kann (1988, S. 86). Er meint (1983, S. 146), daß »Microcomputer zur Verbreitung von Literalität in einem heute noch unvorstellbaren Maße« beitragen. Die computertechnische Unterstützung kooperativen Schreibens hält er für »die dramatischste Entwicklung in der Schreibtechnologie seit es Individuen überhaupt möglich ist zu schreiben« (1988, S. 89).

3. Das »Computerverbot« – Ein Gerücht mit Konsequenzen

3.1 Zum Wortlaut des »Verbots«

Jeglicher Computereinsatz in der deutschen Grundschule sei verboten, wird oft behauptet, nicht selten unter Hinweis auf einen Beschluß der »Bund-Länder-Kommission (BLK) für Bildungsplanung und Forschungsförderung« von 1987.

Tatsächlich hat die BLK 1987 ein »Gesamtkonzept für die *informationstechnische Bildung*« (Hervorh. BK) vorgelegt. Bezüglich der Grundschule ist dort zu lesen: »In den meisten Ländern der Bundesrepublik Deutschland ist bisher eine Festlegung dahingehend getroffen, daß die Grundschule zumindest vorerst von einer *systematischen* Einführung in die *informationstechnische Bildung* ausgenommen werden soll« (BLK, 1987, S. 12; Hervorh. BK). Die Nutzung des Computers für *schriftsprachliches* Lernen schließt der zitierte Satz keineswegs aus! Begründend heißt es unmittelbar anschließend: »Dafür spricht, daß Schülern der Grundschule in erster Linie die traditionellen Kulturtechniken vermittelt werden müssen, deren Beherrschung für das tägliche Leben weiterhin erforderlich bleibt ...« Das besagt nichts anderes, als daß die Grundschule neben den oder gar zu Lasten der »traditionellen Kulturtechniken« nicht auch noch *informationstechnische Bildung* quasi als weitere Kulturtechnik *systematisch* vermitteln soll. Verfolgen wir den Wortlaut weiter: »... auch für den Umgang mit dem Computer sind diese Kulturtechniken eine grundlegende Voraussetzung. Inwieweit Computer diese Lernprozesse unterstützen können, wird derzeit in einigen Ansätzen erprobt« (BLK, 1987, S. 12). Zwar hat sich die Annahme der BLK, daß Lesen und Schreiben *Voraussetzung* für den Umgang mit dem Computer als falsch, zumindest als zu wenig differenziert erwiesen (vgl. z.B. Kochan u.a., 1994), aber das Zitat zeigt, daß die BLK damals didaktische Computeranwendung zur Förderung des Schreiben- und Lesenlernens grundsätzlich durchaus positiv in Betracht zog, wenn auch noch (vor nunmehr sieben Jahren!) unter dem Vorbehalt von Erprobungs- bzw. Forschungsbedarf.

1994; Kühn, 1994; Langenbuch/Mattern, 1990; Mitzlaff/Wiederhold, 1990, insbes. S. 212–214 und S. 223; Riesberg, 1994; Schmidt/Hallen, 1992, S. 122–152.

6 Zahlreiche Veröffentlichungen belegen, daß und wie aspektreich die internationale Diskussion schon vor ca. 10 Jahren geführt wurde. Hier muß der Hinweis auf einige wenige genügen: Anderson, 1984 (Australien); Hunter, 1988; Potter, 1984; Trushell, 1986 (England); Cohen u.a., 1987 (Frankreich); Daiute, 1985; Levin/Boruta/Vasconcellos, 1983 (USA).

3.2 Forschungs- und Erprobungshindernis

Dennoch sind Initiativen erprobungswilliger Lehrer oder Forscher seither überwiegend abgewiesen worden! Das gilt auch für Forschungsprojekte, die unter Bezugnahme auf Praxiserfahrungen beantragt wurden, die im Ausland schon seit Mitte der 80er Jahre gesammelt wurden.[7] Um Unterrichtsforschung zum Thema »Computer als Schreibwerkzeug für Kinder« *vorzubereiten*, gründete ich 1986[8] an der TU Berlin die »Schreibwerkstatt für Kinder«. Dort betreuen wir seither Kleingruppen[9] von 5- bis 12jährigen Kindern beim selbstbestimmten Schreiben mit unterschiedlichen Werkzeugen (Stiften, Druckerei, Schreibmaschine und Computer). Meinen auf diesen Vorstudien basierenden, 1988 ausgearbeiteten Antrag auf Durchführung des Forschungsprojekts »Der Computer als Werkzeug selbstgesteuerten, entdeckenden Erwerbs und Gebrauchs der Schriftsprache bei Grundschulkindern« lehnte die Berliner Senatsschulveraltung 1989 unter Hinweis auf den BLK-Beschluß ab – obwohl das BMBW und die Firma Apple finanzielle Beteiligung anboten. Gemäß der »Berliner Linie« (»*Kein* Computer in die Grundschule!«) sah der zuständige Ltd. Schulrat »keinen Handlungsbedarf«!

So wurde die »Schreibwerkstatt für Kinder« an der TU Berlin vom Ort nur der Vorbereitung ersatzweise zum Ort auch der Durchfürhung von Forschung. Diese außerschulische Freizeitsituation hat durchaus Erkenntnisse ermöglicht, die im Rahmen von Schule und Unterricht nicht hätten gewonnen werden können.[10] Aber es ist ein Unding, daß amtliche Ignoranz hierzulande entsprechende Forschung *innerhalb* der Grundschule jahrelang verhindert hat – und sich – unter Berufung auf voreilig gefaßte und publizierte Meinungen (siehe Abschn. 2) – auch noch als pädagogische Fürsorge verbrämen konnte. Vor allem die Ignoranz gegenüber Verbesserungsmöglichkeiten schriftsprachlicher Lernprozesse und gegenüber den durch mikroelektronische Kommunikationsmedien erheblich veränderten schriftsprachlichen Anforderungen (vgl. Jäger, 1990a, 1990b) – denen die heutigen Kinder in *ihrer* Zukunft entsprechen müssen, wenn sie an der künftigen Schriftkultur einigermaßen selbstbestimmt teilhaben wollen – hat jahrelang Grundschulkindern in Deutschland Lernchancen verwehrt, die anderswo längst genutzt werden.

7 In Großbritannien wurden 1984/85 alle Grundschulen mit mindestens zwei Computern ausgestattet. In Frankreich steht das Schreiben auch mit dem Computer seit 1985 im Grundschullehrplan. 1986 richtete die Europäische Gemeinschaft eine internationale Fachgruppe zum Thema »New Information Technologies and Litaracy Skills: Applications and Implications for Reading and Writing« ein, in der vorwiegend Grundschullehrer, Lehrerausbilder, Schriftspracherwerbsforscher und Vertreter der Bildungspolitik bzw. der Schulbehörde zusammenarbeiteten. 1987 wurde in Salamanca auf der 5. Europäischen Konferenz über Lesen von Erfolgen computerunterstützten Schriftspracherwerbs berichtet, ebenso während der von der EG in Belgien organisierten Sommer-Universität »Neue Informationstechnologien und Grundschule«. Dort berichteten u.a. Freinet-Pädagogen aus Portugal und Luxemburg von guten Erfahrungen mit dem Computer als zeitgemäßer Entsprechung zur Freinet-Druckerei.

8 Zusammen mit den Mitarbeitern Günther Herz und Norbert Kühn.

9 In dem Büroraum(!) haben nicht mehr als vier/fünf Kinder Platz.

10 Beispielsweise, daß Kinder im genannten Alter außerschulisch *überhaupt* Schreibbedürfnisse haben (können) und wie wichtig Kindern dabei die Selbstbestimmung ist. Auf Fragen nach dem Schreiben in der Schule antworten sie nicht selten etwa: »Da schreiben wir gar nicht. Da sollen wir nur Aufgaben machen, Diktate und was die Lehrerin will. Das ist ja nicht richtig *Schreiben* wie hier – also was *wir* wollen.«

Auch in anderen Bundesländern wurden entsprechende Forschungs- und Erprobungsprojekte verhindert oder zumindest so erheblich behindert, daß wichtige Fragestellungen nicht in der Gründlichkeit untersucht werden konnten, zu der die betroffenen Forscher und Lehrer bereit waren. Ich nenne hier als ein Beispiel das Explorationsprojekt, das Mitzlaff und Wiederhold (als mutige Pioniere) 1988 in Hagener Grundschulen in Nordrhein-Westfalen durchführten (Mitzlaff/Wiederhold, 1990). Die vom Ministerium zunächst gewährten Möglichkeiten waren äußerst dürftig. Dennoch gelang es der Projektgruppe, wichtige Erfahrungen zu sammeln und darüber auf dem Symposion »Computereinsatz in der Grundschule?« in Soest im März 1989 eindrucksvoll zu berichten. Allerdings wurden diese ersten – auch für schriftsprachliches Lernen – positiven Befunde auf diesem Symposion erschreckend unsachlich abgewehrt. Einen Eindruck davon vermittelt die Dokumentation des Symposions (Landesinstitut für Schule und Weiterbildung 1989), obwohl meine in Soest aus dem Publikum vorgetragene Mißbilligung der vorurteilsorientierten Abwehr dort nicht abgedruckt wurde. Zu den Abwehrmaßnahmen gehörte auch, daß den anwesenden, am Projekt beteiligten Lehrern und Eltern die Gelegenheit zur Äußerung beschnitten wurde (es hatte sich herumgesprochen, daß sie sich für den Gebrauch des Computers als Werkzeug, z. B. zum Schreiben, in der Grundschule aussprechen wollten). Wer nicht einmal *zuhören* will, darf nicht behaupten, er sei an konstruktiver Problemerkundung oder sogar -lösung interessiert.

Computergebrauch in der Grundschule sei auch eine Kostenfrage? Selbstverständlich – aber das galt und gilt auch für andere Länder (vgl. Anm. 7), z. B. für Luxemburg (Gretsch, 1992) und für Portugal. In Lissabon fand 1989 eine landesweite Lehrerfortbildung über »Computer und sprachliches Lernen in der Schule« statt mit 220 Teilnehmern; knapp die Hälfte von ihnen unterrichtete in der Primarstufe; 60 % dieser Primarstufenlehrer setzten – damals! – bereits den Computer im schriftsprachlichen Unterricht ein. Allmählich zeichnet sich in Berlin ein Sinneswandel ab. Viereinhalb Jahre nach meiner ersten Antragstellung gelang es immerhin – auf Antrag des Lehrers und Fachseminarleiters Hans-Harald Neumann[11] – die Genehmigung dafür zu erhalten, daß die Kinder seiner (3./4.) Klasse von mir bereitgestellte[12] Computer als Schreibwerkzeug benutzen durften und dies durch meinen Mitarbeiter Norbert Kühn wissenschaftlich begleitet werden konnte. Inzwischen werden in Berlin – auf Initiative anderer Lehrer – unter meiner Leitung vier weitere, ähnlich begrenzte Erprobungen (in den Klassenstufen 0, 1 und 2) durchgeführt[13] – allerdings ohne jede finanzielle Beteiligung seitens der Schulverwaltung.

Es bleibt zu fordern, daß die Kultusministerien endlich die schriftsprachdidaktische Problemlage und den internationalen Diskussionsstand zur Kenntnis nehmen und

1. umfassendere Forschungsprojekte im regulären Unterricht (nicht nur in Arbeitsgemeinschaften) ermöglichen, ja fördern;
2. erprobungswilligen Lehrern amtlichen Rückhalt und die erforderlichen finanziellen Mittel gewähren, statt ihre Initiative mit dem Gerücht eines Verbotes abzublocken oder in die Heimlichkeit abzudrängen.

11 Damals an der Ludwig-Cauer-Grundschule.

12 Drei Computer sowie Drucker und Software wurden von den Firmen Apple und HSD der »Schreibwerkstatt für Kinder« an der TU Berlin gespendet.

13 In der Werbellinsee-Grundschule, der Schwielowsee-Grundschule und der Hannah-Höch-Grundschule beobachten und befragen derzeit meine Mitarbeiterinnen Elke Schröter und Iris Steinhardt Kinder beim Schreiben (vornehmlich, aber nicht nur am Computer).

Es geht nicht länger an, daß sachkundige Forscher und Lehrer an aufschlußbringenden Untersuchungen gehindert werden und noch dazu ein schlechtes Gewissen bekommen müssen, weil sie angeblich Verbotenes, zumindest »bildungspolitisch Unerwünschtes«[14] im Schilde führen.

3.3 Fortbildungshindernis

Das angebliche »Verbot« muß amtlich ausdrücklich dementiert werden. Denn selbst als zweifelhaftes Gerücht hat es deutsche Grundschullehrer davon abgehalten, ja davon »freigesprochen«, sich mit schriftsprachlichen Lernchancen zu befassen, die der Computer bietet, und sich pädagogisch relevante (auch technische) Fertigkeiten im Umgang mit dem Computer anzueigenen.

Eigene Erfahrung zumindest im Anwenden des Computers ist eine unerläßliche (wenn auch nicht hinreichende!) Voraussetzung dafür, schriftsprachdidaktische Möglichkeiten und Grenzen dieser Technik zu erkennen[15], einzuschätzen und eigenverantwortlich im Unterricht zu berücksichtigen. Es geht nicht länger an, daß bei uns Grundschullehrer (und andere Verantwortliche) Unerfahrenheit in didaktisch relevanter Handhabung des Computers als vermeintliche Verteidigung der Kinder und der Schriftkultur begreifen (ggf. sogar kultivieren) oder aus vermeintlichem Amtsgehorsam beibehalten können.[16] In diesem Zusammenhang spielt auch das hohe Durchschnittsalter des – überwiegend weiblichen[17] – Lehrkörpers eine Rolle.

Ebensowenig akzeptabel ist, wenn andererseits Lehrer, die zwar mit dem Computer umgehen können, aber den schriftsprachdidaktischen Forschungsstand nicht kennen, *inoffiziell* einen Computer in ihre Klasse stellen und damit (teils seit Jahren) machen, was sie für richtig halten. Das mag den Kindern nützen oder nicht, jedenfalls entzieht es sich der öffentlichen Aufmerksamkeit und Rechtfertigung.

Es ist an der Zeit, daß auch deutschen Grundschullehrern endlich qualifizierte Fortbildung und wissenschaftlich unterstützter Erfahrungsaustausch im schriftsprachdidaktischen und technischen Umgang mit dem Computer ermöglicht (wenn nicht gar abverlangt) wird. Im Ausland gibt es eine Vielfalt an Vorbildern.[18]

14 Mit diesem Argument wurden der »Schreibwerkstatt für Kinder« an der Technischen Universität Berlin vom Fachbereichsrat des Fachbereichs Erziehungs- und Unterichtswissenschaften Gelder zur Erforschung des Einflusses des selbstbestimmten Schreibens mit dem Computer auf Schreibprozesse und Schreibentwicklung bei Kindern verwehrt.

15 Wie wenig Lehrer *ohne hinreichende Fortbildung* (selbst im Rahmen von Erprobungsprojekten) dazu imstande sind, illustriert eine Passage des Erprobungsberichts von Langenbuch/Mattern, 1990, S. 24f., die ich auf S. 145 meines Beitrags entsprechend kommentiere.

16 Unter 17 Teilnehmern einer Lehrerfortbildung, die ich im Oktober 1994 zum Thema »Schreibwerkstatt für Kinder« durchführte, waren nur drei, die selber mit Computer schreiben.

17 Technikabstinenz, insbesondere gegenüber dem Computer, herrscht bei Frauen, ja sogar bei weiblichen Jugendlichen noch immer vor, wie auch jüngste Untersuchungen nachweisen. Vgl. z.B. Agathe Schründer-Lenzen, 1993.

18 In England z.B.; dazu gehört auch der Verein »Micros and Primary Education« (MAPE) mit der Zeitschrift »MicroScope«.

4. Zur didaktischen Bedeutung von Wissen und Nachdenken über Schreibprozesse

4.1 Fachwissen des Lehrers und offener Unterricht

Nach dem Gegenstand des Schreibunterrichts, also danach zu fragen, was für eine Tätigkeit das Schreiben sei, erscheint vielen Grundschullehrern trivial. Schließlich bringen sie es Kindern tagtäglich bei. Über das Schreiben meinen sie durch eigene Schreibfähigkeit genug zu wissen. Noch ist nur wenigen der Zusammenhang zwischen *fachlichem* Wissen über Schreibprozesse und der Fähigkeit, Kinder beim eigenaktiven Schreibenlernen zu verstehen und zu unterstützen, so klar, wie ihn kürzlich eine Studentin in meinem Examinandencolloquium – im Anschluß an ihren Bericht über freien Mathematikunterricht[19] – artikuliert hat. Während sie sich darauf *freute*, Kinder die Schriftsprache entdecken und freie Texte in Schreibkonferenzen (Graves, 1986, Spitta, 1992) besprechen zu lassen, hatte sie *Angst* vor freien mathematischen Texten, vor mathematischen Konferenzen und der Forderung, sich auch mit dem mathematischen Denken der Kinder zu verbünden. Sie erklärte das so: »Was sich die Kinder in diesem freien Mathematikunterricht gefragt haben, wie sie vorgegangen sind und was sie dabei entdeckt haben, übersteigt ja meine eigenen mathematischen Kenntnisse und Fähigkeiten. Da müßte ich Mathematiker sein, um überhaupt zu verstehen, was die Kinder da machen. Beim Schreiben ist das anders. Ich hab mich mit Schreibtheorie und -forschung beschäftigt und mit Schreiblernforschung. Da weiß ich, worauf es ankommt.«

Die Begebenheit zeigt zweierlei:
1. Lehrer brauchen fachliche Sicherheit, um das Wagnis der Freiheit für selbstbestimmtes Lernen der Kinder eingehen zu können.
2. Vermeintliche fachliche Sicherheit macht methodisch mutig, läuft aber Gefahr, die selbstbestimmten Lernwege und Entdeckungen der Kinder nicht wirklich zu verstehen und deshalb nicht kompetent fördern zu können.

Der zweite Fall erscheint mir in gewissem Maße auf den schriftsprachlichen Unterricht zuzutreffen. Erst wenn Lehrer eine hinreichende fachliche Vorstellung vom Schreibprozeß haben, können sie z.B. »Kritzeln« ggf. bereits als Schreibhandlung verstehen und fördern – statt jedes Kritzeln bestenfalls nur als »*Vor*form« quasi nachsichtig zu tolerieren oder gar ganz auszuklammern, weil sie meinen, um Schreiben handele es sich erst, wenn Buchstaben lautbezogen benutzt würden (vgl. Kochan, 1993b, bes. S. 67–74).

Das für Grundschullehrer notwendige Wissen über Schreiben als Prozeß ist allerdings in Deutschland schwer zugänglich. Für die Grundschule wichtige Ansätze (z.B. Smith, 1982) haben in Deutschland bisher kaum Beachtung gefunden. Ich habe auf der Grundlage angelsächsischer Schreibforschung einen Begriff des Schreibens zu bestimmen versucht, der ermöglicht, Schreibtätigkeit von Erwachsenen und Kindern als gleichermaßen *komplexe* Tätigkeit zu verstehen. Ich beschränke mich hier auf knappste Aussagen (ausführlicher: Kochan, 1993b; mit Beobachtungsbeispielen: Kochan u.a., 1994).

19 Vgl. »Die Grundschulzeitschrift« 1994, H. 72 und H. 74.

4.2 Über den Schreibprozeß

Ich verstehe Schreiben als ein Wechselspiel zwischen sozialen, geistigen und technischen Prozessen. Am Schreiben sind mehrere Komponenten beteiligt, die sich gegenseitig beeinflussen[20], indem der Schreiber mit ihnen »jongliert«. Schreiben als sozialer Prozeß erfolgt innerhalb eines schreibkulturellen Beziehungsgeflechts, das Anregung und Unterstützung geben, aber auch Entmutigung oder Abwehr bewirken kann. Schreiben ermöglicht geistige Interaktion mit sich selbst durch Begegnung mit den eigenen niedergeschriebenen Gedanken. Der (gute) Schreiber ist – während des Schreibens – (kritischer) Leser seines soweit entstandenen Textes und (kritischer) Prüfer seiner dabei entstehenden Gedanken. In diese Interaktion können übrigens auch andere Personen einwirken, z.B. als Mitautor beim gemeinsamen Verfassen, als Berater oder durch Bekundung von Interesse am Text oder am Schreiber. Indem der Schreiber sich selbst und (prinzipiell) alle Komponenten während des Schreibprozesses wahrnimmt und beurteilt, kann er Veränderungen vornehmen, nicht nur am Text, sondern auch an anderen Komponenten. Er springt gedanklich zwischen mehreren Komponenten hin und her. Das nenne ich *rekursive Flatterhaftigkeit des geistigen Prozesses*. Ein wesentliches Problem des Schreibens ist das Spannungsverhältnis zwischen dieser Flatterhaftigkeit und der linearen Struktur des Produkts, des Textes.

An diesem Punkt wird Schreiben als technischer Prozeß interessant: Durch herkömmliche Schreibtechnik (direkt auf Papier) sind wir gezwungen, den linear zu strukturierenden Text auch weitgehend linear zu erzeugen. Herkömmliche Schreibtechnik verlangt, daß wir unseren Text – *bevor* wir ihn verschriften – innerlich auf möglichst genau *die* Reihe bringen, in der er äußerlich zu präsentieren ist. Wir befinden uns beim Schreiben also in einem weiteren Spannungsverhältnis: zwischen der rekursiven Flatterhaftigkeit des geistigen und der Linearität des technischen Produktionsprozesses.

4.3 Schreiben mit dem Computer

Der Computer ermöglicht als Schreibwerkzeug ein radikal anderes Verhältnis zwischen dem geistigen und dem technischen Prozeß: Er erlaubt, den technischen Prozeß an die geistige Flatterhaftigkeit anzupassen. Am Computer muß der Schreiber das lineare Produkt nicht auf entsprechend lineare Weise produzieren. Dadurch können die Interaktionen zwischen den Komponenten des Schreibens intensiviert werden. Der Text läßt sich am Monitor jederzeit »kneten«. Deshalb kann der Schreiber Hemmungen überwinden und vorläufig, auch bruchstückhaft, drauflosschreiben. Der vorläufige Text fordert zum kritischen Lesen heraus und unterstützt so das allmähliche Verfertigen der Gedanken *beim*, ja *durch* Schreiben. Die Flexibilität des Textes auf dem Monitor erlaubt auch ein Entzerren einzelner Schreibkomponenten in ein zeitliches Nacheinander. Beispielsweise kann sich der Schreiber zunächst auf den Inhalt, in einem späteren Durchgang auf die Formulierungen konzentrieren; Rechtschreibfragen kann er noch später klären; über die Plazierung des Textes auf der Seite und dessen optische Gestaltung (»Layout«) braucht er ganz zum Schluß zu befinden. Alles bleibt revidierbar – bis der Schreiber mit dem Ergebnis *einverstanden* ist. Der Computer erlaubt dem Schreiber

20 Siehe dazu mein Komponentenmodell in Kochan, 1993b, S. 60.

ein hohes Maß an willentlichem Einfluß auf seinen Text. Das gilt auch für die Schrift. Im übrigen ist der Computer ein »diskretes« Werkzeug: Bis zum Ausdrucken der Endfassung kann der Schreiber alle Spuren des Schreibprozesses tilgen, die er getilgt haben will.

Auch auf soziale Dimensionen des Schreibens wirkt sich die neue Schreibtechnik aus: Schreiben, bislang vorwiegend eine meist stumme Tätigkeit eines einzelnen, kann am Computer kooperativ erfolgen. Zwei oder mehr Personen (bei OH-Projektion des Monitorfensters sogar größere Gruppen wie z.B. eine Schulklasse) können mit dem Computer besser als bisher einen Text gemeinsam verfassen und verschriften. Das Entstehen eines Textes ist auf dem Bildschirm (auch ohne Projektion) von mehreren Personen besser zu verfolgen als auf dem Papier, über das sich der Aufschreibende beugt. Das Erscheinungsbild des entstehenden und des »fertigen« Textes ist handschriftunabhängig, also einheitlich, auch wenn sich am Aufschreiben mehrere Personen beteiligen. Beim gemeinsamen Schreiben (Ideen sammeln, Inhalte ordnen, Formulierungen suchen, Grammatik- und Rechtschreibfragen entscheiden, die äußere Form gestalten) kommen die Beteiligten miteinander ins Gespräch über das Schreiben. Das bringt innere Angelegenheiten des Schreibprozesses nach außen, macht sie dadurch bewußter und vor allem verhandelbar. Der einzelne Co-Autor empfängt durch seine Mitautoren andererseits Anregungen von außen. Der flexible Text auf dem Bildschirm erlaubt gemeinsames Experimentieren (z.B. mit unterschiedlichen Formulierungen oder Schreibweisen). Der Schreibprozeß kann sich von monologischer zu dialogischer[21] Textproduktion wandeln. Durch neue Schreibtechnik sind andere Sozialformen des Schreibens möglich, die wiederum den geistigen Schreibprozeß verändern.

Ob von einem oder von mehreren Autoren verfaßt – in gedruckter Form in beliebig vielen Exemplaren eignet sich der Text zur Verteilung an mehrere Leser, also gewissermaßen zur Veröffentlichung. Das kann die sozialen Kontakte mittels Schreiben vermehren. Durch elektronische Datenfernübertragung (z.B. über Modem) ist es sogar möglich, mit Adressaten zeitgleich in schriftlichen Kontakt zu treten – von Monitor zu Monitor. Die Partner können nicht nur sofort antworten, sondern auch in den Text des anderen eingreifen. Das wiederum verändert – wie schon das kooperative Schreiben mehrerer am selben Ort anwesender Personen – den geistigen Schreibprozeß.

Zusammenfassend ist zu sagen: Als Schreibwerkzeug bietet der Computer die Möglichkeit, das Wechselspiel zwischen sozialem, geistigem und technischem Schreibprozeß so erheblich zu verändern, daß wir von Veränderung, wenn nicht von Revolution der Schriftkultur sprechen können. Nach meinen Darlegungen liefe diese Veränderung aber nicht auf das befürchtete »Ende der Schriftkultur« hinaus. Viel wahrscheinlicher ist, daß »Microcomputer zur Verbreitung von Literalität in einem heute noch unvorstellbaren Maße« beitragen (Smith, 1983, S. 146). Die Art und das Ausmaß der Veränderung hängen aber nicht allein von den Möglichkeiten ab, die das Werkzeug bietet, sondern vor allem davon, ob und wie diese Möglichkeiten von den Menschen genutzt werden. Das wirft weitere Fragen auf: Welche Menschen verfügen über die notwendigen Fertigkeiten, dieses neue Werkzeug zu nutzen? Wer hat überhaupt Zugang zu diesem Werkzeug und – dadurch – zu der neuen Schriftkultur?

21 Zur didaktischen Bedeutung siehe Feilke, 1995, S. 285 (der hier allerdings nicht auf das Schreiben mit Computer eingeht).

4.4 Grundschulpädagogischer Kommentar

Nach meiner Überzeugung verweisen diese Fragen auf eine fundamentale Pflicht des schriftsprachlichen Grundschulunterrichts, der er sich hierzulande bislang – pauschal technikfeindlich – entzogen hat. Schriftsprachliche Fähigkeiten werden im Hinblick auf die sich abzeichnende (technisch mögliche) Intensivierung der Schriftkultur wichtiger denn je. Aber die für die Zukunft der Kinder erforderlichen schriftsprachlichen Fähigkeiten schließen eine Beherrschung des Computers als Schreibwerkzeug ein! Wenn die Grundschule den Kindern weiterhin nur das herkömmliche Schreiben mit der Hand vermittelt, versagt sie auf – im internationalen Vergleich – skandalöse Weise in einem ihrer traditionell wichtigsten Aufgabenfelder – in der Befähigung der Kinder zur selbstbestimmten Teilhabe an der Schriftkultur.

Zugleich versagt sie dadurch auch in ihrem ihr wesentlichen Auftrag, Benachteiligungen – z.B. durch Herkunft oder Geschlecht – entgegenzuwirken. Die deutsche grundschulpädagogische Tabuisierung bis Verteufelung des Computers (ausgegeben als »Bewahrung« der Kinder vor etwas Schlimmem) führt nämlich faktisch dazu, daß der schriftsprachlich und schriftkulturell relevante Umgang mit dem Computer nur von denjenigen Kindern rechtzeitig erlernt wird, die außerhalb der Schule Zugang zum Computer haben, und zwar innerhalb eines schriftkulturell anregenden, den Computer auch schriftsprachlich nutzenden Milieus. Diese Voraussetzungen findet bei uns derzeit eine – allerdings zunehmende – Minderheit der Kinder zu Hause vor. Bedenkt man dabei, daß in außerschulischen Feldern (Familie, Freundeskreis, Freizeiteinrichtungen) »der« Computer (also ohne differenzierte Beachtung der unterschiedlichen Anwendungen wie z.B. Spielen, mit Lernprogrammen üben, programmieren, schreiben) als »etwas für Jungen«, kaum als »etwas für Mädchen« gilt, drängt sich die Schlußfolgerung auf, daß Mädchen in einer technisch veränderten Schriftkultur benachteiligt sein werden.

Daraus hat auch die deutsche Grundschule endlich Konsequenzen zu ziehen. Als Schreibwerkzeug gehört der Computer in jede Grundschulklasse, von der Eingangsstufe bzw. vom ersten Schuljahr an – allerdings im Rahmen eines entfaltenden Schreibunterrichts, der als schriftkulturelles Beziehungsgeflecht für selbstbestimmtes Schreiben organisiert wird. – Eine bloße Hereinnahme des Computers, womöglich als »Lernmaschine«, in didaktisch ohnehin untaugliche Unterrichtskonzepte wäre ein Rückschritt, insofern der Computer dabei veraltete »lehrende« Unterrichtsformen – unter dem Anschein der Neuerung – verschleiern und verfestigen, statt entlarven und lockern würde.

Ganz abgesehen von den Erfordernissen künftiger Schriftkultur: Der Computer bietet auch eine Reihe von potentiellen Vorzügen für den Erwerb herkömmlicher schriftsprachlicher Fähigkeiten. Das klingt zunächst paradox. Im folgenden Abschnitt gehe ich darauf ein und skizziere, wie Unterricht schreibtechnische Möglichkeiten des Computers zur Entfaltung auch traditioneller Formen des Schreibens nutzen sollte.

5. Selbstbestimmtes Schreiben im entfaltenden Unterricht – nicht nur, aber *auch* mit dem Computer

5.1 Was ist entfaltender Schreibunterricht?

Unter Entfaltung der Schreibfähigkeit verstehe ich eine allmähliche Verfeinerung von Anfang an *komplexer*, »ganzheitlicher« Handlungen – hier: Schreibhandlungen. Motor dieses Prozesses sind die *Erfahrungen*, die das Kind durch *selbstgesteuerte Aktivitäten* in einer sein *Interesse* weckenden schriftkulturellen *Umgebung* macht. Dabei geht das Kind *selektiv* vor, d.h. es wendet sich nicht allem zu, was die Umgebung bietet, sondern denjenigen Erscheinungen, die das Kind *bedeutsam* findet. Es handelt sich um ein – über selbstbestimmte Aktivitäten des Kindes – vermitteltes *Zusammenwirken* von Nachfrage des Kindes und Angebot der Umgebung sowie von Vermögen und Herausforderung.

Unterricht (auch *offener* Unterricht) überläßt diesen Prozeß nicht »sich selbst«, kann den Kindern aber auch nichts »beibringen« im Sinne systematischen Abarbeitens eines Lehrgangs. Unterricht kann und muß die Kinder zu selbstbestimmten, also individuellen Schreiberfahrungen herausfordern und den Austausch und die Auswertung dieser Erfahrungen zwischen den Kindern organisieren.

Das Kind schreibt – aus *seiner* Sicht und auf *seine* Weise – sobald es Schreibhandlungen und -produkte seiner schriftkulturellen Umwelt als für sich selbst (oder für andere ihm wichtige Personen) als so bedeutsam erfährt, daß es solche Handlungen selbst ausführen und solche Produkte selbst herstellen *will* – nach Maßgabe *eigener* Absichten. Wenn wir frühe kindliche Schreibhandlungen und Schreibprodukte nicht als solche erkennen, liegt das an unserem unzureichenden Wissen darüber, nicht an »Defiziten« des Kindes. Wenn das Kind nach *seinem* Verständnis schreibt, handelt es sich nicht um Vorformen des Schreibens, auch nicht um Pseudoschreiben (in der Literatur durch Anführungsstriche markiert: »schreiben«) – sondern um Schreiben (vgl. z.B. Sulzby, 1985, S. 130). Es entspricht im Prinzip dem Vorgehen erwachsener Schreiber (vgl. z.B. Harste/Woodward/Burke, 1984, S. X u. XI).

Prinzipiell gleiches gilt für die Schreibtätigkeit auch der älteren Grundschulkinder. Vor allem deren Texte, aber auch deren Schreibprozesse werden herkömmlicherweise als defizitär angesehen, durch Feststellung dessen, was alles noch nicht so ist, wie es – später – sein soll. Schreibentwicklungsmodelle konstatieren bei Grundschulkindern beispielsweise noch fehlenden Adressatenbezug (vgl. Bereiter, 1980) und suggerieren, daß die Kinder dazu normalerweise *noch nicht fähig* sind. Das klingt, als vollziehe sich die Entwicklung hauptsächlich nach innerer Gesetzmäßigkeit und als könne sich Erfahrung nur graduell auswirken. Das führt dazu, daß wir Kindern einer bestimmten Altersstufe bestimmte Qualitäten als Schreiber von vornherein nicht zutrauen. Das hindert uns daran, solche Qualitäten wahrzunehmen. So meinen wir, Feststellungen zu treffen, wo wir eigentlich nur unsere inadäquate Perspektive unter Beweis stellen. Aus vermeintlichen Feststellungen können auch nur vermeintlich wirksame Unterrichtsmaßnahmen abgeleitet werden. Beispiel: »Auf der stilistischen Ebene ist das Sprachkönnen und die Urteilsfähigkeit von Grundschülern nicht voll ausgebildet. Die Lehrerin muß deshalb dem Kind vermitteln, daß das gewählte sprachliche Mittel besser durch ein anderes ersetzt werden sollte« (Wespel, 1990, S. 20). Wenn vollständig entwickeltes Schreiben in konventioneller Ausprägung als *Maßstab* gilt, wird der Eindruck von Defiziten geradezu erzeugt. Solange wir kindliche Schreibprozesse und -produkte nicht (auch) aus der Sicht des Kindes betrachten, also nicht (auch) danach fragen, was das Kind schreibend zu tun und hervorzubringen *meint*, können wir nicht erfassen und nicht verstehen, was es schreibend tut und hervorbringt. In die Richtung besseren Verstehens (und damit möglich werdenden entfaltenden Unterrichts) weisen auch in Deutschland immer mehr Autoren (z.B. Bambach, 1989; Beisbart, 1990; Dehn, 1990, 1991, Dehn u.a., 1995; Kochan, 1993b, bes. S. 67–74; Kochan u.a., 1994; Spitta, 1992, S. 75–91; Wünnenberg, 1989).

Entfaltender Unterricht schafft günstige Bedingungen für die eigenaktive Entwicklung der Kinder *als* Schreiber – nicht *zu* Schreibern. Er ermutigt und unterstützt jedes Kind darin, nach Maßgabe der je individuellen Schreiberfahrungen schreibend etwas zu *meinen* und Leser zu finden, die sich für das schreibend Gemeinte interessieren. Entfaltender Schreibunterricht ist didaktisch organisierte Schriftkultur, eine personale und materiale Umgebung, in der jedes Kind auf seine Weise (schreibend und lesend) soziale und emotionale Beziehungen knüpft und reflektiert sowie geistig und körperlich herausgefordert und selbstbestimmt tätig wird. Dabei lernt es schreiben nicht »von selbst« und doch eigenaktiv. Der Lehrer belehrt die Kinder nicht, aber er läßt ihrer »Entwicklung« auch nicht freien Lauf. Er macht sich auf den Weg (Kochan, 1993a) zu einem jeden Kind in seiner Klasse und ermöglicht ihnen (Schreib- und Lese-)Wege auf einander zu, zur Welt und zum je eigenen Selbst.

Zu den zur Entfaltung notwendigen Umgebungsfaktoren gehören auch Modelle, an denen sich die Kinder – durch eigene, selektive Aufmerksamkeit und Interpretation – orientieren können (nicht zu verwechseln mit Vorbildern, die sie imitieren sollen). Nur auf zwei solcher Modelle gehe ich hier (illustrierend) ein: auf den Lehrer und auf die Orthographie. Modell ist der Lehrer (vgl. Graves, 1986, Abschn. 2.4, S. 139f.) als aktives (lesendes und schreibendes) Mitglied der Schriftkultur in seiner Klasse und Schule. Er *liest* die Texte der Kinder und beobachtet die Schreibprozesse der Kinder anteilnehmend im Bemühen um Verstehen, nicht (im herkömmlichen Sinne) beurteilend. Er *schreibt* auch selber, er spricht über seine Schreibprobleme ebenso wie die Kinder. Modell ist auch die Orthographie, z.B. wenn der Lehrer im Anfangsunterricht – wie von Spitta (1985, bes. S. 51) vorgeschlagen – den Text des Kindes in orthographische Schreibung überträgt und *beiden* Versionen ihre je spezifische Geltung verschafft, z.B. indem beide nebeneinander veröffentlicht werden, die orthographische Version auf der »Leserseite« (damit man den Text gut lesen kann), die unveränderte Version des Kindes auf der »Schreiberseite«. Dadurch erfährt das Kind die »Bücherschreibweise«[22] in ihrer Funktion für Leser (und nicht als einzige *richtige*) und kann sich durch selbstbestimmt selektives Vergleichen beider Versionen auf Entdeckungsreisen in die Orthographie begeben.

22 Spittas Vorschlag (»Erwachsenenschreibweise«) finde ich weniger geeignet, weil er davon absieht, daß auch Erwachsene nicht immer orthographisch schreiben.

5.2 *Selbstbestimmung*

Entfaltender Unterricht beachtet vor allem folgende (hier weder vollständig aufführbare, noch systematisch oder hierarchisch geordnete) Grundsätze der Selbstbestimmung:

- Lehrer und Mitschüler achten die Rechte des Schreibers und des Lesers (vgl. bzgl. des Lesens Pennac, 1994).
- Bei aller Notwendigkeit, Schreibprozesse der Kinder zu beobachten, und bei aller Wertschätzung kooperativen Schreibens: Lehrer und Mitschüler respektieren den Wunsch von Kindern, beim Schreiben gelegentlich (einzeln, zu zweit oder mehreren) allein bzw. unter sich sein zu wollen.
- Entfaltender Unterricht fördert und respektiert vor allem die Einschätzung des Textes durch den Autor und die Selbsteinschätzung des Autors. Zu den wichtigsten Fragen des Lehrers und der Mitschüler an den Autor gehören: »Was gefällt dir, was gefällt dir nicht an deinem Text? Wie fühlst du dich (beim Schreiben)?« Dazu gehört, daß die Kinder zum Lesen des eigenen Textes schon *beim* Schreiben angeregt werden. Kann oder mag das Kind nicht selber lesen, wird ihm der eigene Text auf Wunsch vorgelesen.
- Der Autor bestimmt, wer den Text wann lesen darf (eventuell niemand). Kein Text wird ohne Freigabe durch den Autor veröffentlicht. Veröffentlichen ist also nicht Pflicht.
- Der Lehrer und die Mitschüler als Leser bringen dem Autor zum Ausdruck, wie sie seinen Text verstehen. Kritik oder Änderungsvorschläge (auch des Lehrers) verpflichten niemals zu entsprechendem Überarbeiten. Der Autor ändert seinen Text nur gemäß *eigener* Unzufriedenheit mit dem Text, also auch nur gemäß *eigener* Einschätzung der Vorschläge oder Kritik anderer. Vorrang vor der Verbesserung des Schreibproduktes hat die geistige Entfaltung des Schreibprozesses, vor allem die Entfaltung einer autonomen Urteilsfähigkeit und einer reflexiven Haltung des Schreibers gegenüber seinem Text und sich selbst.[23]
- Solange von Grundschullehrern Zeugniserteilung verlangt wird (in Noten- oder Verbalform), solange also auch die Schreibfähigkeit der Kinder in diesem Sinne beurteilt oder über ihre Schreibentwicklung »berichtet« werden muß, solange sucht im entfaltenden Unterricht das Kind die zu bewertenden Texte aus und erhält vorher Gelegenheit, sie nach eigener Einschätzung zu überarbeiten.

23 Die von Spitta (1992) an deutsche Verhältnisse angepaßten »Schreibkonferenzen« haben das »Überarbeiten« publik gemacht. Aber bedauerlicherweise haben Spittas Vorschläge (in der Literatur und in der Praxis) zu einer Umkehrung des Grundsatzes »Dem Kind folgen!« (Graves, 1986, Abschn. 2.2, S. 137f.) geführt: Auch bei Schreibkonferenzen werden bei uns Kriterien von außen an den Autor herangetragen, sei es durch den Lehrer oder die Mitschüler. Verschleierter als bei der früheren Aufsatzkorrektur, wird vom Autor erwartet, daß er einer Fremdbeurteilung folgt. Kein Wunder, daß Pollert (1990, S. 15) dann feststellt, daß Kinder ungern überarbeiten. Statt den Ursachen dafür nachzuspüren, verlangt er den Kindern das Überarbeiten klipp und klar ab: »Texte zu überarbeiten bleibt lästige Pflicht.« Daß derlei folgsames Überarbeiten zur Verschlechterung des Textes führen kann, zeigt eindrucksvoll Dehn (1991).

5.3 Computer im entfaltenden Unterricht

In diesem Konzept hat der Computer spezifische Funktionen[24] als eines von mehreren Werkzeugen selbstbestimmten Schreibens vom ersten Schultag an seinen Platz, neben der Druckerei und der Schreibmaschine und neben den Werkzeugen für das Schreiben mit der Hand. Das Kind hat dabei grundsätzlich die Wahl zwischen den Werkzeugen. Zusammenhänge zwischen dem Schreibwerkzeug Computer, dem Schreibprozeß und der Entfaltungsdynamik des Schreibenlernens habe ich ansatzweise dargestellt (Kochan/Herz, 1988; Kochan, 1989a, 1993b; Kochan u.a., 1994). Unterrichtsbeobachtungen auch anderer deutscher Autoren (z.B. Riesberg, 1994) bestätigen solche Zusammenhänge. Mitzlaff/Wiederhold (1990) teilen auch Meinungen von Lehrern, Eltern und Kindern mit, die 1988 an einer Erprobung teilgenommen haben.

Daß Kinder die Vorzüge des Computers nicht einfach durch Gebrauch des Werkzeugs erkennen und nutzen werden, zeigt folgendes Beispiel: Langenbuch/Mattern (1990, S. 24) berichten: »So schreiben Kinder, die noch unsicher sind, lieber erst mit Bleistift vor und korrigieren gemeinsam mit der Lehrerin. Erst dann – zur Endproduktion – nutzen sie manchmal den Computer.« Eigentlich müßten die Kinder am Computer risikobereiter schreiben (Löschfunktion). Sie sind – aufgrund entsprechender Unterrichtserfahrung? – zu früh auf Korrekturen fixiert. Auch der Lehrerin erschließen sich die schreibdidaktischen Chancen nicht von selbst. Sie wagt – nach fast einem Jahr – noch keine Einschätzung, ob überhaupt und wenn ja, »welche positiven Möglichkeiten der Computer in ihrem Unterricht bieten konnte«, aber sie »wünscht sich ein integriertes Rechtschreibkorrekturprogramm, das Fehler markiert, um noch verstärkt lehrerunabhängige Rechtschreibüberarbeitungen möglich zu machen« (S. 25). Schon die Lehrerin ist rechtschreibfixiert – das hat sich wohl auf die Kinder übertragen (s.o.). Die Lehrerin hat offenkundig keine eigene Erfahrung, welche Möglichkeiten der Computer beim Schreiben bietet. Sie berichtet, »daß sie mit und von den Kindern am Computer nach und nach die verschiedenen Möglichkeiten kennenlernt« (S. 25). Ganz anders dagegen erfaßt Riesberg (1994) die Vorzüge des Werkzeugs und bringt sie in ihrem Unterricht zur Geltung.

24 Mit der spezifischen Einbindung des Computers in mein Konzept will ich *andere* schriftsprachdidaktische Argumente oder Gebrauchsweisen keineswegs prinzipiell oder pauschal als nicht gerechtfertigt zurückweisen. Ich respektiere alle theoretischen, empirischen und praktischen Bemühungen, sich auf die Problematik konstruktiv einzulassen. Die Manuskripte anderer Beiträge zu diesem Band lagen mir bei Abfassung meines Aufsatzes nicht vor. Eventuelle Diskrepanzen würde ich als Anlaß des gemeinsamen Nachdenkens positiv aufnehmen. Insbesondere mit Gisela Heuss verbindet mich die anregungsreiche Erinnerung an meinen Besuch 1991 in ihrer Schule und in ihrem Hause. Ich bedaure sehr, daß mich Beanspruchungen in Berlin daran gehindert haben, diesen wechselseitig bereichernden Kontakt so zu pflegen, wie wir es uns damals beide wünschten und vornahmen. – Meine Toleranz gegenüber anderen Ansätzen endet bei denen, die keine andere Absicht verfolgen als die, nun endlich auch bei uns – wie auch immer – den Computer in die Grundschule »einzuführen«. Mir geht es darum, einen Unterricht anzuregen, in dem Kinder ihre Fähigkeiten, insbesondere ihre Schreibfähigkeit, entfalten können. Dazu gehört aus meiner Sicht der Computer als Werkzeug *der Kinder*.

Ich fasse meine wichtigsten Argumente für den Computer als Schreibwerkzeug[25] im entfaltenden Unterricht hier knapp zusammen:

Die Löschfunktion soll die Kinder ermutigen, das Wagnis des Schreibens trotz Unsicherheit zu riskieren und sich experimentierend auf das Schreiben als geistiges und soziales Abenteuer einzulassen. Beim kooperativen Schreiben sollen die Kinder über Entdeckungen und Probleme beim Schreiben sprechen.[26] Indem die Kinder durch Löschen und Einfügen in Verbindung mit der Elastizität des Geschriebenen ihren Text nach ihren eigenen Ansprüchen[27] »kneten« können, soll eine reflexive Haltung gegenüber dem eigenen Text begünstigt werden. Die Möglichkeit, das »Verworfene« diskret verschwinden zu lassen[28], erhöht die Bereitschaft der Kinder, ihren Text (auch schon während des Schreibens) mehrfach kritisch zu lesen. Von herausragendem Wert für entfaltenden Unterricht ist, daß sich die Kinder dabei – dank der Löschfunktion – zunächst auf diejenigen Aspekte von Textproduktion konzentrieren können, die ihnen aus ihrer mündlichen Spracherfahrung (vor allem mit dem Erzählen) vertraut sind und ihre Autorfähigkeit fundieren. Dabei sind sie *vorerst* von Problemem auf der Sekretärsebene (z.B. Rechtschreibung) entlastet; *später* können sie sich damit gesondert befassen. Die Löschfunktion erlaubt den Kindern, ihren Text allmählich – durch *Konzentration* auf einen ihnen jeweils wichtigen Aspekt – zu entfalten; dadurch entfalten sie ihre Schreibfähigkeit (als Autor und als Sekretär). Durch Veröffentlichen ihrer Texte in mehreren Exemplaren sollen sich die Kinder (schreibend und lesend) als aktive Teilhaber an Schriftkultur erfahren können.

5.4 Concept Keyboard und Tastatur im Anfangsunterricht

Der Computer versetzt Kinder, sobald sie An*laute* isolieren können, aber noch bevor sie die entsprechenden *Buchstaben* kennen, in die Lage, Buchstaben lautbezogen beim Schreiben zu verwenden, wenn er mit einem Concept Keyboard ausgestattet ist.[29] Das ist ein elektronisches Brett, dessen druckempfindliche Oberfläche in Felder unterteilbar ist. In der »Schreibwerkstatt für Kinder« haben wir eine elektronische Anlauttabelle hergestellt. Indem das Kind das Anlautfeld berührt, wird der entsprechende Buchstabe auf dem Monitor erzeugt. Die Kinder sind bestrebt, alsbald die normale Tastatur benutzen zu können. Das ist ein zusätzlicher Anreiz, sich die Laut-Buchstaben-Beziehungen anzueignen.

Die normale Tastatur entlastet die Schreibmotorik. Beispielsweise wird beim Tippen

25 Im Interesse einer Ermutigung zu einem ersten, noch kleinen Schritt, beziehe ich mich hier nur auf eine Mindestausstattung (allerdings in hochwertiger Qualität), nämlich auf folgende Konfiguration: Rechner, Monitor, Drucker und (kindgerechtes) Textverarbeitungsprogramm. Auf weitere Möglichkeiten wie e-mail oder Sprachausgabe gehe ich hier also nicht ein – obwohl sie im Ausland bereits vielfältig (teils seit Jahren) für schriftsprachliches Lernen in der Grundschule genutzt werden. Zu e-mail vgl. z.B. Levin u.a., 1985; Bronkhorst, 1994; zur Sprachausgabe vgl. z.B. Dahl, 1990.

26 Der Wert von Metakommunikation für das Schreibenlernen wird inzwischen auch von anderen Autoren herausgestellt (z.B. Feilke, 1995, S. 288).

27 Auch Dehn u.a. (1995, S. 53) betonen die Wichtigkeit der »Zufriedenheit des Kindes«.

28 Schon die Schiefertafel bot (im Prinzip) diese Möglichkeit, worin Pädagogen früh einen lernfördernden Wert erkannten. Darauf hat Bosse, 1985, bes. S. 186, 193, hingewiesen.

29 Bezugsadresse: Dimitris Papagiannis, Ansbacher Str. 36, 10789 Berlin

die Textlänge nicht durch die bald schmerzende Hand eingeschränkt. Die Maschinenschrift entspricht im übrigen dem didaktischen Konsens, daß Druckschrift als erste Schreibschrift einer verbundenen Schrift überlegen ist (vgl. z.B. Spitta, 1988b; Valtin, 1990).

Befürchtungen wie: die Kinder würden, verwöhnt durch bequemes Tippen, nicht mehr lernen wollen, mit der Hand zu schreiben; die Handschrift würde unter dem Tippen leiden; die Kinder würden schließlich das Schreiben meiden, wenn ihnen kein Computer verfügbar ist – solche Befürchtungen wurden in der Praxis *nicht* bestätigt. Auch nicht in England, wo die Kinder in einigen Klassen die Tastatur benutzen, *bevor* sie mit der Hand schreiben lernen. Frühere Untersuchungen zum Maschinenschreiben bei schreibbewegungsgestörten Kindern zeigten, daß sich längerfristiges Tippen positiv sowohl auf die Schreibbereitschaft als auch auf die danach wieder benutzte Handschrift ausgewirkt hat (Kiphard, 1981). Eine Abhängigkeit der Kinder von Schreibmaschine oder -computer wurde meines Wissens nirgendwo beobachtet. Die Kinder wählen (das müssen sie aber auch *dürfen*!) schon sehr früh aus triftigen Gründen zwischen den verschiedenen Schreibwerkzeugen (vgl. Langenbuch/Mattern, 1990; Gretsch, 1992; Kochan u.a., 1994; Mitzlaff/Wiederhold, 1990) und streben die Unabhängigkeit von einer Maschine ganz bewußt an, um *überall* schreiben zu können.

Oft wird gegen das maschinenschriftliche Schreiben (in der Grundschule) eingewendet, daß die Handschrift als Persönlichkeitsausdruck viel wertvoller ist. Richtig! Aber: Bislang hat die Schule diesen Wert alles andere als respektiert. Normeinhaltung und eine von Erwachsenen bestimmte Ästhetik sind vielfach die Maßstäbe, nach denen Kinderhandschriften (auch in Form von Zensuren) kritisiert werden – ohne Respekt vor der Persönlichkeit, die sich in einer jeden (also auch in einer »schlechten«) Handschrift ausdrückt. Die Maschinenschrift bietet – so gesehen – den Kindern eine Möglichkeit, sich Diskriminierungen ihrer Handschrift (und damit ihrer Person) zu entziehen. Außerdem: die Möglichkeit, eine Schrift, die dem Kind gefällt, (aus dem Angebot des Computers) wählen zu können, kommt dem eigenen Wunsch der Kinder entgegen, ihr Text möge schön aussehen. Damit sie ihr eigenes Schönheitsempfinden zur Geltung bringen können, muß das Schreibprogramm allerdings eine Vielfalt geeigneter Schriften enthalten. Der gut ausgestattete Computer befreit die Kinder in ihrem Bestreben um visuell-ästhetische Gestaltung ihres Textes aus den – auch durch Sich-Mühe-Geben[30] nur beschränkt erweiterbaren – Grenzes ihres handschriftlichen Vermögens. Außerdem sind Kinder oft bestrebt, daß man ihren Produkten nicht schon auf den ersten Blick ansieht, daß sie von einem Kind stammen. Das ist verständlich; machen doch viele Kinder immer wieder die Erfahrung, daß ihre Produkte von Erwachsenen nicht *ernst* genommen, sondern bestenfalls »entzückend« gefunden werden.[31]

Im übrigen hat die – gerade gegenüber ungelenker Handschrift – bessere Lesbarkeit der Maschinenschrift auch Vorzüge beim Lesen des eigenen Textes. Das ist – angesichts der grundsätzlichen Bedeutung des Lesens beim Schreiben – allerdings nicht nur im

30 Daß Kinder andererseits gerade im Sich-Mühe-Geben einen besonderen Wert, z.B. als Ausdruck von Liebe, sehen, zeigt der 5jährige John in Kochan u.a., 1994, S. 30.

31 Machen Sie einmal folgendes Experiment: Legen Sie einer Gruppe von Erwachsenen einen von einem Kind mit der Hand geschriebenen Text (im Original oder in Kopie) vor. Wie reagieren die Erwachsenen (vielleicht Lehrer?) auf diesen Text? Anderen Erwachsenen präsentieren Sie nun denselben Kindertext, aber gedruckt (vielleicht auch orthograhisch korrigiert). Vergleichen Sie die Reaktionen!

Anfangsunterricht wichtig. Bezüglich der Effizienz der Lesbarkeit des eigenen Textes für das Rechtschreiblernen verweise ich auf meinen Bericht über ein LRS-Kind beim Schreiben mit dem Computer (Kochan, 1989a, S. 109).

Literatur

Anderson, J.: Computing in the Schools. Melbourne 1984.

Balhorn, H. und Brügelmann, H. (Hrsg.): Welten der Schrift in der Erfahrung der Kinder. Konstanz: Faude 1987.

Balhorn, H. und Brügelmann, H. (Hrsg.): Jeder spricht anders. Konstanz: Faude 1989.

Balhorn, H. und Brügelmann, H. (Hrsg.): Bedeutungen erfinden – im Kopf, mit Schrift und miteinander. Konstanz: Faude 1993.

Bambach, H.: Erfundene Geschichten erzählen es richtig. Konstanz: Faude 1989.

Beisbart, O.: Überlegungen zu einer Didaktik des Schreibens. In: Germanistische Linguistik 104. 1990, S. 19–28.

Bereiter, C.: Development in writing. In: L.W. Gregg und E.R. Steinberg (Hrsg.), Cognitive Processes in Writing. Hillsdale, N.J.: Lawrence Erlbaum 1980, S. 73–93.

Bohnenkamp, A.: Computer im Grundschulunterricht? Erfahrungen aus einer Lernwerkstatt. In: Hofmann/Müsseler/Adolphs 1993, S. 11–33.

Bohnenkamp, A. und Brügelmann, H.: Computer im Grundschulunterricht? In: Diskussion Deutsch. 23 (1992) H. 128, S. 509–527.

Bosse, H.: »Die Schüler müssen selbst schreiben lernen« oder Die Einrichtung der Schiefertafel. In: D. Boueke und N. Hopster (Hrsg.), Schreiben – Schreiben lernen. Tübingen: Narr 1985, S. 164–199.

Brinkmann, E.: NA UNT? In: Balhorn/Brügelmann 1993, S. 267–271.

Bronkhorst, J.: Freinet hat endlich sein globales Dorf. In: Fragen und Versuche. 1994, H. 69, S. 53–57.

Brügelmann, H.: Schrifterwerb mit Computerhilfe? In: IRA/D-Beiträge d. Dt. Gesellsch. f. Lesen u. Schreiben. 7 (1984) H. 2, S. 21–51.

Brügelmann, H.: Lesen- und Schreibenlernen mit Computer-Hilfe. Teil 1: Video-Fibeln und elektronische Arbeitsblätter. In: Grundschule. 17 (1985) H. 4, S. 10–13; Teil 2: Die Schrift als Schlüssel zur elektronischen Welt? In: Grundschule. 17 (1985) H. 5, S. 14–18.

Brügelmann, H.: (Hrsg.): ABC und Schriftsprache. Konstanz: Faude 1986.

Brügelmann, H.: Fehler: »Defekte« im Leistungssystem oder individuelle Annäherungsversuche an einen schwierigen Gegenstand. In: Ders. 1986, S. 22–31.

Brügelmann, H.: Computer im Anfangsunterricht Lesen und Schreiben. In: Krauthausen/Herrmann u.a. (Hrsg.), Computereinsatz in der Grundschule? Stuttgart usw.: Klett 1994, S. 128–142.

Brügelmann, H. und Balhorn, H. (Hrsg.): Das Gehirn, sein Alfabet und andere Geschichten. Konstanz: Faude 1990.

Brügelmann, H. und Balhorn, H. (Hrsg.): Schriftwelten im Klassenzimmer. Lengwil: Libelle 1995.

Brügelmann, H., Balhorn, H. und Füssenich, I. (Hrsg.): Am Rande der Schrift. Lengwil: Libelle 1995.

Brügelmann, H. und Bohnenkamp, A.: Öffnung des Unterrichts durch Computer? In: Die Grundschulzeitschrift. 4 (1990) H. 32, S. 56–60.
Bund-Länder-Kommission für Bildungsplanung und Forschungsförderung (BLK). Gesamtkonzept für die informationstechnische Bildung. Bonn 1987.
Bussmann, H.: Computer contra Eigensinn. Was Kinder dem Computer voraus haben. Frankfurt/M.: Fischer 1988.
Calkins McCormick, L.: Lessons from a Child: On the Teaching and Learning of Writing. Portsmouth usw.: Heinemann 1983.
Calkins McCormick, L.: The Art of Teaching Writing. Portsmouth, NH: Heinemann 1986.
Cohen, R. u. a.: Les jeunes enfants, la découverte de l'écrit et l'ordinateur. Paris: puf 1987.
Dahl, I.: Synthetische Sprache als »akustischer Spiegel« beim Schreiben. In: Brügelmann/Balhorn 1990, S. 93–95.
Daiute, C.: Writing and Computers. Reading usw.: Addison-Wesley 1985.
Dehn, M.: Christina und die Rätselrunde. Schule als sozialer Raum für Schrift. In: Brügelmann/Balhorn 1990, S. 112–124.
Dehn, M.: Stil von Grundschülern? Schülertexte verstehen lernen – und die Folgen für den Unterricht. In: Der Deutschunterricht. 43 (1991) H. 3, S. 37–51.
Dehn, M., Lüth, O. und Schnelle, I.: Der Blick auf das Kind. In: Brügelmann/Balhorn/Füssenich 1995, S. 45–56.
Eurich, C.: Computerkinder. Reinbek: Rowohlt 1985.
Feilke, H.: »Gedankengeleise« zum Schreiben. In: Brügelmann/Balhorn 1995, S. 278–290.
Fragen und Versuche. Zeitung der Pädagogik-Kooperative. H. 69, 1994, S. 43–63.
Graves, D. H.: Writing: Teachers and Children at Work. Portsmouth, NH: Heinemann 1983.
Graves, D. H.: Kinder als Autoren: Die Schreibkonferenz. In: Brügelmann 1986, S. 135–157. (Nachdr. in: Brügelmann/Balhorn 1995).
Greetsch, G.: Computer im Schreibatelier. Luxemburg: Bildungsministerium 1992.
Harste, J. C., Woodward, V. A. und Burke, C. L.: Language Stories & Literacy Lessons. Portsmouth, NH: Heinemann 1984.
Haueis, P.: Ich kontrolliere mich (nicht): Der steinige Weg zur Selbstkontrolle. In: Grundschule. 25 (1993) H. 2, S. 64–65.
Hofmann, W., Müsseler J. und Adolphs, H. (Hrsg.): Computer und Schriftspracherwerb. Opladen: Westdeutscher Verlag 1993.
Hunter, P.: The Writing Process and Word-Processing. In: Micro-Scope Special »Writing«. Birmingham 1988, S. 3–8.
Jäger, L.: Literalisierung als Technologisierung. Chancen und Risiken der Literalität im Zeitalter der mikro-elektronischen Kommunikationsmedien. In: F.-R. Hausmann u. a. (Hrsg.), Literatur in der Gesellschaft. Tübingen 1990 a, S. 341–364.
Jäger, L.: Der Beitrag der Philologie zur Technikfolgeforschung. In: Soziale Gestaltung der Technik. Dokumentation einer Anhörung im Landtag von Baden-Württemberg am 5. 3. 1990 (b).
Kiphard, E. J.: Maschinenschreiben als Therapie für schreibbewegungsgestörte Kinder. In: Zeitschrift für Heilpädagogik. 32 (1981) H. 5, S. 365–367.
Kochan, B.: Kann Alex aus seinen Rechtschreibfehlern lernen? In: Balhorn/Brügelmann 1987, S. 136–146.

Kochan, B.: Schreibwerkstatt für Kinder: Der Computer als Werkzeug selbstgesteuerten, entdeckenden Erwerbs und Gebrauchs der Schriftsprache bei Grundschulkindern. (DFG-Antrag) Berlin: Technische Universität Berlin 1988.

Kochan, B.: Der Computer – ein Schreibwerkzeug für LRS-Kinder. In: I. Naegele und R. Valtin (Hrsg.), LRS in den Klassen 1–10. Weinheim: Beltz 1989a, S. 106–112.

Kochan, B.: Impulse für die Software-Entwicklung. In: Balhorn/Brügelmann 1989b, S. 242–244.

Kochan, B.: Lernbereich Deutsch. Eine Didaktik auf dem Wege zu Kindern. In: E. Paefgen und G. Wolff (Hrsg.), Pragmatik in Sprache und Literatur. Tübingen: Narr 1993a, S. 47–65.

Kochan, B.: Schreibprozeß, Schreibentwicklung und Schreibwerkzeug. In: Hofmann/Müsseler/Adolphs 1993 (b), S. 57–91.

Kochan, B. und Herz, G.: Schreibprozesse am Computer. In: Grundschule. 20 (1988) H. 12, S. 25–27.

Kochan, B. u.a.: Selbstbestimmtes Schreiben mit dem Computer im entfaltenden Unterricht. In: Praxis Deutsch. 21 (1994), S. 28–33.

Kühn, N.: Entwicklung und Ausstattung computerunterstützter Schreibumgebung für Grundschulkinder. In: Hofmann/Müsseler/Adolphs 1993, S. 35–55.

Landesinstitut für Schule und Weiterbildung (Hrsg.): Computereinsatz in der Grundschule? Symposion März 1989. Soest 1989.

Langenbuch, G. und Mattern, K.: Auch der Computer ist ein Schreibwerkzeug ... Schreib-Arbeit in einem 3. Schuljahr. In: Grundschule. 22 (1990) H. 2, S. 23–25.

Levin, J. A., Boruta, M. J. und Vasconcelles, M. T.: Microcomputer-based environments for writing. A Writer's Assistant. In: A. C. Wilkinson (Hrsg.), Classroom Computers and Cognitive Science. New York usw. 1983, S. 219–223.

Levin, J. A. u.a.: Muktuk meets Jacuzzi: Computer networks and elementary school writers. In: S. Freedman (Hrsg.), The Acquisition of Written Language. New York 1985, S. 160–171.

Mitzlaff, H. und Wiederhold, K. A.: Computer im Grundschulunterricht. Hamburg usw. 1990.

Pennac, D.: Wie ein Roman. Köln: Kiepenheuer & Witsch 1994.

Pollert, M.: Texte überarbeiten. In: Grundschule. 22 (1990) H. 2, S. 15–17.

Potter, F.: Exploring the use of microcomputers in language and reading: Breaking away from drills and programmed instruction. In: D. Dennis (Hrsg.), Reading: Meeting Children's Special Needs. London 1984, S. 130–133.

Riesberg, K.: Backrezepte schreiben mit Texti. Erster Umgang mit einem Textverarbeitungsprogramm. In: Praxis Deutsch. 21 (1994) H. 128, S. 34 und 43–44.

Scheimann, G.: Ein Fall für ULK – die neue Generation Lernsoftware für Kinder. In: Brügelmann, H., Balhorn, H. und Füssenich, I. 1995, S. 350–355.

Schründer-Lenzen, A.: Weibliches Selbstkonzept und Computerkultur. Habilitationsschrift. Berlin: Technische Universität Berlin 1994.

Schmidt, R. und Hallen, H.-P.: Computer in der Grundschule. Essen: Wingen 1992.

Smith, F.: Writing and the Writer. New York: Holt, Rinehart & Winston 1982.

Smith, F.: Essays into Literacy. Portsmouth, NH u. London: Heinemann 1983.

Smith, F.: Joining the Literacy Club. Portsmouth, NH u. London: Heinemann 1988.

Spitta, G.: Kinder schreiben eigene Texte, Klasse 1 und 2. Bielefeld u. Frankfurt/M.: CVK 1985.

Spitta, G.: Geben wir Kindern Zeit, damit sie aus ihren Fehlern lernen können! In: Die Grundschulzeitschrift. H. 12/1988 a, S. 6–10 u. 19.

Spitta, G.: Von der Druckschrift zur Schreibschrift. Bielefeld und Frankfurt/M.: Scriptor 1988 b.

Spitta, G.: Schreibkonferenzen in Klasse 3 und 4. Frankfurt/M.: Cornelsen-Scriptor 1992.

Sulzby, E.: Kindergarteners as Writers and Readers. In: M. Farr (Hrsg.), Advances in Writing Research Vol. 1: Children's Early Writing Development. Norwood 1985, S. 127–199.

Trushell, J. (Hrsg.): A Word Processor in the Language Classroom. Slough 1986.

Valtin, R.: Erstunterricht mit Großbuchstaben. In: Grundschule. 22 (1990) H. 3, S. 44–46; H. 6, S. 46–47; H. 7/8, S. 80–81.

Wespel, M.: Aufsätze korrigieren und kommentieren. In: Grundschule. 22 (1990) H. 2, S. 18–20.

Wünnenberg, H.H.: Boff – Kinder schreiben sich frei. Heinsberg: Agentur Dieck 1989.

Gisela Heuß

Schreiben und Malen mit dem Computer in der Grundschule

1. Computereinsatz schon im Grundschulunterricht?

Um die Mitte der achtziger Jahre erfuhr ich in Gesprächen mit unseren Grundschülern, daß viele von ihnen bereits Erfahrungen im Umgang mit einem Computer besaßen und jede Gelegenheit nutzten, entweder zu Hause oder bei Freunden am Computer zu arbeiten oder wenigstens bei einem Einkauf in einem Kaufhaus an einen Computer heranzukommen. Erstaunlich viele Kinder kannten Spielprogramme, tauschten diese untereinander aus, verstanden sie zu kopieren und wußten, was Begriffe wie »enter« oder »cursor« bedeuteten.

Bei der rasanten Entwicklung im Hard- und Softwarebereich und dem immer weiter verbreiteten Einsatz von Computern nebst Anwenderprogrammen in der Arbeitswelt war abzusehen, daß Computer auch in der Zukunft der Kinder eine bedeutsame Rolle spielen würden. Ebenso wurde deutlich, daß die Grundschule hier ihren Beitrag leisten mußte, um Medienerfahrungen der Kinder aufzuarbeiten, Alternativen zum einseitigen Spielkonsum zu bieten und um die technischen Möglichkeiten des Computers zur Unterstützung verschiedener Lernprozesse zu nutzen.

Mitte bis Ende der achtziger Jahre war im Grundschulbereich allerdings weitgehend die Meinung verbreitet, daß es für Computer in der Grundschule keinen Platz gäbe, da den Kindern erst einmal Buchstabenkenntnis und grundsätzliche Schreiberfahrungen zu vermitteln seien. Den meisten Kollegen war das Arbeiten mit einem Computer völlig fremd, und von daher wurden auch die technischen Möglichkeiten des Computers und ihre Bedeutung zur Unterstützung von Lernprozessen nicht gesehen.

Eine entscheidende Rolle, mich selbst mit dem Einsatz von Computern im Grundschulbereich auseinanderzusetzen, bot mir 1987 unser damaliger Schulamtsdirektor durch das Angebot einer Arbeitsgemeinschaft »Computer und Grundschule«.

In dieser Arbeitsgemeinschaft lernte ich Software kennen, die im Grundschulunterricht Verwendung finden konnte und bekam Hilfen bei der Handhabung der Programme. Wesentliche Impulse für die Auseinandersetzung mit dem Einsatz von Computern im Grundschulbereich erhielten die Mitglieder unserer Arbeitsgemeinschaft durch Veröffentlichungen von Seymour Papert[1] über Logo, Hartmut Mitzlaff, Karl A. Wiederhold, Ursula Gries[2] zur generellen Frage eines Computereinsatzes – schon in der Grundschule und durch einen Aufsatz von Barbara Kochan und Günter Herz[3] über Schreibprozesse am Computer.

1 Papert, S.: Gedankenblitze, Basel, 1982.
2 Mitzlaff, H., Wiederhold, K. A., Gries, U.: Computereinsatz – schon in der Grundschule? In: Grundschule 9/1988.
3 Kochan, B./Herz, G.: Schreibprozesse am Computer, in: Grundschule 12/1988.

Der Artikel von B. Kochan und G. Herz verdeutlicht, wie Kindern mit Hilfe des Schreibwerkzeugs Computer Prozesse des Planens, Schreibens und Überarbeitens von Texten erleichtert werden können, weil mittels eines Computers zu überarbeitende Textpassagen rasch und stets übersichtlich in den Text eingefügt und nicht mehr benötigte Textpassagen gelöscht, Ausdrucks-, Grammatik- und Rechtschreibprobleme nicht auf einmal sondern nacheinander bearbeitet werden können.

Die Aussagen zur Textproduktion von H. Mitzlaff/K. A. Wiederhold, B. Kochan/G. Herz führten mich dazu, vom geplanten Einsatz des Logo-Programms, das in der Arbeitsgemeinschaft zunächst für den Einsatz in der Grundschule vorgesehen war, abzusehen und mich dem Verfassen von Texten zu widmen, weil dieser Bereich einen großen Teil meiner Unterrichtsarbeit im Fach Sprache in Anspruch nahm.

Weitere Anregungen für die Umsetzung dieses Vorhabens in die eigene Unterrichtspraxis konnte ich 1989 in den Osterferien im Rahmen eines USA-Aufenthalts gewinnen. Ich hatte die Gelegenheit, im Großraum Pittsburgh (Pennsylvania) die Foster Elementary School im Schulbezirk Mount Lebanon zu besuchen, in der die Arbeit mit dem Computer schon seit sieben Jahren fest im Schulprogramm integriert war.

In dieser Schule (wie auch in den übrigen des Bezirks) zählte damals ein Computer mit Drucker und reichlich vorhandener Software zur Grundausstattung eines jeden Klassenraumes. Außerdem verfügte die Schule über einen Computerraum mit 15 Rechnern und Druckern. Neben der Nutzung verschiedener Softwareangebote für den Mathematik-, Erstlese-, Rechtschreib- und Sachunterricht zur Unterstützung oder Initiierung von Lernprozessen spielten im Unterricht Schreibprozesse der Kinder eine bedeutende Rolle. Hierbei hatten Computer, mit einem Textprogramm ausgerüstet, als Schreibwerkzeuge eine dienende Funktion. Sie sollten durch ihre technischen Möglichkeiten Kinder vom manuellen Schreiben entlasten und ihnen helfen, ihre Gedankengänge treffend, grammatisch und orthographisch korrekt aufzuschreiben.

Das Schreibcurriculum der Schule führte mich zur Auseinandersetzung mit amerikanischen Didaktikern wie Donald H. Graves[4], Lucy McCormick Calkins[5], Donald M. Murray[6]. Sie halfen, meine Vorstellungen über die spätere eigene Unterrichtsorganisation und didaktische Zielsetzungen zu klären und zu konkretisieren.

2. Schreiben und Malen mit dem Computer

2.1 Einrichtung von Arbeitsgemeinschaften

Im Schuljahr 1989/90 konnte unsere Schule, die Parkschule in Wülfrath, den Schülern der dritten und vierten Schuljahre erstmals anbieten, in Schülerarbeitsgemeinschaften mit einem Computer zu arbeiten.

Mit diesem Angebot stieß unsere Schule bei Kindern und Eltern auf großes Interesse. Von seinerzeit knapp 100 Schülern in den dritten und vierten Schuljahren meldeten 75 Eltern ihre Kinder zur ersten Arbeitsgemeinschaft an.

Es konnten drei Arbeitsgemeinschaften mit je 10, 12 und 14 Schülern eingerichtet

4 Graves, D.H.: Writing: Teachers & Children at work, Portsmouth, New Hampshire, 1983.
5 McCormick Calkins, L.: The Art of Teaching Writing, Portsmouth, New Hampshire, 1986.
6 Murray, D.H.: Write to learn, 2. edition, Fort Worth, 1987.

werden. Ein Kollege übernahm eine Gruppe aus den dritten Schuljahren, ich zwei Gruppen aus den vierten Schuljahren. So konnten im ersten Jahr 72 Anmeldungen Berücksichtigung finden.

2.2 Reaktionen

Das schulische Angebot wurde von den Eltern begrüßt, weil es

- eine Alternative zu den unter den Kindern weit verbreiteten Computerspielen darstellte,
- den Kindern weitere Hilfen beim Verfassen von Texten bot,
- den Kindern einen Einstieg in die Technik von morgen ermöglichte, den ein Teil der Eltern noch nicht bieten konnte,
- den Mädchen die Angst vor der Technik, der sie später im Berufsleben begegnen würden, nehmen sollte.

Das Echo auf das schulische Angebot in der Anfangsphase war zwar überwiegend positiv, aber nicht uneingeschränkt. Einige Eltern verhielten sich skeptisch bis ablehnend. Sie fragen sich, ob nicht der Einsatz der Technik für Kinder in diesem Alter eher negative Folgen haben und andere Freizeitaktivitäten beeinträchtigen könnte.

2.3 Elternarbeit

Als die Schule 1989/90 ihr Angebot vorstellte, zeigte sich, daß auch Elternvertreter anderer Jahrgänge sehr an der Computerarbeit und ihren Ergebnissen interessiert waren.

Wir beschlossen, die Eltern im Rahmen der Schulpflegschaftssitzungen über die ersten Kinderreaktionen und die Ergebnisse unserer Arbeit zu informieren. Außerdem luden wir interessierte Eltern ein, sich den Computerarbeitsraum anzusehen und die ersten Schritte, die wir mit den Schülern an den Arbeitsgeräten unternehmen würden, nachzuvollziehen. Eltern unserer Schüler aus den Arbeitsgemeinschaften luden wir darüber hinaus ein, uns während der Arbeitszeit am Computer zu besuchen. Von diesem Angebot machte ein großer Teil der Eltern Gebrauch, einige Eltern kamen mehrmals.

Die Informationsveranstaltungen, die Einladungen, dem Unterricht beizuwohnen und die Auseinandersetzung mit den Kinderarbeiten sowie mit den Reaktionen der Kinder auf ihre Arbeit und ihre Ergebnisse trugen wesentlich dazu bei, die Scheu vor dem ungewohnten Schreibwerkzeug Computer bei den Skeptikern zu nehmen und Befürchtungen gegenstandslos werden zu lassen.

3. Ausstattung, Hard- und Software

3.1 Hardware

Da unsere Schule keine eigenen Schülerarbeitsgeräte besitzt, finden die Arbeitsgemeinschaften im Computerraum der benachbarten Hauptschule statt.

Der Computerraum der Hauptschule verfügt über acht Arbeitsgeräte »Amiga 2000 HD« mit einem integrierten PC-Teil. Sieben Arbeitsgeräte sind für die Schüler vorgesehen, ein Gerät für den Lehrer.

Alle Arbeitsgeräte sind mit einer Festplatte, zwei verschiedenen Diskettenlaufwerken und einem Farbbildschirm ausgestattet, je zwei Arbeitsgeräte sind mit einem Drucker verbunden.

3.2 Software

Verwendet werden seit dem Schuljahr 1989/90 die Amiga-Textprogramme »VizaWrite« und »PageSetter II«, das Amiga-Malprogramm »Deluxe Paint III« und seit dem Schuljahr 1990/91 das Malprogramm »funny face« für den PC. Bis auf »funny face« sind alle Programme in deutscher Sprache.

Das Textprogramm *VizaWrite* ist einfach zu handhaben. Die Kinder können ihren Text sofort nach dem Laden des Programms eintippen. Der Zeilenumbruch erfolgt automatisch. Das Programm verfügt über mehrere Schriftsätze, die normal, fett und kursiv verwendet und sogar vergrößert oder verkleinert werden können. Es besteht die Möglichkeit, Bilder aus dem Zeichenprogramm einzublenden. Der Tabulator erlaubt, unterschiedliche Textbreiten zu setzen. Textteile können kopiert, ausgeschnitten und an anderer Stelle wieder eingesetzt werden. Texte können per Mausklick auf Symbole einzeilig, zweizeilig, rechts- und linksbündig oder zentriert gesetzt werden. VizaWrite verfügt über kein Rechtschreibprogramm.

Abbildung II.1: Julias Computer-Portrait, Parkschule Wülfrath

Deluxe-Paint III ist wie VizaWrite ebenfalls leicht erlernbar. Per Mausklick werden die gewünschten Stiftbreiten oder die Farben ausgewählt. Farben können nicht nur mit den verschiedenen Stiftbreiten in Linien aufgetragen, sondern auch aufgesprüht werden oder ganze Felder füllen. Es ist möglich, Bildteile auszuschneiden und an andere Stellen zu setzen oder mit der Lupe, falls erforderlich, Korrekturen vorzunehmen. Selbst erstellte oder vorhandene Bilder können gedreht, verzerrt, vergrößert und verkleinert werden.

Das Malprogramm verfügt auch über ein kleines Textprogramm. In die Zeichnung hinein können Buchstaben in verschiedenen Größen und Stärken, gefüllt oder in Umrissen eingegeben werden. Plakate, Titelbilder und Kalender können ohne weitere Zusatzprogramme erstellt werden.

PageSetter II ist komplizierter zu handhaben als VizaWrite. Bevor die Schüler ihren Text eintippen können, müssen sie zuerst eine Seite anlegen, diese Seite vergrößern und eine Schrift wählen. Von ihrer Textseite ist immer nur ein Teil zu sehen. Allerdings können in die erstellte Seite auch Texte von VizaWrite eingeblendet und danach bearbeitet werden. PageSetter II habe ich nur gelegentlich eingesetzt, wenn wir bestimmte Schrifttypen verwenden wollten.

Da die Amiga-2000-HD Arbeitsgeräte auch über einen PC-Teil verfügen, konnten wir zur Herstellung von Bildern auch »*funny face*«, ein weiteres Graphikprogramm, verwenden.

Auch dieses Programm ist einfach zu erlernen. Aus einzelnen Attributen wie verschiedenen Haar-, Nasen-, Mund-, Ohren- und Augenteilen werden Gesichter zusammengesetzt.

4. Arbeitsprogramm

In unseren Arbeitsgemeinschaften »Malen und Schreiben mit dem Computer« werden mit Hilfe der Malprogramme Titelbilder für Bücher und Kalender gestaltet, kleinere grafische Arbeiten wie Collagen oder Zeichnungen für Kalenderblätter, Postkarten oder Illustrationen zu den Texten hergestellt. Malaufgaben spielen jedoch nur eine untergeordnete Rolle.

Der Schwerpunkt der schulischen Arbeit mit dem Computer liegt auf der Textproduktion und zwar in den Bereichen der Textplanung, dem Verfassen der Texte und der Überarbeitung der Texte.

4.1 Zielsetzungen

Wenn Kinder ihre Texte mit der Hand schrieben, konnte ich feststellen, daß sie ihre Schreibideen häufig spontan zu Papier brachten. War die erste Begeisterung aber vorbei, wurde der Text abrupt beendet. Das Interesse für eine Überarbeitung des Textes war nicht groß bzw. gar nicht mehr vorhanden. Für viele Kinder gehört eine große Überwindung dazu, einen fertigen Text zu verändern und Sätze durch Korrekturen zu verunstalten. Die Auflage des Lehrers, diesen Text noch einmal ins Reine zu schreiben, wird als Zumutung empfunden.

Der mit einem Schreibprogramm ausgerüstete Computer soll den Schülern helfen, die Textarbeit von Anfang an als einen Prozeß zu begreifen, sie ermutigen, Veränderungen

Februar 1991

So	Mo	Di	Mi	Do	Fr	Sa
					1	2
3	4	5	6	7	8	9
10	11	12	13	14	15	16
17	18	19	20	21	22	23
24	25	26	27	28		

Abbildung II.2: Kalenderblatt mit dem Computer gestaltet, Parkschule Wülfrath

in Form von Ergänzungen, Streichungen und Korrekturen vorzunehmen und sie von dem (mehrmaligen) Schreiben per Hand entlasten.

Während des gesamten Schreibprozesses sollen die Kinder gemeinsam mit einem Partner arbeiten. Die Partnerarbeit soll dazu beitragen, daß die Kinder die zu schreibenden Texte bewußter planen, verfassen und überarbeiten, weil sie mit ihrem Schreibpartner Gedankengänge und deren Fortführung permanent besprechen und aufeinander abstimmen müssen. Außerdem können sich die Partner gegenseitig bei der Handhabung des Computers helfen.

4.2 Aufgaben

In jeder Arbeitsgemeinschaft haben die Kinder in der Regel pro Halbjahr an der Herausgabe eines Werkes gearbeitet. Es sind Bücher mit Phantasieerzählungen, freien Texten und Reportagen entstanden.

Bei den Phantasiegeschichten konnten die Kinder aus Rahmen- und Einzelthemen ein Thema auswählen oder aus Situationsvorgaben Geschichten weiterentwickeln. Außerdem gab es ein Arbeitsblatt mit Impulsen und Aufgabenstellungen als Orientierung für die verschiedenen Phasen des Schreibprozesses.

Die Große Wäsche

von Benjamin und Carsten

Wie wurde deine Urgroßmutter mit ihrer großen Wäsche fertig?
Dachtet ihr, das war kein Problem?
Und ob das eins war!
In der Zeit, als deine Urgroßmutter lebte, gab es nämlich noch keine Waschmaschine. Alles wurde mit der Hand gewaschen. Denkst du, das war leicht? Zu der Zeit hatte eine Familie meistens über 10 Kinder.
Reiche Leute wuschen nur zweimal im Jahr, ärmere Leute wuschen ihre Wäsche alle zwei Monate und noch ärmere jeden Monat. Die reicheren Leute hatten Berge von Wäsche.
Wieviel Wäsche? Rechne mal mit! Die Leute trugen ihre Wäsche meistens eine Woche lang. Wenn sie Unterhemden und Unterhosen trugen, mußten sie 52 Unterhemden und 52 Unterhosen besitzen. Wenn in einer Familie 12 Personen waren, dann mußten sie zusammen ca. 500 Wäschestücke besitzen. Und dazu kam noch die Wäsche, die man über der Unterwäsche trug, außerdem die Bettwäsche, die Babywäsche, die Stoffwindeln, die Handtücher usw. Und das Ganze mußte gewaschen werden. Und jetzt weißt du auch, warum das die "große Wäsche" hieß.
Die ganze große Wäsche schleppte man an den Krappsteich, um sie auszuwaschen.

Abbildung II.3: Aus dem Geschichtsbuch der Parkschule

Bei den freien Texten wurden die Schüler gebeten, sich zunächst Gedanken zu machen über Themen, über die sie gerne schreiben würden. Die Themen wurden aufgelistet, und aus dieser Themenliste konnten die Schüler ihr Thema auswählen. Zur Entwicklung des Themas/bzw. der Schreibidee gab es ebenfalls ein Arbeitsblatt mit offenen Impulsen.

Zur Einführung in die Reportagen wurden den Kindern Hilfen in Form von ausgewählten Dokumenten oder knappen Berichten gegeben, die eine erste Orientierung in das Sachgebiet ermöglichten. Zusätzliche Aufgabenstellungen forderten die Kinder auf, in die Rolle von Reportern zu schlüpfen.

Die Schüler mußten selbständig weitere Erkundigungen einziehen, Zeitzeugen aufspüren und befragen, Berichte aus der Schulchronik lesen, teilweise Vergleiche zur heutigen Situation ziehen, Fotos interpretieren oder sich in einer Ausstellung Gegenstände aus dem vorigen Jahrhundert ansehen und sich über diese bei der Museumsleitung und einem Museumsangestellten informieren.

Über die Informationsbeschaffung hinaus hatten die Kinder die Aufgabe, eine geeignete Überschrift für ihre Artikel zu wählen und die Artikel für die übrigen Schüler der Schule verständlich abzufassen, Illustrationen oder Fotos einzuplanen.

5. Bericht über Arbeitsprozesse und Ergebnisse

Bei den Kindern erfreuten sich die Angebote, mit einem Computer arbeiten zu können, von Anfang an großer Beliebtheit.

Manche Kinder kamen in die Arbeitsgemeinschaften, weil sie lernen wollten, mit einem Computer zu arbeiten, andere, um den Umgang mit bestimmten Programmen zu erlernen, wieder andere, um ihre Kenntnisse zu vertiefen.

5.1 Umgang mit dem Arbeitsgerät

Die Kinder wurden schrittweise und anhand eng begrenzter Aufgaben in die Handhabung des neuen Arbeitsgerätes eingeführt. In der ersten Sitzung lernten sie, ihre eigene Adresse zu schreiben. Schon bei dieser kleinen Aufgabe konnten sämtliche Bedienungsvorgänge, wie

- den Rechner, Monitor und Drucker anstellen,
- das Programm von der Festplatte starten,
- Groß- und Kleinbuchstaben eintippen,
- die Leertaste setzen,
- mit der Maus umgehen,
- in die nächste Zeile springen,
- korrigieren,
- speichern,
- ausdrucken

vorgeführt und ausprobiert werden.

In der nächsten AG-Stunde wurde das Laden von gespeicherten Einträgen eingeführt. Da nicht selten Programme abstürzten, wurde ebenfalls, wenn nötig, der Warmstart erläutert und durchgeführt.

Die technische Handhabung der Arbeitsprogramme wurde in den folgenden Stunden an Hand weiterer Aufgaben vertieft und bei Bedarf mit individuellen Hilfen ergänzt.

Die meisten Kinder gingen ohne Scheu an die Arbeitsgeräte. Sie verfolgten aufmerksam und sehr motiviert die Bedienungshinweise und probierten sie sofort aus.

KENNST DU

DIE PARKSCHULE,

WIE SIE FRÜHER WAR?

VORWORT

Liebe Leser!

Dieses Buch "Kennst du die Parkschule, wie sie früher war" haben die Mitglieder der Arbeitsgemeinschaft "Malen und Schreiben mit dem Computer" aus den Klassen 3a und 3b mit Frau Gisela Heuß zusammen erarbeitet.

Alle Mitglieder der Arbeitsgemeinschaft haben viel Mühe aufgewendet, um herauszufinden und aufzuschreiben, wie es früher war.

Es wurden ehemalige Schüler befragt. Es wurde bei der Westdeutschen Zeitung angerufen, ob es möglich sei, einen Aufruf in die Zeitung zu setzen, weil wir Bilder von der alten Parkschule brauchten.
Wir blätterten auch in alten Büchern über die Schule, um etwas Passendes für unsere Texte zu finden.
Unsere Mitschüler besorgten Adressen von ehemaligen Schülern der Parkschule. Unsere Klassenlehrerinnen, Frau Ingrid Eickmann und Frau Margit Roth, luden die Großmutter von Sandy Nielsen, Frau Edith Kemper, zu uns in die Schule ein und Herrn Rolf Mergard.

In die Klasse 3a kam Herr Rolf Mergard. Er zeigte uns alte Bilder von der Parkschule. In diesem Moment wuchs auch das Interesse unserer Mitschüler für unsere Arbeit.
In die Klasse 3b kam Frau Edith Kemper. Sie erzählte uns ehrlich, wie es früher war. Wir waren froh, mehr zu wissen.

Alle Mitglieder der Arbeitgemeinschaft haben die Texte zwei- oder dreimal überarbeitet, bis sie allen gefielen. Dann haben wir für unsere Texte verschiedene Schriften ausgesucht. Und zum Schluß haben wir alle fertigen Seiten kopiert und sortiert.

Wir hoffen, daß unser Buch unseren Lesern gefällt und Freude bereitet.

Im Namen aller Mitglieder der Arbeitsgemeinschaft

Daniela und Mara

Abbildung II.4: Ein Buch zur Schulgeschichte aus der Parkschule, Wülfrath

Mit Griffel, Tafelläppchen und Schwämmchen zur Schule

von Julia und Mara

Wir haben von einer ehemaligen Schülerin namens Edith Kemper, die früher in der Parkschule war, erfahren:

"Zur Einschulung, die damals nach Ostern war, bekamen alle eine Schultüte, wie ihr sie heute auch habt. Aber es waren andere Sachen drin: eine Apfelsine, ein Apfel, eine Tafel Schokolade und zwei Griffel.

Ich habe von meiner Mutter einen Griffelkasten bekommen. In den Griffelkasten tat man eben die Griffel, damit die nicht lose in der Tasche rumflogen. Mein Vater hatte mir die Griffel mit dem Küchenmesser angespitzt. Die Griffel brachen ständig ab, deshalb hat mein Vater auch Watte vorne in den Griffelkasten getan.

Für die Schiefertafel gab es ein Läppchen, das war selbst gehäkelt. Es wurde am Ranzen oder an der Tafel befestigt. Was wir geschrieben hatten, konnten wir nur mit einem Schwamm wegwischen. Für den Schwamm hatte ich eine Dose. Hefte konnten wir uns nicht leisten. Mit dem Schwamm wischten wir die Tafel sauber, und mit dem Lappen wischten wir sie trocken."

Abbildung II.5: Aus dem Buch zur Schulgeschichte

Das Ausdrucken der Schülerarbeiten mit dem Farbdrucker erwies sich als sehr zeitaufwendig. Da Schülerarbeiten sowieso nur in Schwarz-Weiß-Kopien vervielfältigt werden konnten, wurde der Farbdrucker nur noch in Einzelfällen benutzt.

5.2 Handhabung der Software

Da ein Schreiben und Korrigieren mit dem Textprogramm *VizaWrite* schon von der ersten AG-Sitzung an möglich war, blieben wir bei diesem Schreibprogramm.

Im Laufe der Textarbeit wurden allerdings nur selten Bilder aus dem Malprogramm in das Textprogramm eingeblendet. Der Vorgang war den Kindern zu zeitraubend. Das Einblenden in ein anderes Programm veränderte auch den Charakter der erstellten Bilder. Die Kinder setzten lieber ihre Zeichnungen anschließend per Hand in den Text ein.

Rechtschreibprobleme mußten auf die übliche Weise gelöst werden, entweder durch Hinweise des Schreibpartners, der Sitznachbarn, durch Nachschlagen im Wörterbuch oder durch Nachfragen beim Lehrer, was aber nicht als Nachteil empfunden wurde.

5.3 Arbeitszeit und Konzentrationsfähigkeit der Kinder

Meine anfängliche Befürchtung, die Arbeitszeit von zwei Schulstunden sei zu lang, erwies sich als unbegründet. Innerhalb dieser zwei Stunden lagen eine Besprechung der Unterrichtsarbeit sowie eine Besprechung der Schülerergebnisse und der Gedankenaustausch der Schüler untereinander. In der Regel waren die Schüler erstaunt, wie schnell die Arbeitszeit vorüber war.

Erstaunlich war die hohe Konzentration, mit der die Kinder am Computer arbeiteten. Der Bildschirm unterstützt, selbst nach einer Reihe von Veränderungen, die Konzentrationsfähigkeit der Kinder, weil er ihre Aufmerksamkeit auf eine kleine, stets übersichtliche Arbeitsfläche zentriert.

5.4 Schreibprozesse

In Schreibkonferenzen vor oder gegen Ende einer AG-Sitzung hatte jedes Arbeitsteam die Gelegenheit, den übrigen Mitschülern die eigenen Aufgaben vorzustellen und eigene Schreibabsichten zu erläutern, Mitschüler über den Stand der Nachforschungen zu informieren, ihre Texte vorzustellen, Schreibprobleme darzustellen oder Ergebnisse zu diskutieren. Die Zuhörer hatten beratende Funktionen. Es blieb den Autoren überlassen, ob sie die Hilfen der Textberater annahmen. Diese Schreibkonferenzen erwiesen sich dabei als äußerst hilfreich. Die Kinder verfolgten aufmerksam die von den einzelnen Autoren vorgelesenen Texte oder die von ihnen dargestellten Schreibprobleme. Die Einwände der Mitschüler, deren sachdienliche Hinweise und Vorschläge trugen dazu bei, Einzelprobleme sachlich zu klären und Sachverhalte sprachlich besser in den Griff zu bekommen.

Die Möglichkeit des Gedankenaustauschs mit dem Schreibpartner führte dazu, daß die Texte umfangreicher, inhaltlich präziser und lebendiger wurden.

Bei der Entstehung der Texte mit mehrfachen Überarbeitungen und abschließender graphischer Gestaltung erwies sich das Schreibwerkzeug Computer als ideal, weil die Kinder ihre Gedanken zunächst einfach niederschreiben und später weiter am Text arbeiten konnten. Die technischen Möglichkeiten des Schreibwerkzeugs wurden ausgiebig genutzt, die Korrekturen durch einfaches Einfügen neuer Textteile, durch Löschen nicht mehr benötigter Textstellen und durch Umgruppieren von Sätzen durchgeführt. Die einfache Handhabung von Korrekturen half den Kindern, sich intensiv mit dem eigenen Text auseinanderzusetzen und wirkte sich auch auf die Bereitschaft, überhaupt Texte mehrfach zu überarbeiten, günstig aus. Selbst wenn die Kinder nach dem ersten Ausdrucken noch Fehler in ihren Texten feststellten, war es für sie keine Frage mehr, diese zu verbessern und den Text neu auszudrucken.

Günstig auf die Gestaltung der Texte wirkte sich auch die technische Möglichkeit aus, den Text je nach Geschmack in verschiedenen Schriftarten zu setzen und die Länge von Zwischenräumen festzulegen, um einen Text optisch zu gliedern.

Bedauert wurde von den Kindern, daß sie die Geräte nur für eine begrenzte Zeit einmal wöchentlich benutzen konnten und mit dem Weiterschreiben bis dahin warten mußte. Günstiger für den Verlauf der Textproduktion wären zwei Geräte in der Klasse, an denen die Kinder täglich in Wochen- oder Freiarbeit an ihren Geschichten oder Artikeln weiterschreiben könnten.

Nach den positiven Erfahrungen bei der Textarbeit wäre es weiter begrüßenswert, Computer mit geeigneter Software auch zur Unterstützung weiterer Lernprozesse einzusetzen.

Joachim Niewel

Erfahrungen mit computergestützten Textprojekten

In Arbeitsgemeinschaften der vierten Jahrgangsstufe in der Friedrich-Harkort-Schule, Hagen

1. Wie kam ich eigentlich dazu, mich mit Computern an der Grundschule zu befassen?

Im Jahre 1988 wurde in der Friedrich-Harkort-Schule eine Computer-Arbeitsgemeinschaft ins Leben gerufen. Neben anderen Arbeitsergebnissen erstellte diese Schülergruppe mit der sie betreuenden Lehrerin ein Heft, welches mir, nachdem ich die 1989 vakante Schulleiterstelle angetreten hatte, »in die Hände fiel«. Ich staunte nicht schlecht, als ich sah, wie die Kinder in diesem Heft kurze Texte, Interviews und einfache Zeichnungen mit dem Computer gestaltet hatten. Verwendet wurden, so gab das Heft Auskunft, Apple-Macintosh-Computer mit den Text- und Grafikprogrammen *MacWrite* und *MacPaint*. Unterstützt wurden Kinder und Lehrerin durch Studenten und Dozenten der Universität Dortmund.[1]

Dieses o. g. Heft hatte mich neugierig gemacht, und mir stellte sich die Frage, wie und was mit Computern in der Schule denn alles »angestellt« werden könnte. Im Jahr 1991 beschloß die Schulkonferenz, den Erlös des Schulfestes für den Erwerb eines Computers zu verwenden, um Kindern die Möglichkeit der sinnvollen Arbeit an einem solchen Gerät zu ermöglichen. – Die guten Erfahrungen der Arbeitsgruppe von 1988 sollten aufgegriffen werden.

Zu diesem Zeitpunkt hatte ich mich gerade auch privat in den Umgang mit einem Computer eingearbeitet, und so fiel es mir leicht, mich für eine schulische Arbeitsgemeinschaft zu begeistern, die sich mit Computern befaßte.

Ausschlaggebend für die Auseinandersetzung mit dem Bereich »Computer und Grundschule« war für mich aber auch die Tatsache, daß viele Kinder häufig erzählten, sie seien im Besitz eines Computers. Auf die Frage, wie sie denn das Gerät nutzen würden, war dann in den allermeisten Fällen die Antwort zu hören: »Ich spiele damit!«. Der Computer – ein Spielzeug? Hier mußten für die Schule doch noch andere Nutzungsmöglichkeiten bestehen! Dieser festen Überzeugung war (und bin) ich!

1 Vgl. dazu Mitzlaff, H./Wiederhold, K.: Computer im Grundschulunterricht. Hamburg u.a. 1990, S. 51 ff.

2. Seit wann sammle ich nun konkrete Erfahrungen mit Computern im Unterricht?

Wie schon erwähnt, beschloß die Schulkonferenz der Friedrich-Harkort-Schule die Anschaffung eines Computers. Dies wurde dann zu Beginn des Schuljahres 1991/92 realisiert. Es wurde ein Apple-Computer vom Typ »Macintosh« nebst einem Tintenstrahldrucker »Style-Writer« gekauft.

Natürlich konnte nicht sofort die Unterrichtsarbeit mit dem Computer aufgenommen werden, denn zunächst mußte ich mich – neben einigen anderen Lehrkräften – mit dem neuen Computer »anfreunden«.

Mit Beginn des zweiten Schulhalbjahres, also im Februar 1992, ging es dann los! Die neue »Computer-Arbeitsgemeinschaft« nahm ihre Arbeit auf!

Mit sechs Kindern aus einer Klasse der vierten Jahrgangsstufe und einem Computer wurde versucht, dieses technische Gerät für schulische Zwecke zu nutzen. Mittlerweile ist die Computer-AG zu einem *festen Bestandteil des Schullebens* geworden.

Abbildung II.6.: Kinder der Computer-AG der Friedrich-Harkort-Schule

Im gleichen Jahr unterstützte die Stadtverwaltung die Schule dann durch die Zurverfügungsstellung zweier weiterer Macintosh-Computer und zusätzlich eines Matrix-Druckers. Im Jahr 1993 überreichte schließlich noch der Förderverein der Schule einen Macintosh-Portable, so daß nun vier Apple-Computer für die schulische Arbeit zur Verfügung stehen.

3. Verwendete Hard- und Software

Die Entscheidung über den für Grundschüler wohl am einfachsten zu bedienenden Computer fiel – wie oben erwähnt – auf den »Apple-Macintosh«. Dieses Gerät, so informierte ich mich, weise wohl die benutzerfreundlichste Oberfläche auf. In der Praxis hat sich dies auch bestätigt.

Dazu erwarb die Schule das Textverarbeitungsprogramm *»Ragtime Classic«* sowie das Grafikprogramm *»MacPaint«*. Mit dem Erwerb des Macintosh war dann noch die Option verbunden, das Programm *»Hypercard«* von Apple zu beziehen.

Diese Programme werden unterschiedlich oft eingesetzt. Am häufigsten genutzt wird das Textverarbeitungsprogramm »Ragtime Classic«, aber auch »MacPaint« findet viele Anwender, besonders dann, wenn es darum geht, einen Text mit Bildmaterial zu kombinieren.

Hypercard erfährt Anwendung in einigen Lernprogrammen, die die Schule erwarb. Es handelt sich um Produkte der Medienwerkstatt Mühlacker. Die von diesem Hersteller angebotenen Programme decken u.a. Teile des mathematischen und auch des sprachlichen Bereichs der Schule ab. Schülerinnen und Schüler können in verschiedenen Schwierigkeitsstufen beispielsweise unterschiedliche Rechenoperationen bearbeiten, Rechtschreibtraining durchführen oder grammatikalische Übungen betreiben etc.

Der Vorteil dieser Produkte liegt darin, daß sie in allen Jahrgangsstufen nutzbar sind, da der jeweilige Schwierigkeitsgrad durch die Lehrkraft eingegeben werden kann.

4. Ablauf und Inhalte von Arbeitsgemeinschaften

Nimmt eine Arbeitsgemeinschaft ihre Tätigkeit auf, so werden die Kinder zunächst einmal mit der Hardware vertraut gemacht. Im Regelfall nehmen an einer Arbeitsgemeinschaft 12 Kinder teil. So arbeiten immer drei Kinder an einem Computer. Dies bedeutet für die Praxis, daß bei der Arbeit am Gerät keine Langeweile aufkommen kann, weil die teilnehmenden Kinder dieses häufig bedienen können.

Die computerspezifischen Begriffe, die in der Anfangsphase der AG erlernt werden, sind:

- Monitor, Bildschirm,
- Tastatur,
- Maus,
- Festplatte, Diskette und Diskettenlaufwerk.

Im Regelfall versuchen sich die Kinder an diesen Bestandteilen des Computers erst einmal ohne meine Unterstützung. So habe ich Gelegenheit zur Beobachtung, wie die einzelnen Schülerinnen und Schüler bereits mit dem Computer umgehen können und welche Vorkenntnisse sie besitzen.

In einem zweiten Schritt wird dann die Computerhandhabung durch das »Intro-Programm« von Apple vertieft.

In diesem Programm werden die Grundlagen für die Beherrschung des Gerätes gelegt.

Im einzelnen wird folgendes trainiert:

- Zeigen, Klicken und Bewegen mit der Maus,
- Umgang mit dem »Macintosh-Schreibtisch« (Anschaulicher Vergleich zwischen einem Schreibtisch in Schule oder Büro und dem Computer-Arbeitsplatz! Der Schreibtisch entspricht dem Computer-Arbeitsplatz, das Schreibpapier der Arbeitsdiskette oder der Festplatte. Der Papierkorb am Schreibtisch ist analog dem Macintosh-Papierkorb, in ihn werden die nicht verwertbaren Arbeitsergebnisse abgelegt),
- Auswählen von Symbolen, Hervorheben durch Anklicken mit der Maus,
- Bewegen von Symbolen mit der Maus,
- Menüs auswählen und Öffnen von Menüs,
- vom Menü wählen,
- Befehle aus einem Menü wählen,
- Disketten öffnen: a) mit Befehl »Öffnen« aus dem Menü »Ablage«,
b) mit Kurzbefehl »Zweimal Klicken«,
- Symbole »Ordner« und »Dokument« unterscheiden,
- Arbeit mit mehreren Fenstern,
- Vergrößern und Verkleinern von Fenstern,
- Umgang mit Rollbalken,
- Schließen von Fenstern,
- Öffnen, Verändern und Sichern von Dokumenten.

Dieses Intro-Programm wird von den Kindern gern angenommen, da es ihnen die Möglichkeit gibt, in spielerischer Form den Umgang mit dem Computer zu erlernen. Das Intro-Programm ist für meist drei Wochen die Grundlage für die erste Arbeit am Computer. Dann beherrschen ihn im Regelfall alle beteiligten Schülerinnen und Schüler in ausreichendem Maße.

Wie geht es dann weiter?
Seit einigen Jahren wird an der Friedrich-Harkort-Schule eine Schulzeitung mit dem Titel »Westerbauer-Schnüffelpost« von Kindern herausgegeben. Diese etwa drei- bis viermal im Jahr erscheinende Zeitung ist für mich ein wichtiges Medium, um Texte mit Kindern am Computer zu produzieren.

Überhaupt suche ich ständig Anlässe, die als sinnvolle Sprachverwendungssituationen genutzt werden können. Hierdurch ist die Textproduktion für die Schülerinnen und Schüler einsichtig. Sie schreiben *für etwas*, agieren also nicht im »luftleeren Raum«.

Das Medium Schulzeitung ist natürlich ein Schreibanlaß von allererster Güte. Welches Kind würde nicht gern für eine »Zeitung« schreiben? Welches Kind sieht nicht gerne seinen Namen unter einem Beitrag in der »Zeitung«?

Und ein weiterer Vorteil dieses Mediums: Auch Kinder, welche im Schulalltag nicht gerade von Erfolgserlebnissen verwöhnt werden, können sich hier – wenn auch manchmal nur mit einfachen Texten – produzieren. *Sie* haben einen Text am Computer geschrieben, der in der »Westerbauer-Schnüffelpost« veröffentlicht wurde! Sie haben Erfolg gehabt! Eine nicht zu unterschätzende positive Auswirkung auf das Selbstkonzept gerade auch schwächerer Schüler!

Die Bandbreite von produzierten Texten ist sehr groß. Es werden Witze niedergeschrieben, Gedichte verfaßt, Sachtexte produziert, Erlebnisse geschildert, Fantasiegeschichten erfunden, Begebenheiten aus der Schule erzählt, Interviews gemacht, Rezepte formuliert …

Schulwald - Schulwald

Mit Beginn des Jahres 1992 verfügt unsere Schule über einen Schulwald.

Das Forstamt der Stadt Hagen ermöglichte es uns, ein Waldstück westlich der Vogelsanger Straße für den Unterricht zu nutzen.

Was ist aber ein Schulwald? Mit dem vom Forstamt zur Verfügung gestellten Wäldchen soll folgendes geschehen:

- Zuerst werden in der Schule Nistkästen gezimmert, die im Spätwinter an Bäume gehängt werden (Nistkästen für Blau- und Kohlmeisen, für Stare und für Halbhöhlenbrüter).
- Diese Kästen werden beobachtet: sind die Nisthilfen bewohnt, welche Vögel haben sie angenommen, sind Jungvögel zu sehen.....?
- Im Herbst schließlich müssen die Kästen gereinigt werden.
- Im Schulwald können wir später auch einen Beobachtungspfad anlegen, vielleicht entsteht hieraus sogar ein kleiner Waldlehrpfad.
- Schließlich wollen wir unseren Schulwald aber auch pflegen. Das heißt: zweimal im Jahr soll eine Reinigungsaktion durchgeführt, also Unrat aus dem Waldstück entfernt werden.

Der Schulwald kann von allen Klassen oder von einer Arbeitsgemeinschaft als außerschulischer Lernort genutztwerden.

Abbildung II.7.: Aushang zum Thema Schulwald, von Schülerinnen und Schülern mit dem Computer geschrieben und gestaltet

Abbildung II.8.: Titelseite der Schülerzeitung »Westerbauer-Schnüffelpost« (Die Handzeichnung wurde mit Hilfe eines Scanners eingelesen und kann nun jederzeit von den Kindern wieder in ihr Programm geladen und weiterverarbeitet werden)

Beim Niederschreiben der Texte lasse ich die Kinder folgendermaßen vorgehen:

1. Niederschrift

Die Schülerinnen und Schüler schreiben den Text mit der für sie oft noch ungewohnten Tastatur. Der Zeitaufwand für die Niederschrift ist aus diesem Grunde auch nicht unerheblich. Können die Kinder aber diesen ersten Schritt in Partnerarbeit bewältigen, so helfen sie sich gegenseitig, und die Buchstaben werden zügiger gefunden.

Die Schriftform gibt der Computer vor: Geneva, Standarddruck, 12 Punkte.

2. Überarbeitung

Da die orthographische Sicherheit bei Kindern im Grundschulalter noch nicht immer im ausreichenden Maße ausgeprägt ist, steht die rechtschriftliche Überarbeitung an erster Stelle. Dies kann mit Hilfe von Wörterbüchern geschehen, kann aber auch zu einem späteren Zeitpunkt mit Hilfe der »Rechtschreibprüfung« aus dem Menü »Überblick« geleistet werden. An dieser Stelle ist anzumerken, daß das in der »Rechtschreibprüfung« zur Verfügung stehende orthographisch korrekte Wortmaterial für die Kindertexte nicht immer in genügendem Maße vorhanden ist. Den Kindern macht es dann große Freude, den Computer nun ihre Wörter »lernen« zu lassen.

Nach der rechtschriftlichen Überarbeitung folgt nun die inhaltliche. Sind die richtigen Anreden formuliert? Ist der Adressatenbezug hergestellt? Ist die Situation anschaulich dargestellt? Kurz: Die Schülerinnen und Schüler lernen, sich in bezug auf Sache, Situation, Intention und Adressat adäquat auszudrücken.

Ein weiterer Bestandteil der Überarbeitung ist dann die Form. So werden nun Absätze neu gesetzt; es wird überlegt, ob unterstrichen werden soll, welchen Charakter die Überschrift des Textes hat, usw.

3. Druck

Schließlich wird der entstandene Text gedruckt. Das Ergebnis ist aufgrund des Standarddrucks natürlich zunächst ein schlichtes.

Die Kinder überlegen nun, wie die Schriftgestaltung optimiert werden kann. Sie wählen ihren Text aus dem »Ragtime-Programm«, dann schwärzen sie ihn mit Hilfe der Computermaus.

Schließlich öffnen sie das Menü »Schrift« und wählen dort »Zeichensatz«. Mit der Maus können sie nun unterschiedliche Schriftarten wählen, die dann auf dem Bildschirm sichtbar werden.

Ist schließlich der Zeichensatz gefunden, in welchem der Text gedruckt werden soll, reaktivieren die Kinder die Schwärzung des Bildschirms durch Mausklick ins Textfeld.

Zuletzt wird noch überlegt, ob der Text (oder Textteile) »fett«, »kursiv«, »schattiert« gedruckt werden soll. Gestaltungshilfen liefert der Bereich »Stil« aus dem Menü »Schrift«.

Nun wird gedruckt! Aus dem Menü »Ablage« wählen die Kinder die Befehle »Einmal drucken« oder »Drucken« – kurz darauf liegt das fertige Produkt druckfrisch vor!

An dieser Stelle muß ich nun aber einige wichtige Anmerkungen machen: Die Schilderung des Ablaufs einer Textproduktion in der Computer-Arbeitsgemeinschaft mag den Anschein wecken, all dies ginge den Kindern locker und leicht von der Hand. Dem ist natürlich nicht so! Ich stellte bereits fest, daß die Arbeit mit der Tastatur für Kinder oft sehr zeitaufwendig sei. Neben dieser Schwierigkeit tauchen natürlich noch zahlreiche andere auf. So vergessen Kinder, ihre Produkte zu sichern. Schalten sie dann den Computer nicht in der vorgeschriebenen Weise ab, so ist ihr Arbeitsergebnis verloren. Oder: Eine Schülergruppe hat einen Text geschrieben. Er soll nun überarbeitet werden und ist »geschwärzt«. Ein Kind drückt unbeabsichtigt die Leertaste oder irgendeine Taste aus dem Buchstabenfeld. Das Ergebnis: auch dieses Produkt ist verloren.

Überhaupt: Bis die gesamte Schülergruppe den Computer in der oben geschilderten Weise beherrscht, vergeht viel Zeit. Manche Kinder gelangen auch gar nicht auf diesen Stand. Steht Schülerinnen oder Schülern zu Hause ein Computer zur Verfügung, so sind sie natürlich schneller sicher im Umgang mit ihm.

Anhand von folgendem Beitrag aus der Schulzeitung »Westerbauer-Schnüffelpost« möchte ich die einzelnen Entstehungsschritte noch einmal veranschaulichen. Dieser Artikel wurde auch in der öffentlichen Presse veröffentlicht (s. Anlage), betraf er doch auch die Belange der im Schulbezirk lebenden Bevölkerung.

5. Schreibanlässe

Wie bereits an anderer Stelle geschildert, suche ich für die Arbeit der Computer-AG Schreibanlässe.

Meiner Erfahrung nach muß man nur mit halbwegs geöffneten Augen durch die Welt gehen – oder besser gesagt, beobachten, was sich im näheren Umfeld der Schule ereignet.

So wird im Schulbezirk der Friedrich-Harkort-Schule in Hagen (und wie ich annehme in zahlreichen anderen Kommunen auch) in den Tempo-30-Zonen im näheren Schulumfeld gerast. Die Polizei erklärte sich bereit, eine Radarmeßaktion durchzuführen, an der auch die Schulkinder beteiligt werden sollten. Deren Aufgabe war es, Handzettel zu erstellen und an zu schnell gefahrene Autofahrer auszuteilen.

Dies nahm ich zum Anlaß, mit der Computer-AG Handzettel zu schreiben und grafisch zu gestalten.

Die Gestaltung der Handzettel erfolgte mittels *»MacPaint«*. So war es möglich, von der sprachlichen Seite her Verse oder Texte zu verfassen, die dann mit Hilfe des Menüs »Werkzeug« (dort Symbol A) aus *»MacPaint«* geschrieben wurden.

In diesem Menü lassen sich auch die anderen Elemente finden, die für die Gestaltung einer Zeichnung oder eines Handzettels benötigt werden. Hier sind u.a. zu nennen: Pinsel, Bleistift, Spraydose.

Desgleichen können die Schülerinnen und Schüler in diesem Menü Kreisformen wählen – und, dies ist wichtig zu nennen, entscheiden, ob diese Kreise mit Mustern gefüllt sein sollen oder nicht.

Vielfältige Gestaltungselemente sind dann im Menü »Muster« zu finden.
Hier nun ein Beispiel:

Abbildung II.9.: Handzettel der Kinder statt »Knöllchen« – Handzettel aus der Computer-AG der Friedrich-Harkort-Grundschule

Text des Handzettels als »Verwarnung« für zu schnell gefahrene Autofahrer:

Mit Tempo 30, sei kein Tor, kommst Du doch auch zügig vor!
Im Bereich von Schulen und Kindergärten immer freiwillig 30!

Dieser Text wurde geschrieben in: Vereinfachter Ausgangsschrift (36 Punkte, fett) und Geneva (14 Punkte, fett). Das »Schild« gestalteten die Kinder mit Geneva 48 Punkte, fett. All diese Parameter waren den Menüs »Schrift« und »Stil« zu entnehmen. Die Rahmenform und die Mächtigkeit des Rahmens wählten die AG-Kinder aus dem Menü »Werkzeug«. Mit diesem Menü arbeiteten sie auch, als sie das Tempo-30-Schild gestalteten.

Die Erstellung eines solchen Handzettels ist natürlich die Domäne von Kindern, die den Computer schon ausgezeichnet beherrschen. Die vielfältige Gestaltung von Rahmen, Schriftformen und -größen erfordert doch ein erhebliches Maß an Sicherheit.

Eine weitere Steigerung der Handlungsfähigkeit am Computer ist schließlich dann noch der Umgang mit »kombinierten Dokumenten«. Hier arbeiten Schülerinnen und Schüler mit dem »Ragtime-Programm« und schmücken ihr Dokument mit Bildern aus, welche auf eine Diskette gescannt wurden oder von der Festplatte übernommen werden.

Der komplizierte Ablauf bei dieser Tätigkeit:

1. Diskette einführen bzw. Festplatte aktivieren.
2. Ragtime öffnen.
3. Rahmen aktivieren (Rahmen ist gepunktet).
4. Menü »Rahmen« anklicken und Befehl »Bild« wählen.
5. In den Rahmen klicken; er wird grau.
6. In Menü »Bilder« gehen und Befehl »Bild laden« wählen.
7. Aus dem Ordner das gewünschte Bild aussuchen und öffnen.
8. Im Rahmen erscheint nun das Bild.

Diesen oben beschriebenen Handlungsablauf beherrschen erfahrungsgemäß nur wenige Kinder. Aber hier ist dann der Lehrer gefordert – es muß differenziert werden, d.h. Schülerinnen und Schüler, welche leistungsschwächer sind, erstellen qualitativ einfacherer Produkte.

6. Grundfrage: Ist der Einsatz von Computern in der Grundschule sinnvoll?

Meine Antwort: ein uneingeschränktes JA!

Warum? Nun, wie ich schon eingangs erwähnte, sind zahlreiche Kinder im Besitz von Computern oder nutzen ein Gerät, das im Haushalt vorhanden ist. Der Computer ist für Kinder aber häufig ein Spielzeug. Die schulische Nutzung – wie oben geschildert – zeigt den Computer aber als ein Medium, mit welchem das Kind kreativ (nicht als Konsument!) umgehen kann und mit dem die Kompetenz des Nutzers in vielfältiger Weise gesteigert wird.

Ein gänzliches »Verdammen« des Computereinsatzes an Grundschulen ginge im übrigen an der Wirklichkeit vorbei, da diese Maschine mittlerweile überall im täglichen Leben präsent ist.

Eine Möglichkeit der Nutzung des Computers in der Schule ist die *Arbeitsgemeinschaft*. Stehen jedoch genügend Geräte zur Verfügung, so daß sie in verschiedenen Klassenräumen aufgestellt werden können, läßt sich die Effizienz der Arbeit mit dem Computer wahrscheinlich noch deutlich steigern, da er dann in nahezu alle Lernbereiche und Unterrichtsphasen ständig mit eingebunden werden kann. (Zu fragen ist natürlich, ob dies seitens der Schulträger in den Zeiten knapper Kassen geleistet werden kann!)

Franz Arenhövel

Computereinsatz im differenzierten Sprachunterricht der Grundschule

Ob der Computer schon in die Grundschule gehört, soll nicht Gegenstand dieses Erfahrungsberichtes sein. Wir haben uns 1989 für einen Einsatz entschieden. Diese Entscheidung haben wir nicht revidiert; im Gegenteil: Inzwischen verfügen wir über 20 Computer, die in den einzelnen Klassen stehen und die von den Kindern genutzt werden.

Prüfstein für den Einsatz von Computern in der Grundschule war und ist die Frage, ob sie dazu beitragen, den Unterricht so zu gestalten, daß Lehrer und Schüler bei ihren Bemühungen um eine Schul- und Unterrichtsreform im Primarbereich unterstützt werden. Das heißt: Bietet der Computer im Sprachunterricht Vorteile gegenüber herkömmlichen Lehr- und Lernmitteln? Wir meinen ohne Einschränkung: Ja. Ich möchte das begründen durch drei Beispiele aus der Unterrichtspraxis.

1. Computereinsatz im Anfangsunterricht

Die Entwicklungsdifferenzierung bei Kindern in Eingangsklassen einer Grundschule hat deutlich zugenommen. Innerhalb einer Klasse gibt es Leistungsunterschiede von bis zu drei Jahren. Aufgrund der Heterogenität ist ein gleichschrittiges Vorgehen im Stoff nicht mehr möglich. Mindestens phasenweise müssen die Kinder je nach ihrem Lernstand unterschiedliche Aufgaben erhalten. Dabei hilft mir auch der Computer. Ich kann Teile meines Unterrichts an die Rechner abgeben, z. B. das Üben, das Automatisieren, aber auch das Diagnostizieren, während ich mich ganz individuell mit dem einzelnen Kind, mit der Kleingruppe beschäftige.

So kann Inga schon bei Schuleintritt fließend und sinnentnehmend lesen, während Alexander noch gar nicht über die Voraussetzungen verfügt, die für das Lesen- und Schreibenlernen notwendig sind: Er kann Wörter von ihrer Lautstruktur nicht erschließen, für ihn müssen akustische Analysen durchgeführt werden. Er muß lernen, heraushören, welche Laute sich in dem Wort befinden und an welcher Stelle sie stehen – im Anlaut, Inlaut oder Auslaut. Eine weitere Kleingruppe beschäftigt sich mit Hörmemory: Die Schülerinnen und Schüler versuchen, gleiche Gegenstände, die in Filmdöschen stecken, paarweise herauszufinden. Vier Kinder haben Kopfhörer auf und arbeiten mit dem auditiven Lernprogramm »Hören, Sehen, Schreiben, Kontrollieren«. Ihnen werden Geräusche vorgegeben, die sie auf Arbeitsblättern analysieren sollen.

Inga erhält die Möglichkeit, einen Text in den Computer einzugeben. In 15 Minuten tippt sie in der 9. Schulwoche des ersten Schuljahres die Geschichte vom Riesen Timpetu in ihrer »Privatsprache« (Begriff bei Sommer-Stumpenhorst, 1991, S. 114). Die Funktion der SHIFT-Taste war ihr bekannt.

»pst ich weis was
es war ein mal ein Rish Timpeltu
der hat ograus
mi schlaf Faschlught nh Maus
Er Ranth schnel zum Doktor Ishgrim
o Doktor ich hap im schlaf farschlukt nh Maus
Der Doktor war ein klugar Man
man sa es im an der Brille an.
Er hat im in den Haltz
er kratzte sich am Kopf
faschluk nh Katz da zu
dan lesst die Maus och gleich in ru.
dank er.

Von Inga« (Arenhövel, 1994, S. 99)

Ein weiteres Beispiel:
Optische Analysen bei ähnlich aussehenden Buchstaben sind im Anfangsunterricht sehr wichtig, damit die Kinder die Buchstabenformen kennenlernen und unterscheiden können. Diese Analysen werden in der Regel auf Arbeitsblättern durchgeführt. Für uns Lehrer ist die Kontrolle nicht einfach, zumal wir Korrekturen, die mit dem Radiergummi durchgeführt sind, nicht auf den ersten Blick erkennen können. Wir erfahren auch nicht, ob das Kind korrigiert hat, weil es vom Nachbarn einen »Tip« bekommen hat. Deshalb führe ich diese Analysen auch mit Hilfe des Computers durch, und zwar im binnendifferenzierten Unericht.

Mit einigen Kindern, die die Buchstaben noch nicht »be-griffen« haben, führe ich taktile Übungen durch: Sie erfühlen Buchstaben aus Schmirgelpapier, ertasten Holzbuchstaben in den Fühlkästen, legen Buchstaben und Wörter aus Knete. Eine zweite Gruppe analysiert den entsprechenden Buchstaben auf dem Arbeitsblatt. Vier Kinder, von denen ich noch nicht genau weiß, ob sie die Buchstaben optisch differenzieren können, arbeiten am Computer und analysieren dort die Buchstaben. Das Fehlerprotokoll weist aus, ob diese Formen gesichert sind.

Aufgrund der Unterschiedlichkeit der Kinder führe ich meinen Anfangsunterricht sehr differenziert durch. Ein Medium der Differenzierung ist der Computer. Ansprechende Programme können als Ergänzung – nicht als Ersatz! – der traditionellen Lernmaterialien genutzt werden, sofern sie von den Schülern angenommen werden und ein vergleichbarer Übungseffekt zu verzeichnen ist. Die Software ersetzt oder verdrängt andere traditionelle Arbeitsmittel nicht. Sie führen eher zu einer Erweiterung der Arbeitsmittel und Arbeitsformen und einer Akzentverlagerung innerhalb der Lernorganisation einer Schülergruppe.

2. Computer und Freies Schreiben

Zunächst bekam ich große Schwierigkeiten mit der Schulaufsicht wegen des Computereinsatzes in meiner Schule, denn in der Grundschule in NRW durften Computer nicht eingesetzt werden.[1] Als 1991 ein erster Erfahrungsbericht in der Zeitschrift »Grundschule« erschien, mußte ich zum Schulamt, um eine Erklärung zu unterschreiben, daß ich den Computer nicht im Pflichtunterricht einsetze. Im Laufe der Zeit konnte ich aber meine Vorgesetzten durch die Ergebnisse des Freien Schreibens überzeugen.

Wir Lehrerinnen und Lehrer sind häufig der Meinung, daß die Kinder durch das Freie Schreiben das Rechtschreiben nicht erlernen. Die Kinder benutzen ihre »Privatsprache« (siehe Ingas Text), die zum Teil weit entfernt ist von der Duden-Rechtschreibnorm. Für mich ist das Freie Schreiben aber die Grundlage, um die Rechtschreibung zu erlernen. Daraus folgt zwangsläufig, daß ich meinen Rechtschreibunterricht und meinen Förderunterricht durch diese Verschriftlichungen der Kinder optimal organisieren kann. Auch aus diesem Grunde wehre ich mich gegen Korrekturprogramme, die die Falschschreibung der Kinder verbessern. Ich will wissen, welche Fehler meine Schülerinnen und Schüler machen, um ihnen dann im binnendifferenzierten Unterricht und im Förderunterricht gezielt Hilfen zu geben. Jedes Kind meiner Klasse hat auf der Festplatte meiner vier Rechner, die in meinem Klassenraum stehen, eine eigene Datei. In diese Datei tippt es seine Texte ein. Am Ende der Grundschulzeit erhält jedes Kind seine Diskette. Bei Philipp umfaßte der Ausdruck 40 Seiten!

Warum bieten wir das Freie Schreiben mit dem Computer an?

1. Vom Computer geht eine hohe Motivation aus. Diese Motivation hält an, wenn der Rechnereinsatz nicht »überstrapaziert« wird. Unsere Kinder sitzen höchstens 20 Minuten in der Woche vor dem Computer, mehr nicht. Selbst am Ende der Grundschulzeit sind die Kinder nach vier Jahren von diesem Medium begeistert. Klassenaufsätze wollen die Kinder z.B. nicht mehr mit der Hand, sondern ausschließlich mit dem Computer schreiben.

2. Wir Lehrerinnen und Lehrer schaffen viele Gelegenheiten, im Freien Schreiben eigene Inhalte zu Papier zu bringen, die von anderen Kindern gelesen werden. »Veröffentlichungen« – etwa an der Wäscheleine im Klassenraum – sollten aber fehlerfrei sein. Das gelingt; denn Falschschreibungen am Computer sind problemlos zu beseitigen.

3. Gerade beim Schreiben am Computer wird die Laut-Buchstaben-Übersetzung gefordert. Das Abhören der Wörter und die Einbeziehung der Pilotsprache[2] geschieht am Computer in hervorragender Weise. Grünewald hat in seiner Untersuchung nachgewiesen, daß Schüler, die mit der Vereinfachten Ausgangsschrift schreiben, rund 20% weniger Rechtschreibfehler machen als Kinder, die die lateinische Ausgangsschrift

1 Das Kultusministerium beruft sich auf einen Runderlaß, in dem ausgesagt ist, daß die Ausstattung von Schulen in der Primarstufe nicht erforderlich ist. Die Aufsichtsbehörden tolerieren z.Zt. in NRW den Einsatz des Computers, wenn er, im Sinne Freinets, wie eine komfortable Schreibmaschine eingesetzt wird.

2 Begriff bei Breuninger/Betz, 1991, S. 53f. Pilotsprache bedeutet, daß die Sprache das Kind beim Schreiben so führt wie der Pilot sein Flugzeug.

schreiben (Grünewald, 1981, S. 66). Durch das Strukturprinzip der Vereinfachten Ausgangsschrift behalten ausnahmslos alle Buchstaben in allen möglichen Kombinationen mit anderen Zeichen ihre Form. Der Schüler setzt am Ende eines jeden Buchstaben ab, macht eine kurze Pause und beginnt neu. Er schreibt und lautiert gleichzeitig Laute zu einem Wort, indem er die Buchstaben – gedanklich – aneinanderschreibt.

Diese Ergebnisse beanspruche ich auch für die Grundschüler, die am Computer schreiben. Auch hier wird jeder Buchstabe auf der Tastatur gesucht und an die vorhandenen »herangeschoben«. Das synthetisierende Lesen und Schreiben habe ich noch nie so gut beobachten können wie bei den Kindern, die am Computer schreiben. Die Zahl der Rechtschreibfehler nimmt im Bereich der Wahrnehmungsfehler, nicht bei den Regelfehlern, signifikant ab.

4. Für das Freie Schreiben ist der Computer geradezu prädestiniert. Schon in den ersten Wochen des 1. Schuljahres können die Kinder Wörter und kurze Texte eingeben, selbst dann, wenn ihnen der graphomotorische Vollzug des Buchstabens noch nicht geläufig ist. Mit dem selbständigen Schreiben muß also nicht gewartet werden, wenn die Schreibbewegungen der Buchstaben erst automatisiert sind. Neben den Rechnern liegt die Anlauttabelle aus der Fibel. Mit Hilfe dieser Anlaute, die auch in Großbuchstaben angeboten sind, orientiert sich der Schüler auf der Tastatur und schreibt erste Wörter und Texte.

5. In der Eile des Unterrichts bleibt vieles unbemerkt, das dem Lehrer helfen könnte, dem Kind zu helfen. Vieles, was den Gang des Unterrichts stört, bleibt unverstanden. Der Lehrer hat nicht Zeit nachzufragen, warum Bernhard das letzte Wort so verkritzelt hat und nun das ganze Blatt zerreißt.

Zeit zum Aufspüren von Lernschwierigkeiten ist aber gerade im Grundschulunterricht nötig. Oft sind die Probleme klein und können sofort behoben werden. Bleiben sie unerkannt, wachsen sie sich aus. Mißerfolg – Enttäuschung – Verunsicherung – Schwierigkeiten beim nächsten Lernschritt – neuer Mißerfolg pendelt sich hoch. Der Teufelskreis des Schulversagens kommt schnell in Gang und ist schwer wieder zu stoppen. Beim Freien Schreiben entstehen diese Lernschwierigkeiten nicht so leicht wie sonst. Ich kann die Texte der Kinder analysieren und anschließend gezielte Hilfen geben.

6. Mit dem selbständigen Verfassen und Schreiben von Texten für die Klassenzeitung verliert ein Großteil der Kinder ihre Scheu, ihre Ängste, ihre Unsicherheiten, etwas ganz allein aufzuschreiben. »Dabei ist dieser Schritt ins Ungewisse, dieser Akt des probierenden Schreibens im Sinne von ›Verschriften‹, d.h. Schreibweisen zu erfinden und zu erproben, eine notwendige und ungeheuer wichtige Station auf dem Wege zur Schrift.

Nur dabei kann das Kind selbst aktiv experimentierend die von ihm bis dahin entdeckten/erfundenen Verschriftungsregeln anwenden und überprüfen. Erst durch das Eingehen der Anstrengung bzw. das Eingehen des Risikos, gedachte Wörter/Sätze in schreibbare Lautfolgen umzusetzen, kann im Vergleich mit der Schreibweise der Erwachsenen der Prozeß des Bestätigens oder des Verwertens bzw. Abwandelns der eigenen Verschriftungsvorstellungen erfolgen« (Spitta, 1988, S. 48f.).

7. Die Korrekturen und Überarbeitungen sind bei der handschriftlichen Abfassung von Texten oft mühsam. Beim Schreiben mit dem Computer erfahren die Schüler oft zum ersten Mal in einer überschaubaren Folge von Lese- und Schreibhandlungen, wie man

eigene Texte kritisch überarbeiten kann, ohne ständig von vorn beginnen zu müssen (vgl. Schaible, 1992, S. 25).

8. Kinder bringen eine gewisse Angst mit in die Schule, Fehler zu machen. In ihren spontanen Schreibversuchen werden sie leicht verunsichert. Da sie aber beim Schreiben mit dem Computer in den Klassen 1 und 2 nicht merken, daß sie einen Fehler gemacht haben, weil der Lehrer ihn für die Veröffentlichung verbessert hat, fördere ich so ihre Schreiblust. Jetzt spielen die Rechtschreibfehler eine untergeordnete Rolle. Die Kinder orientieren sich mehr und mehr an der Normschreibweise und nähern sich so der Dudennorm, wenn im binnendifferenzierten Unterricht auf einzelne Fehlersyndrome, die beim Freien Schreiben aufgetreten sind, eingegangen wird.

3. Computereinsatz in der Rechtschreibförderung

Insbesondere bei Lese- und Rechtschreibübungen ist der Unterricht angewiesen auf eine Vielfalt attraktiver Aufgabentypen, um wiederkehrende fachliche Muster und Schwierigkeitstypen abwechslungsreich zu präsentieren. Eine Möglichkeit ist der Einsatz von Computerprogrammen, die einen für die Schülerinnen und Schüler motivationalen Zugriff auf die Rechtschreibung mit vielfachen Übungsformen zulassen. Voraussetzung für einen individuellen Förderunterricht ist, daß Wörter des eigenen Grundwortschatzes in die Programme eingegeben werden können. Weiterhin ist für mich eine unabdingbare Forderung an ein Computerprogramm, daß ein ausführliches Fehlerprotokoll durch die Software mitgeschrieben wird.

Durch Adaptionen lassen sich prognostizierte Lernerfolge im Rechtschreibunterricht tatsächlich auch erzielen. Wörter können nach bestimmten Strukturmerkmalen eingegeben werden, die die rechtschreibliche Kompetenz des Grundschulkindes entwickeln. Bei Tim habe ich durch die Analyse seines Freien Schreibens bemerkt, daß er mit der Doppelung von Konsonanten Schwierigkeiten hat. Für ihn stelle ich einen individuellen Förderplan zusammen, der diese Probleme aufarbeitet. Ich »fülle« einige Dateien mit Wörtern mit der Signalgruppe »oll«. In die Datei des Buchstabensalates des *Lese- und Rechtschreibmeisters* gebe ich Wörter mit diesen Signalgruppen ein. Diese Wörter übt Tim in unterschiedlichen Aufgabenstellungen. Dabei bereite ich das Wortmaterial so vor, daß die Wörter ohne die Signalgruppe auf dem Bildschirm erscheinen: s...en. Tim muß das ganze Wort eingeben: sollen. Anschließend erfolgt ein weiterer graphomotorischer Vollzug, wenn er das Wort noch einmal als Laufdiktat reproduziert.

In der nächsten Übungsphase soll Tim Wörter mit diesen Signalgruppen aus einer Geheimschrift entziffern. Auch hier verlange ich von ihm anschließend das Schreiben mit der Hand.

Nun folgt ein tachistoskopisches Training: Die Wörter werden eine bestimmte Zeit, die vorher eingegeben ist, durch das Programm präsentiert, verschwinden dann, um anschließend nachgeschrieben zu werden. Diese Übung allerdings eignet sich nicht für Eidetiker.[3]

3 Eidetiker sind Kinder, die u.a. Wörter ganzheitlich aufnehmen, sie reproduzieren, nicht aber lesen können.

Bei diesem Übungsangebot gehe ich mit Balhorn konform, der empirisch nachwies, daß rund ⅔ aller Fehler kontextunabhängig sind. Das bedeutet, daß rechtschreibliche Phänomene durch ein gezieltes Einzelwort trainiert werden können (Balhorn/Büchner, 1992, S. 16f.). Bei der Eingabe der Wörter muß aber die »Ranschburgsche Hemmung« beachtet werden. Gegen dieses pädagogische Prinzip, das in der Literatur schon 1905 von Paul Ranschburg beschrieben wurde, aber wieder in Vergessenheit geriet, verstoßen nicht nur die meisten der uns bekannten Softwareprodukte, sondern auch viele Aufgaben in Sprachbüchern, Arbeitsheften und Rechtschreibprogrammen. August Franke brachte die Ranschburgsche Hemmung auf eine kurze Formel: »Die Verwendung ähnlicher Wörter ... bietet deshalb für den Rechtschreibunterricht nur Nachteile: sie sind schwer zu erlernen, aber leicht zu vergessen« (Franken, 1928, S. 63). Brügelmann sagt dazu: »Kontraste kann man für das Lernen nur nutzen, wenn sie auch an einem klar definierten Unterschied anknüpfen« (Brügelmann, 1983, S. 154).

So dürfen Wörter mit folgendem Wortbestand nicht in eine Datei eingegeben werden:

1. f – pf – v – ph?
2. e oder ä? eu oder äu?
3. s – ss – ß?

...

Dabei gibt es kaum eine zuverlässigere Methode, Rechtschreibfehler zu produzieren. Die Gegenüberstellung entsprechender Wörter führt mit Sicherheit im nachfolgenden Unterricht zu Gedächtnisstörungen und damit zu unvermuteten Fehlerhäufungen.

Vielfältige unterschiedliche Übungsformen, die die Software zuläßt, Adaptionsmöglichkeiten und die Ausweisung eines Fehlerprotokolls weisen, verbunden mit der sofortigen Rückmeldung, erhebliche Vorteile gegenüber herkömmlichen Papier- und Bleistiftübungen auf.

Dennoch: »Im Computer selbst stecken keine didaktischen Qualitäten. Die didaktische Qualität hat nur der Unterricht, in dessen Rahmen er eingesetzt wird. Der Computer kann lediglich zur Unterstützung einer didaktischen Konzeption mit herangezogen werden« (Sesink, 1991, S. 60).

Fazit

Schule lebt und funktioniert (noch) – auch ohne den Computer. Aber aufgrund der Heterogenität in den Klassen, aufgrund der veränderten Kindheit muß sich zwangsläufig unser Unterricht ändern: Ein gleichschrittiges Vorgehen im Unterricht ist pädagogisch fragwürdig und pädagogisch falsch. Phasen der Binnendifferenzierung, der Freien Arbeit und der Wochenplanarbeit wechseln einander ab. In diesen Kontext bette ich meine Computerarbeit ein. Sie sind Werkzeuge meines Unterrichts. Sie erlauben mir, mich in vielen Phasen intensiv um die Kinder zu bemühen, die meiner persönlichen Hilfe bedürfen. Für meine Schülerinnen und Schüler ist der Computer ein Unterrichtsmedium, ein Hilfsmittel beim Lernen, Üben und Testen. In diesen Bereich gehört der Rechner auch in die Grundschule hinein, wenn man die gegebenen Chancen für eine Verbesserung der Bildung unter den neuen, heutigen Voraussetzungen verantwortlich und ausgewogen nutzen will. Wir Lehrerinnen und Lehrer müssen lernen, verantwortungsvoll mit Computern umzugehen: Herrscher der Technik zu sein und nicht ihr Diener. Der elektronische Tutor bzw. Trainer kann zumindest nicht in der Grundschule Lehrerinnen und Lehrer ersetzen; er kann sie aber unter gewissen Bedingungen entlasten. Und für meine Kinder ist der Computer ein attraktives Medium – mehr nicht. In diesem Kontext sehe ich den Einsatz des Computers im Grundschulunterricht.

Die Übungsprogramme, die wir im Sprachunterricht einsetzen, müssen ein ausführliches Fehlerprotokoll anbieten: Sämtliche Falscheingaben des Kindes werden notiert. Ich bin der Überzeugung, daß bei auftretenden Schwierigkeiten nicht die Software durch Verzweigungen u.ä. der Schülerin helfen soll, sondern einzig und allein die Lehrerin. Das heißt: Wir lehnen Hilfeangebote, die das Programm dem Schüler gibt, fast ausnahmslos ab. Nicht nur in den Intensivmaßnahmen[4] haben wir erkannt, wie wichtig die personale Zuwendung der Lehrperson zum Kind ist. Wenn das Grundschulkind Schwierigkeiten mit bestimmten Aufgaben hat, braucht es die Lehrerin, und nicht eine Maschine. Anhand der Diagnose der Schülerleistungen kann differenziert an das Niveau des Kindes angeknüpft werden. Wenn die falschen Ergebnisse des Schülers aufgerufen und ausgedruckt werden können, ist eine gezielte Fehleranalyse möglich, die es wiederum erlaubt, Konsequenzen für die zukünftige Förderarbeit zu ziehen. Die neue Technologie besitzt bei der Diagnose und Analyse einen unübertroffenen Vorteil gegenüber allen anderen Lehr- und Arbeitsmitteln. Diese Diagnose wird nicht vorrangig als Mittel der Selektion oder gar zum Selbstzweck verwendet, sondern sie wird als Einbringen von Informationen für und über Behandlungen verstanden. So kann auf den Entwicklungsstand und auf das Störungsbild eines jeden einzelnen Kindes eingegangen werden.

Literatur

Arenhövel, F.: Computereinsatz in der Grundschule, Donauwörth 1994

Arenhövel, F./Mühlhausen, U.: Die vergleichende Analyse von Computerprogrammen und herkömmlichen Lernmedien – Ein Weg zur (fach-)didaktischen Sensibilisierung. In: Theorie und Praxis. Eine Schriftenreihe aus Fachbereich Erziehungswissenschaften I der Universität Hannover, Bd. 51, 1994

Arenhövel, F./Wilde, M.: Hören – Sehen – Schreiben – Kontrollieren. Münster 1982

Balhorn, H./Büchner, I.: Wie lernen Kinder (recht)schreiben? Grundwortschatzarbeit. In: Grundschulunterricht 39, 1992

Breuninger, H./Betz, D.: Jedes Kind kann schreiben lernen. Weinheim 1991

Sesink, W.: »Lernlandschaften«. In: Computer und Unterricht (1991), Heft 3

Sommer-Stumpenhorst, N.: Lese- und Rechtschreibschwierigkeiten: vorbeugen und überwinden, Frankfurt 1991

Spitta, G.: Kinder schreiben eigene Texte: Klasse 1 und 2; Bielefeld 1983

4 In den letzten 14 Tagen der Sommerferien fördern wir seit 1992 lese- und rechtschreibschwache sowie rechenschwache Kinder, um ihre Lernschwierigkeiten in einem ganzheitlichen Angebot zu beheben.

Udo Spindler

Erfahrungen beim Computereinsatz in Grundschulen des Kreises Marburg/Biedenkopf und der Stadt Marburg

1. Beginn

Im Frühjahr 1990 traf sich, initiiert von der Außenstelle Marburg des Hessischen Instituts für Lehrerfortbildung (HILF), ein Gesprächskreis interessierter Pädagogen, um über den möglichen Einsatz des Computers im Unterricht zu diskutieren. Dem Gesprächskreis gehörten ungefähr ein Dutzend Lehrerinnen und Lehrer, Schulleiterinnen und Schulleiter und ein Schulpsychologe des Staatlichen Schulamtes an.

Die Diskussion verlief kontrovers. Man war sich zwar einig, den Einsatz des Computers im Unterricht der Grundschule zu erproben, der Weg dahin und die Unterrichtskonzeption waren aber umstritten. Es wurde in folgenden Sitzungen keine Einigung darüber erzielt, was im Unterricht der Grundschule mit dem Computer gemacht werden sollte, welche Programme man dort einsetzen sollte, wie der Unterricht zu organisieren sei und welche Hardware angeschafft werden müsse.

Diese Uneinigkeit führte zu einer Fluktuation der Teilnehmer des Gesprächskreises. Diejenigen, deren Vorstellungen sich nicht durchsetzten, blieben der weiteren Diskussion fern. Diejenigen, denen der Anspruch an die Hardware und die Wissensvoraussetzungen der Lehrer, die diesen Unterricht erproben sollten, zu gering war, blieben ebenfalls fern.

Neue Lehrerinteressenten kamen hinzu, und die Gruppe diskutierte dann »in eine andere Richtung«!

Ich gehörte von Anfang an zum Gesprächskreis und bestimmte diese »Diskussionsrichtung« mit.

Am Ende des Jahres 1990 kam es dann zu zwei Aktivitäten:

a) Frau Biebricher-Maus vom HILF und ich fuhren nach Wiesbaden ins Hessische Institut für Bildungsplanung und Schulentwicklung (HIBS). Wir informierten uns dort mit Hilfe der SODIS-Datenbank über die im Unterricht einsetzbare Software und ihre Beurteilung.
b) Ich versuchte, alle auf dem »Markt« befindliche Software zu bekommen, die geeignet sein könnte, im Unterricht der Grundschule eingesetzt zu werden. Für diese nahm ich ebenfalls eine Bewertung vor, die natürlich subjektiv war. Aber die Maßstäbe für Software, die sich aus der Konzeption modernen Unterrichts ergeben, versuchte ich dabei anzulegen:

- leichte Erlernbarkeit der Handhabung,
- graphische Oberfläche, möglichst mit Mausbedienung,
- auf vielseitige Unterrichtssituationen anwendbar,

- individuell auf den einzelnen Schüler anpaßbar,
- Protokoll mit Fehleranalyse ausdruckbar,
- motivationsfördernde Bedienung,
- bei Fehler, Rückführung auf die Ausgangssituation; Erklärung, Übung, erneuter Test,
- Möglichkeit der Selbstkontrolle,
- Programm bietet Anreiz zum Üben.

In der Gruppe wurden die Ergebnisse zu a) und b) vorgestellt und diskutiert. Es bestand sehr schnell Einigkeit darüber, daß die vorhandene Software für einen Unterricht mit Lernprogrammen nicht geeignet ist. *Teilweise war sie eine Zumutung.*

In der Diskussion über unser weiteres Vorgehen einigten wir uns dann schnell darauf, den Computer im Unterricht so einzusetzen, daß er von vorhandener Software losgelöst die Funktionen erfüllt, die er in hervorragender Weise »kann«. Deshalb kam nur ein Einsatz in der *Textverarbeitung* in Frage.

> Wir wählten also den Computer als Werkzeug aus, um ihn im Unterricht zum Erstellen freier Texte zu verwenden. Er soll in einen modernen Unterricht eingebettet sein, der geprägt ist von Tages- und Wochenplanarbeit. In diesem Unterricht soll der Computer ein Mittel unter anderen sein, um Texte frei erstellen zu können. Er ist dabei ein Angebot unter anderen Möglichkeiten, wie Druckerei, Matrizendruck, freiem Malen, Schreiben mit der Hand und Gebrauch der Schreibmaschine.

Parallel dazu ergab es sich, daß Eltern von Grundschulkindern vermehrt beim Schulamt des Kreises Marburg/Biedenkopf und beim Schulamt der Stadt Marburg anfragten, welche Stellung (befürwortend oder ablehnend) man in der Frage des Computereinsatzes im Grundschulalter *einnähme.* Auch Lehrerkolleginnen und -kollegen fragten an, ob es nicht möglich wäre, für den Einsatz im Unterricht der Grundschule Computer anzuschaffen.

Dies »schrie« förmlich nach einer Klärung. Und so entschlossen sich die kommunalen Schulämter in Zusammenarbeit mit dem HILF die Frage zu beantworten und den Einsatz des Computers im Unterricht der Grundschule zu erproben.

Als dies klar war, ging ich auf die Suche nach einem geeigneten Textprogramm oder einer geeigneten »integrierten« Oberfläche. Ich fuhr im März 1991 zur CEBIT, der größten Computermesse der Welt in Hannover, um mich über die vorhandenen Möglichkeiten für unsere Arbeit zu informieren.

Schließlich und endlich wählte ich die Oberfläche GEOWorks aus, die einen sinnvollen Einsatz auf allen Computern (vom XT bis damals zum 386er) gestattete. Mittlerweile gibt es schon eine Version 2.0, die erst ab einem 286er Prozessor zufriedenstellend läuft.

GEOWorks ist gekennzeichnet von leichter Erlernbarkeit, Vielfalt der gestalterischen Möglichkeiten, Bescheidenheit im Anspruch an die erforderliche Hardware und dabei großer Verarbeitungsgeschwindigkeit.

Zusammensetzung der Gruppe – Klassen-/Altersstufen

Nachdem klar war, daß der Computer als kreative Textmaschine eingesetzt werden sollte, war auch klar, daß nur Schulen und Kolleginnen und Kollegen für eine Mitarbeit in Frage kamen, die den notwendigen Unterricht durchführten.

Der notwendige, passende Unterricht für unser Vorhaben konnte nur *ein Tages- oder Wochenplanunterricht mit Freier Arbeit und der möglichen Selbststeuerung der Kinder* sein. Außerdem sollten nach dem Willen der Geldgeber (Kreis und Stadt Marburg) die Schulen in Marburg und im Kreisgebiet gleich verteilt sein.

Es war nun dem HILF überlassen, Schulen und Kolleginnen und Kollegen auszusuchen, die Spaß am Ausprobieren neuer Unterrichtsmethoden hatten und die einen oben beschriebenen Unterricht praktizierten.

Eigentlich war schon beim ersten Treffen im Herbst 1991 klar, wer nun zum »Stamm« der Gruppe gehörte.

Der Unterricht fand dann in folgenden Klassen statt:

In einer Vorschulklasse, in vier 1./2. Schuljahren, in acht 3./4. Schuljahren und in zwei 4./5. Schuljahren einer Sonderschule, also insgesamt bei 257 Kindern.

ABM-Maßnahme

Glücklicherweise konnte das HILF eine ABM-Maßnahme, Frau Schwender, organisieren. Eine Frau, die sich bestens mit Computern auskannte, schnell in GEOWorks eingearbeitet war und in einem Computerbetrieb gearbeitet hatte, unterstützte uns ab Februar 1993 für ein Jahr. Sie war eine große Hilfe, weil sie sich auf Anhieb gut mit der Gruppe verstand, sich gut einarbeitete und helfen konnte. Sie war in der Lage, Hardwarefehler eines Computers zu erkennen und Hardware ein- und auszubauen!

Schwierigkeiten und ihre Bewältigung

a) Leider konnte die Gruppe nicht so arbeiten, wie sie es geplant hatte. Die Anschaffung der Computer und Drucker verzögerte sich. Da die Lehrerinnen und Lehrer wenig oder keine Computererfahrung hatten und bis auf drei auch keinen Computer besaßen, war die Wartezeit sehr schwierig zu bewältigen. Einerseits machte ich mit allen Beteiligten »Trockenübungen« (Geschichte des Computers, Betriebssystem und seine wichtigsten Befehle …), andererseits bemerkten wir, daß dies auf Dauer Frustrationen erzeugte, weil man Verstandenes und Aufgeschriebenes nicht üben konnte, bis die nächste Sitzung anberaumt war. Wir halfen uns, indem wir dreimal in die Mittelpunktschule Breidenbach auswichen, die einen Computerraum besaß, der einigermaßen unseren Ansprüchen genügte.

b) Als wir dann endlich im Herbst 1992 die Computer bekamen, stellte es sich heraus, daß die Hardware teilweise qualitativ minderwertig war. Bis wir die Probleme mit den einzelnen Computern einigermaßen im Griff hatten, waren schon wieder zwei Monate vergangen.

   Später half es, daß Frau Schwender den Umgang (Installation, Reparatur) mit Hardware in einem Computerladen gelernt hatte. Sie konnte einige Probleme durch Hausbesuche lösen.

c) Im Februar 1993 stellten wir fest, daß die Unterschiedlichkeit der einzelnen Gegebenheiten und Möglichkeiten und die Unterschiedlichkeit der Jahrgangsstufen und der Unterrichte (Vorklasse, Grundschule, Sonderschule) kein einheitliches Konzept zuließen.

Jeder plante also einen auf seine Bedürfnisse und Möglichkeiten abgestimmten Unterricht, den er der Gruppe darlegte und der diskutiert wurde. Im Unterricht entstehende Ergebnisse wurden immer mitgebracht und gezeigt.

Hard- und Software, die zum Einsatz kam

Hardware:
Kreis Marburg/Biedenkopf und Stadt Marburg schafften für alle ProjektteilnehmerInnen folgende Hardware an:

Rechner mit 386er Prozessor, VGA-Karte, 120 MB Festplatte, zwei Laufwerke, augenschonender Farbbildschirm, Tastatur, Maus, 24-Nadeldrucker.

Da es sich schnell herausstellte, daß ein Computer pro Klasse als zu wenig angesehen wurde, vermehrten einige Lehrerinnen und Lehrer ihren Bestand durch Eigeninitiative. Flohmärkte, Elternachmittage, Elternspenden und Textverkaufsaktionen beschafften das Geld, um im Schnäppchenangebot der Zeitungen preiswert zu alten »XTs« oder 286ern zu kommen. Das gelang auch. Die Bandbreite der eingesetzten Computer ist zur Zeit groß: vom »XT« mit Herkuleskarte über den »286er« mit Herkules- oder EGA/VGA-Karte bis zum oben beschriebenen »386er« ist vieles »aus der Welt des Industrie-Standards« vertreten.

Software:
Tastaturlernprogramm,
»Tafel« als Schreibprogramm,
GEOWorks.

Erfahrungen aus Vorklasse, Grundschule (1./2. und 3./4. Klasse) und Sonderschule (4./5. Klasse)

a) Gemeinsames am Beginn
Trotz der Unterschiedlichkeit der einzelnen Bedingungen verliefen das erste Kennenlernen und der Anfangsunterricht in allen Schulen gleich. Der Unterrichtsaufbau sah wie folgt aus:

- Vorerfahrungen und Vorwissen feststellen und sichern,
- Vorstellung und Besprechung dessen, was man machen will (wenn es sich schon aus dem Gespräch über die Vorerfahrungen und das Vorwissen ergibt),
- Aufbau einer Unterrichtsreihe »vom Leichten zum Schweren«, um neue Begriffe, Fähigkeiten und Festigkeiten kennenzulernen und einzuüben.

Hierbei setzt man unterstützende Übungen ein, die die Kinder von Stufe zu Stufe weiterbringen.

Interessant ist hierbei, daß ich mit der Lehrergruppe genauso vorgegangen bin wie später mit verschiedenen Schülergruppen.

Lehrer und Schüler lernten nach dem gleichen Schema!

b) Vorklasse

Die Klassenlehrerin Frau Zuzak ist Sozialpädagogin und leitet eine Vorklasse.

Sie berichtet selbst:

»In meiner Vorklasse werden 5 Mädchen und 6 Jungen unterrichtet, die schulpflichtig, aber noch nicht schulfähig sind. Die Kinder besuchen ein Schuljahr lang die Vorklasse.

Im Schuljahr 1992/93 habe ich mit 8 Kindern von Ende April bis Ende Juni, also 10 Wochen, mit dem Computer gearbeitet. Im Schuljahr 1993/94 habe ich mit 11 Kindern ab November angefangen, mit dem Computer zu arbeiten.

Das Schuljahr 93/94 ist noch nicht zu Ende. Ich hatte geringe Vorkenntnisse über die Arbeit mit dem Computer. Das Programm GEOWorks war mir gänzlich unbekannt.

Nach kurzer Zeit hatte ich mich mit dem Umgang von GEOs vertraut gemacht. Die *Kinder der Vorklasse hatten keine Vorerfahrungen,* daher mußte eine gemeinsame Einführung in Gruppen erfolgen. Die Kinder machten ihre ersten Erfahrungen mit dem Computer durch imitierte Handlungen:

- erste Aufgabe war das Schreiben ihres Namens,
- zweite Aufgabe war das Auswählen verschiedener Schriften,
- dritte Aufgabe war das Auswählen verschiedener Größen,
- weitere Arbeitsschritte waren das Schreiben von:
- MAMA, PAPA, OMA, OPA, Geschwisternamen, Freundesnamen, weitere leichte Wörter.

Die Kinder arbeiten mit einer erstaunlichen Ausdauer und Freude. Durch diese Arbeit sind sie sehr motiviert, sich mit Buchstaben und Wörtern zu beschäftigen und sie korrekt zu schreiben.

Nachdem die Kinder mit dem Schreibprogramm umgehen konnten, habe ich sie in das Malprogramm eingeführt.

Für dieses Programm haben sich in diesem Schuljahr nur 5 Kinder interessiert. Diese Kinder haben begeistert Bilder und Malereien frei gestaltet.

Auch habe ich ein leichtes mathematisches Programm eingeführt, mit dem die Kinder Farben, Formen, Mengen und Zahlen bis 5 zuordnen mußten. Auch von diesem Programm waren die Kinder begeistert. Nach kurzer Zeit waren die Schüler in der Lage, die Geräte (Hardware) selbständig zu bedienen und die oben genannten Aufgaben mit der Software zu bearbeiten.

Während der freien Unterrichtsphasen bekommen die Kinder Gelegenheit, einzeln oder zu zweit ihre Arbeiten am Computer zu fertigen. Das Sozialverhalten ist dabei einzigartig!

In diesem Schuljahr, nach ungefähr 5 Monaten, fangen 2 von 11 Kindern dieser Klasse an, Wörter zu buchstabieren und diese in den Computer zu schreiben.

Das Ausdrucken der korrekten Wörter und der Bilder bedeutet für die Kinder ein ganz besonderes Erfolgserlebnis, das wesentlich zur Motivation beiträgt. Die Arbeitsergebnisse werden im Klassenraum aufgehängt, worauf die Kinder sehr stolz sind.«

Abbildung II.10a.: Texterfassung am Computer (Fotos Spindler)

Abbildung II.10b.: Textarbeit am Computer und im Bleisatz

c) 1./2. Schuljahr
Insgesamt nahmen im 1./2. Schuljahr 87 Kinder, 38 Mädchen und 49 Jungen in 4 Klassen am Unterricht teil.

Im Rahmen der Tagespläne und des Wochenplans arbeiteten die Kinder in der Klasse in einer speziellen Computerecke. Im ersten Teil des Unterrichts (April bis Sommerferien) kamen die Kinder so weit, daß sie selbständig (mit vorgegebener Schrift) ihren Namen eingeben konnten. Einige beherrschten schon die Maus und benutzten sie zum Anklicken der verschiedenen Funktionen. Im zweiten Schuljahr arbeiten die Kinder nun selbständig am Computerplatz. Dabei schreiben sie kleine Geschichten über gemeinsame Erlebnisse in der Schule, und die einen erstellen zum Ende des Schuljahres einen Bericht über die Klassenfahrt, die anderen ein Buch über Tiere.

d) 3./4. Schuljahr
Insgesamt nahmen im 3./4. Schuljahr 136 Kinder, 61 Mädchen und 75 Jungen in 8 Klassen am Unterricht teil. Erstaunlicherweise beherrschten die Kinder die Handhabung

SPORT - Ein denkwürdiges Spiel!

Noch drei Tage? Noch drei Tage, dann ist es soweit, dann spielt Stadtallendorf:Schröck, das Spitzenspiel in der Gruppe 3!
Am 8.10.1993 ist Treffpunkt an der Raiffeisenbank in Schröck um 16.30Uhr. Wenn alle gekommen sind ,fahren wir nach Stadtallendorf !!!!!

SPORT:
Hallo, liebe Leser, wir sind wieder in der Sportabteilung.
Erst haben wir eine gute Nachricht und dann eine schlechte Nachricht .
Erstens ,wir haben das erste Tor geschossen, durch einen glücklichen Schuß von Timo Fröhlich. Der klitschige Boden half dann den Stadtallendorfern zum 1 : 1 , dann war Halbzeit. Der halbstark spielende Dominik Nau mußte schon nach 10 Minuten raus, dann ging es wieder los.
Bevor es noch richtig los ging, hatten die Stadtallendorfer schon das 2:1 geschossen. Dann wurde Christian Max ausgewechselt, der genauso spielte wie Dominik. Dann schossen die Stadtallendorfer noch das 3:1 und dann noch das 4 : 1.
Na ja, es wird sich ja gegen Großseelheim zeigen, wer in die Endrunde kommt.

Abbildung II.11.: Zeitungsseite Klasse 3

des Computers sehr schnell. Nur wenige hatten Schwierigkeiten. *In einer Klasse waren sie in der Lage, die in der Ecke abgestellte Hardware für den Unterricht selbständig aufzubauen!* Die meisten Kinder hatten keine Vorerfahrungen, viele kannten aber einen Computer schon und hatten auch ein Computerspiel.

Fast überall wurde zu zweit am Computer gearbeitet, ja dies kristallisierte sich als die bevorzugte Arbeitsweise heraus. In einer Klasse wurde der Computer im Rahmen einer AG eingeführt, später dann als Arbeitsmittel für die ganze Klasse. Die AG-Kinder bewährten sich dabei als »Lehrer«, und die weitere Einführung verlief dann schnell und problemlos.

Die Kinder schrieben im Unterricht eigene Geschichten und Gedichte, illustrierten sie teilweise mit Hilfe des Grafikprogramms, malten Bilder hinein oder schmückten die Geschichten mit der Hand grafisch aus.

Es entstanden so: Geschichtenbücher, Klassenfahrtberichte, Zeitungen, Einladungen, Plakate und grafische Spielereien. Manches war qualitativ so gut, daß es ohne weiteres Korrigieren in Kinderbücher gepaßt hätte!

e) 4./5. Sonderschule

Insgesamt nahmen im 4./5. Schuljahr der Sonderschule 23 Kinder, 10 Jungen und 13 Mädchen in 2 Klassen am Unterricht teil.

Die Einführung in den Umgang mit dem Computer und der Tastatur fand auch hier in der Sonderschule genauso statt, wie in den anderen Klassen. Allerdings wurden hier die besprochenen und demonstrierten Arbeitsschritte auf Wandzeitungen geschrieben und über dem Computer aufgehängt, so daß sich die Kinder noch einmal orientieren konnten. Nach jeder Erweiterung wurde eine neue Wandzeitung dazugehängt. Die Kinder waren sehr motiviert, es dauerte ihnen zu lange, bis sie wieder »drankamen«, weil nur ein Computer für eine Klasse zur Verfügung stand. Das Einüben der Handhabung der Maus wurde durch das »Kugelspiel« unterstützt. Auch hier entstanden Texte aus dem Unterricht, Geschichten und Plakate.

f) Zusammenfassung der Ergebnisse und Erfahrungen:
Kinder

- Viele Kinder haben schon mehr oder weniger breite Vorerfahrungen, die sie begeistert in den Unterricht mit einbringen.
- Die Einführung an den einzelnen Schulen gestaltete sich unterschiedlich, im Klassenverband wie in der Gruppe. Es gelang aber immer, das nötige Wissen zum Umgang mit Computer und Oberfläche zu vermitteln. Die Kinder waren immer begeistert dabei.
- Es war nicht schwer, gemeinsam in der Klasse Regeln für den Umgang mit dem Computer aufzustellen. Sie wurden eingehalten.
- Das Tastaturlernprogramm erwies sich als »Renner«, denn es wurde sehr gerne und mit gutem Erfolg durchgeführt.
- Vom Computer ging, wenn er benutzt wurde, eine hohe Motivation aus. Die Kinder schrieben längere und kreativere Geschichten, als sie das nach vorheriger Beobachtung mit der Hand taten.
- Der Computer wurde von Schülern in Anspruch genommen, die sonst nur schwer oder gar nicht zum Freien Schreiben zu bewegen waren. Es machte ihnen Spaß.
- Schüler, die sonst kleine oder große Konzentrationsschwierigkeiten hatten, blieben eine längere Zeit konzentriert bei der Sache und schrieben Texte.

- Der gleichzeitige Umgang mit dem Computer lief sehr kooperativ ab. Da in einer Klasse immer nur ein Computer stand, mußte man sich arrangieren. Auch hier wurden die Regeln eingehalten. Für die Zusammenarbeit machten wir folgende zwei unterschiedliche Beobachtungen:
  a) Kinder, die schon weiter waren, halfen bereitwillig Kindern, die noch Schwierigkeiten hatten. Es war sogar so, daß sich bevorzugt solche Kinder als Zweiergruppe zusammentaten.
  b) Probleme wurden total gleichrangig gemeinsam gelöst. Zu beobachten war die gegenseitige Hilfe, ohne daß sich einer von beiden als Bestimmender aufgeschwungen hätte.
- Durch das gleichzeitige Angebot mehrerer Möglichkeiten freier Textgestaltung verteilten sich die Kinder bei der Arbeit. Es war nicht so, daß es ein Gedränge um den Computer gegeben hätte. Vielmehr war zu beobachten, daß der Computer nur dann in Frage kam, wenn das, was man tun wollte, besser mit Hilfe des Textprogramms als ohne Computer zu erledigen war.

Lehrerinnen/Lehrer

- Bis auf zwei Kolleginnen beurteilten alle anderen den Unterricht so, daß ein »Mehr« an Chancengleichheit zu beobachten sei. Vermeintlich schwächere Kinder hätten einen größeren »Zugewinn« für sich gehabt.
- Alle beurteilten den Ansatz (Textverarbeitung und Textgestaltung) als richtig und gelungen.
- *Die Vorteile des Unterrichts seien:*
  eine bessere Kommunikation der Kinder untereinander; das gemeinsame Arbeiten wird stark gefördert; die Fehlerbehandlung geschieht gemeinsam; es ist ein Mehr an Selbständigkeit beim Schreiben beobachtet worden; das Freie Schreiben wurde erleichtert (besonders bei schwächeren Schülern); die Unterrichtsergebnisse waren sehr gut; die Kinder haben ein neues Medium und den Umgang mit dem Computer kennengelernt; das Erstellen von Texten mit dem Computer war eine sinnvolle, positive Unterrichtsergänzung; in der Sonderschule ergaben sich mehr Differenzierungsmöglichkeiten und die »Vermeidungshaltung« wurde abgebaut. Zu beobachten war eine höhere Motivation bedingt durch die Vielfältigkeit der Gestaltungsmöglichkeiten.
- *Im Unterricht besonders zu beobachten sind:*
  bei manchen Kindern Schwierigkeiten im Umgang mit der Maus (Feinmotorik) und Ungeduld, wenn es zu lange dauert, bis man »drankommt«. Sonderschulkinder haben offensichtlich mit dem Erlernen der Tastatur und der Handhabung der Oberfläche mehr Schwierigkeiten. Dies führt zu einem erhöhten Zeitaufwand, der einen Motivationsverlust zur Folge hat.

  In einer Klasse hatten die ausländischen Kinder (Türken) mehr Schwierigkeiten als die anderen Kinder.

Wann ist der Einsatz des Computers in der Grundschule sinnvoll?

Die Gruppe ist überzeugt, daß der Einsatz des Computers in der Schule dann sinnvoll ist, wenn er so durchgeführt wird, wie wir es getan haben. Darüber besteht eine volle Übereinstimmung.

Ebenso sind *alle Lehrerinnen und Lehrer* der Meinung, daß unser Ansatz im 5. und 6. Schuljahr weitergeführt werden sollte.

Im modernen Tages- und Wochenplanunterricht ist der Computer als Werkzeug zum Gestalten von Texten für die Beteiligten nicht mehr wegzudenken. Alle werden so weiterarbeiten und sind daran interessiert, mehr Kolleginnen und Kollegen für solchen Unterricht zu interessieren.

Es sollte mehr als ein Computer in der Klasse sein. Die Hardware kann qualitativ nicht gut genug sein, wird sich aber wohl nach den finanziellen Mitteln der Schulträger richten.

Lehrerinnen und Lehrer sollten, wenn sie »Neulinge« im Umgang mit dem Computer sind, in der ersten Zeit möglichst viele und lange Sitzungen zum Kennenlernen haben, um sich schnell ein notwendiges Grundwissen anzueignen.

Blick in die Zukunft

Die Gruppe kann sich vorstellen, daß der *Einsatz des Computers als Textmaschine* bald erweiterbar ist. Das hängt von der Softwareentwicklung ab. Hier sind aber gute Programme schon in Sicht oder schon entwickelt.

Aber auch, wenn viele gute Programme vorhanden wären, gehören der Lehrer, sein gut geplanter, gut durchdachter und mit den Kindern abgesprochener Unterricht und seine persönliche Zuwendung zuallererst zu einem guten Grundschulunterricht.

Im Landkreis Marburg/Biedenkopf und in der Stadt Marburg wird es ab nächstem Schuljahr ein offizielles Projekt des Hessischen Instituts für Bildungsplanung und Schulentwicklung und des Hessischen Instituts für Lehrerfortbildung geben. Es wendet sich an Lehrerinnen und Lehrer eines dritten Schuljahres mit wenig Computererfahrung, ist auf zwei Jahre ausgelegt und wird von mir und einer Kollegin aus der jetzigen Gruppe geleitet. Es beschäftigt sich wieder mit dem Einsatz des Computers als Textmaschine, hat aber seinen Schwerpunkt mehr auf grafischer Ausgestaltung von Texten.

Was sollte nicht sein

Die Gruppe bedauerte das mangelnde Interesse des zuständigen Staatlichen Schulamtes. Ein Vertreter des Staatlichen Schulamtes war lediglich bei beiden Presseterminen erschienen.

Niemand von unserer Gruppe wurde während der zwei Jahre angesprochen, es wurde kein Kontakt aufgenommen, und das Interesse beschränkte sich auf gelegentliche Bemerkungen, wenn wir in SPIEGEL oder FOCUS erwähnt wurden. Dies ist sehr schade, denn bei der Wichtigkeit der Sache sollte gerade die staatliche Institution mehr Aufmerksamkeit und Interesse zeigen.

Befremdlich ist es geradezu, daß das Staatliche Schulamt sogar eine Beratung zu Software und Einsatz von Computern in der Grundschule anbietet, die nicht mit uns und unseren Erfahrungen in Einklang steht und natürlich auch nicht abgesprochen ist.

Im Gegensatz dazu interessiert sich das zuständige Studienseminar sehr für unsere Arbeit. Es hatte mich zu einer Information der Ausbildungsleiter eingeladen, und ich konnte dort über unsere Arbeit berichten und mit den Ausbildungsleitern diskutieren. Inzwischen hat das Studienseminar auch GEOWorks angeschafft.

Winfried Boos

Grundschulkinder arbeiten und lernen mit dem Computer – Erfahrungen aus der Europäischen Schule München

Die Arbeit mit Kindern aus dem Grundschulbereich am Computer stößt in Deutschland zumindest im Grundschulbereich auf heftigsten Widerstand angefangen an höchster Ebene bis hinunter in die kleinste Grundschule. Viele Argumente werden ständig angebracht, um zu dokumentieren, daß Computer und Kinder nicht zusammenpassen. Vereinsamung, schlechte Augen, Kommunikationsprobleme usw. sind nur einige Kritikpunkte, die nicht nur aus dem Kollegenkreis immer wieder vorgetragen werden, denen Lehrer ausgesetzt sind, die es trotzdem wagen, sich mit Kindern an die Arbeit mit dem Computer zu begeben. »Die sollen doch erst einmal richtig lesen und schreiben lernen«, ist ein häufig gehörtes Argument gegen die Arbeit mit und am Computer.

Ein Blick über den eigenen Herd über den Kanal nach Großbritannien läßt die ganze Argumentation in einem anderen Licht erscheinen. Im Mutterland des Fußballs, des Krickets, des Golfsportes ist die Arbeit am Computer speziell im Grundschulbereich schon seit Jahrzehnten üblich. Keiner, weder Lehrer, Eltern noch Schüler, verliert auch nur einen Gedanken daran, daß es schädlich sein könnte, am Computer zu sitzen und seine Arbeit auch dort zu verrichten. Im Gegenteil, die offizielle politische Meinung unterstützte die Anschaffung von Computern an jeder Grundschule finanziell bereits zu Beginn der 80er Jahre. Der Rechner ist ein Hilfsmittel für den Alltag geworden wie Kreide, Tafel, Buch oder Klavier. Es spielt auch keine Rolle, welches Fach gerade unterrichtet wird. Der Computer ist dort nicht an ein Fach gebunden. Er ist, wie englische Kollegen sagen, »the little friend in the corner«, eingebunden in die tägliche Unterrichtsarbeit, fächerübergreifend und damit weg vom Anspruch des »Informatikunterrichtes deutschen Denkens«, verliert seine Unheimlichkeit, gewinnt keine Macht, ist einfach da und wird benutzt. Von jedem Kind!

Mit Sicherheit haben diese positiven Ergebnisse aus Großbritannien mit dazu geführt, daß in 1984 ein Projekt ins Leben gerufen wurde, das zum Ziel hatte, Computer in die Grundschulen der Europäischen Schulen einzuführen. Ausgehend von der damaligen Situation, daß Computer keine Rolle spielten in den Schulen der Europäischen Gemeinschaft, waren Kollegen aus vielen europäischen Ländern, mit dem stellvertretenden Direktor der Europäischen Schule Culham (natürlich in Großbritannien liegend) als treibende Kraft bestrebt, diese Situation zu ändern.

Exkurs: Zum Verständnis der Arbeitsweisen Europäischer Schulen ist es notwendig, ein geringes Wissen über die Europäischen Schulen zu haben. Es gibt 9 europäische Schulen, die in 6 Ländern der Europäischen Union liegen. In diese Schulen gehen Kinder aus allen 12 Mitgliedsstaaten der EU. Sie werden von Lehrern aus den jeweiligen Mitgliedsländern in der jeweiligen eigenen Muttersprache unterrichtet. Ein Franzose hat demzufolge einen französischen Lehrer und wird in französisch unterrichtet, ein Spanier hat einen spanischen Lehrer und wird in spanisch unterrichtet. Jedes Land hat seinen eigenen Lehrplan in der Muttersprache, für die anderen Fächer gibt es einen gemeinsamen Lehrplan, seinen eigenen Unterrichtsstil, kurz seine eigenen Eigenheiten. Dies führt zu vielen Problemen im Schulalltag. Trotzdem haben es die verantwortlichen Personen gewagt, einem Projekt »Einführung des Computers in den Primarbereich« zuzustimmen.

Bereits im Jahr 1984 trat eine erste Arbeitsgruppe zusammen, bestehend aus Lehrern und Inspektoren aus 3 Ländern, um das Projekt vorzubereiten, genannt die erste Phase. Bereits 1985 war die Arbeitsgruppe so weit fortgeschritten, daß die Genehmigung beantragt wurde, was 1986 durch den Obersten Rat auch geschehen ist.

Im Jahr 1986 wurde das Projekt in den einzelnen Schulen diskutiert, die Mitarbeit am Projekt beschlossen und verantwortliche Lehrer für den Computerbereich gesucht. Dies war die Phase, in der ich aktiv in das Projekt als der verantwortliche Lehrer in München einstieg.

Die Einbindung sogenannter Koordinatoren für den Computerbereich wurde als zweite Phase bezeichnet. Die Aufgabe der Koordinatoren war und ist vielfältig. Primäre Aufgabe im Jahr 1986 war zunächst vertraut werden mit der neuen Technologie. In speziellen Trainingskursen unter anderem in Canterbury, England, wurden die 9 Koordinatoren, an jeder Europäischen Schule einer, an den Computern ausgebildet. Zu der damaligen Zeit hatten von den 9 Koordinatoren lediglich 2 oder 3 Erfahrungen an und mit Computern; nur der englische Koordinator kannte die Rechner der Marke Acorn BBC Model B; heutzutage ein Steinzeitrechner, der aus jedem Kinderzimmer hinausgeworfen würde. Wir Koordinatoren waren damals froh, einen Rechner gefunden zu haben, der auch dem Einsatz in der Schule gewachsen war und für den auch Software für den Einsatz im Grundschulbereich bereitlag. Euphorisch gingen wir an unsere eigene Ausbildung, machten uns vertraut mit den Programmen und den Eigenheiten des BBC. Schon sehr schnell wurde klar, daß eine Menge Arbeit auf uns wartete, nicht nur im Hinblick auf den technischen Bereich. Überzeugungsarbeit, Ermutigungen und Hilfen bei der Benutzung in den eigenen Schulen seien lediglich als kleiner Fingerzeig auf die vielfältigen Probleme erwähnt. Es wurde uns klar, daß wir nicht nur die Speerspitze nach außen waren, sondern ebenfalls als Spitze gegen die Widerstände innerhalb der einzelnen Schulen.

Mögen die 9 Europäischen Schulen nach außen hin erscheinen als eine homogene Gruppe, mit dem Ziel einer übergreifenden europäischen Erziehung und Bildung, so ist die Realität in der täglichen Unterrichtspraxis wie in jeder nationalen Schule ebenso geprägt von Alltagsritualen, Rollenverteilungen, vielleicht Neid und Eifersüchteleien. Quer durch die Nationen ging der Widerstand gegen die Materie Technik. Die gleichen Argumente, die bei jeder Diskussion über den Sinn und Nutzen von Computern im Grundschulbereich heute eingebracht werden, fielen bei der Einführung der Computer in unserer Schule ständig. Den größten Widerstand gegen die Einführung der Computer brachte die größte Sprachabteilung, der ich angehöre, die deutsche entgegen. Von den 5 deutschen Lehrern waren 4 dagegen. Mit den jetzt bekannten Argumenten (Vereinsamung, keine Kommunikation, macht die Augen kaputt, schlechte Sitzhaltung …) versuchten sie damals die Einführung zu verhindern, bzw. sie lehnten es lange Zeit ab, die Geräte zu benutzen. Zu große Klassen, Lehrplan und ähnliche Argumente wurden ebenfalls angeführt.

Die englischen Kollegen dagegen waren froh, daß endlich nach mehr als 10 Jahren seit dem ersten Gebrauch der Computer in ihrem Heimatland ein Werkzeug des englischen Schulalltags Einzug in die Europäischen Schulen hielt. Sie unterstützten deshalb das Projekt mit bestem Wissen von der ersten Minute an.

Die offizielle Position als Arbeitsgrundlage war:

Educational aim

Introduction of computers at primary level should be as a support or an extension of the teaching already taking place in the class room. The computer should be readily available to the children in the same way as other didactical means. In the same way that our children see computers in common use in the post office, in banks, in factories or even at home, so they should develop a natural sense of how to use them at school. The introduction of computers not only gives them a new aspect of learning, it also constitutes a means of preparation for their future education and their lives after school. It will educate pupils to interchange easily between human contact and machines.

Eine Arbeitsgrundlage, auf der sich im Nachhinein betrachtet, ausgesprochen gut arbeiten ließ. Keine Rede von Programmierung in BASIC, Turbopascal, C++ oder einer anderen Computersprache. Dies war und ist auch ein Aspekt, dem ich ständig ausgesetzt war und bin. Kollegen, natürlich wieder aus der deutschen Abteilung, aus dem gymnasialen Bereich fragten und fragen mich ständig, in welcher Sprache ich denn den Kindern den Umgang mit dem Rechner vermitteln würde. Verständnislos schauen sie mich an, wenn ich zur Antwort gebe, daß unser Ziel nicht das Programmieren ist, sondern der alltägliche Umgang mit bereits fertigen Programmen. Textverarbeitung, Datenbanken, Logo und control technology waren und sind die Arbeitsmittel, die ausgesprochen beliebt und akzeptiert sind. Die Gegenfrage, wann Schüler der höheren Schule im Alltagsleben konfrontiert seien mit so wichtigen Dingen wie Turbopascal, FORTRAN oder BASIC ist in diesem Zusammenhang als unqualifiziert sofort nicht zugelassen. Welch Zugang zu einer modernen Technik!

In der dritten Phase, der Verwirklichung aller aufgestellten Pläne und Ideen, mußte sich zeigen, ob die geplante und durchdachte Vorgehensweise auch realistisch und durchführbar war. Diese Phase begann offiziell im Januar 1988. Davor war es jeder Schule mehr oder weniger freigestellt, entsprechende Schritte vorzunehmen, damit der Start auch glückt. Bis zu diesem Zeitpunkt war der Einsatz des Computers im Primarbereich jeder Schule freigestellt; ab Januar 1988 mußte jedem interessierten Lehrer der Einsatz von Computern ermöglicht werden. Die Realisation blieb in den Händen der Schule. Vorbild war wieder einmal England, das als Ziel hat: jede Klasse ihren eigenen Computer.

In München konnten wir einen anderen Weg einschlagen. Bereits in 1986 begannen wir die Voraussetzungen für den Start in 1988 zu schaffen. Durch glückliche Umstände gelang es, 12 gebrauchte Acorn BBC B in München zu bekommen. Den englischen Kollegen sowie jedem weiteren interessierten Kollegen stellten wir einen Computer in seine Klasse, der dort permanent blieb. Des weiteren richteten wir einen Computerraum ein, der für alle Kollegen zur Benutzung mit ihrer Klasse offenstand. Schon beim ersten Einsatz in den Klassen 3–5 der Grundschule trat ein Problem auf, das zu Beginn der Euphorie nicht voll erkannt bzw. beachtet wurde: das Problem der Software.

Im Jahr 1985/86 gab es auf dem Softwaremarkt in Deutschland keinerlei geeignete Software für den Grundschulbereich. Selbst Softwarehäuser lächelten nur mitleidig ob solcher Anfragen. Der englische Softwaremarkt mußte demzufolge wieder einmal herangezogen werden. Und dort wurde alles angeboten, was das Herz so begehrte; aber leider immer nur in englisch. Bei Textverarbeitungsprogrammen kann zu Beginn eines Projektes, bei dem jeder noch bereitwilligst zu Kompromissen bereit ist, gerade noch darüber hinweggesehen werden, denn ob das Menü jetzt in deutsch oder englisch abgefaßt ist, spielte zunächst einmal eine untergeordnete Rolle. Für den Start wollten wir zunächst nicht mehr. Schon bald machten sich Anzeichen breit, daß hier etwas geändert werden mußte. In viel Kleinarbeit übersetzte ich deshalb das Menü eines Textverarbeitungsprogrammes, das in BASIC geschrieben wurde, ins Deutsche, Französische, Niederländische und Italienische. Damit waren die Kollegen der entsprechenden Sprachgruppen zufrieden; die Arbeit konnte fortgesetzt werden.

Etwas brenzliger war es dann schon, daß diese Programme im Deutschen keine Umlaute und kein »ß« hatten, bzw. die jeweiligen Sonderzeichen der verschiedenen Sprachen nicht erkannte. ASCII-Codes anzuwenden war mit diesen Maschinen einfach nicht möglich. Ein Zustand, der heute nicht vorstellbar ist. Aber 8 Jahre auf dem Computerbereich sind schon eine kleine Unendlichkeit.

Neben den Schreibprogrammen hatten wir viele »Drill-and-practice«-Programme aus England mitgebracht. Drill and practice heißt, daß mittels eines Programmes ein bestimmtes Thema stur geübt wird. Zur Belohnung erklingt meistens eine einfache Melodie oder ein lächelndes Gesicht erscheint. Viele Softwarehersteller in Deutschland gingen zu Beginn ihrer Arbeit auf dem Softwaremarkt in diese Richtung, z. B. Westermann mit dem Rechenlöwen, dem Rechtschreibtraining ... Diese Programme wurden von meinen Kollegen zu Beginn begeistert eingesetzt, wurden aber wieder fallengelassen, weil die Motivation seitens der Schüler schnell nachließ.

Einen großen Bereich räumten wir Koordinatoren dem Programm »Logo« ein. Dieses Programm ist mit heutigem Begriff ein mächtiges Softwarepaket. Läßt es doch zu, daß Grafiken erstellt, Texte geschrieben, Musik erzeugt und auch Berechnungen angestellt werden können. Viele Kollegen erarbeiteten sich mühevoll Kenntnisse in Teilen dieses Softwarepaketes, insbesondere der grafische Bereich war sehr populär. Ein Grund für die Popularität lag mit darin, daß mit wenigen Befehlen schnell Erfolg sichtbar wird. Vorwärts (forward), links (left) oder rechts (right), verbunden mit einer beliebigen Zahl ergibt sofort eine Grafik. Erste Schritte sind also in Sekundenschnelle erlernbar. Die Verkettung der Befehle ergibt ein Quadrat: FD 50 RT 90 FD 50 RT 90 FD 50 RT 90 FD 50 RT 90. Das gleiche Resultat ergibt REPEAT 4 (FD 50 RT 90). Logisches Denken, Denken in Strukturen, Analogiebildungen konnte mit den Kindern am Computer ausprobiert und umgesetzt werden. Jedes Kind konnte so seine eigenen Erfahrungen machen, konnte erleben, welche Konsequenzen ein falsches Vorgehen hat. Fragen der Kinder waren zielgerichtet und auf ein wirklich vorhandenes Problem gerichtet. Die Arbeit mit dem Lehrer und dem Partner am Gerät war so intensiv und an der Sache orientiert, daß eine Kommunikationsebene erreicht wurde, die ich im traditionellen Unterricht so noch nicht erlebt hatte.

Ein weiterer Softwarebereich, den wir als wichtig ansahen, war der Bereich der control technology. Mit Hilfe des Computers können Kinder Motoren, Alarmanlagen, Aufzüge u. v. m. direkt steuern und regeln. Ganz einfache interfaces ermöglichen es den Kindern, mit einfachsten Programmen große Erfolge zu erzielen. Unter anderem bietet Logo auch hier Möglichkeiten, die bei uns ebenfalls Anwendung fanden. Gerade auf dem Bereich der control technology war die Motivation der Schüler noch höher anzusiedeln als bei Textverarbeitung oder Grafikprogrammen. Stundenlang beschäftigten sich die Schüler mit dem Bau verschiedener Fahrzeuge, Seilbahnen, Flugzeuge ..., die sie anschließend mittels Computer »zum Leben erwecken« konnten. Der Lehrer war nicht mehr Unterrichtender, im voraus wissend, was gelernt werden muß, vielmehr wurde er zum Partner im Problemlöseverhalten und Suchen nach einer passenden Antwort auf eine auftretende Schwierigkeit. Ausgesprochen logisches Denken und Analysieren waren hier gefordert. Pseudofragen, deren Antworten bereits festliegen, traten kaum auf. Innerhalb einer Arbeitsgruppe wurde diskutiert, Lösungswege und -strategien aufgeworfen und wieder verworfen, je nach Situation die angegangenen Wege verlassen und neue eingeschlagen, ohne daß die Lehrperson dies explizit anregte oder auftrug. Oft wurde der Weg, den der Lehrer anregte, von den Schülern verlassen, weil sich eine bessere Möglichkeit anbot. Im Gespräch konnten die Gründe hierfür meist genau angegeben werden. Eine Diskussion auf höchst logischer Ebene war ein wunderbares Resultat einer solchen Unterrichtseinheit. Auf keinem anderen Gebiet innerhalb des Schulalltags habe ich bisher die Erfahrung gemacht, daß Lehrer und Schüler gleichermaßen gleichberechtigt an Problemen miteinander arbeiten konnten.

In jüngerer Zeit sind »adventure games« auf den Softwaremarkt gekommen. Ein alter Hut für englische Grundschulkinder. Dort werden seit langer Zeit Programme eingesetzt, die alle Bereiche des Fächerkanons abdecken. »Grannys Garden« oder »The Lost Frog« sind Beispiele dafür. Um zum Ende des Spieles bei »Grannys Garden« zu gelangen, müssen Reimwörter gefunden, ein kleines Musikstück nachgespielt, Rechnungen gemacht und schließlich noch der richtige Weg zum Haus gefunden werden. Unter Projektunterricht in der schönsten Form sind diese kleinen Programme anzusiedeln. Leider sind diese Programme nicht für Apple- oder IBM-Computer erhältlich.

Die Softwareprogramme, die jetzt erhältlich sind, zielen mehr auf den Spielcharakter außerhalb der Schule ab, sind mehr kommerzorientiert und so nicht ohne Vorbehalte in der Schule einzusetzen. Simcity, Simbody, Simearth zielen darauf ab, z. B. sich eigene Städte zusammenzustellen und zu beobachten, was dabei geschieht, ob die Stadt lebensfähig ist, welche Probleme auftreten, Zusammenhänge zu erkennen. Im fächerübergreifenden Unterricht ist dies eine hervorragende Gelegenheit derartige Programme einzusetzen, wenn die Klasse gewisse Englischkenntnisse hat. »Pirates« ist das erste Programm, das gleichzeitig in englisch, französisch oder deutsch eingesetzt werden kann. Geradezu ideal für unsere Schule. Ziel des Spieles ist es, Gouverneur in der Karibik zu werden. Spielerisch lernen die Kinder etwas über die Piratenzeit kennen, müssen sich mit der Geschichte des 15. Jahrhunderts auseinandersetzen, müssen Zusammenhänge erkennen und dürfen auch an Seeschlachten teilnehmen. Ein Programm, das sicherlich auf unterschiedliche Resonanz trifft, das aber sinnvoll eingesetzt, sicherlich einen hervorragenden Platz im Projektunterricht einnehmen kann.

Für die Lehrer der englischen Sprachabteilung war von Beginn an wichtig: die Anwendung von Dateibänken. Für sie war und ist es nie Problem Software zu bekommen, die für das jeweilige Problem, den Themenkreis zugeschnitten ist. Bei Datenbanken, databases, gilt dies ebenso. Von der ersten Klasse an haben die englischen Kinder Datenbanken, die für ihre Altersgruppe passend sind. Datenbanken für die Klasse können leicht erstellt werden. Datenfelder wie z. B. wer hat blonde Haare, blaue Augen, Größe, Gewicht, Schuhgröße, Länge der Arme usw. können individuell und kindgemäß erstellt werden. Kinder erstellen diese Datenbanken selbständig. Logische Abfragekriterien wie z. B. wer hat blonde Haare, blaue Augen und ist 152 cm groß passen in den Mathematikunterricht, sind sofort bereit und können ausgedruckt werden. Der Umgang mit Datenbanken eröffnet weitere Möglichkeiten den Computer sinnvoll während des Unterrichtes einzusetzen. Logische mathematische Verknüpfungen wie »und«, »oder«, »größer als«, »kleiner als« lernt das Kind spielerisch und aus einem Zusammenhang heraus, den das Kind selbst erstellt hat, und zu dem es auch einen persönlichen Bezug entwickelt hat. Das Interesse zu dem Thema kommt vom Kind und nicht vom Lehrer.

Im Laufe der beinahe zehnjährigen Erfahrung an unserer Schule wurden sicherlich hunderte Programme angesehen, im Unterricht eingesetzt, wieder für mehrere Monate weggelegt, wieder hervorgeholt, neu ausprobiert und vielleicht ins alltägliche Repertoire aufgenommen. Alle Programme aufzuzählen und zu erklären, ginge wohl zu weit und wäre auch nicht interessant. Was jedoch gemacht werden kann, ist aufzuzeigen, welche Softwaregruppen mehr Verwendung finden und welche rückgängig sind. An unserer Schule geht die Tendenz eindeutig hin in Richtung Textverarbeitung, control technology, Datenbanken und Simulationsprogrammen (adventure games zähle ich dazu), fast völlig verschwunden ist der Bereich drill und practice; Logo einstmals geliebt, verliert immer mehr an Interesse, ist fast schon in der Versenkung verschwunden.

Zu Beginn des Schuljahres 1992/93 gingen wir in eine neue Phase über. Das Projekt »Einführung der Computer in die Grundschulen« war beendet, über ein Folgeprojekt wurde in Anbetracht leerer Kassen nicht nachgedacht. Der Weg mit den BBC-B-Computers ist in einer Sackgasse gelandet; die Firma Acorn stellte bereits einige Jahre früher die Produktion ein. Reparaturen der alten Computer wurden immer teurer, bzw. es wurde immer schwieriger, Leute zu finden, die die Computer reparieren konnten. Wir mußten nun entscheiden, in welche Richtung wir gehen wollten. Zur Auswahl standen uns der Weg Apple-Macintosh oder der Weg IBM-IBM Kompatibel. Nach kurzer Beratung mit interessierten Kollegen und dem Blick auf den Softwaremarkt haben wir uns für IBM entschieden. Jahr für Jahr kauften wir und werden wir Computer kaufen, bis wir eine genügend große Anzahl haben, um die alten BBC-B ersetzen zu können.

Mit den neuen Computern bekamen wir auch Software, die auch für Grundschulkinder geeignet sind. Windows gibt mit »Paintbrush« ein kleines Grafikprogramm, das für Kinder gut geeignet ist. Mit der Möglichkeit, die Schriften zu vergrößern und die einzelnen Buchstaben so groß zu gestalten, daß sie auch 6- bis 10jährige deutlich lesen können, ist der Bereich der Textverarbeitung ebenfalls gut abgedeckt, sei es mit »Word« oder »Word für Windows« oder auch »Amipro«. Welches Textverarbeitungsprogramm genommen wird, spielt keine Rolle. Sicherlich sind diese Programme für Kinder zu mächtig, aber anwendbar sind sie allemal. Gleichzeitig ist es jetzt für alle Kinder aller Nationen ohne Probleme möglich, mit Software in ihrer Muttersprache umzugehen. Dies war in unserer Schule ein weiterer Meilenstein für viele Kollegen, den Computer noch mehr einzusetzen. Der Kauf der neuen Computergeneration war der Hauptgrund, warum viele der bisher benützten Programme plötzlich ein Schattendasein fristen müssen. Mit weniger Mühe dieselben Erfolge zu erzielen und das auch noch in der eigenen Muttersprache, ermutigt jetzt viele Kollegen, Computer mehr und mehr einzusetzen.

Diese Tendenz ist sogar in der deutschen Abteilung jetzt deutlich zu spüren. Kollegen zeigen viel Interesse und setzen die Computer auch im Unterricht ein, zunächst nur bei der Textverarbeitung, aber immerhin der erste Schritt ist getan. An unserer Schule ist der Computer aus dem Schulleben nicht mehr wegzudenken. Die Diskussion über den Sinn des Einsatzes ist bei uns positiv verlaufen. Ein neues Projekt der Europäischen Schulen zum weiteren Einsatz der Computer steht jetzt überraschenderweise an. Es wird wohl bereits zum Schuljahr 1994/95 anlaufen. Ziel wird vermutlich sein, eine Verbindung zu schaffen zwischen Grundschule und höherer Schule, um vielleicht dort ebenfalls wegzukommen von dem Gedanken: Computer bedeutet Informatik und muß in höheren Klassen gelehrt werden.

Der Computer ist für uns ein Handwerkszeug geworden, das sinnvoll eingesetzt, viel Mühe und Arbeit erspart, und das den Schülern viel Spaß gibt.

Franz Arenhövel

Computereinsatz im Mathematikunterricht der Grundschule

Der Einsatz des Computers in der Grundschule ist in einigen Bundesländern nicht erlaubt: Neben den neuen Bundesländern (Ausnahme: Brandenburg), Baden-Württemberg, Bremen und dem Saarland verbietet auch der Kultusminister Nordrhein-Westfalens, die neue Technologie im Unterricht zu benutzen (Arenhövel, 1994a, S. 58).

Es würde den Rahmen dieses Aufsatzes sprengen, jetzt auf die Gründe des Verbotes näher einzugehen. Zwei seien aber an dieser Stelle genannt:

1. Software für den Mathematikunterricht, die auf dem Markt war, entsprach nicht im geringsten didaktischen und methodischen Ansprüchen (auf dieses Argument gehe ich im weiteren Verlauf noch einmal ein).
2. Den Kommunen fehlen die Ressourcen, um den Computer flächendeckend in der Grundschule einzusetzen. Allein in Münster/Westf. gibt es 45 Grundschulen. Die Stadt als Schulträger ist z.Zt. nicht in der Lage, alle Grundschulen mit Computern zu versorgen.

Als ich den Computereinsatz für meine Grundschule ins Auge faßte, schaute ich mir viele Mathematikprogramme, die auf dem Markt waren, an und stellte fest, daß sie in meinem Unterricht nicht eingesetzt werden konnten, weil sie meinen Ansprüchen nicht genügten. Ich bin zu der Überzeugung gekommen, daß mindestens drei Gruppen gleichrangig an der Entwicklung einer Software beteiligt sein müssen:

1. Eine Lehrperson, die den didaktischen Rahmen bestimmt.
2. Ein Programmierer, der nach den Vorgaben das Programm schreibt.
3. Kinder, die das Programm erproben.

Fehlt eine Gruppe bei der Entwicklung, kann kein grundschulgerechtes Programm entstehen (Arenhövel, 1994b, S. 31). Der von berufsmäßigen Programmierern geschriebenen Software ist anzumerken, daß sich ihre Autoren mit der Methodik und Didaktik des Grundschulunterrichts nicht auskennen. Wenn andererseits die Lehrpersonen selbst Programme schreiben, können sie meist ihre didaktische und methodische Kompetenz nicht in eine Programmiersprache umsetzen. Solche Programme sind oft erschreckend dürftig und fehleranfällig (vgl. Arenhövel/Mühlhausen, 1994, S. 72f.).

Prüfstein für den Einsatz von Computern in der Grundschule soll die Frage sein, ob sie dazu beitragen, den Unterricht so zu gestalten, daß Lehrpersonen und Kinder bei ihren Bemühungen um eine Schul- und Unterrichtsreform im Primarbereich unterstützt werden.

Da mir die auf dem Markt befindliche Software nicht zusagte, beauftragte ich meinen Neffen, der die Klasse 11 eines Gymnasiums besuchte, für mich erste Programme zu schreiben. Computer bekam ich von einer Hauptschule, die aufgrund fehlender Schülerzahlen vor der Auflösung stand: 4 Commodore C 4064 – das sind die Vorgänger des C 64. In meinem 1. Schuljahr erprobte ich diese Software. Doch die veraltete Technologie hielt meinen Maßstäben nicht lange stand: Die Ladezeit der Programme war zu hoch, die Diagnose der Schülerleistungen entsprach nicht mehr meinen Mindestforderungen, Programmabstürze waren an der Tagesordnung. Deshalb ließ ich einen kompetenten Programmierer, der eine Computerschule leitet, nach meinen Vorgaben ein Mathematikprogramm für jedes Schuljahr schreiben.

Folgende Überlegungen waren uns bei der Entwicklung der Programme wichtig:

1. Drill-and-practice-Programme werden von vielen Didaktikern aufs heftigste kritisiert. Meine Replik: Auch das immer wieder durchgeführte, unerläßliche Päckchenrechnen im Mathematikunterricht ist drill and practice.

Ich persönlich habe gegen diese Programme nur wenige Vorbehalte, wenn sie einigen didaktischen Grundanforderungen – Ausweisung eines Fehlerprotokolls, Adaptionsmöglichkeiten für jedes Kind, sofortige Rückmeldung etc. – standhalten.

Allerdings: Vor der Arbeit am Programm muß das Kind in den ersten Schuljahren handelnd mit konkretem Material gearbeitet haben. Das bedeutet: Die Rechenoperationen müssen – um mit Aebli zu argumentieren – auf der Stufe des konkreten Handelns durch den effektiven Vollzug in eine arithmetische Operation aufgebaut werden.

Unsere Übungsprogramme ersetzen oder verdrängen nicht andere traditionelle Arbeitsmittel. Sie führen eher zu einer Erweiterung der Arbeitsmittel und Arbeitsformen und einer Akzentverlagerung innerhalb der Lernorganisation einer Schülergruppe.

Das will ich an einem Beispiel aus dem 2. Schuljahr deutlich machen:

Thema sind in diesem Jahrgang u.a. die Einmaleinsreihen. Ich sitze mit mehreren Kindern in der Einmaleinsecke und erarbeite auf der konkreten Ebene die Einmaleinsreihen. Ich versuche, den kombinatorischen Aspekt der Multiplikation den Kindern mit folgender Aufgabe klarzumachen: Vier Jungen und drei Mädchen möchten paarweise auf dem Schulfest eine Darbietung vorführen. Paare bzw. Verbindungen zwischen den Elementen werden bestimmt; das handelnde Umgehen mit den Kindern bzw. Repräsentanten (etwa verschiedenfarbige Steckwürfel) helfen bei der Lösung.

Fehlerprotokoll von Martin

	Mathe-Meister 2	
Schüler	*Verlag Ludwig Auer*	*Datum: 28.02.94*
Martin	*Donauwörth-Dortmund-Leipzig*	*Zeit :10:35:14*

Bewertung für den Schüler Martin
24 Aufgaben hat der Schüler bearbeitet
15 waren beim 1. Versuch richtig
6 waren beim 2. Versuch richtig
1 war beim 3. Versuch richtig
Das sind 91 Prozent
Die Arbeitszeit betrug 15:12:44 Minuten
2 Aufgaben konnten nicht gelöst werden
Bearbeitet wurden die Aufgaben 1356 bis 1379 3

Eine zweite und dritte Kindergruppe, deren Verinnerlichungsprozeß schon abgeschlossen ist, zeichnet bzw. schreibt Rechengeschichten zu bestimmten Multiplikationsaufgaben.

Zwei Kinder sitzen am Computer und lösen Multiplikationsaufgaben. Die Programme habe ich so eingestellt, daß Martin nur Aufgaben aus dem Einmaleins mit 6 erhält, während Ulf, der starke Rechner, noch vor der gesamten Einführung Aufgaben aus allen Reihen präsentiert bekommt. Er kann schon mit den einzelnen Reihen »jonglieren«, indem er Tausch-, Nachbar- und Verdoppelungsaufgaben als Lösungshilfe mit heranziehen kann. Die Fehlerprotokolle zeigen mir anschließend, wie die Annäherung an die Norm bei beiden Kindern gelungen ist.

Anhand der Liste der nicht gelösten Aufgaben erfolgt eine Diagnose der Rechenfehler Martins.

Datum: 28.02.94 *Liste nicht gelöster Aufgaben* *Seite 1*
Name des Schülers: Martin

L.Nr.	*Aufgaben*	
1.	*4 · 6 = 23*	*im 2. Versuch gelöst*
2.	*7 · 6 = 43*	
3.	*7 · 6 = 45*	
4.	*7 · 6 = 44*	*nicht gelöst*
5.	*9 · 6 = 54*	*im 2. Versuch gelöst*
6.	*7 · 6 = 48*	
7.	*9 · 6 = 48*	*im 3. Versuch gelöst*
8.	*4 · 6 = 24*	*im 2. Versuch gelöst*
9.	*8 · 6 = 42*	
10.	*8 · 6 = 47*	
11.	*8 · 6 = 49*	*nicht gelöst*
12.	*4 · 6 = 42*	*im 2. Versuch gelöst*
13.	*9 · 6 = 54*	*im 2. Versuch gelöst*
14.	*7 · 6 = 49*	*im 2. Versuch gelöst*

Die Aufgabennummern 6, 7, 8 und 13 waren Ergänzungsaufgaben. Die Interpretation der Ergebnisse ergibt, daß das Einmaleins mit 6 noch automatisiert werden muß. Das bestätigt auch seine Arbeitszeit: 24 Aufgaben in 15 Minuten. Bei Aufgabentypen, in denen der Multiplikand fehlt, hat er häufig noch Schwierigkeiten.

	Mathe-Meister 2	
Schüler	*Verlag Ludwig Auer*	*Datum: 28.02.94*
Ulf	*Donauwörth-Dortmund-Leipzig*	*Zeit :10:55:35*

Bewertung für den Schüler Ulf
54 Aufgaben hat der Schüler bearbeitet
48 waren beim 1. Versuch richtig
6 waren beim 2. Versuch richtig
0 waren beim 3. Versuch richtig
Das sind 100 Prozent
Die Arbeitszeit betrug 10:12:44 Minuten
0 Aufgaben konnten nicht gelöst werden
Bearbeitet wurden die Aufgaben 1651 bis 1704

Fehlerprotokoll von Ulf

Die Bewertung sagt aus, daß die Einmaleinsaufgaben gesichert sind.

2. Computerprogramme sollen dem übenden Schüler eine unmittelbare Rückmeldung geben (Fehleranzeige bzw. Bestätigung des richtigen Ergebnisses). Das wird von den Lehrern als entlastend angesehen, weil es während der Übungsphasen im Schulalltag mit 25 und mehr Schülern in der Regel für die einzelne Lehrperson nicht möglich ist, eine solche Rückmeldung für viele Schüler zu geben, und weil die gegenseitige Kontrolle der Schüler untereinander nicht so klappt wie gewünscht (ich denke auch an die zum größten Teil unbefriedigenden Kontrollen der Ergebnisse im 1. Schuljahr, wenn die Schülerinnen und Schüler die Lösungen mündlich vortragen). Nicht wenige Kinder bevorzugen übrigens nach unseren Beobachtungen das Üben am PC gerade wegen dieser unmittelbaren, individuellen Rückmeldung.

3. Der Computer soll nie die Lehrperson ersetzen. Wir sind der Überzeugung, daß, wenn ein Kind beim Üben nicht mehr weiterweiß, nicht der Computer gefragt ist, sondern wir Lehrpersonen. Gerade bei unseren Grundschulkindern ist die personale Zuwendung bei auftretenden Lernproblemen ungemein wichtig. Wenn ich anhand des Fehlerprotokolls, das der Computer mit anbietet, sehe, daß Constantin Ergänzungs- und Zerlegungsaufgaben noch nicht lösen kann, versuche ich, mit konkretem Material die Defizite aufzuarbeiten. Durch diesen intensiven, personalen Kontakt erzielen wir die Lernzuwächse, die die Software u.E. nicht liefern kann.

Deshalb ist es für uns ein Fundamentum, daß die Software

- nur sparsam, wenn überhaupt, kontextsensitive Hilfen anbietet, wenn das Kind nicht weiterweiß,
- ein aussagekräftiges Fehlerprotokoll erstellt, um individuelle Fehlercharakteristika zu erkennen und gezielt Fördermaßnahmen anzugehen.

Für mich bedeutet »unterrichten«, herauszufinden, was das Kind bereits weiß, bei welchen Aufgaben es noch Fehler macht. Danach richte ich meinen individuellen Unterricht, meinen Förderunterricht aus. Wenn wir aufgrund der Fehlerprotokolle die Schwierigkeiten des Kindes kennen, leiten wir daraufhin didaktisch-methodische und pädagogische Maßnahmen ein.

4. Wenn wir solch' großen Wert auf Fehlerprotokolle legen, müssen Übungsprogramme zwangsläufig auch adaptionsfähig sein. Ein Beispiel aus dem 1. Schuljahr: Das Fehlerprotokoll von Heide weist aus, daß sie Ergänzungsaufgaben nicht lösen kann, wenn der 1. Summand fehlt. Ähnliche Probleme hat sie mit Zerlegungsaufgaben, wenn der 1. Summand errechnet werden soll. Im Rahmen des binnendifferenzierten Unterrichts übe ich mit ihr diese Aufgabentpyen. Anschließend bekommt sie als zusätzliche Übung und Kontrolle nur diese Ergänzungsaufgaben durch den Computer präsentiert.

5. Durch den Einsatz des Computers erhalte ich ein ausgezeichnetes Differenzierungsmittel. Dazu Beispiele aus meinem 3. Schuljahr: Melanie ist mit dem Stoff ihres Jahrgangs unterfordert. Sie rechnet im Mathematikprogramm des 4. Schuljahres Additions- und Subtraktionsaufgaben, obwohl der Zahlenraum bis eine Million noch nicht eingeführt ist. Bei Mark habe ich das Programm so eingestellt, daß er Nachbar- und Analogieaufgaben präsentiert bekommt, die ein gestuftes Üben ermöglichen. Claudia rechnet gegen den Computer. Sie hat eine Zeit eingestellt, die sie für die Lösung einer Aufgabe vermutlich braucht. Hat sie die Aufgabe schneller gelöst, bekommt sie einen Punkt gutgeschrieben, ansonsten gewinnt der Computer. Tobias wiederholt und automatisiert Einmaleinsaufgaben aus dem Programm des 2. Schuljahres. Daniel entwickelt für seine Klassenkameraden ein neues Mathe-Memory.

Entstanden sind zunächst Mathematikprogramme für das 1. bis 4. Schuljahr. Diese Software setzen wir

- im Förderunterricht,
- in der Wochenplanarbeit,
- in Phasen freier Arbeit,
- im binnendifferenzierten Unterricht.
- und – mit Einschränkung – in der Förderung rechenschwacher Kinder als Übungs- und Diagnosesystem ein.

Um den spielerischen Aspekt im Mathematikunterricht zu betonen, haben wir ein Mathe-Memory entwickelt: ein Kind kann allein oder auch mit einem zweiten Kind spielen. Auf dem Bildschirm erscheinen 16 »Kärtchen«, 8 Aufgaben- und 8 Ergebniskarten. Nacheinander werden je eine Aufgaben- und eine Ergebniskarte aufgedeckt. Passen die beiden Karten zueinander, »verschwinden« sie vom Bildschirm, und der Spieler bekommt einen Punkt. Der Vorteil gegenüber traditionellen Memorys besteht darin, daß beliebig viele neue Spiele auch von den Kindern mit Hilfe einer Editor-Funktion entwickelt werden können.

Es gibt aber auch Grenzen des Computereinsatzes im Mathematikunterricht. Rechenschwache Kinder, deren Anzahl in der Grundschule stetig wächst (vgl. Lorenz/Radatz, 1993, S. 15), brauchen andere Hilfen. Dazu ein Beispiel aus der Unterrichtspraxis:

Beate (2. Schuljahr, 2. Halbjahr) ist Schülerin einer anderen Grundschule. Die Mutter

bat mich, ihr Kind einmal anzusehen, da sie eine gravierende Rechenschwäche vermutet. Meine Diagnose ergab, daß der Zahlenraum bis 100 überhaupt nicht gesichert war. Zum Abschluß folgte ein Gespräch mit der Mutter über die Rechenschwierigkeiten und Fördermöglichkeiten. Beate sah den Computer im Therapieraum und wollte unbedingt damit rechnen. Ich stellte ein Programm ein, das erst in der 1. Hälfte des 3. Schuljahres eingesetzt werden sollte. Ihr wurden Aufgaben aus dem Zahlenraum bis 100 auf der symbolischen Ebene präsentiert (also Aufgaben aus dem 2. Schuljahr):
36 + 16 =
45 + 13 =
78 + 22 =
Sie war völlig überfordert, rechnete mit den Fingern und versuchte, weiterzählend zum Ergebnis zu kommen. Nach kurzer Zeit wollte sie aufgrund der Frustrationen nicht mehr weiterrechnen. Hier half der Computer nicht, im Gegenteil. Beate muß sich den Hunderterraum durch Übungen auf der konkreten Ebene erschließen. Wenn Beate am Computer rechnen möchte, müssen ihr Aufgaben angeboten werden, die sie lösen kann, so z.B. Analogie- oder Nachbaraufgaben innerhalb eines Zehners.

Ausblick

Der Computer gibt dem Kind die Möglichkeit der konsequenten, sofortigen und korrekten Rückmeldung. Das ist uns Lehrpersonen auch bei kleinen Klassenfrequenzen nicht möglich.

»Mit der objektiven Eigenschaft hilft der Computer vor allem, die menschlichen Fehlerquellen, den ›human factor‹ einzudämmen. Dabei werden therapeutische Wirkungen möglich, die früher nicht erreichbar wären« (Betz, 1988, S. 111).

Das Selbstbild des Kindes ändert sich. Durch die Adaptionsmöglichkeiten kann ich die Programme optimal auf die Fertig- und Fähigkeiten eines jeden einzelnen Kindes einstellen. So sind z.B. rechenschwache Kinder oft an Mißerfolg gewöhnt und werden depressiv. Jetzt können sie auf dem Hintergrund von errungenen Erfolgen und korrekter Rückmeldungen mit Hilfe des Computers den Eindruck gewinnen, »es tut sich etwas« (vgl. Betz, 1988, S. 111).

Die Arbeit an und mit dem Computer verschafft bei den Kindern ein hohes Prestige. Wenn unsere Kinder von Eltern und Erwachsenen gefragt werden, was sie eigentlich im Mathematikunterricht machen, antworten sie: »Wir arbeiten mit dem Computer.« Hier hat der Unterricht einen anderen Stellenwert bekommen. Unsere Kinder rechnen nicht mehr, sondern »arbeiten« mit dem Computer. Gibt der Computer die Rückmeldung, daß eine Aufgabe falsch gerechnet ist, so wird das Kind niemals unterstellen, der Computer wolle ihm »eins auswischen«. Es erkennt die Fehlermeldung als zutreffend an und interpretiert sie nicht als Schikane. Im Gegenteil: Es ist wahrscheinlich, daß es von sich aus adäquate Lösungsstrategien sucht. Die Fehlermeldung schlägt also nicht auf die Beziehung zum Lehrer zurück (vgl. Betz, 1988, S. 113).

Literatur

Aebli, H.: Grundformen des Lehrens, Stuttgart 1976

Arenhövel, F.: Computereinsatz in deutschen Grundschulen. In: Grundschule 1994 a, Heft 6

Arenhövel, F.: Computereinsatz in der Grundschule, Donauwörth 1994 b

Arenhövel, F./Mühlhausen, U.: Die vergleichende Analyse von Computerprogrammen und herkömmlichen Lernmedien – Ein Weg zur (fach-)didaktischen Sensibilisierung. In: Mühlhausen, U. (Hrsg.), Universitäre Lehrerfortbildung – Konzeption und Beispiele, Band 51 aus dem Fachbereich Erziehungswissenschaften der Universität Hannover, 1994

Betz, D.: Der Computer als Therapeut(?) In: Heyse, H./Wichterich, H.: Alte Schule – neue Medien.

Bernhard Uhlemann

Computer in der Grundschule

Begreif- und erfahrbare Auseinandersetzung mit dem Lernmittel Computer im alltäglichen Grundschulunterricht (1988–1995)

Vorgeschichte

1988 – ich wechselte gerade aus dem Märkischen Kreis nach Hagen – wurden interessierte Lehrerinnen und Lehrer für eine Beteiligung am Grundschulversuch

»Computer in der Grundschule?«

in NRW, speziell im Raum Hagen, gesucht. Besonders motivierend für mich war – das Fragezeichen; denn wenn ein solcher Versuch schon im Titel mit einem Fragezeichen versehen ist, stellt sich mir die Frage nach der realen Chance und der wirklichen Absicht in besonderem Maße.

Nach gründlichem Abwägen meiner anderen Aktivitäten trat ich mit der federführenden Pädagogengruppe Mitzlaff und Wiederhold in Verbindung.

Anläßlich mehrerer Treffen und Besprechungen wurde das Projekt beschrieben und für die beteiligten Hagener Schulen wie folgt formuliert:

Friedrich-Harkort-Schule:
Grafik und Textverarbeitung, Herstellung einer Schulbroschüre in Form einer Arbeitsgemeinschaft,

Henry-van-de-Velde-Schule:
Textverarbeitung, Landheim- und Schülerzeitungen, wöchentlicher Unterricht am Computer im Klassenverband,

Karl-Ernst-Osthaus-Schule:
Computereinsatz im Wochenplanunterricht und in der Freiarbeit, Gedichtband und Klassenbuch,

Karl-Ernst-Osthaus-Schule, Filiale Halden:
Lernmittel Computer im Wochenplanunterricht, ausgewählte Lern- und Übungssoftware, Steuerung einer elektrischen Modelleisenbahn.

1. Schulversuch

Für die Durchführung der gestellten Aufgaben erhielten die Kinder meiner Klasse 3 c aus dem Gerätepool des Soester Landesinstituts leihweise zwei Geräte des Typs Commodore C-64, zwei S/W-Monitore und einen Nadeldrucker.

Die uns aus Soest zur Verfügung und zum Testen angebotene Software war derartig schlecht, daß ich schon sehr schnell von einer Verwendung im Unterricht Abstand genommen habe. Die Hardware wurde ebenfalls als ungeeignet verworfen.

Sowohl in methodischer als auch in didaktischer Hinsicht waren diese sogenannten Lern- und Übungsprogramme m. E. nicht für den Einsatz in der Grundschule zu empfehlen.

Für mich kamen nur solche Programme in Frage, die einerseits von den Schülerinnen und Schülern selbstverantwortlich bearbeitet werden konnten und die anderen, bekannten Lernmitteln gegenüber überlegen sind.

Bereits zu diesem frühen Zeitpunkt, Herbst 1988, habe ich dann in Kooperation mit H. Mitzlaff und begleitet von beobachtenden Studentinnen der Universität Dortmund nach alternativen Möglichkeiten gesucht, um das Lernmittel Computer als adäquates Werkzeug in den alltäglichen Wochenplanunterricht einzubeziehen (vgl. Mitzlaff u. a., 1990, S. 139ff.).

2. Der Computer als Werkzeug in der alltäglichen Grundschularbeit

Nach Beendigung des offiziellen Forschungsauftrages der Arbeitsgruppe Grundschulcomputer konnten an der Hagener Karl-Ernst-Osthaus-Grundschule, Filiale Halden, die Arbeiten mit und am Rechner im alltäglichen Unterricht weitergeführt und ausgebaut werden.

2.1 Hardware

Ab Frühjahr 1989 stehen den Schülerinnen und Schülern der Klasse 4 für die Erledigung der Arbeiten innerhalb des Wochenplanes zwei PC-Systeme zur ständigen Verfügung.

Im einzelnen handelt es sich dabei um:
- 2 Geräte Commodore PC-10-III, mit je 2 × 5,25 Zoll Laufwerken,
- 2 monochrome Monitore, 12 Zoll,
  1 24-Nadeldrucker Typ Brother M 1109,
- 1 Drucker-Umschalt-Box.

2.2 Software

Die nachfolgenden Beispiele erheben nicht den Anspruch auf Vollständigkeit; vielmehr geben sie einen Einblick in die Intentionen des Unterrichtenden, die Qualität der Programme und die Verfügbarkeit für 9- und 10jährige Grundschulkinder.

2.2.1 Textverarbeitung, Textbearbeitung

PC-Profi-Text, von Marc Michaelis, Deutscher Sparkassenverlag, Stuttgart 1988.

Das o. g. Programm zeigt eine übersichtliche und sauber geordnete Bildschirmmaske; diese ist als Arbeitsplatz eingerichtet.

Im oberen Bildschirmbereich steht die Menüleiste, die durch Drücken der ESCAPE-Taste aktiviert werden kann.

INFO	Impressum, freier Speicher, Statistik, HILFE
DATEI	Text laden, speichern, drucken, Ende
FORMAT	Veränderungen vornehmen
EXTRA	Suchen, Text löschen, Preview
ABLAGE	Ausschneiden, kopieren, einfügen, löschen, laden, speichern

Im unteren Bildschirmrand, ebenfalls permanent zu sehen, befinden sich die Funktionstasten; einfaches Drücken löst den gewünschten Modus aus (unterstützt wird dies durch das inverse Einfärben der gewünschten Schreibweise) und erneutes Drücken stellt den Ursprungszustand wieder her (begleitet durch die nun wieder helle Schrift auf dunklem Untergrund).

F 1: Fett: **alle Buchstaben/Zahlen werden fett gedruckt**
F 2: Unterstrichen: alle Buchstaben/Zahlen werden unterstrichen
F 3:Kursiv: *alle Buchstaben/Zahlen werden kursiv gedruckt*
F 4:Index: Indexschreibweise
Exponent: Exponentschreibweise

Bisher wurden von den Schülerinnen und Schülern folgende Texterarbeitungen mit dem Werkzeug Computer ausgeführt:

- Festschrift für die Eltern und Schüler, anläßlich eines Schulfestes,
- Arbeiten und Arbeitsaufträge im Wochenplanunterricht, in den Bereichen: Sprache, Mathematik und Sachunterricht,
- Erstellung einer Liedersammlung anläßlich von mehreren Konzerten mit Rolf Zukkowski; alle neuen Liedtexte wurden mit dem Werkzeug Computer geschrieben, um handgezeichnete Skizzen ergänzt, für jedes Kind kopiert und von Hand individuell farblich gestaltet,
- Klassenzeitung: Seit September 1989 gibt die jeweilige Klasse eine Schülerzeitung heraus, die jeweils am Monatsanfang erscheint.
  Bisherige Inhalte waren: Briefpartner-Wunsch, Tauschanzeige, Interessantes aus der Schule und dem Wohnumfeld, Veranstaltungshinweise, Kassetten- und Büchertips, Spielanregungen.
  Die Zeitungstexte werden jeweils mit Hilfe des Rechners erstellt und formatiert (Redaktion), die Zeichnungen und Skizzen wurden per Hand erstellt.
- Sonderhefte: Bei besonderem Interesse oder Bedarf stellen wir sogenannte Themenhefte her
  Dino-Buch (zusammengestellt aus dem Unterrichtsinhalt),
  Zoo-Buch (im Anschluß an den Zoobesuch in der Zooschule, Köln),
  Dschungel-Buch (nach einer Theateraufführung, auch zum Ausmalen für jüngere Geschwister geeignet).

2.2.2 *Steuerung*

TRAIN-ING, Gebrüder Märklin, Holzheimer Straße 8, 73037 Göppingen.

Im folgenden soll an Beispielen gezeigt werden, wie Schülerinnen und Schüler der Jahrgangsstufen 3 und 4

- sich mit Problemen spielerisch auseinandersetzen,
- kreativ nach Lösungswegen suchen,
- theoretische Vorüberlegungen begreif- und erfahrbar ausprobieren und
- eigene Lösungsstrategien eigenverantwortlich ausprobieren können.

Die ursprüngliche Konzeption sah einen Einsatz von Märklin-TRAIN-ING für die Grund- und Weiterbildung in der Sekundarstufe vor.

Dabei ergeben sich (Rechner-, Algorithmen- und Handlungsorientierung) folgende Einsatzmöglichkeiten:

- Systematik informationstechnischen Arbeitens,
- Prozeßdatenverarbeitung,
- Grafikdarstellung,
- Verkehrssystem Eisenbahn,
- Logische Verknüpfungen.

Die Vorteile von TRAIN-ING, im folgenden aufgelistet, führten letztendlich dazu, Arbeitsaufträge und Erklärungen auf das Sprach- und Auffassungsniveau von 9- bis 10jährigen Mädchen und Jungen zu transponieren.

Die Vorteile:

- Die MAKRO-Sprache ermöglicht einen einfachen Zugang zum Selber-Programmieren.
- Das Problem und die Lösung werden jeweils in mehreren Ebenen dargeboten (Lokomotive, Bildschirm, Druckauszug).
- Algorithmische Problemlösungen können anschaulich gezeigt werden.
- Begreif- und erfahrbare Möglichkeiten, mittels einer Modelleisenbahn zu spielen, lernend zu spielen, spielend zu lernen und lernend zu lernen.

Symbol	Monitorbild	Bedeutung
L	Lok	Lokomotive
L 40	Lok 40	Lokomotive mit der Nr. 40
G	Geschw	Geschwindigkeit
G 5	Geschw 5	Stufe 5, zwischen 0 ... 14
Z	Zeitverzögerung	Fahrzeit (in 1/10 Sekunden)
Z 50	Zeitverzögerung 50	Fahrzeit 5 Sekunden
L 40 U	Lok 40 Umkehr	Umkehr der Fahrtrichtung
M 1 G	Magnetweiche 1 Grün	Weiche 1 Gerade
M 2 R	Magnetweiche 2 Rot	Weiche 2 Rund

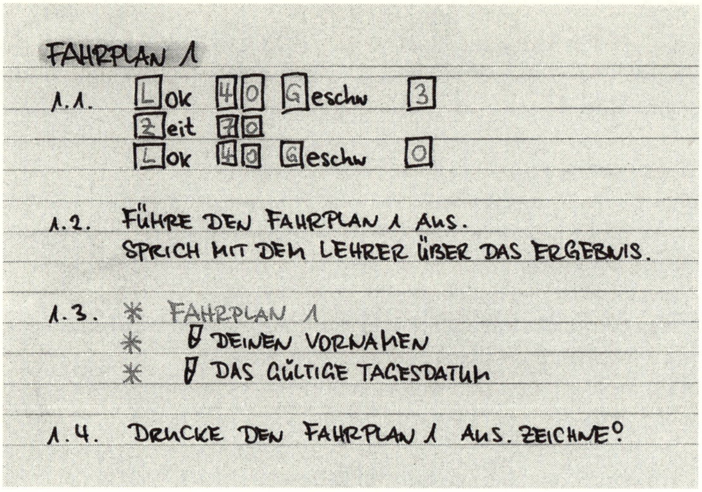

FAHRPLAN 1

1.1. [L]ok [4][0] [G]eschw [3]
[Z]eit [7][0]
[L]ok [4][0] [G]eschw [0]

1.2. FÜHRE DEN FAHRPLAN 1 AUS.
SPRICH MIT DEM LEHRER ÜBER DAS ERGEBNIS.

1.3. * FAHRPLAN 1
* DEINEN VORNAMEN
* DAS GÜLTIGE TAGESDATUM

1.4. DRUCKE DEN FAHRPLAN 1 AUS. ZEICHNE!

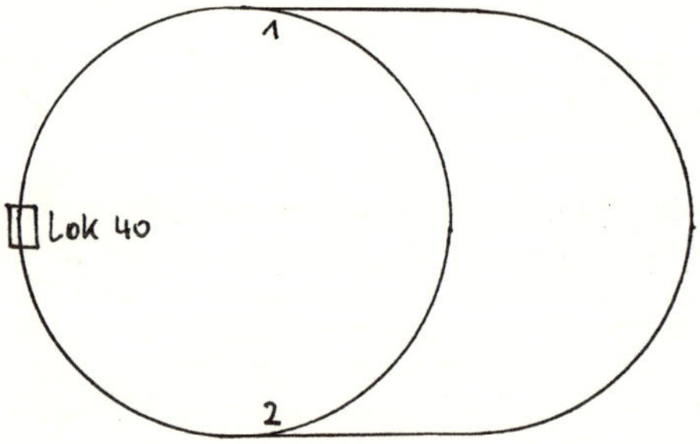


```
Lok 40 Geschw 3
Zeitverzögerung 70
Lok 40 Geschw 0

* FAHRPLAN 1
* MAX
* 20.10.1994
```

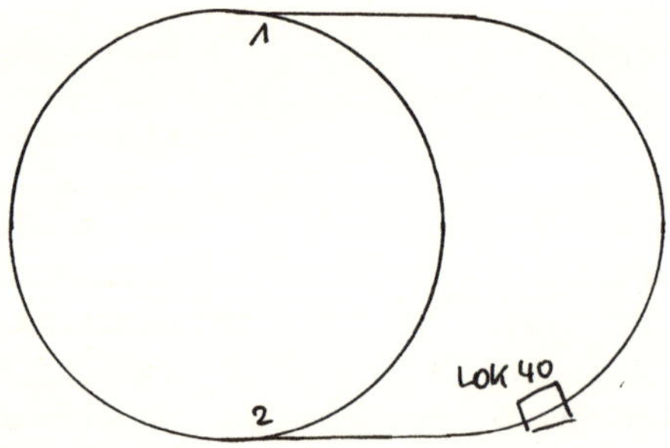

Abbildung II.12: Fahrplan I

In Abgrenzung zu Paperts eigens für Kinder entwickelten Sprache LOGO, brauchen die Mädchen und Jungen MAKRO nicht zusätzlich zu lernen; auf der rechten Bildschirmseite sind alle Fahrbefehle (invers eingefärbt) mit allen Abkürzungen permanent im Sichtfeld des Steuernden.

FAHRPLAN 1

(Arbeitskarte: FAHRPLAN 1)
1.1. Der erste Fahrplan in dieser Unterrichtsreihe fragt ab, inwieweit die Kinder die Erklärungen des Unterrichtenden verstanden haben, noch Hilfen benötigen oder die MAKRO-Sprache bereits anwenden können.
1.2. Im Gespräch werden erste Vermutungen von den Kindern formuliert, Vorschläge werden gesammelt.
1.3. Fahrplan-Nummer, Vorname und Datum werden von den Kindern selbständig ergänzt; Systematik und Ordnung werden als Grundsätze geübt.
1.4. Der Fahrplan wird von den Schülern ausgedruckt; die erste Zeichnung gibt den Zustand der Anlage vor und die zweite Zeichnung zeigt den Zustand nach Durchlaufen von FAHRPLAN 1.

FAHRPLAN 6

(Arbeitskarte: FAHRPLAN 6)
6.1. Der Fahrplan wird zur wiederholenden Vertiefung nochmals eingegeben und überprüft.
6.2. Ein neuer Fahrbefehl wird eingeführt und angewendet.
6.3. Durch theoretisches Überlegen und praktisches Ausprobieren kommen die Kinder selbständig darauf, den FAHRPLAN 1 für die Rückfahrt nochmals einzugeben.
6.4. Der Fahrplan wird eindeutig gekennzeichnet,
6.5. ausgedruckt und entsprechend dem Ablauf der einzelnen Bewegungen der Lokomotive gezeichnet.

FAHRPLAN 10

(Arbeitskarte: FAHRPLAN 10)
10.1. Mehrere Lösungswege bieten sich an, die offen gewählte Problembearbeitung läßt mehrere Lösungsstrategien zu.
10.2. Die verschiedenen, zugelassenen Lösungswege werden dokumentarisch festgehalten,
10.3. die offenen Lösungswege skizziert.

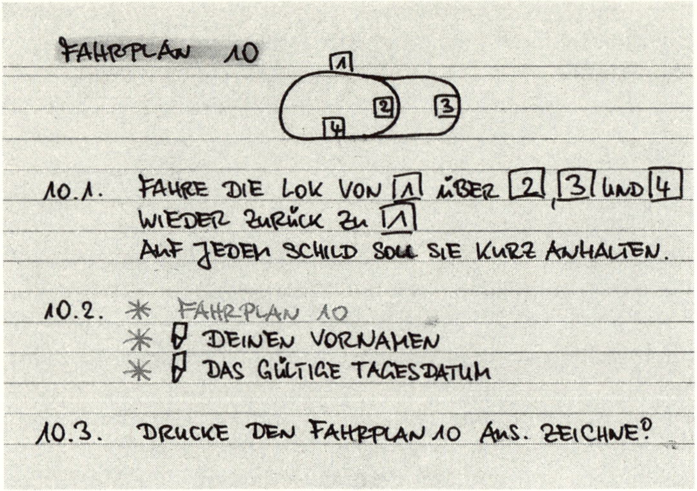

FAHRPLAN 10

10.1. FAHRE DIE LOK VON [1] ÜBER [2], [3] UND [4]
WIEDER ZURÜCK ZU [1]
AUF JEDEN SCHILD SOLL SIE KURZ ANHALTEN.

10.2. * FAHRPLAN 10
* DEINEN VORNAMEN
* DAS GÜLTIGE TAGESDATUM

10.3. DRUCKE DEN FAHRPLAN 10 AUS. ZEICHNE?

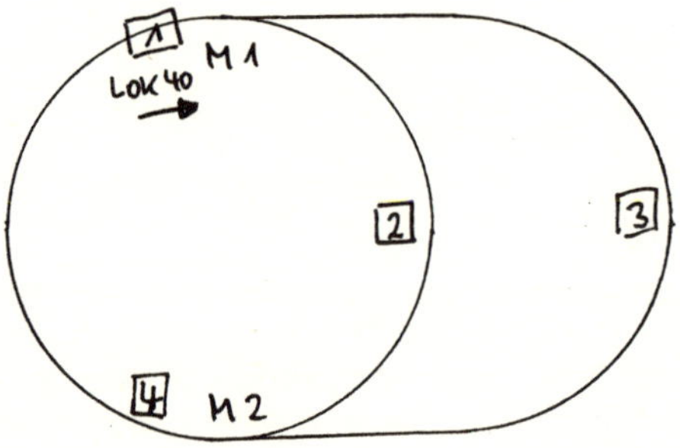


```
M 1 Rund
M 2 Rund
Lok 40 G 3
Zeitverzögerung 42
Lok 40 Geschw. 0
Zeitverzögerung 10
```

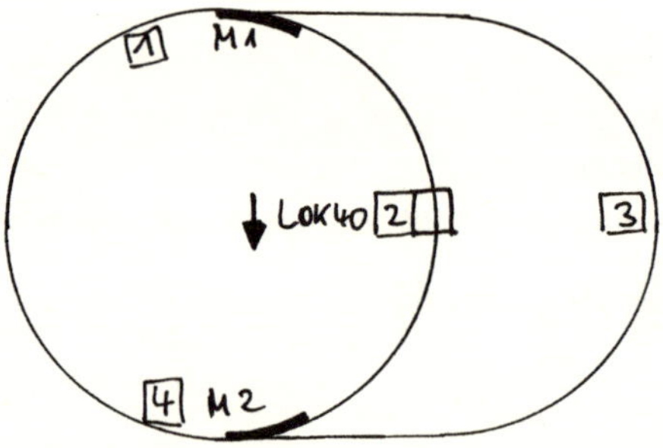

Abbildung II.13: Fahrplan II

```
Lok 40 G 3
Zeitverzögerung 42
Lok 40 Geschw 0
M 2 Gerade
Lok 40 Umkehr
```

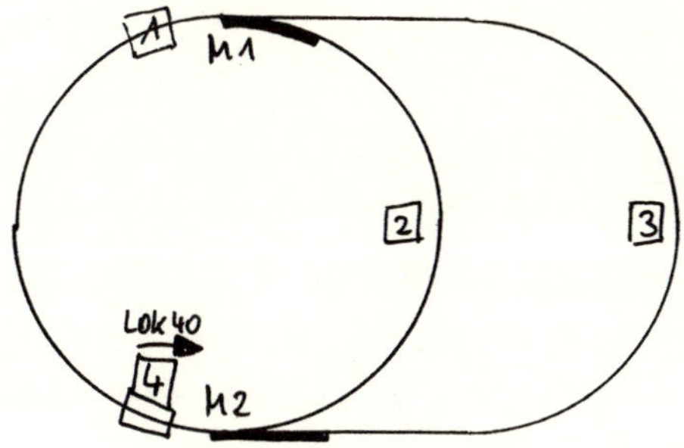


```
Lok 40 Geschw 3
Zeitverzögerung 56
Lok 40 Geschw 0
Zeitverzögerung 10
Lok 40 Umkehr
```

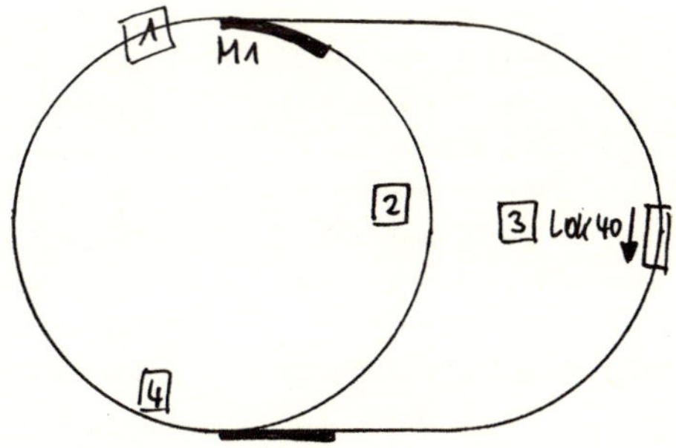


```
Lok 40 Geschw 3
Zeitverzögerung 56
Lok 40 Geschw 0

* FAHRPLAN 10
* MAX
* 15.12.1994
```

Abbildung II.13: Fahrplan II

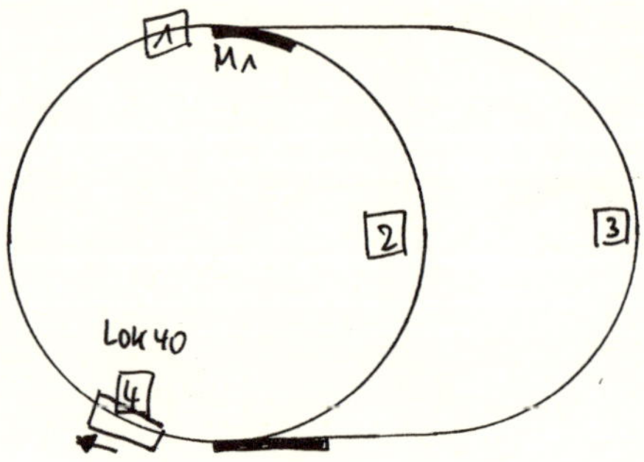

ALTERNATIVEN, OFFENE LÖSUNGSWEGE

```
M 1 Rund
M 2 Rund
Lok 40 G 3
Zeitverzögerung 42
Lok 40 Geschw. 0
Zeitverzögerung 10
Lok 40 G 3
Zeitverzögerung 42
Lok 40 Geschw 0
M 2 Gerade
Lok 40 Umkehr
Lok 40 Geschw 3
Zeitverzögerung 56
Lok 40 Geschw 0
Zeitverzögerung 10
Lok 40 Umkehr
Lok 40 Geschw 3
Zeitverzögerung 56
Lok 40 Geschw 0

* FAHRPLAN 10
* MAX
* 15.12.1994
```

```
M 2 Rund
Lok 40 Geschw 3
Zeitverzögerung 84
Lok 40 Geschw 0
M 1 Rund
Lok 40 Geschw 3
Zeitverzögerung 42
Lok 40 Geschw 0
Lok 40 Umkehr
M 1 Gerade
Lok 40 Geschw 3
Zeitverzögerung 52
Lok 40 Geschw 0
Zeitverzögerung 10
M 2 Gerade
Lok 40 Geschw 3
Zeitverzögerung 52
Lok 40 Geschw 0

* FAHRPLAN 10
* MAX II
* 15.12.1994
```

Abbildung II.13: Fahrplan II

Abbildung II.14: Kinder der Karl-Ernst-Osthaus-Schule – Aufgabenbesprechung in der Lerngruppe (Foto Uhlemann)

Abbildung II.15: Blick auf die Computerecke (Foto Uhlemann)

3. Fazit

Wenn im obengenannten Erfahrungsbericht über einen Zeitraum von annähernd 7 Jahren vom Lernen mit dem Werkzeug Computer in der Grundschule die Rede ist, dann bedeutet dies auf gar keinen Fall, daß der Rechner der Mittelpunkt im alltäglichen Unterricht der Grundschule war, ist oder werden soll.

Auch das oft skizzierte Schreckgespenst, 20 isolierte Schulkinder vereinsamen hinter 20 Computerarbeitsplätzen, darf getrost als Erfindung humorvoller Comic-Zeichner bezeichnet werden, da die Realität vollständig anders aussieht.

Das Lernmittel/Werkzeug Computer wird den Mädchen und Jungen als eine von mehreren Lernmöglichkeiten angeboten; dabei können die Rechner in zunehmendem Maße – und mit der Unterstützung qualifizierter Programme – zusätzliche Impulse zum Lernen anbieten und die Schülerinnen und Schüler auf dem Weg zum Lernen des Lernens fördernd unterstützen.

Die Grundschüler haben ein Recht darauf, die neuen Medien kennenzulernen, sie auszuprobieren und zu testen; sie haben ein Recht darauf – und wir Lehrer die Pflicht –, die Kinder davor zu bewahren, daß diese Auseinandersetzung mit dem neuen Medium anderen – leider oft auch falschen Händen – überlassen wird.

Deshalb gilt besonders für den Bereich der Grundschule: Erst der verantwortungsbewußte Umgang kann zur allmählichen Bewußtmachung von Problemen und zu deren Lösung führen.

Die kritische, reale Auseinandersetzung mit dem Werkzeug Computer hat m. E. deutlich gezeigt, daß der Computer nicht nur einen Versuch wert ist: Er sollte in allen Grundschulen als Werkzeug, als Mittel zum Zweck dort eingesetzt werden, wo er anderen Lernmitteln überlegen ist.

An dieser Stelle möchte der Unterrichtende all denen seinen Dank aussprechen, die die kreative Arbeit mit dem Computer in der Grundschule gefördert und dazu beigetragen haben, daß der Computer bei uns das ist, was er sein sollte: Ein Lernmittel unter anderen, ein Werkzeug auf dem Weg zum Lernen des Lernens.

Bernd Gruner

»Rechenkönig« – Zur Entwicklung eines Rechenprogramms für die Grundschule

Wie entsteht überhaupt ein Computerprogramm für den Grundschulunterricht, zum Beispiel für das Fach Mathematik? Was für Leute stellen es her – Informatiker, Mathematiker, Grundschuldidaktiker, Praktiker? Welche pädagogischen und didaktischen Überlegungen liegen einem Programm zugrunde? Auf diese Fragen gibt es sicherlich die verschiedensten Antworten. In diesem Aufsatz soll nun exemplarisch die Entwicklungsgeschichte eines bestimmten Rechenprogramms für die Grundschule – nämlich des Programms *Rechenkönig* – dargestellt werden.

Es gab nichts Geeignetes

Der Verfasser (dieses Aufsatzes und des Programms *Rechenkönig*) ist Lehrer für Mathematik an einem Gymnasium, hat einen Computer und außerdem vier Kinder, von denen das älteste im Jahre 1987 Grundschulkind wurde. Da lag es nahe, daß der Computer nicht nur den gymnasialen Schulkindern dienen sollte, sondern auch für die eigenen Kinder als brauchbarer Helfer ins Auge gefaßt wurde.

So begann die Suche nach geeigneter PC-Software. Es konnte jedoch trotz intensiven Nachforschens bei Schulbuchverlagen, in Computerzeitschriften und mit Anfragen bei Grundschulkollegen kein geeignetes Programm für Grundschulkinder gefunden werden.

Diese Tatsache war dem Verfasser zunächst unverständlich. Erst nach weiteren Einblicken in die Materie im Verlaufe der folgenden Zeit wurden die Gründe klar. Wer sollte die Programme herstellen?

Die großen Softwarefirmen brauchen einen breiten Absatzmarkt, und Grundschulen waren und sind mit Personalcomputern nun wirklich nicht üppig bestückt. Was aber war mit den verschiedenen öffentlichen Bildungseinrichtungen und Universitäten? Zumindest in den Fällen, die dem Verfasser bekannt sind, führten Kompetenzunklarheiten oder Genehmigungsschwierigkeiten dazu, daß Projekte eingestellt werden mußten oder bereits im Moment der Fertigstellung veraltet waren.

Eigene Arbeit war gefordert

In dieser unbefriedigenden Situation blieb dem Verfasser also nichts anderes übrig, als selbst den Versuch zu unternehmen, ein nach seiner Ansicht brauchbares Programm herzustellen.

Vom Beruf her lag das Fach Mathematik nahe. Rein fachlich sollten also keine Probleme entstehen. Auch Programmierkenntnisse wurden bereits in der Studienzeit erworben und später durch Lehrgänge ergänzt. Praktische Erfahrung in der Programmierarbeit lag ebenfalls vor für den Schulbereich des Gymnasiums. So waren also zumindest gewisse Voraussetzungen für ein Gelingen gegeben. Von Anfang an war jedoch klar, daß neben der *technischen* Seite insbesondere auch *pädagogische* und *didaktische* Belange berücksichtigt werden mußten, wenn ein geeignetes Programm entstehen sollte.

Was sollte nun das geplante Programm überhaupt leisten? Das *sinnvolle Üben von Rechenaufgaben* wurde als Ziel gesetzt. Hier schien der Computer eine überlegene Stellung gegenüber den herkömmlichen Methoden des Übens einnehmen zu können.

Nach den damals vorliegenden Erfahrungen des Verfassers, erlangt durch Gespräche mit Grundschullehrern und gelegentliche Hospitationen im Grundschulunterricht, werden Rechenaufgaben häufig nicht nach individuellen Bedürfnissen geübt (Aufgaben werden der ganzen Klasse mündlich gestellt), sie werden mit viel Aufwand betrieben (Unterrichtsmaterialien mit Kärtchen, Klammern, Steckern usw.), oder es fehlt die schnelle Rückmeldung (Aufgabenblätter, die später korrigiert werden).

Individuelles Üben als Forderung

Der Grundablauf für das Programm lag auf der Hand. Eine Aufgabe erscheint auf dem Bildschirm, das Kind gibt seinen Lösungsversuch ein, und der Computer gibt zu erkennen, ob die Aufgabe richtig gelöst wurde. Die für sinnvolles Üben sicherlich wesentliche sofortige Rückmeldung ist damit schon gegeben.

Als noch wichtigere Forderung wurde das *»Üben nach individuellen Bedürfnissen«* aufgestellt. Damit ist gemeint, daß jedes Kind genau für sich geeignete Übungsaufgaben bekommen muß. Es ist leicht einzusehen, daß Rechnenüben nicht nur wenig effektiv, sondern sogar abschreckend ist, wenn die gestellten Aufgaben von der Schwierigkeit oder Aufgabenart her den Schüler über- oder unterfordern. Und genau dies passiert offensichtlich zu leicht, wenn das Üben nicht individualisiert ist.

Kindgemäß muß es sein

Die bisher angesprochenen Vorüberlegungen zur Programmherstellung sind mathematisch-technischer und didaktischer Natur. Es fehlt noch der direkte Bezug zu den späteren Programmbenutzern, nämlich den Kindern.

Es mußte selbstverständlich darauf geachtet werden, daß ein »kindgemäßes« Programm hergestellt wird. Was soll dies aber bedeuten?

Zum einen sollte das Programm in der Bedienung einfach und eingabesicher sein, das heißt, es darf keine Probleme geben, wenn »falsche Tasten« gedrückt werden – das sollte man von jedem Programm erwarten.

Zum anderen mußte die Bildschirmgestaltung »für Kinder sinnvoll« sein – so die erste Überlegung, wie auch immer sich dies konkret gestalten sollte.

Nach einigen Tests mit Kindern und der Bewertung verschiedener anderer Programme für Kinder fiel die Entscheidung für einen »ruhigen, angenehmen Bildschirmaufbau«, mit Farbe für Farbmonitore, Fenstertechnik, klaren Strukturen – jedoch ohne viel Bewegung oder Bildchen. Es hatte sich herausgestellt, daß etwa unnötig viel Bewegung auf dem Monitor bestenfalls anfangs das Kind ein wenig reizt, dann aber schnell störend wirkt.

Aufwendig und dennoch einfach

Es bestand nun das Problem, ein einerseits kindgemäß einfaches, andererseits ein individuell genau anpaßbares Programm zu erstellen. Die Möglichkeit der individuellen Anpassung mußte schon ein wenig aufwendig gestaltet werden, denn mit einer Einteilung »leicht, mittel, schwer« kam man nicht weit. Außerdem sollte das Programm für alle Grundschuljahre und innerhalb jeder Klassenstufe für jedes Leistungsniveau geeignet sein – nach dem Motto: Wenn man sich schon mal die Arbeit macht...

Die Lösung steckt hinter den Begriffen »Einstellblatt« und »Rechenprogramm«. Das Programm sollte ein »Einstellblatt« besitzen, das von Lehrern oder Eltern auszufüllen ist. Hier werden auf einer Bildschirmseite Angaben gemacht über die Art der gewünschten Übungsaufgaben (von der einfachen Addition bis hin zu Aufgaben mit mehreren Rechenschritten und Klammern), über die Mischung von Aufgabenarten und über die gewünschten Zahlbereiche für die einzelnen Summanden, Faktoren, Ergebnisse usw. Es sollte zum Beispiel möglich sein, daß ein Schüler lauter Übungsaufgaben zum Multiplizieren bekommt, bei denen jeweils die erste Zahl zwischen 100 und 200 liegt und die zweite Zahl eine zweistellige glatte Zehnerzahl ist. Innerhalb der vorgewählten Zahlbereiche sollte dann der Zufall über die konkrete Aufgabe entscheiden.

Eine solche Einstellung sollte dann als »Rechenprogramm« unter einem selbstgewählten Namen zu speichern sein und dann immer wieder zur Verfügung stehen. Von solchen Rechenprogrammen könnten dann beliebig viele nebeneinander existieren.

Das Kind, das nun am Computer rechnen möchte, hätte nun nur noch den Namen des gewünschten Rechenprogramms anzugeben und würde dann genau die »richtigen« Übungsaufgaben bekommen.

Das Ziel ist der Anfang

Im Jahre 1989 wurde das Programm fertiggestellt, dem im Kern die dargestellten Planungen zugrunde liegen. Es erhielt den kindorientierten Namen *Rechenkönig*.

Der Entwicklungsaufwand kann als relativ hoch bezeichnet werden, wobei die eigentliche Programmierarbeit gar nicht einmal der entscheidene Faktor war. Die Planung des Programmablaufes, immer wieder beeinflußt von den Ergebnissen verschiedener Erprobungen mit Kindern und Beratungen mit Lehrern, nahm breiten Raum ein.

So ist die Entscheidung nicht verwunderlich, die an sich schon in der Phase der engeren Planung gefallen war, das Programm *Rechenkönig* auch anderen Interessenten anzubieten, also kommerziell zu vertreiben. Der Vertrieb läuft über die Firma SCHUL-Soft A. Gruner in Recklinghausen.

Durch die Verbreitung der Software konnten einige Kontakte geknüpft werden, die eine sinnvolle Weiterentwicklung des Programms ermöglichten.

Durch die Mitarbeit bei einer »Arbeitsgruppe Grundschulcomputer« an der Universität Dortmund konnte das Programm auf der Bildungsmesse »Interschul 1990« vorgestellt werden. Innerhalb einer weiteren Arbeitsgruppe war der *Rechenkönig* auch auf der »Interschul 1992« vertreten.

Viele schriftliche oder telefonische Rückmeldungen von Anwendern bestätigten den Wert des Programms für das Rechnenüben, gaben aber auch wertvolle Hinweise für Änderungen oder Ergänzungen.

Die Teilnahme an Tagungen von Lehrerverbänden, Universitäten und Fortbildungseinrichtungen brachte neue Erkenntnisse über die grundsätzliche Problematik von Computerprogrammen für Grundschulkinder.

All diese Erfahrungen führten zu einer Weiterentwicklung des Programms von der Version 1.0 im Jahr 1989 bis zur Version 5.0 im Jahr 1995.

Die Umsetzung der Erfahrungen

Die in den oben dargestellten Planungen beschriebenen Entscheidungen haben sich bis zum heutigen Tage bewährt und wurden beibehalten. Der Grundablauf des Programms sieht so aus, daß von dem Kind zunächst ein »Rechenprogramm« durch Eingabe des Namens oder Auswahl aus einer Liste ausgewählt wird. Nach Angabe der gewünschten Aufgabenanzahl stellt der Computer die Aufgabe. Wird die Lösung nicht im ersten Anlauf gefunden, hat man einen zweiten Versuch. Wird die Aufgabe wieder nicht gelöst, gibt der Computer die Lösung.

Während der Aufgabenbearbeitung hat der Schüler die Möglichkeit, ein »Rechenblatt« aufzurufen. Das ist ein Bildschirmfenster, auf dem schriftliche Rechnungen durchgeführt oder Zwischenergebnisse festgehalten werden können, also ein »Schmierzettel« auf dem Bildschirm.

Nach Abschluß aller Aufgaben wird angezeigt, wieviel Aufgaben im ersten und wieviel im zweiten Versuch gelöst wurden. Als Kontrolle und für späteres Nacharbeiten kann der gesamte Rechendurchgang mit allen gestellten Aufgaben und den eingegebenen Lösungsversuchen auf einem angeschlossenen Drucker ausgedruckt werden. Auch läßt sich der Rechendurchgang auf der Diskette oder Festplatte speichern, um dann später eingesehen oder ausgedruckt zu werden. Eine Analyse der konkreten Aufgaben und Lösungsversuche des Schülers hat sich als wesentlich günstiger herausgestellt als statistische Angaben über prozentuale Fehler u. ä.

Für »besondere Fälle« gibt es Sonderprogramme, die nicht mit dem Einstellblatt hergestellt werden. Hier geht es zum Beispiel um Zehner- oder Hunderterüberschreitung, um Addieren/Subtrahieren mit und ohne Übertrag, um die Mitte zwischen zwei Zahlen oder um das Runden.

Wenn Rechenarten geübt werden sollen, die wohl schon »gekonnt« werden, aber noch nicht genügend automatisiert sind, bietet sich das »Zeitrechnen« an. Hier sollen zehn Aufgaben in möglichst kurzer Zeit gelöst werden. Ein typischer Fall zum Beispiel für das »kleine Einmaleins«.

Fast schon ein eigenes Programm, nicht so sehr von den Schülern, sondern mehr von den Lehrern gefordert, ist die Möglichkeit, komfortable Arbeitsblätter herzustellen. Nachdem einige Angaben zur gewünschten Form des Arbeitsblattes gemacht wurden, erfolgt der Ausdruck. Anschließend gibt es das Lösungsblatt.

Echtes Kopfrechnen kann unter dem Menüpunkt »Gedächtnisrechnen« geübt werden. Hier wird eine Aufgabe nur für eine vorher einstellbare Zeit angezeigt, vor die Lösungseingabe kann noch eine Wartezeit geschaltet werden, und dann muß die richtige Lösung parat sein.

Als wichtig hat sich auch noch die Möglichkeit herausgestellt, eine »Schülerversion«

des Programms herzustellen. Es läßt sich eine Einstellung vornehmen, so daß für das Kind nur die reinen Schülerfunktionen zugänglich sind. Ein versehentliches Öffnen des »Einstellblattes« oder Ansehen des Speichers für Rechendurchgänge ist dann ausgeschlossen.

Kinder spielen gern

Bei aller Berücksichtigung eines kindgemäßen Programmablaufes ist doch festzustellen, daß es sich beim *Rechenkönig* um »ernsthaftes« Üben von Rechenaufgaben handelt und nicht um ein Spiel.

Kinder spielen jedoch gern. Daher wurde im Jahr 1992 die *Rechenkönig-Spielekiste* entwickelt, ein eigenständiges Zusatzprogramm zum Rechenkönig. Es handelt sich um eine Sammlung von sinnvollen und gleichzeitig fesselnden Bildschirmspielen, wobei im Spielverlauf jeweils Rechenaufgaben zu lösen sind. Bei einem Spiel etwa sind »Sternbilder« im »Sternenhimmel« zu erkennen, bei einem anderen soll eine Brücke aus Elementen gebaut werde, wobei zueinander passende Muster entdeckt werden müssen.

Die Aufgaben innerhalb der einzelnen Spiele werden mit Hilfe der Rechenprogramme gebildet, die aus dem *Rechenkönig* stammen. So ist wieder dafür gesorgt, daß jedes Kind für sich persönlich geeignete Aufgaben erhält. Es kann nun Rechnen geübt werden, ohne daß es das Kind überhaupt merkt.

Es geht weiter

Bei allen Erfahrungen durch Arbeitsgruppen oder Anwender sei abschließend die Feststellung erlaubt, daß der Verfasser wie zu Beginn der Programmentwicklung weiterhin auch auf die persönliche Erfahrung mit seinen eigenen Kindern zurückgreift. Noch einige Jahre bestehen hierdurch Kontakte zum Grundschulbereich. So ist auch zukünftig der fortwährende Bezug zum praktischen Schulgeschehen gewährleistet, der neben allen fachlich-didaktischen Überlegungen für die Weiterentwicklung eines praxisgerechten Programms notwendig ist.

Karl W. Haarmann

Malprogramme in der Grundschule unter MS-DOS

Was ist der Unterschied zum »normalen« Malen?

Malen auf einem Computer weist einige Besonderheiten auf im Unterschied zum Malen mit Pinsel, Farben und Papier oder dem Zeichnen mit Bleistift. Vor dem Einsatz von Malprogrammen im Unterricht sollte man sich über diese Unterschiede klar werden.

- Zunächst ist die Technik, etwas auf die Arbeitsfläche zu bekommen, natürlich eine andere. Dies ist aber insofern *nichts* Computerspezifisches, auch im klassischen Malunterricht kommen ja verschiedene Techniken zum Einsatz, die die Schüler in ihrer jeweiligen Eigenart und ihren Möglichkeiten kennenlernen sollen. Malprogramme auf PCs arbeiten in der Regel unter Verwendung einer Maus. Drückt man die linke Taste auf der Maus, so entstehen mit der Bewegung der Maus über die Arbeitsfläche (in dem Fall der Tisch) Linien auf dem Bildschirm, ohne Drücken der Maustaste läßt sich die Maus ohne Erzeugen von Linien auf dem Bildschirm plazieren.

Abbildung II.16.: »Steinpilze«, Computerzeichnung von Lisette Handouche, 7 Jahre

- Malprogramme, auch die einfachsten, stellen eine ganze Reihe graphischer Funktionen zur Verfügung wie: Rechtecke zeichnen, Kreise zeichnen, Schreiben in verschiedenen Schriftarten, Füllen bestimmter Flächen mit verschiedenen Mustern (oder Farben) etc. Auch dies ist nichts Computerspezifisches.
- Ein wichtiger Unterschied zum »klassischen« Zeichnen besteht in der sehr leichten Möglichkeit, Bildteile auszuschneiden, in andere zu kopieren oder zu löschen.

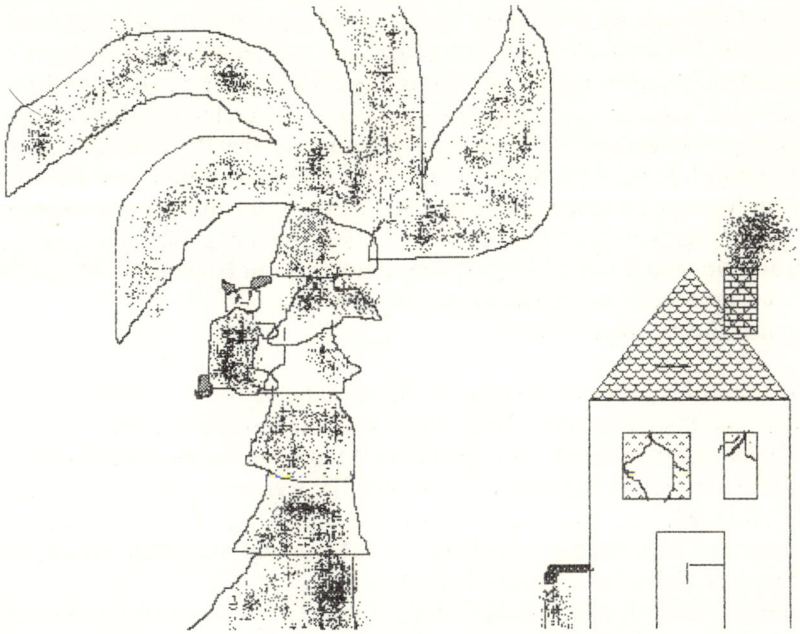

Abbildung II.17.: Bild einer 7jährigen, mit einem Malprogramm angefertigt

- Der größte Unterschied zum »klassischen« Zeichnen liegt in der Möglichkeit, angefertigte Bilder zu speichern, beliebig wieder aufzurufen und zu überarbeiten. Bilder können an jedem Punkt der Bearbeitung abgespeichert werden, so daß bei Fehlern eine sehr einfache Möglichkeit zur Korrektur besteht. Bilder können auch an andere weitergegeben werden zur beliebigen Veränderung. Ferner kann das »Werk« in nur von der finanziellen Ausstattung der Schule und der Nervenstärke lärmgeplagter Mitschüler abhängiger Anzahl ausgedruckt werden.
- Die graphische Qualität kommt vielfach – zumindest bei den in Schulen verwendeten einfachen Geräten – nicht an die Qualität etwa einer sorgfältigen Bleistiftzeichnung heran. Die Zeichnungen zu diesem Artikel sind in der heute überwiegend zu erwartenden Druckqualität wiedergegeben.

Die Unterrichtseinheit – eine Skizze

Zunächst muß natürlich erklärt werden, wie das Programm gestartet wird. Dies ist von der jeweiligen Hard- und Software abhängig sowie vom Kenntnisstand der Schüler. Bei einer allerersten Begegnung mit einem PC müssen natürlich Funktionen, wie Einschalten des Gerätes, Bedienung der Tastatur, der Maus usf. vermittelt werden. Der Start des Programms kann nur in Form eines »Kochrezepts« nahegebracht werden, z. B.: »Gib ›DRHALO‹ ein, und dann drücke noch eine beliebige Taste.« Es ist nicht zu erwarten, daß Grundschüler den eingegebenen Befehl verstehen können, dies tun auch Erwachsene erst nach längerer Zeit des Umgangs mit einem PC. Mir bereitet dies kein Kopfzerbrechen, da jeder täglich ein Fernsehgerät einschaltet und wohl die wenigsten wissen, was sich dabei abspielt. Ich denke auch, daß die ersten Handgriffe den Schülern einfach gezeigt werden sollten. Ohne *jede* Ahnung von der Bedienung eines PCs fallen Versuche, entdeckend und probierend an das Gerät heranzutreten, sehr frustrierend aus. Im weiteren Verlauf ist jedenfalls genug Raum für *spielendes Ausprobieren.*

Nach dem Programmstart kann man bei allen mir bekannten Programmen sofort anfangen zu zeichnen. Da der Vorgang dem Zeichnen mit Bleistift und Papier sehr nahe kommt, sind Probleme mit der Handhabung selten.

Was lernen die Schüler dabei?

- Sie erfahren zunächst uns selbstverständlich erscheinende Funktionen, z. B. daß beim Drücken von Tasten auf dem Bildschirm Buchstaben erscheinen.
- Die Schüler erlernen den Umgang mit der Maus. Sie sehen, daß ein Pfeil auf dem Bildschirm den Bewegungen der Maus folgt. Sie werden beobachten, daß eine Funktion durch Drücken einer Taste auf der Maus aufgerufen werden kann. Die Feinkoordination der Bewegungen und die Rückkopplung mit dem Resultat auf dem Bildschirm ist dabei gewöhnungsbedürftig.
- Die Schüler erkennen also, daß das Gerät auf ihre Tätigkeiten reagiert. Sie erlernen die Kommunikation mit dem Computer. Dabei ist die Kommunikation mit einem PC wesentlich komplexer als die »Kommunikation« mit einem anderen technischen Gerät. Eine Waschmaschine »kommuniziert« mit ihrem Benutzer insofern, als sie funktioniert und ihre Arbeit aufnimmt oder nichts tut. Sie gibt keine Diagnose ab, warum sie es nicht tut.

  Computerprogramme reagieren viel differenzierter. Sie können Fehler erkennen und melden. Die Meldungen mögen verständlich sein oder auch verwirrend. Meldungen muß man interpretieren können. Ein Programm meldet z. B. immer »Drucker nicht bereit«, gleich, ob das Papier ausgegangen ist, der Drucker nicht eingeschaltet ist oder auch gar kein Drucker vorhanden ist. Manchmal funktioniert aber auch etwas nicht, und der Computer meldet keinen Fehler. Dann kann das Programm abgestürzt oder fehlerhaft sein, oder, was wesentlich häufiger ist, das Programm erwartet eine andere Eingabe, als die, die man gerade vorzunehmen versucht. Beispielsweise ist der Schüler versehentlich in die Funktion »Ausdrucken« geraten und der Computer erwartet die Eingabe einer Zahl (wieviel Seiten ausgedruckt werden sollen). Dann kann man mit der Maus nicht zeichnen.
- Das letzte Beispiel führt zu einer wichtigen Fähigkeit beim Umgang mit einem Computer: Der Benutzer sollte stets die Übersicht über seine Eingaben haben. Was man von dem Gerät will, soll man planen (im Kopf oder bei komplexeren Vorgängen auch schriftlich) und der Reihe nach durchführen. Programme erwarten, daß man

bestimmte Arbeitsschritte nach festen Regeln vollständig und der Reihe nach durchführt. Korrekturen oder der Abbruch eines Vorgangs können bei der inzwischen stark verbesserten Software zwar durchgeführt werden, aber auch sie unterliegen festen Regeln und Reihenfolgen, in denen sie durchgeführt werden müssen.

Die Motivation, nur mit der Maus zu zeichnen, sinkt relativ rasch. Erfahrungsgemäß stellt sich bald die Frage nach weiteren Möglichkeiten ein. Es können nur behandelt werden (Reihenfolge beliebig):

1. Zeichnen von Rechtecken, Kreisen, Füllen von Flächen mit Mustern etc.,
2. Schreiben,
3. Ausdruck des Produkts,
4. Speichern und Laden des Bildes.

Beim Schreiben werden über die Tastatur Buchstaben eingegeben, die in verschiedenen wählbaren Schriftarten und -größen in das Bild eingefügt werden können.

Alle genannten Funktionen werden über ein sogenanntes »Menü« gesteuert. Darunter sind Symbole auf dem Bildschirm zu verstehen, auf die mit der Maus zu zeigen und zu klicken ist (= die Maustaste drücken), um die gewünschte Einstellung oder Funktion auszulösen. Die verwendeten Symbole sind meist recht einleuchtend, das Verfahren ist leicht zu verstehen. Die meisten Anwenderprogramme auf PCs sind inzwischen menügesteuert, so daß das Erlernen der Benutzung eines Menüs ein wichtiger Schritt im Umgang mit PCs ist.

Sind die Punkte 1–3 von den Schülern erfaßt, bietet sich Raum für freie Arbeit an den Geräten an. Die Schüler können z.B. Einladungen gestalten und ausdrucken, sich Stundenpläne entwerfen usw. Anregungen können gezielt so gegeben werden, daß computerspezifische Möglichkeiten betont und erfahrbar werden, z.B. Wochenpläne, die immer wieder neu ausgefüllt werden können.

Das Speichern eines Bildes ist etwas schwieriger. Zunächst ist wieder mit einem Menüpunkt die Funktion aufzurufen. Dies dürfte kein Problem sein. Dann ist aber ein Dateiname anzugeben, dieser muß den Regeln des Betriebssystems genügen. Er muß also aus zumindest einem, maximal acht Zeichen bestehen. Als Zeichen sind alle Buchstaben, Ziffern und der Unterstrich (_) zugelassen. Definitiv nicht zugelassen ist ein Leerzeichen, manche andere Zeichen sind zwar zugelassen (wie die Umlaute, ß oder $ und #), bringen aber häufig Probleme mit dem Betriebssystem oder Programmen. Leider beachten nicht alle Programme diese Regeln und melden Eingabefehler.

Wünschenswert ist auch, daß Schüler das Speichern auf Diskette erlernen. Wird nur ein einfacher Dateiname angegeben, so wird die Datei dort angelegt, wo das Programm gestartet wurde, also z.B. auf der Festplatte. Für das Speichern auf Diskette ist dem Dateinamen die Kennung »A:\« (ohne Anführungszeichen) vorzustellen, also z.B. »A:\DATEI«. Der Dateiname selbst darf wieder max. acht Zeichen haben. Beherrschen die Schüler die Vorgänge bis hierher einigermaßen sicher (inkl. des Speicherns auf Diskette), so bietet sich eine Art »stille Post« an: Jeder Schüler zeichnet ein beliebiges Bild und speichert es unter: »A:\BILD1« auf Diskette ab. Dann reicht er es an den Nachbarn weiter, der lädt es, verändert es in beliebiger Weise, speichert es erneut, diesmal unter »A:\BILD2« usw. Nach einigen Etappen der Veränderung kann man sich gemeinsam die einzelnen Etappen betrachten, evtl. Pannen beheben, indem man ab einer bestimmten Etappe den Prozeß wieder in Gang setzt. Bilder können ausgedruckt werden usw.

Offenkundig erfahren Schüler die besonderen Möglichkeiten der Veränderbarkeit ihrer Produkte, die ein Computer bietet. Nicht gleich erkennbar sind die Möglichkeiten sozialen Lernens: Beim Benennen der Dateien passieren immer wieder Fehler, oder Kinder setzen sich bewußt über die Regeln hinweg. Dadurch können Bilder überschrieben bzw. gelöscht werden. Diesen Pannen kann ein Kind auf technischer Ebene begegnen (indem es sich auf einer zweiten Diskette wichtige Bilder nur für sich speichert, also eine Sicherungskopie anfertigt – eine im Computerwesen sehr wichtige Fertigkeit), oder es versucht, die Konflikte im Umgang mit dem Verursacher zu lösen. Pannen vermeiden kann das Kind auch, indem es sich rechtzeitig bei Unsicherheiten helfen läßt.

Die Hardware

Zur Durchführung der oben skizzierten Einheit benötigt man ein oder mehrere PC gängiger Bauart mit einem Graphikbildschirm (es genügt der einfachste s/w-Monitor) und einer Maus. Speicher und Arbeitsgeschwindigkeit machen erfahrungsgemäß keine Probleme. Es muß zumindest eine Möglichkeit bestehen, die Werke auszudrucken, besser ist natürlich ein Drucker für jedes Gerät; das Ausdrucken dauert auf den einfachen Nadeldruckern relativ lang; wenn viele Ausdrucke gemacht werden sollen, kann das mit nur einem Drucker reichlich ermüdend werden. Für die Abwandlung der »stillen Post« müssen die Graphiksysteme aller Rechner gleich sein. Diese Mindestanforderungen sind nicht bei allen Geräten, die in den Schulen stehen, erfüllt.

Die Software

Spezielle Malprogramme für die Schule sind mir z.Zt. nicht bekannt (vgl. auch S. 91 ff. dieses Handbuchs). Andere Malprogramme sind einfach und preiswert zu bekommen. Leider besitzen die meisten einige Nachteile, die man kennen sollte. Relativ brauchbar sind:

- *Dr. Halo*: Dieses Programm wird zusammen mit der Maus von Genius geliefert. Die Maus kostet ca. 70,– DM. Das Programm ist leicht zu bedienen, hat aber bei der Behandlung der Dateinamen einen sehr unangenehmen Fehler: Es akzeptiert Dateinamen mit einem Leerzeichen, die Datei wird auch angelegt. Die nun entstandene Datei ist aber weder neu zu laden, noch auf normalem Weg kopier- oder löschbar. Da recht leicht in Dateinamen Leerzeichen rutschen (im Beispiel oben statt »BILD1« »BILD 1«), macht sich dieser Fehler häufiger bemerkbar, als man vielleicht erwartet. Die Bilder, die mit Dr. Halo angefertigt wurden, lassen sich nur eingeschränkt in Textverarbeitungsprogrammen verwenden.
- *Paintbrush*, dieses Programm wurde früher mit der Maus von Microsoft ausgeliefert (ca. 300,– DM), inzwischen ist es Beigabe von Windows. Seine Handhabung ist nicht so einfach, speziell das Zeichnen von Rechtecken und Kreisen ist etwas verwirrend, auch erscheinen beim Speichern und Laden eine ganze Reihe für den Schulzweck überflüssiger Eingaben und Symbole. Es hat aber eine bessere Überprüfung der Dateinamen. Die Bilder sind in Textverarbeitungsprogrammen verwendbar (z.B. in *WORD*).

Cornelia Bermuth/Mirjam Leutbecher/Anja Treude

»Computereinsatz in der Grundschule?«

13 Thesen von Studentinnen des Lehramtes Grundschule an der Goethe-Universität, Frankfurt/Main

In unseren Thesen formulieren wir zunächst Anforderungen, die erfüllt werden müssen, bevor der Computer im Grundschulunterricht eingesetzt werden kann.

Der Computer ist in unserer heutigen Zeit ein wichtiges Medium geworden, das die Grundschulpädagogik nicht mehr ignorieren kann und darf. Immer mehr Kinder haben zu Hause oder über Freunde Zugang zu Computern und zu unterschiedlichen Programmen (meist aber Computerspielen, Zahlen s.o.). Als Studentinnen des Lehramtes Grundschule stehen wir diesem neuen Medium interessiert, aufgeschlossen und zugleich kritisch gegenüber. Berührungsängste sind uns fremd. Für uns ist der Computer ein wichtiges Werkzeug im Studium – bei der Anfertigung von Referaten, Hausarbeiten, bei der Anlage von Karteien/Datenbanken usw.

Wenn wir selbst diesem Werkzeug positive Seiten abgewinnen, mit welchem Recht sollte man den Kindern, die mit diesem Medium oft bereits souverän und produktiv umzugehen vermögen (vgl. ausländische Studien), dieses zeitgenössische Werkzeug vorenthalten?

1. These: Computer als Motivationselement

Da der Computer von vielen Kindern schon zu Hause benutzt wird, sollte er in der Schule auch als Hilfsmittel eingesetzt werden und somit allen Kindern zur Verfügung stehen. Ein anderer Aspekt, der für den Computereinsatz in der Grundschule spricht, ist das Motivationselement. Der Computer stellt für die Kinder eine Art »Zauberkiste« dar. Diese Kiste weckt bei ihnen die Neugier, sich damit zu beschäftigen. Untersuchungen haben ergeben, daß diese Beschäftigung mit dem Computer so intensiv war, daß Aufsätze, die von Kindern mit diesem geschrieben wurden, qualitativ und quantitativ besser waren als Aufsätze, die mit der Hand geschrieben wurden (vgl. Greenfield, 1987).

2. These: Unterrichtsqualität entscheidend für Computereinsatz

Computereinsatz ist in unseren Augen nur sinnvoll, wenn man einen »guten Unterricht« zugrunde legen kann.

»Guter Unterricht« beinhaltet:

- selbstverantwortetes, individuelles Lernen;
- Kooperation bzw. Zusammenarbeit zwischen den Schülern und Schülerinnen;

- Integration Behinderter;
- Raum für Kinder, selbst geplante Aktivitäten durchführen zu können;
- erfahrungsoffenen Unterricht;
- das Umfeld und die Umwelt als Lernwelt anzusehen;
- Kinder als Subjekt ihres Lernens zu sehen;
- die Kreativität der Kinder zu fördern;
- gutes Unterrichtsklima;
- auf Veränderungen bezüglich des sozialen Umfeldes und der Umwelt zu reagieren.

(vgl.: Arbeitskreis Grundschule)

3. These: Vorbeugung einer Technikbarriere

Besonders erwähnenswert ist die frühe Einführung in die Technik, bei Jungen ebenso wie bei Mädchen. Die geschlechtsspezifischen Rollen sind in diesem Alter von Kindern noch nicht so stark ausgeprägt. Somit sind die Mädchen noch nicht in die Stereotype »Frauen und Technik ...« eingebunden, die ihnen eine souveräne Auseinandersetzung mit der Technik erschwert. Um eine Technikbarriere gar nicht erst entstehen zu lassen, ist der frühe Einsatz des Computers in der Grundschule am günstigsten. Auch die Kinder, denen zu Hause kein Computer zur Verfügung steht, sollten die Möglichkeit haben, sich mit diesem zu beschäftigen.

4. These: Freiwilliger Computereinsatz

Für uns ist es wichtig, daß jeder Lehrer bzw. jede Lehrerin frei entscheiden kann, ob er/sie den Computer einsetzen möchte.

Wenn der Lehrer den Computer nur zwangsweise einsetzt, kann das dem Unterricht eher schaden als nützen. Es muß betont werden, daß der Computer keinesfalls den Lehrer oder das Vermittlungsprogramm (Lehrkonzept) ersetzen soll oder kann. Erst durch die Auswahl der richtigen Inhalte und Arbeitsformen und eine entsprechende Einbettung in den Unterricht wird der Computer ein pädagogisch sinnvolles Medium (vgl.: Brügelmann, 1985).

Den Computer als Medium kann man auch mit ähnlichen Medien (z.B. Lernspiele, Kassetten, Video etc.) vergleichen, die bisher auch auf freiwilliger Basis eingesetzt wurden.

5. These: Wann Computereinsatz?

Der Zeitpunkt des Computereinsatzes ist von jedem Grundschullehrer oder jeder Lehrerin individuell begründet zu bestimmen. Dabei spielt die Situation seiner bzw. ihrer Lerngruppe die ausschlaggebende Rolle. Bei einer leistungsschwächeren Gruppe könnte die Gefahr bestehen, daß der Computer nicht mehr hilfreich, sondern hemmend wirkt.

Der Computereinsatz sollte nicht zur Vernachlässigung des Handschreibens führen. Deshalb muß man darauf achten, daß der Computer nur für einige spezielle Phasen hilfreich ist, wie z.B. Vervielfältigungen, Förderung des individuellen Lernens und der Kreativität etc.

6. These: Spezielle Lehreraus- und -weiterbildung

Voraussetzungen einer didaktisch angemessenen Benutzung des Computers sind Lehreraus- bzw. -weiterbildungen, in denen sich die Lehrer bzw. die Lehrerinnen kritisch mit diesem neuen Medium auseinandersetzen. Außerdem ist es für viele Lehrer und Lehrerinnen wichtig, Grundkenntnisse zur Arbeit mit dem Computer zu erwerben. Der Erwerb dieser Grundkenntnisse sollte folgende Punkte umfassen:

- allgemeiner Umgang mit der Hardware,
- Kennenlernen spezieller Programme,
- kritische Beurteilung der Lernsoftware,
- Ausarbeitung didaktischer Rahmenbedingungen,
- Hospitation in Projektklassen, die bereits mit dem Computer arbeiten.

7. These: Freiwillige Computerbenutzung

Die Arbeit mit dem Computer sollte nicht nur für die Lehrer bzw. Lehrerinnen, sondern ebenfalls für die Schüler und Schülerinnen freiwillig sein. Sollte ein Kind einen Aufsatz z.B. lieber mit der Hand als mit dem Computer schreiben wollen, sollte ihm die Möglichkeit dazu offenstehen. Bei der Computerarbeit hat jedes Kind die Möglichkeit, sein eigens Lerntempo individuell zu bestimmen. Dennoch ist mit dieser Individualisierung nicht die Einzelarbeit gemeint. Computerunterricht wird oft beinhalten, daß zwei oder drei Kinder an einem Rechner arbeiten, und daß sie sich gegenseitig Hilfestellungen geben können. Aber letztlich gilt auch bezüglich der Arbeits- und Sozialform die Wahlfreiheit, d.h. wenn ein Kind zeitweilig gerne eine Aufgabe in Einzelarbeit angehen möchte, sollte die Gelegenheit dazu gegeben sein.

8. These: Ständige Verfügbarkeit des Computers

Da der Computer nur ein Medium unter vielen sein sollte und da er von den Schülern freiwillig und aufgabenspezifisch zu wählen sein sollte, darf es keinen gesonderten Computerraum geben. Der Computer sollte direkt in den Unterricht eingebunden werden und müßte sich somit im Klassenraum befinden. Da der Computer so ständig zur Verfügung steht, kann er in jeder Art von Unterricht, auch in der Wochenplanarbeit, eingesetzt werden. Die Kinder erproben ihn als Werkzeug und lernen dabei seine Möglichkeiten, aber auch Grenzen kennen.

9. These: Beschränkte Computernutzung

Eine freiwillige Beschränkung des Lehrers bezüglich der Inhalte, die mit dem Computer vermittelt werden können, muß verlangt werden. Es wäre dem Lehrer bzw. der Lehrerin leicht möglich, mit dem Computer Experimente zu bestimmten Themen (z. B. im Sachunterricht) zu simulieren. Durch Computersimulation entstünde wieder eine Art »Frontalunterricht«, die man doch eigentlich gerade abgeschafft hat bzw. abschaffen wollte. Die Simulationen würden dem Lehrer bzw. der Lehrerin sicher viel Arbeit abnehmen, doch wäre der Erfahrungswert und die Eigentätigkeit der Kinder sehr eingeschränkt bzw. nicht gewährleistet. Kinder müssen durch Erfahrungen, die sie selbst machen, lernen (»learning by doing«). Der Computer ersetzt keineswegs die Dinge, die man durch das praktische Ausprobieren erlernt. Er ist lediglich ein Zusatzmedium auf einer höheren Abstraktionsstufe.

10. These: Erlernen anderer Kulturtechniken

Die Handschrift, das Lesen, Rechnen usw. sollten der Grundbaustein für die Computerarbeit sein. Diese traditionellen Kulturtechniken sollten neben der Computerarbeit auf keinen Fall vernachlässigt werden, vielmehr sollte der Computer so eingesetzt werden, daß er die Entwicklung der Kulturtechniken fördert.

11. These: Computer kein Kontrollmittel

Der Computer sollte nicht zur Kontrolle und präzisen Leistungsüberwachung der Schülerinnen und Schüler mißbraucht werden. Eine solche Entwicklung liefe den ganzheitlichen Beurteilungsformen, um die man sich in der Grundschule bemüht, zuwider.

12. These: Dem Einsatzbereich angepaßte Hardware

Gedanken zu der *Hardware*, die verwendet werden sollte, ergaben, daß man sich nicht pauschal auf ein bestimmtes Modell festlegen sollte, sondern daß die angewandte Hardware unter anderem vom Einsatzbereich der zu benutzenden Software abhängt. Bei der Textverarbeitung wären eventuell gebrauchte und ältere Modelle ausreichend, da es hier nur auf das Schreiben selber ankommt.

Bei Lernprogrammen jedoch ist eine neue, leistungsfähige Hardware erforderlich, damit die dafür nötige Software überhaupt abgespielt werden kann. Man kann nun als Gegenargument nennen, daß auch ältere Software angewandt werden könnte. Dies ist aber nicht in unserem Sinne, da diese pädagogisch noch nicht so ausgereift ist wie die neuere und daher mehr schaden als nützen würde.

Die Hardware darf auf keinen Fall die Qualität des Unterrichts negativ beeinflussen. Notfalls sollte bei ungeeigneten Mitteln auf den Computereinsatz ganz verzichtet werden! Die Grundschule sollte sich nicht dazu »herablassen«, die abgelegte schlechte Hardware anderer Schulstufen oder ausgemusterte Hardware von Betrieben zu verwenden. Die beste und modernste Hardware ist für die Grundschule gerade ausreichend (vgl.: Mitzlaff/Wiederhold, 1990).

13. These: Höchste Ansprüche an die Software

An die *Software* stellen wir ebenfalls die höchsten Anforderungen. Sie sollte nicht nur aus abfragenden und korrigierenden Drill-and-Practice-Systemen bestehen, sondern vielmehr differenzierte Hilfestellungen bieten. Die Software muß die Anforderungen erfüllen, die auch an den Unterricht gestellt werden. Das heißt, daß bei der Arbeit mit dem Computer mindestens gleiche Lernerfolge erreicht werden sollten wie ohne den Computer.

Die Unterrichtsqualität darf durch die Software nicht beeinträchtigt werden. Um zukünftig gute Software zu gewinnen, sollten sich drei verschiedene Gruppen an deren Entwicklung beteiligen:

a) Lehrer bzw. Lehrerinnen, die den didaktischen Rahmen abstecken und die Softwarebausteine evaluieren.
b) Programmierer bzw. Programmiererinnen, die die Lernsoftware erstellen und
c) Schüler bzw. Schülerinnen, welche als Kritiker fungieren.

Ebenso wie bei Schulbüchern sollte es auch für die Software Angebotskataloge geben, nach denen sich die Lehrerinnen und Lehrer in der Auswahl der Software, die sie benutzen wollen, richten können.

Außerdem wären preiswerte oder kostenlose Demoversionen verschiedener Programme notwendig, um eine begründete Auswahl zu gewährleisten. Lang- oder mittelfristig wird ein Prüfverfahren zu institutionalisieren sein.

Literatur

Arbeitskreis Grundschule: Programm – Satzung – Veröffentlichung (S. 9 und 10)

Brügelmann, H.: Lesen- und Schreibenlernen mit Computer-Hilfe. In: Grundschule; Teil 1, Heft 4 und 5 1985

Greenfield, P. M.: Kinder und neue Medien. Die Wirkung von Fernsehen, Videospielen und Computer, Weinheim 1987

Mitzlaff/Wiederhold: Computer im Grundschulunterricht. Möglichkeiten und pädagogische Perspektiven; Hamburg 1990

III. Berichte aus den Modellversuchen der Länder

Georg Baumann

Computerunterstütztes Lernen im Mathematikunterricht der Grundschule – Erfahrungen aus dem CLiP-Versuch in Mainz

Rahmenbedingungen

Der rheinland-pfälzische BLK-Modellversuch CLiP – gefördert aus Mitteln der Bund-Länder-Kommission für Bildungsplanung – wurde von August 1990 bis Ende 1993 an vier Schulen durchgeführt. Durch CLiP sollte erprobt werden, ob das *c*omputerunterstützte *L*ernen *i*m *P*rimarbereich in der 3. und 4. Klassenstufe im Fach Mathematik gewinnbringend und pädagogisch wirkungsvoll sein kann.

In den Schulen Mainz-Laubenheim, Mainz-Lerchenberg und Emmelshausen kamen in einem separaten, sogenannten »Computerraum« 12 bis 15 PC zum Einsatz, in Bitburg-Süd wurden anfänglich nur 4 PC vorwiegend im Rahmen von Freiarbeit und Wochenplan eingesetzt. Die Dritt- und Viertklässer suchten zweimal wöchentlich während einer Mathematikstunde in halber Klassenstärke diesen Raum auf, um 15–20 Minuten lang am Übungsprogramm zu arbeiten.

Dieses Übungsprogramm »Felix« des Autors Rolf Monnerjahn wurde im Laufe des Modellversuchs auf Anregungen der beteiligten Schulen hin weiterentwickelt, so daß es die wesentlichen arithmetischen Lernbereiche der 3. und 4. Klassenstufe abdeckt.

Übungsprogramm »Felix«

Menü:
»Felix« enthält im wesentlichen die arithmetischen Bereiche: mündliche bzw. halbschriftliche Addition, Subtraktion, Multiplikation und Division in den verschieden möglichen Aussageformen, die üblichen Algorithmen der vier Grundrechenarten, das Rechnen mit Größen (Geldwerte, Längen, Zeiten, Massen).

+	–	·	:	Größen
Zahlenstrahl	Zahlenstrahl	7 · 4 = □	28 : 4 = □	Längen
28 + 4 = □	28 – 4 = □	(·) schriftl.	(:) schriftl.	Geld
280 + 40 = □	280 – 40 = □	7 · □ = 28	28 : □ = 7	Zeit
(+) schriftl.	28 – □ = 24	2 · 40 = □		Massen
28 + □ = 32	(–) schriftl.	□ · 7 = 28	□ : 4 = 7	(Gewichte)
u. a.	u. a.	u. a.	u. a.	

Abbildung III.1.: Kinder arbeiten im Computerraum, CLiP-Modellversuch, Foto: A. Lonz, Mainz

Während der ersten Monate des Modellversuchs sollten die Kinder grundsätzlich in der 20minütigen Übungsphase den gleichen Lernbereich üben, z.B. das schriftliche Addieren, nachdem es vorher im Klassenunterricht eingeführt war.

Hilfen:
Nach einer fehlerhaften Eingabe wird dem Kind eine Lösungshilfe angeboten in Form eines Denkanstoßes, eines Hinweises, einer Erläuterung, eines Modells, der Umkehroperation u.a.m.

Leistungsanpassung:
Im allgemeinen stellt sich das Übungsprogramm selbstgesteuert auf das individuelle Leistungsvermögen des einzelnen ein. Je nach Übungserfolg wird der Schwierigkeitsgrad beibehalten, angehoben oder abgesenkt. Hat ein Kind einen hohen Prozentsatz der gestellten Aufgaben gelöst, wird ein schwierigeres Gebiet eröffnet, in das sich der Übende selbstbestimmend hineinarbeiten kann.

Wissenschaftliche Begleitung

In der Zeit von Anfang Februar 1992 bis Ende Juli 1992 führte das Institut für empirische pädagogische Forschung der Universität Koblenz-Landau unter Leitung von Prof. Reinhold Jäger an den Schulen Mainz-Laubenheim und Mainz-Lerchenberg eine Untersuchung[1] durch, deren Ergebnisse hier in einer Zusammenfassung wiedergegeben werden.

»Die Ergebnisse der quantiativen wie qualitativen Daten zum Einsatz des Computerprogramms Felix im Rahmen des Modellversuchs CLiP lassen sich wie folgt thesenartig zusammenfassen:

1. *In der Kombination von Unterricht und Einsatz des Programms zu Übungszwecken zeigt sich über die gewählte Untersuchungszeit hinweg ein pädagogisch bedeutsamer Lernzuwachs.*
2. *Der Lernzuwachs liegt über dem vergleichbarer Untersuchungen[2]: Zum einen hat Frey (1989) in seiner Metaanalyse über Effekte der Computerbenutzung nachgewiesen, wie groß der Effekt in aller Regel ist. Zum anderen haben wir in einer eigenen Untersuchung zum Einsatz des Systems TOAM (Jäger, 1992) bei zusätzlichem Einbezug einer Kontrollgruppe aufgezeigt, daß der Effekt dort vergleichsweise sehr gering ist, in manchen Fällen sogar erwartungswidrig war. In der Relation sind die im Rahmen dieser Studie aufgezeigten Effekte weitaus größer.*
3. *Der Lernzuwachs ist im unteren Drittel des Leistungsbereichs größer als im mittleren und oberen Drittel. Offensichtlich wird damit ein Kompensationseffekt erzielt. Wenn man die Ergebnisse der Wissenspsychologie einbezieht, nach denen insbesondere diejenigen einen hohen Lernzuwachs haben, die ohnehin schon viel Wissen haben (vgl. Mandl & Spada, 1988), so sprechen die aufgezeigten Ergebnisse eher dafür, daß der erwartete Schereneffekt durch den kombinierten Einsatz von herkömmlichem Unterricht und Computer nicht vergrößert, sondern verkleinert wird.*
4. *Die erzielten Effekte verlaufen in der 3. und 4. Klassenstufe gleichsinnig. Eine Art von doppelter Validierung kann hierbei hinsichtlich der Vergleiche zwischen den jeweiligen Referenzschulen gesehen werden (Schulen 1 und 2 versus Schulen 3 und 4).*
5. *Mehr als ¾ der Schülerinnen und Schüler schätzen das Programm hinsichtlich seiner Schwierigkeit als »gerade richtig« ein.*
6. *Mehr als ⅔ der Schülerinnen und Schüler glauben, daß das Programm dazu beigetragen hat, ihre eigenen Rechenleistungen zu verbessern; eine gleich große Anzahl würde das Programm selbst einsetzen.*
7. *Die computergestützte Inhaltsanalyse der Vor- und Nachteile zeigt, daß die Schüler in dem Programm eine Möglichkeit sehen, ihre eigene Arbeit zu erleichtern, ihren Lernerfolg zu steigern sowie Leistungsrückmeldungen zu erhalten.*
8. *Nachteile werden darin gesehen, daß das Programm den Umgang mit dem Computer voraussetze und die Inhalte beschränke.«*

1 Abschlußbericht des Modellversuchs CLiP, Band 73, der Schriftenreihe des Ministeriums für Bildung und Kultur, Rheinland-Pfalz, von Hase & Koehler Verlag, Mainz, ISBN 3-7758-1316-0.

2 Jäger, R.S., Arbinger, R., Bannert, M., Lissmann, U., Deutsch, M. und Konrad, K. (Hrsg.) (1991). Computerunterstützes Lernen. (Beiheft 2 zur Zeitschrift Empirische Pädagogik). Landau: Empirische Pädagogik. ISBN 3-923786-36-0.

Abschlußbericht[1] des Modellversuchs CLiP

Seit April 1994 liegt der Abschlußbericht vor mit

- einem Beitrag des Autors der Software über Gestaltungsgrundsätze des Übungsprogramms,
- dem Erfahrungsbericht der am Modellversuch beteiligten Schulen,
- der Beschreibungen und den Ergebnissen der wissenschaftlichen Begleituntersuchung durch Prof. Reinhold Jäger,
- einem Beitrag von Prof. Norbert Matros, Landau, in dem der Einsatz des Computers mit dem Übungsprogramm »Felix« rundweg abgelehnt wird,
- einer kritischen Bewertung des Modellversuchs CLiP von Prof. Fritz Nestle.

Dem interessierten Leser sei die Lektüre des CLiP-Abschlußberichtes[1] nachdrücklich empfohlen.

Das Arbeiten mit »Felix«

Im folgenden werden persönliche Beobachtungen, Erfahrungen, Einschätzungen und Wertungen des Verfassers dieses Beitrages gegeben.

1. Lern- und motivationspsychologische Aspekte

- Unterschiede zwischen Jungen und Mädchen bezüglich der technischen Bedienung und des Umgangs mit dem Rechenprogramm konnten nicht festgestellt werden.
- Nicht nur zu Beginn – auch im zweiten Jahr war die Freude am Computer zu arbeiten, bei den meisten Kindern groß.
- Während der Übungsphase erlebten fast alle Kinder einen persönlichen Lernerfolg, weil
  - der Erfolg bei richtiger Lösung unmittelbar bestätigt wird,
  - nach einem Fehler eine Lernhilfe angeboten wird,
  - dem Zögerlichen durch Drücken der »Hilfe-Taste« eine Hilfe zur Lösung angeboten wird,
  - jedes Kind die gestellte Aufgabe in der Regel selbständig lösen kann, da sich das Programm selbstgesteuert auf das individuelle Leistungsvermögen des einzelnen Kindes einstellt,
  - der direkte Leistungsvergleich in der Klassengemeinschaft entfällt und das Kind nicht auf die Klassennorm bezogen bewertet wird,
  - das Kind keine Beeinträchtigung erfährt, die das Selbstwertgefühl beschädigen könnte, da das Programm nicht »schimpft oder tadelt«, wie die Kinder anmerken,
  - jedes Kind seinen Lernfortschritt erfährt, der im Klassenunterricht oft unerkannt bleibt,
  - das schnell lernende Kind in einem Stoffgebiet selbständig weiterlernen kann,
  - während der Übungsphase in freier Auswahl Aufgaben aus verschiedensten Rechengebieten bearbeitet werden können,
  - auch Kinder mit geringen Deutschkenntnissen vorteilhaft mit dem Programm arbeiten können,

- die schwächeren Schüler und Schülerinnen durch ihren Lernerfolg besonders ermutigt werden,
- am Ende der Übungsarbeit eine Rückmeldung erfolgt, die jedem Kind persönlich zeigt, wie viele Aufgaben gerechnet wurden und wie viele Lösungen davon sofort richtig waren.

2. Mathematikdidaktische Aspekte[3]

- Da nach jedem Fehler eine Hilfe angeboten wird, besteht die Gefahr eines »Fehler-Hilfe-Mechanismus«.

  Da leistungsstarke Rechner die Hilfen kaum in Anspruch nehmen müssen, sollten die Hilfen so konzipiert sein, daß sie den schwächeren Rechner besonders unterstützen.
- Der Computer bietet die Möglichkeit, Modelle und grafische Veranschaulichungen einzusetzen, die im herkömmlichen Unterricht der Grundschule bisher so nicht angewandt werden können. Dies sollte mehr genutzt werden.
- Im Laufe des Modellversuchs ließen wir die Kinder immer häufiger – je nach Leistungsvermögen – selbstbestimmend Aufgaben auswählen. Dadurch werden in kurzen Lernsequenzen verschiedene Lernbereiche wiederholt, vertieft und erweitert. Gerade für die guten Rechner wird im Klassenunterricht vielfach zu lange an einem Aufgabentyp gerechnet und das Prinzip der Variation nicht beachtet.
- Die schriftlichen Rechenverfahren der Addition, Subtraktion, Multiplikation und Division, die in der Grundschule eine zentrale Stellung einnehmen, können in kurzer Zeit erlernt werden. Die Algorithmen der Subtraktion und der Division z.B. wurden versuchshalber in einer 3. bzw. 4. Klasse »rein mechanisch« in vier je 20minütigen Übungsphasen erarbeitet.

  Bei sich anschließenden schriftlichen Überprüfungen zeigten die Kinder überdurchschnittliche gute Rechenleistungen (vgl. Abschlußbericht des Modellversuchs CLiP, S. 35/36 und (3) S. 188).
- Die meisten Mathematiklehrerinnen und -lehrer werden über diese Verfahrensweise entsetzt sein. Aber unter Fachdidaktikern besteht weitgehende Übereinstimmung, daß z.B. der mathematische Gehalt des Algorithmus der schriftlichen Subtraktion von achtjährigen Kindern ohnehin nicht verstanden werden kann; erwiesenermaßen können ihn auch viele Lehramtsstudenten und Lehrkräfte an Grundschulen auf Anhieb nicht erklären.

Ausblicke

- Nach der festen Überzeugung des Verfassers dieses Beitrages sollte der Computer im Rechenunterricht ab der 3. Klassenstufe eingesetzt werden. Die allmähliche Herausbildung eines sicheren Zahlbegriffs erfordert gerade in der 1. und 2. Klasse den handelnden Umgang mit konkretem Material in möglichst realen Lernsituationen,

3 Computereinsatz in der Grundschule? Fragen der didaktischen Legitimierung und der Software-Gestaltung, hrsg. von Günter Krauthausen und Volker Herrmann. Mit Beitr. von Georg Baumann – 1. Aufl. – Stuttgart; Düsseldorf; Berlin; Leipzig; Klett-Schulbuchverl., 1994 (Forum Grundschule) ISBN 3-12-196201-9.

Abbildung III.2.: Computereinsatz im Rahmen der inneren Differenzierung, Computerecke im Klassenraum, Foto: Anja Rohe, Mainz

wobei dem entdeckenden Lernen die größte Entfaltungsmöglichkeit eingeräumt wird.

In dieser Altersstufe werden ganz entscheidend die Grundlagen gelegt und die Weichen gestellt für erfolgreiches Mathematiklernen und Mathematikverstehen. (Beim Schriftspracherwerb könnte er bereits früher eingesetzt werden.)

Schon während des Modellversuchs CLiP wurde in den vier rheinland-pfälzischen Schulen der Computereinsatz im Rahmen der inneren Differenzierung, der Freiarbeit und des Wochenplans erprobt unter Verwendung von Rechen-, Lese-, Rechtschreib-, Schreib-, Mal-, Lernspiel- und Spielprogrammen. Einer 3. und einer 4. Klasse stehen in Mainz-Laubenheim z. B. je zwei Computer im Klassenraum zur Verfügung. Wir werden in nächster Zeit den anfangs beschriebenen »Computerraum« aufgeben und zum Einsatz des Computers im Klassenraum übergehen.

Aufgrund einer vierjährigen Erfahrung wird deutlich, daß der Einsatz des Computers – eine gute Software vorausgesetzt – die Lehrerin nicht entlastet, sondern ihr mehr Arbeit abverlangt. Das computerunterstützte Lernen bedeutet für den Lehrer eine große didaktische Herausforderung, eine didaktische Neuorientierung seines Unterrichts. Auch das künftig beste Übungsprogramm wird nicht die didaktische Kompetenz der Lehrkraft ersetzen, sie im Gegenteil geradezu voraussetzen.

Es gibt zunehmend immer mehr Grundschulkinder, die zu Hause am Computer hantieren, spielen und lernen dürfen. Auch die Grundschule wird in naher Zukunft dem Computer die Klassentür öffnen. Es sollte in der Schule eine Lernsoftware eingesetzt werden, die höchsten Anforderungen genügt. Dabei sollte durch gute Programme der Unterricht bereichert werden. Die Programme sollten produktives Üben ermöglichen und entdeckendes Lernen fördern. Bedauerlicherweise gibt es kaum Übungsprogramme, die diesem Anspruch auch nur in Ansätzen genügen. Die im Modellversuch CLiP verwendete Software ist ein erster Schritt auf einem langen Weg zur Erreichung dieses Zieles.

Rolf Monnerjahn

Lückenschließendes Lernen durch computerunterstütztes Üben

Bericht über die Entwicklung eines Mathematikübungsprogramms für die Grundschule

Vorerfahrungen

Mathematisches Lernen ist ein Erkenntnisprozeß: Zu arithmetischen und geometrischen Sachverhalten werden den Schülern Beispiele aus ihrer Umwelt vorgestellt. Mit konkreten Objekten handelnd realisieren sie Operationen hinsichtlich der Anzahl der Objekte oder ihrer räumlichen Anordnung. Das Handeln mit konkreten Objekten wird auf die zeichnerische Darstellung die Objekte repräsentierender »Ikonen« und schließlich auf die symbolische Darstellung mit Zahlen und Verknüpfungszeichen übertragen – wobei zu unterstellen ist, daß sich eine mentale Repräsentation der Operation herausgebildet hat, die deren Struktur entspricht. Die mathematische Operation löst sich vom Konkreten, auch vom Bildhaften und kann abstrakt vollzogen werden. Das ist die Theorie des mathematischen Unterrichts. In der Praxis vollzieht sich dies für die vielen unterschiedlichen Schüler in je unterschiedlichem Tempo – ohne daß der Unterricht für alle hierauf Rücksicht nehmen könnte. Vor allem ist der Vollzug der mathematischen Operationen dem Vergessen ausgeliefert: die Zuordnung zu typischen Sachverhalten, die Selbsthilfe durch geeignete bildhafte Repräsentationen, das Wissen über die Abfolge von Einzelschritten – all dies kann wieder verlorengehen.

Für mich als Lehrer – ich unterrichte nach Erfahrungen in Volksschule, Grundschule, Sonderschule nunmehr seit 1971 an Realschulen Mathematik – ergab sich häufig die Situation, daß ich vor allem bei der Korrektur von Klassenarbeiten feststellen mußte, daß Schüler – auch wenn sie den aktuellen Stoff aufgenommen hatten – durch Fehler, die auf mangelnde Fertigkeit in weiter zurückliegenden Themen zurückgingen, mitunter zu keinem Erfolg kamen. Ich schrieb dann z.B. an den Rand der Arbeit: »Wiederhole: Addition von Brüchen«. Aber eine solche Wiederholung ist gerade für die schwächeren Schüler kaum zu realisieren: Meist haben sie die älteren Mathematikbücher nicht mehr. Selbst wenn diese aufzutreiben sind: Wie sollte die Korrektheit von Übungsergebnissen kontrolliert werden? Ich versuchte, Schülern durch ein Angebot von Produkten der »programmierten Unterweisung« in Buchform zu helfen. Aber hier stellte sich heraus, daß die Kleinschrittigkeit des Lernens und der Zwang, den Schüler durch Texte zu einer modellhaften Darstellung mathematischer Operationen zu führen, diese Form der Wiederholung sehr langatmig und unattraktiv machte und zudem durch die Verwendung von Begriffen in den Texten, die sich nicht mit denen aus dem früheren Unterricht deckten, Verwirrung bei den Schülern auslöste.

Nach der Einführung grafikfähiger Computer an meiner Schule versuchte ich, bei den beschriebenen Problemen mit kleinen Programmen zu helfen, die den Schülern Übungen anboten in Gebieten, die von zentraler und grundlegender Bedeutung für den Aufbau der Mathematik sind, so daß die entsprechenden mathematischen Fertigkeiten immer wieder gebraucht werden. Ein Beispiel ist die Bestimmung des größten gemeinsamen Teilers mehrerer Zahlen: Man braucht diese Fertigkeit u. a. beim Kürzen von Brüchen und beim Ausklammern. Meine Erfahrungen zeigten:

- Ich mußte nicht mehr zurückgehen auf elementare Erklärungen. Eine grundsätzliche Erinnerung an den zurückliegenden Stoff half den Schülern, sich mit der Methode »Versuch und Irrtum oder Erfolg« (bei Rückmeldung über die Richtigkeit des Ergebnisses durch das Programm) schnell in das Üben mit dem Programm hineinzufinden. Ein Zurückgehen auf elementare Erklärungen war bei kaum einem Schüler nötig – und die konnten von mir individuell und beiläufig gegeben werden, da ja die Lerngruppe insgesamt »gut beschäftigt« war.
- Auch schwache Schüler waren durch das Üben am Computer für Wiederholungen zu motivieren. Ja, die Motivation war so hoch, daß ich erlebte, was mir aus dem Unterricht mit Büchern bis dahin unvorstellbar war: Die Schüler riefen am Computer Themen auf, die mitunter noch um mehrere Schuljahre vor ihnen lagen, um sich mit teilweise verbissenem Ehrgeiz über »Versuch und Irrtum« bis dahin unbekannte Operationen zu erschließen, was ihnen durchaus gelang (z. B. Ziehen der Quadratwurzel, Körperberechnungen).

Bei einer Präsentation von verschiedenen Programmen für die Fächer Mathematik und Physik in einer Expertenrunde am Mainzer Kultusministerium hatte ich mit der Vorführung meines Programms ein gutes Echo. Als der Referent für Neue Informations- und Kommunikationstechnologien, A. Rissberger, sich Ende 1988 zu einem Modellversuch zum Computereinsatz an Grundschulen (CLiP – computerunterstütztes Lernen im Primarbereich) entschloß, wurde ich gefragt, das Programm zu schreiben.

Aus meinen oben beschriebenen Annahmen und Erfahrungen, aus den Bedingungen zur Gestaltung des Modellversuchs und nicht zuletzt aus den Wünschen der in den Modellversuch einbezogenen Lehrerinnen und Lehrer ergaben sich verschiedene Prämissen für die Ausformung des Programms, die ich nachfolgend darstellen will.

Da mit dem Versuch grundsätzlich entschieden werden sollte, ob der Computereinsatz in der Grundschule pädagogisch zu verantworten sei, und da man die Bestätigung der zu beobachtenden Effekte empirisch absichern wollte, war ein längerfristiger Computereinsatz (mehrfach über die zwei Schuljahre drei und vier hinweg) geplant. Da man aber auch bewußt den Computereinsatz einschränken und sehr behutsam vorgehen wollte, sollte jedes Kind pro Woche nicht mehr als 15 bis 20 Minuten am Computer arbeiten. Dies bedingte eine Einschränkung auf das Üben und eine Ausweitung der Programmthemen auf volle zwei Schuljahre.

Gestaltungsgrundsätze

Wie jede Lernsoftware sollte ein Programm für Grundschüler – hier jedoch in besonderem Maße – so gestaltet sein, daß die Schüler möglichst wenig über den Umgang mit Computer und spezieller Software wissen müssen, so daß der »Nettoeffekt des Lernens« möglichst groß wird, das heißt, möglichst viel durch das Programm und möglichst wenig zu der Bedienung des Programms gelernt wird. Die hierzu verfolgten Grundsätze sind hier aufgelistet:

- Der Umfang der pro Bildschirm angebotenen Informationen ist möglichst knapp zu halten.
- Die angebotenen Informationen sind durch Farbe, Schriftgröße, Zuordnung zu Bildschirmbereichen/Fenster/Rahmen so zu gliedern, daß die Aufnahme und Zuordnung der Information erleichtert wird.
- Alle Texte sind knapp zu fassen, müssen im Wortschatz kindgemäß sein und sollen als Einheit lesbar sein (ein Scrollen oder Blättern soll nicht erforderlich sein).
- Benutzungshinweise und inhaltliche Hinweise sollen bereits durch unterschiedliche Gestaltung (Rahmen, Hintergrund, Symbole) identifizierbar sein.
- Oft wiederkehrende Benutzungshinweise (z. B. die Aufforderung einer Eingabe mit der Maus) sollen durch leicht interpretierbare Piktogramme ausgedrückt werden, da so die entsprechende Information schneller und mit weniger Mühe aufgenommen werden kann (sonst: Lesen eines immer wieder gleichen Textes). Es gelang, einige wenige (fünf!) immer wiederkehrende Handlungen (Drücken einer beliebigen Taste, Benutzen der Maus, Drücken der Maustaste, Bewegen von Objekten mit der Maus, Drücken der Return-Taste) zu analysieren und hierfür Piktogramme in das Programm aufzunehmen, die vom Kind rasch erlernbar sind und den entsprechenden Handlungen (aus dem Kontext der übrigen Abläufe heraus) zugeordnet werden können.

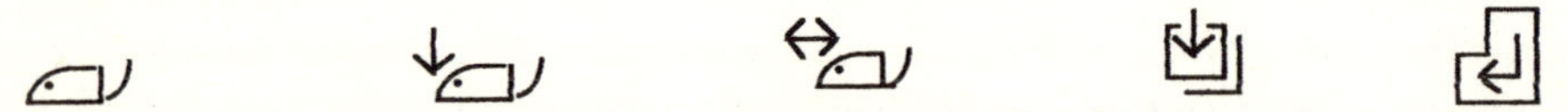

Benütze die Maus! · *Wähle aus durch Drücken der linken Maustaste!* · *Bewege das Objekt mit der Maus!* · *Drücke eine beliebige Taste!* · *Drücke die RETURN-Taste!*

- Wie es mittlerweile bei Anwendersoftware Standard geworden ist, sollte auch bei Lernsoftware ein Überlick über die insgesamt angebotenen und im jeweils aktuellen Zustand erreichbaren Leistungen der Software durch das Menü repräsentiert sein.
- Zu möglichst jedem Zeitpunkt der Arbeit im Programm sollte ein Abbrechen der Arbeit möglich sein (Rückkehr zur obersten Menüebene durch Betätigen der ESC-Taste), ohne daß wichtige Daten durch den Abbruch verlorengehen.
- Die Geschwindigkeit der Abläufe (Verweilen bei der momentan angebotenen Information, Abfolge der geforderten Eingaben) sollte voll durch den Lerner selbst steuerbar sein.
- Das Programm sollte gegen Bedienungsfehler robust sein, bzw. sollten solche – wo möglich – von vornherein ausgeklammert sein. (Beispiel: Wenn numerische Eingaben erwartet werden, sollten alle Tasten außer dem Ziffernblock und der Return-Taste programmseitig blockiert sein.)

Es hat sich herausgestellt, daß durch die Beachtung dieser Grundsätze das Programm für Grundschüler und auch für Sonderschüler handhabbar ist. Bis auf Anfangsschwierigkeiten bei zaghaften Kindern sind keine Probleme mit der Handhabung berichtet worden.

Grundsätze bei der Generierung der Aufgaben

- Es sollten nur solche Aufgaben erzeugt werden, wie sie den Lehrplänen entsprechend vorgesehen sind und den Fähigkeiten der Schüler entsprechend ohne unzumutbare Anstrengungen lösbar sind.
- Die Aufgabenstellung soll auch medienangemessen sein: So ist z.B. der Computer mit seinem flachen Bildschirm das ungeeignete Medium, um Begriffe wie Ecken, Flächen und Kanten an Würfeln und anderen Körpern zu erarbeiten.
- Die Aufgaben sollen so präsentiert werden, daß in ihrer Anforderung das Vorwissen bzw. die Leistungsfähigkeit des individuellen Schülers berücksichtigt wird. Dies ist nur möglich, wenn dessen Leistung kontinuierlich erfaßt wird. Aus pädagogischen und ethischen Gründen wird es dann erforderlich, dem Schüler in angemessener Weise Zugang zu den durch das Programm erfaßten Leistungsdaten zu ermöglichen. Aus den gleichen Gründen müssen Lehrerin und Lehrer Zugang zu diesen Daten haben und darüber hinaus Zugriff auf die Einstellung der Leistungsanforderungen, um (gegenüber den Setzungen des Programms) korrigierend eingreifen zu können.
- Zur Lösung einer jeden Aufgabe sollten dem Schüler mehrere Versuche ermöglicht werden; das Fortschreiten zur nächsten Aufgabe sollte stets durch ihn selbst ausgelöst werden.
- Aufgaben können aus einer Datenbank entnommen werden. Jede einzelne Aufgabe ist dann bewußt eingegeben, didaktisch ausgewählt. Der Vorrat an Aufgaben ist dann allerdings endlich. Im CLiP-Programm werden die Aufgaben durch Zufallsgeneratoren erzeugt; dies erbringt den Vorteil, daß eine für realistische Bedürfnisse quasi unendliche Menge von Aufgaben bereitsteht. Ein Erzeugen nur mit Zufallsgenerator würde jedoch auch zu trivialen Aufgabenstellungen einerseits und didaktisch ungünstigen Aufgabenstellungen andererseits führen. Wir haben uns daher dafür entschieden, die vom Zufallsgenerator erzeugten Aufgaben nach didaktischen Regeln zu kontrollieren und entsprechend diesen Regeln auszuwählen. Vielfach werden auch gewichtete Zufallswahlen erzeugt: Z.B. werden beim additiven Ergänzen in etwa einem Drittel aller Fälle Aufgaben zum Ergänzen auf einen vollen Zehner erzeugt.

Aus den vom Modellversuchsansatz her gegebenen Forderungen an inhaltliche Breite und Adaptivität des Programms ergab sich die vorstehend dargestellte Vernetzung der Übungseinheiten untereinander, wobei die Pfeile bedeuten, daß bei Erreichen einer definierten Mindestanforderung in dem Quellgebiet das Zielgebiet zur Übung freigegeben wird. Wenn Lehrerin oder Lehrer es wollen und mit dem Lehrerwerkzeug nur die Zahlenstrahlübung freigeben, kann der Ablauf so gestaltet werden, daß der Schüler aufgrund seiner durch das Programm gemessenen Leistung die Freigabe aller anderen Übungsgebiete sequentiell erreicht.

Adaptivität

Da das Programm vor allem zur individualisierenden Differenzierung, insbesondere zur inneren Differenzierung eingesetzt werden sollte, wurde es so gestaltet, daß die Übungen eine Bandbreite von Anforderungen abdecken, wobei das Anforderungsniveau an die Leistungsfähigkeit des einzelnen Schülers anpaßbar (adaptiv) ist.

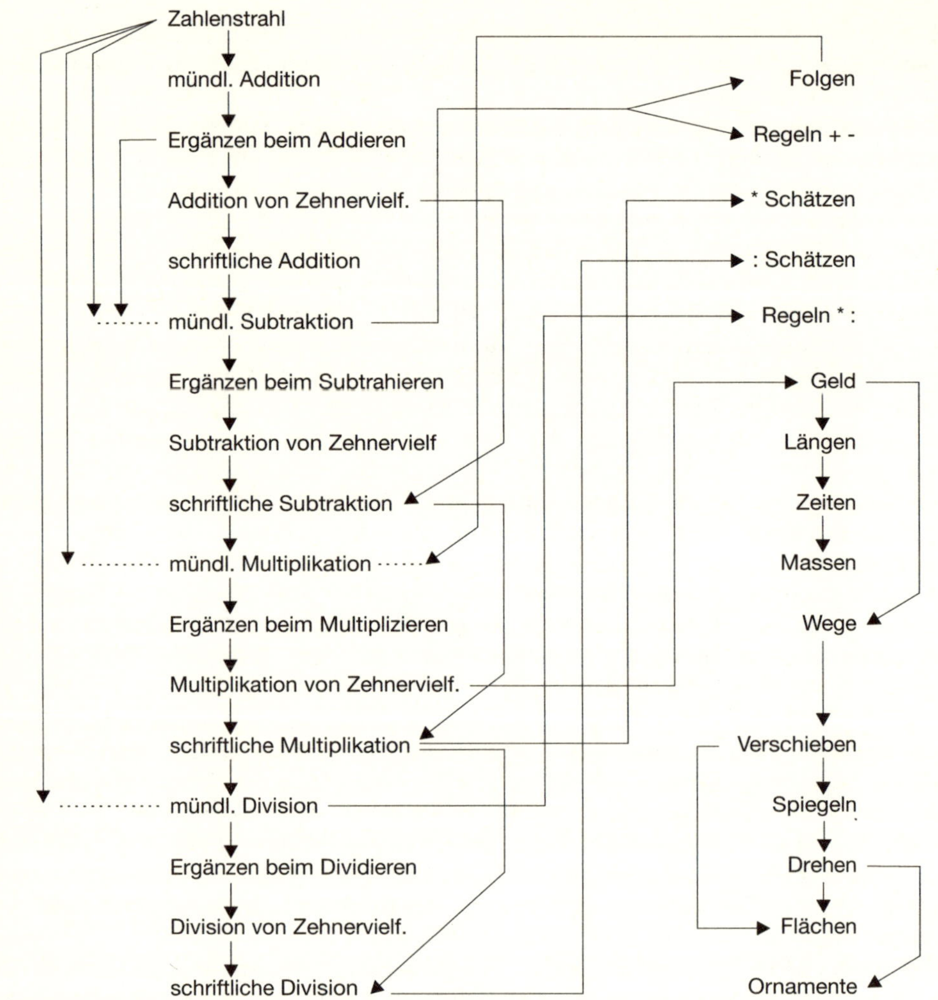

Abbildung III.3: Struktur der CLiP-Software

Die Übungen innerhalb eines Übungsgebiets sind nach steigendem Schwierigkeitsgrad angeordnet und sollen entsprechend durchlaufen werden. Das Anforderungsniveau ergibt sich nach dem den Aufgaben zugrundeliegenden Zahlenraum, nach Komplexität oder Abstraktionsgrad der Übung. Je nach dem bei dem individuellen Schüler gemessenen Übungserfolg wird der Schwierigkeitsgrad angehoben, beibehalten oder abgesenkt. Dies soll jedem Schüler grundsätzlich Erfolgserlebnisse sichern.

Hat ein Schüler das höchste Anforderungsniveau in einem Übungsgebiet erreicht und auch hier eine Mindestanzahl von Aufgaben mit Erfolg gelöst, so wird dieses Übungsgebiet gesperrt, das heißt, es ist aus dem Menü heraus nicht mehr wählbar. Alle

Übungsgebiete sind zudem so miteinander vernetzt, daß ab einem gewissen Leistungsniveau übergeordnete Übungsgebiete freigegeben werden.

Ein Schüler, der mit dem Programm im dritten Schuljahr zu üben beginnt, kann am Anfang aus dem Menü nicht viel mehr als das »mündliche Rechnen« in den vier Grundrechenarten auswählen, wird aber mit fortschreitendem Übungserfolg erleben, daß ihm schrittweise andere Übungsgebeite, wie z.B. die schriftlichen Rechenformen, freigegeben werden. Der Schüler kann sich so im eigentlichen Wortsinn die Mathematik »erschließen«.

Für langsame Lerner könnte allein nach diesem Vorgehen die Situation entstehen, daß sie gewisse Übungsgebiete dann noch nicht erreicht haben, wenn diese längst im Unterricht behandelt werden. Hier können Lehrerin oder Lehrer mit einem Zusatzprogramm, einem »Lehrerwerkzeug«, eingreifen, mit dem sie Übungsgebiete, die für einen bestimmten Schüler noch gesperrt sind, »freischalten« können. Das gleiche Programm ermöglicht es aber auch, für besonders leistungsstarke Schüler den Schwierigkeitsgrad in einzelnen Übungen über das normal vorgesehene Maß hinaus zu erhöhen.

Schriftl. Addition	**1500**
Aufgabenzahl	**124**
Leistungsquotient	**93**
Höchstgrenze	**500000**

Diese Zahl bezeichnet das momentane Anforderungsniveau der Übung: die Summanden sind kleiner oder gleich 1500; die Zahl kann durch Eingriff verändert werden, um die optimale Passung an die individuelle Leistungsfähigkeit zu erreichen.

Diese Zahl gibt an, wieviel Aufgaben bisher in diesem Übungsgebiet bearbeitet wurden.

Dieser Wert repräsentiert die über alle bearbeiteten Aufgaben gemessene Leistung: 93 % aller Aufgaben wurden fehlerfrei gelöst.

Diese Zahl repräsentiert die geforderte Höchstgrenze der Anforderungen: wird sie erreicht, so wird das Übungsgebiet gesperrt (die erste Zahl dieser Spalte, die das Anforderungsniveau repräsentiert, wird auf -1 gesetzt).

Beispiel für eine Nachführung der Adaption mit dem Lehrerwerkzeug

Das System von Hilfen

Auf Anfragen (Drücken der F1-Taste) oder nach Fehlern wird den Schülern ein System gestufter Hilfen angeboten. Die Hilfen bestehen z.B. im Rückgriff auf ein Anschauungsmodell (z.B. Pfeiladdition am Zahlenstrahl), beim schriftlichen Rechnen in Hinweisen auf die momentan auszuführende Teilrechnung, in Hinweisen auf verletzte Regeln (z.B. Punktrechnung vor Strichrechnung), in der Zerlegung von Aufgaben in Rechenschritte (und dabei Einzelabfrage der Ergebnisse) u.ä. Nach einem dritten fehlerhaften Lösungsversuch wird das richtige Ergebnis präsentiert.

Grundsätzlich sind folgende Möglichkeiten gegeben, den Schüler nach Fehlern zur Lösung zu führen:

- Eine erste (sehr wichtige Hilfe) ist immer die Lokalisierung des Fehlers (so wie es der Lehrer beim gründlichen Korrigieren einer Klassenarbeit auch machen würde. Z.B. wird bei der Aufgabe 27 + 15 = [] nach Eingabe von 43 die Aussage umgewandelt zu 27 + 15 < 43 und die 3 rot statt weiß auf den Bildschirm gedruckt. Der Schüler erhält so die Information, daß sein eingegebener Wert größer ist als das erwartete Ergebnis, und daß die Einerstelle – nicht die Zehnerstelle – falsch berechnet wurde.
- Denkbar als Hilfe wäre auch die Präsentation eines Beispiels – so machen es die Schulbücher mit Einführungsaufgaben oder kurzen Beispielrechnungen am Kopf eines Aufgabenpakets. Im CLiP-Programm sind die Hilfen jedoch auf die aktuelle

Aufgabe bezogen. Das setzt (vor allem für die Konstruktion graphischer Anschauungsmodelle und für die Zerlegung von Aufgaben in einzelne Schritte) eine Analyse der Aufgabe voraus, so daß abhängig davon die Hilfe erzeugt werden kann. Genau hierin liegt der (nach außen verborgene) große Aufwand in der Entwicklung dieses Programms.

- Bereitstellen von Anschauungsmodellen (Zahlenstrahl, Hundertertafel, Lernuhr, Lerngeld, ...)
  z. B. wird dem Schüler nach zwei falschen Ergebniseingaben bei der Aufgabe 18 + 17 ermöglicht, die Aufgabe schrittweise zu berechnen, indem er (sinnvolle) Zwischenschritte (wie die Addition von 10 und – für die Zehnerüberschreitung – von 2 und 5) eingibt. Die Wahl der Reihenfolge der Schritte steht ihm frei, solange der Schritt sinnvoll ist (z. B. ist 18 + 5 nicht sinnvoll, da der Schritt die Zehnerüberschreitung nicht erleichtert). Parallel zu den Eingaben erfolgt die Darstellung der vollzogenen Schritte an der Hundertertafel:

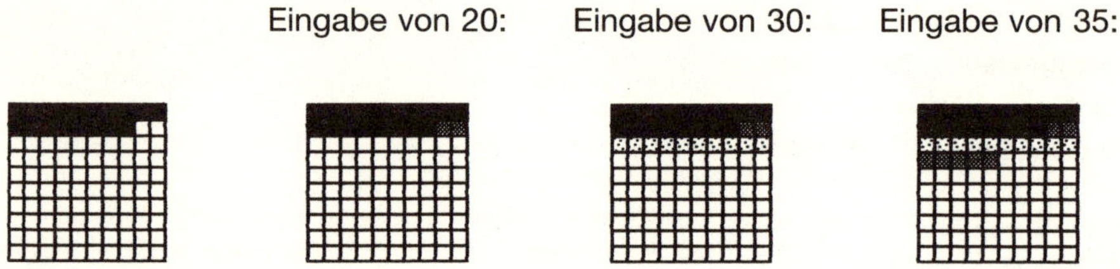

- Aufzeigen der Umkehroperation, wenn diese in der Regel leichter ausführbar ist, z. B. erfolgt bei Fehler in der Eingabe zu 42 : 7 = [] der Hinweis:

  Rechne die Umkehraufgabe [] · 7 = 42!

- Verweis auf verletzte Vereinbarungen oder Regeln, z. B. wird bei fehlerhaften Umrechnungen bei Größen der Umrechnungsfaktor mitgeteilt

  nach 200 m ≠ 2 km also 1000 m = 1 km,

  oder es wird die Dezimaltabelle des Größenbereichs dargestellt, nach 250 m ≠ 2,5 km also

km			m	dm	cm	mm
	2	5	0			

- Darstellung von Rechenverfahren (Abfrage der schrittweise zu errechnenden Ergebnisse mit der Möglichkeit, Zwischenschritte zu überspringen), z. B. wird nach fehlerhafter Berechnung des Produkts 46 · 9 vorgeschlagen:

  Multipliziere 46 mit 10 und ziehe dann 1 · 46 ab!

Nach einem weiteren Fehler wird der Schüler durch Abfrage von Einzelergebnissen durch die schrittweise Berechnung geführt:

$$
\begin{aligned}
& 46 \cdot 9 \\
&= 46 \cdot (10 - 1) \\
&= \underbrace{46 \cdot 10} - \underbrace{46 \cdot 1} \\
&= \underbrace{\boxed{460} - \boxed{46}} \\
& \quad\quad \boxed{414}
\end{aligned}
$$

- Schließlich können Hilfen auch nach dem alten Verfahren von »Vormachen, Nachahmen lassen« vorgehen; dieses »Primitivprinzip« ist sinnvoll, wo es um Vorgänge geht, die sonst nicht einfach und vor allem nicht schnell vollzogen werden können.
- Die Hilfen sind in Einzelfällen so angelegt, daß sie durch »planerkennende« Verfahren dem Leistungsstand des Schülers Rechnung tragen. So reagiert das Programm bei der Hilfe zur Flächenberechnung des Rechtecks, indem es zum (mausgesteuerten) Auslegen der Rechteckfläche mit Einheitsquadraten auffordert. Gibt der Schüler die Quadrate unsystematisch ein, so muß er die gesamte Fläche Quadrat für Quadrat bedecken. Geht er mit System vor (indem er erst eine Reihe oder Spalte am Rand der Fläche auslegt), so werden ab der zweiten Reihe (Spalte) mit einem Mausklick gleich die gesamten Reihen (Spalten) mit Quadraten ausgefüllt.

Lückenschließendes Lernen

Im Konzept der im Programm wählbaren oder im Fehlerfall automatisch präsentierten Hilfen ist die Forderung nach »lückenschließendem Lernen« nachvollzogen. »Neben dem Wissen haben Fähigkeiten im Sinne von ›intellectual skills‹ von Anfang an starkes Interesse gefunden. Verfahren der Aufgabenanalyse führten zu einer schrittweisen Zerlegung komplexerer Fähigkeiten in Abfolgen untergeordneter Fähigkeiten, deren Beherrschung – umgekehrt gedacht – jeweils die notwendige Bedingung für den Aufbau der nächstkomplexeren Fähigkeit bildet. Das besagt, daß nicht nur wie beim Wissen bestehendes Wissen Bedingung des Verarbeitens neuer Information ist, sondern daß jeweils identifizierbare untergeordnete Fähigkeiten beherrscht sein müssen und als notwendige Voraussetzung für das Fortschreiten fungieren. Das hat eine erhebliche Bedeutung für die Planung und Organisation von Lernprozessen, bei denen es um den Aufbau von Fertigkeiten geht. Auf dem Hintergrund dieses Verständnisses von Fähigkeiten wurde das Konzept der Lerndiagnose und des lückenschließenden Lernens entwickelt, das mit den bisher zur Verfügung stehenden Mitteln zugegebenermaßen nur schwer zu realisieren war« (Eigler, S. 105). Der Unterschied zu »programmierten, dem Paradigma des Behaviourismus hörigen« Unterricht besteht hier darin, daß Fehler ernst genommen werden, daß gerade auf Fehler das Lernen des »Richtigen« aufgebaut wird.

Die Entwicklung des Programms erfolgte aus der Praxis heraus mit einem pragmatischen Ansatz. Sie hat sich nicht zum Ziel gesetzt, originäres Lernen zu ermöglichen.

Dies hätte eine Auseinandersetzung mit der gesamten (noch nicht gelösten) Problematik der Bedeutung der Selbsttätigkeit und der Vorerfahrungen beim Lernen ausgelöst. Wir wissen aus den Untersuchungen von Lorenz (Lorenz, 1990, S. 82–91) in welchem Maße eigene, von Schüler zu Schüler sehr unterschiedliche Modellvorstellungen und Verfahren für die Aufgabenbearbeitung herangezogen werden, wie – ambivalent – fruchtbar, aber auch hinderlich sie für die Entwicklung von gültigen Problemlösungen sein können. Unser pragmatischer Ansatz weicht dem Problem einer absoluten Individualisierung aus, die auf natürlichsprachliche Dialoge mit jedem Schüler/jeder Schülerin hinauslaufen würde, und läßt sich durch folgende Grundsätze und Hypothesen charakterisieren.

- Schülerinnen und Schüler haben im allgemeinen passive Erinnerungen an im Unterricht eingeführte Begriffe und Verfahren. Diese können reaktiviert werden durch die Präsentation von Merksätzen und im Unterricht eingeführte Anschauungsmodelle.
- Durch die Lenkung der Aufmerksamkeit auf die Stelle der Entstehung der Fehler lernen Schülerinnen und Schüler Fehlerquellen zu erkennen und Fehler zu vermeiden. Lernlücken werden geschlossen. Anders als im behaviouristischen Modell ging es bei der Entwicklung der CLiP-Software nicht darum, die Übungssituation so zu gestalten, daß die Möglichkeit fehlerhafter Reaktion so gut wie ausgeschlossen war, sondern umgekehrt, das Programm auf Fehler so reagieren zu lassen, daß Schülern einsichtig wird, wo sie Fehler machen, und worin ihre Fehler begründet sind.
- Die unmittelbare Rückmeldung von Erfolg oder Mißerfolg ermöglicht ein Erfahrungslernen, das Sicherheit in der Ausführung von Verfahren und Techniken vermittelt.

Die Arbeit am Computer sollte traditionelle Lernmittel, vor allem solche, die ein handlungsorientiertes Erarbeiten mathematischer Strukturen ermöglichen, nicht verdrängen – im Gegenteil: Wir betrachteten im Modellversuch CLiP den Computer als eine Erweiterung im Lernmittelangebot, die nur sinnvoll ist, wenn sie als Teil in einem System von Lernhilfen gehandhabt wird.

Literatur

Baumann, G., Monnerjahn, R.: Der Computer als Lern- und Unterrichtshilfe in der Grundschule, in: Jäger, R.S. Arbinger R., Bannert M., Lissmann U., Deutsche M., Konrad K. (Hrsg.), Computerunterstütztes Lernen, Zeitschrift »Empirische Pädagogik«, Beiheft 2, Landau 1991

Eigler, G.: Lernen mit Computern – Was ändert sich?, in: Bullinger, Eigler, Külp, Lehmann, Schlier, Die elektronische Herausforderung, Freiburg 1985

Jäger, R.S., Arbinger R., Bannert M., Lissmann U. (Hrsg.): Untersuchung des Softwareeinsatzes im Rahmen des Modellversuchs CLiP: Ergebnisse der wissenschaftlichen Begleitung, Forschungsbericht Nr. 39, Landau 1992

Lorenz, J.H. (Hrsg.): Störungen beim Mathematiklernen, Köln 1991

Lorenz, J.H.: Zur Untersuchung sogenannter »pathologischer Fälle« und ihr Zusammenhang zum Mathematiklernen der Normalen, in: K. Haussmann, M. Reiss: Mathematische Lehr-Lern-Denkprozesse, Göttingen 1990

Mitter, W., Schäfer, U. (Hrsg.): Informationstechnologien im Bildungswesen: auf dem Weg zu einer besseren Software, Ein OECD/CERI-Bericht, Frankfurt 1989
Monnerjahn, R. (Hrsg.): Computerunterstütztes Lernen an allgemeinbildenden Schulen, Teil III, Abschlußbericht des Modellversuchs CLiP, Mainz 1994
Morawietz, H.: Computer in der Grundschule?, in: Pädagogische Welt 9/92
Rissberger, A.: Zur Bedeutung des Computers in der Bildung von morgen, in: Modellversuch Computerunterstütztes Lernen an allgemeinbildenden Schulen – Zwischenbericht, Ministerium für Bildung und Kultur, Mainz 1992

Willi van Lück

Zukunftsperspektiven für ein Lernen und Üben in Sach- und Sinnzusammenhängen in der Grundschule – unterstützt durch Interaktive Medien

»Ausgleich von Lernrückständen durch Computer in der Grundschule« (kurz: COMPIG) war ein Modellversuch, der in der Zeit vom 1. 8. 1990 bis zum 31. 7. 1993 im Land Nordrhein-Westfalen an 5 Grundschulen durchgeführt worden ist. Ihm folgte im darauffolgenden Schuljahr ein Landesmodellprojekt »Evaluation und Weiterentwicklung der Hypermedia-Arbeitsumgebung Grünes Klassenzimmer« (kurz: EVA) an 12 Grundschulen. Von diesen Projekten wird im folgenden berichtet.

1. Vorbereitung und Produkte des Modellversuchs

»Computer in der Grundschule«, ein Forschungsvorhaben im Vorfeld des Modellversuchs (LSW, 1989), erbrachte drei wesentliche Ergebnisse: Werkzeuge zum Schreiben, Malen und Kalkulieren finden in der Grundschuldidaktik eine immer größere Zustimmung. Interaktive Medien sind, genau wie die anderen Medien auch, im Rahmen einer medienpädagogischen Grundbildung zu nutzen und zu reflektieren. Aber auf breite Ablehnung stoßen die seit den 60er Jahren bekannten Lern- und Übeprogramme (drill and kill), in denen der programmierte Unterricht, nun im Medium Software, wieder auflebt.

»Neue Technologien und Zukunftsperspektiven des Lernens«, war das Thema einer Tagung im Dezember 1989 in Soest (LSW, 1990). Hier wurden alle bisherigen Ergebnisse, auch die der langjährigen Bewertung von Unterrichtssoftware, zusammengetragen und diskutiert. Dabei wurden wichtige Ziele für die Gestaltung von Neuen Interaktiven Medien deutlich:

- Mit ihrer Hilfe soll ein erfahrungsorientiertes, zukunftsorientiertes, entdeckendes, eigenaktives und konstruierendes Lernen in Sinn- und Sachzusammenhängen gefördert werden, damit so möglichst auch weniger Lernrückstände entstehen,
- mit ihrer Hilfe soll ein immanentes (nicht isoliertes) Üben unterstützt werden, damit so gelernte Verfahren und Zusammenänge besser behalten und auch auf ähnliche Sachverhalte transferiert werden können.

Auf diesen Erkenntnisgrundlagen wurden die Gestaltungsarbeiten im Modellversuch durchgeführt und folgende Produkte geschaffen.

1. Vier *themenbezogene Hypermedia-Datenbestände* als Erprobungsversionen: *Grünes Klassenzimmer* (ca. 1200 Dokumente; → Kapitel 4), *Hören* (ca. 300 Dokumente), *Glasrecycling* (ca. 360 Dokumente) jeweils für die Jahrgänge 3 bis 6 sowie *Post* (ca. 300 Dokumente) für die Jahrgänge 2–4 und erste Übeeinheiten für den Sprachen- und Rechenunterricht in den Klassen 2–4. Die Erprobungsversionen auf einer CD-ROM für den Apple-Macintosh sind vergriffen. Sie präsentierten aber schon wesentliche, neue Ideen zur medialen Unterstützung des Lernens und Übens in Sach- und Sinnzusammenhängen. Auch unter der Perspektive des »Ausgleichs von Lernrückständen« konnte es im Modellversuch COMPIG nicht darum gehen, den auf operationalisierten Lernzielen aufbauenden und bereits »abgelegten« programmierten Unterricht neu zu erfinden. Mit *»Winnies Welt«*, für Windows-Systeme, werden die beiden ersten, nun weiterentwickelt, von Cornelsen-Software vertrieben.

2. *Werkzeuge* zum Suchen & Finden von Informationen, zum Schreiben & Lesen sowie zum Rechnen & Kalkulieren. Erst diese Werkzeuge machen aus dem Medium eine Hypermedia-Arbeitsumgebung.

3. *Handreichungen* zu allen vier Hypermedia-Arbeitsumgebungen. In den Handreichungen werden (exemplarisch) einige mögliche Unterrichtsprojekte beschrieben und es wird ausgeführt, wie sich in diesem Unterricht aus den behandelten Sinn- und Sachzusammenhängen Lese-, Schreib- und Rechenanlässe ergeben. Insgesamt soll also ein anwendungsorientierter Unterricht gefördert werden (→ Kapitel 3).

2. Die Sach- und Sinnzusammenhänge für das Lernen und Üben müssen eine hinreichende Komplexität besitzen

In diesem Kapitel werden bildungstheoretische und pädagogische Grundlagen des Modellversuchs in geraffter Form dargestellt.

Menschliches Denken – Ursache der stetigen Zunahme an Sach- und Sinnkomplexitäten

Menschliches Denken war (und ist) fundamental für die kulturelle Evolution aller Wissenschaften. Nach der Geburt der Buchdruckerkunst, die »Denk«ergebnisse schneller verbreitbar machte, überschlagen sich die Ereignisse. In hektischer Folge »zeugt« der menschliche Geist neues Wissen. Mindestens deren Quantität wächst exponentiell an. Aber jedes weitere Ergebnis, das »in die Welt gesetzt« wird, steht dort sofort vielfältig (multiplikativ) mit bereits vorher entwickelten in Beziehung. Also nimmt auch die Komplexität und damit die Unsicherheit überlinear zu.

Und alle diese Komplexitäten »leben« gewissermaßen nach dem Prinzip der Selbstorganisation. Das bedeutet, daß dieser komplexe Wechselwirkungsprozeß von Wissensproduktion und Handeln, der tieferliegende »Motor« für die kulturelle Evolution, die Wissenschaften mit ungeheurer innerer Dynamik vorantreibt. Aus diesem Grund muß ihr auch der »Freiraum ethischer Neutralität« versagt werden (Jonas, 1979, 1987). Zukünftig müssen neue Entwicklungen sozial-, umwelt-, human-, international- und generationenverträglich geplant (gelernt) und gestaltet werden (Club of Rome, 1991).

Die größten Probleme bestehen aber weltweit darin, daß sich zwischen der explosiven Zunahme naturwissenschaftlichen, technischen und wirtschaftlichen Wissens und der unverändert linear verlaufenden ethisch-moralischen Entwicklung eine immer größer werdende Kluft auftut. Und keineswegs kann man davon ausgehen, daß die zuvor genannten Verträglichkeitsforderungen feststehende Kriterien des Guten sind. Ökologisch zu handeln, »Wohlstand« gleichmäßger zu verbreiten, Menschen in ihrer Art so zu erhalten, wie sie sind, alles dies sind z.B. keine Werte mehr, die a priori gültig sind. Einen für alle gleichermaßen verbindlichen Wertekanon gibt es nicht mehr. Folgerung: kein Unterricht darf ethisch neutral sein. Aber wir haben noch ein weiteres Dilemma:

Weder unser Denken noch unser Handeln sind an die stetig zunehmenden und selbstgeschaffenen Komplexitäten angepaßt

In der »quälend langsamen« Evolution blieb der Homo sapiens – im Vergleich mit anderen Lebewesen – das an die Natur am wenigsten angepaßte Wesen. Aber über Tausende von Jahren schaffte es die menschliche Art, ihre Anpassungsmängel durch Lernen auszugleichen. Und über Jahrmillionen von Jahren waren auch einfache lineare Denk»modelle« und tradierte Wertesysteme sehr erfolgreich. Die evolutionäre Erkenntnistheorie (Riedel, 1982) gibt dafür eine Erklärung. Sie behauptet, daß unser Gehirn mit all seinen Funktionen ein Ergebnis der biologischen Evolution ist. Somit passen die evolutiv bedingten kognitiven Strukturen lediglich auf die Welt von »Vorgestern«. Für das »Heute« – erst recht für das »Morgen« – fehlt unserem Großhirn z.B. eine angeborene, intuitive Fähigkeit zur Einsicht in komplexe Wechselwirkungsnetze und dynamisch verlaufende Entwicklungen.

Noch sind wir nicht auf dem evolutionären Stand, der als Anpassung an die selbst geschaffenen Sach- und Sinnkomplexitäten notwendig wäre (Club of Rome, 1979). Unabhängig also von einer weiteren biologischen Evolution – oder gar vom Umbau der genetischen Grundmuster – muß schon heute unser subjektives Lern-, Denk- und Verstehensvermögen von Kind an, allgemein und umfassend verbessert werden, sollen nachfolgende Generationen überhaupt noch die (nicht verhinderbaren) Komplexitäten »meistern« können.

Notwendig sind neue allgemeine und fachübergreifende Bildungsziele

Was bleibt uns also angesichts all dessen zu tun? Eine Anpassung durch Lernen, eine schnellere als je zuvor, in einem einzigen Menschenleben, ist notwendig (Club of Rome, 1991). Und »notwendig« meint hier: Not wendend. »... eine gegenwarts- und zukunftsorientierte Bildung muß heute als geschichtlich vermitteltes Bewußtsein von zentralen Problemen der Gegenwart und – soweit voraussehbar – der Zukunft verstanden werden, verbunden mit der Einsicht in die Mitverantwortlichkeit aller angesichts solcher Probleme und mit der Bereitschaft, an ihrer Bewältigung mitzuwirken. Abkürzend kann man von der Konzentration auf epochaltypische Schlüsselprobleme sprechen« (Klafki, 1993).

Schlüsselprobleme einer Lösung näherzubringen, verlangt einen dazu passenden Unterricht. In diesem arbeiten die Kinder selbständig, entdeckend, eigenaktiv und auch auf der Grundlage ihrer eigenen Interessen (z.B. in Projekten) in Kleingruppen und sie nutzen dabei auch Interaktive Medien, ebenfalls als einen »Partner« im Kommunikationsprozeß. Lehrerinnen und Lehrer verändern in diesem Unterricht ihre Rolle von der lehrenden Wissensvermittlung in Richtung Moderatorin oder Moderator für Lernen.

Der heutige Unterricht ist noch weit davon entfernt. In der Regel dominieren noch die Lehrerinnen und Lehrer im Unterricht: Sie sprechen mindestens dreimal so viel wie die Lernenden, zergliedern die Komplexitäten und isolieren Schwierigkeiten für ihre Kinder. Für Selbständigkeit und Eigenaktivität, für Dilemmadiskussionen, für das Proben von Verantwortung, alles notwendige Bedingungen für kognitives, moral-kognitives und selbstverantwortetes Lernen, bleibt dabei nicht viel Platz. Lehrerbildung in Selbstverantwortung ist notwendig.

3. Beispielprojekte im Grünen Klassenzimmer

Das »Grüne Klassenzimmer« existiert in zweifacher Bedeutung: Erstens ist das Grüne Klassenzimmer eine Raumzone draußen auf dem Schulhof, die im Unterricht und in der Freiarbeit sowohl für reale und authentische Naturerfahrungen genutzt als auch durch die Kinder mitgestaltet und gepflegt werden kann. Zweitens ist das *Grüne Klassenzimmer* eine Hypermedia-Arbeitsumgebung, lauffähig auf einem Rechner in der Medienecke des Klassenraumes.

Mit den nachfolgenden Projekten läßt sich der Aufgabenschwerpunkt »natürliche und gestaltete Umwelt« des Sachunterrichts aber auch ähnliche »Aufgaben« aus den Lehrplänen Biologie der Klassen 5–6 der allgemeinbildenden Schulen erfüllen. Gleichzeitig kann das epochaltypische Schlüsselproblem, »Frieden mit der Natur« (C.F. von Weizsäcker) zu schaffen, zentraler Gegenstand von Unterricht sein. Die Lehrpläne für Mathematik aller Schulformen fordern in vielfältiger Weise einen anwendungsorientierten Unterricht und insbesondere der Grundschullehrplan Sprache verlangt eine enge Verzahnung von Sprache und Sache. Dies soll in den beiden folgenden Projektskizzen verdeutlicht werden. (Viele weitere Projektideen sind in der Handreichung »Grünes Klassenzimmer – Frieden mit der Natur« (Soest, 1994) beschrieben.)

Zum Beispiel das Forschungsprojekt: Schädlingsbekämpfung

Eine mögliche bedeutsame Ausgangssituation kann sein: Die Kinder haben draußen im Grünen Klassenzimmer Blumen angepflanzt, die sie auf dem nächsten Sommerfest verkaufen wollen und entdecken plötzlich ganz viele Raupen an ihren Blumen. Nun haben die Kinder Sorge um ihre »Ernte«, sie sind betroffen. Im Klassenverband diskutieren sie: Was können wir tun, um die Blumen zu retten? Was wissen wir über diese Raupen? Was wissen wir über Pflanzenschutz? Und es bilden sich Gruppen, die verschiedene Aufgaben übernehmen. Alles wird in einem Arbeitsplan festgehalten.

Gruppe A geht in ein Gartencenter und informiert sich, welche speziellen Pflanzenschutzmittel es gibt, wie diese einzusetzen sind und wie sie wirken.

Gruppe B befragt »Experten« (Gartenbesitzer, Eltern, Großeltern, Freunde oder Bekannte der Eltern), was sie in diesem Falle tun würden und was sie in einem solchen Fall schon einmal mit Erfolg getan haben.

Gruppe C besucht Gärtnereien, möglichst einen konventionell und einen ökologisch arbeitenden Betrieb und befragt die dort beschäftigten Mitarbeiterinnen und Mitarbeiter.

Gruppe D fertigt auf der Grundlage eigener Beobachtungen einen Steckbrief über die Raupen an; sie besorgt sich z. B. zusätzlich Fachliteratur aus Bibliotheken.

Gruppe E nutzt die Hypermedia-Arbeitsumgebung *Grünes Klassenzimmer* und stellt ein kleines Sachbuch mit dem Titel »Singvögel und Raupen« her.

Im Laufe ihrer Arbeiten gelangen die Kinder vielleicht zu folgenden Ergebnissen:
Erstens: Bei der Befragung der »Experten« erfahren sie, daß die Bekämpfung von »Schädlingen« zu verschiedenen Zeiten verschieden aussah. Durch diesen historischen Bezug wird offenbar, daß heute Umweltzustände nicht naturnotwendig sind, sondern von Menschen mitverursacht wurden. Diese Erkenntnis ist Voraussetzung dafür, ökologische Verantwortung für Gegenwart und Zukunft begreifen zu können.
Zweitens: Bei der Erstellung des Steckbriefes identifizieren sich die Kinder mit dem »Schädling«. Ihnen wird bewußt, daß auch Raupen jenseits von Nützlichkeitserwägungen ein Lebensrecht haben und Raupen erst dann zum Schädling werden, wenn der Mensch das so sieht oder das ökologische Gleichgewicht gefährdet ist.
Drittens: Die Kinder entdecken bei der Erstellung ihres kleinen Sachbuches einen Ausschnitt aus dem Nahrungsnetz von Singvögeln und Raupen.
Viertens: In den Befragungen erfahren sie, daß es vier verschiedene Methoden der »Schädling«sbekämpfung gibt: erstens die chemische Schädlingsregulierung durch Einsatz von Giften, zweitens die naturnahe Schädlingsbekämpfung durch Begießen mit Kräuterauszügen, drittens die mechanische Schädlingsbekämpfung durch Vertreiben, Fangen und Absammeln sowie viertens die ökologische Regulierung durch richtige Sortenwahl der Pflanzen, durch Mischkultur, durch ausgewogene Düngung oder durch Förderung bestimmter Freßfeinde.

Die Kinder entscheiden sich in diesem Jahr dafür, die Raupen durch Begießen mit Kräuterauszügen zu vertreiben oder zu vernichten. Aber im nächsten Jahr soll es anders sein!

Zum Beispiel das Folgeprojekt: Ökologische Regulierung des Wachstums der Raupen durch Ausbreitung von Kohlmeisen

Auch in einem Rundgespräch kann für die Kinder die bedeutungshaltige Aufgabe entstehen, Kohlmeisenkästen für die Ansiedelung von Kohlmeisen im Grünen Klassenzimmer bauen zu wollen, um so etwas für die Ausbreitung der Art zu tun: »Vögel sind einfach wichtig! ... und schön anzusehen! ... und Gottes Geschöpfe! ...«, sagen die Schülerinnen. Die Mitschüler lassen sich einfangen, denn es gibt etwas zu bauen.

Diese relativ komplexe Aufgabe wird von den Kindern in der Klasse diskutiert und in Teilaufgaben gegliedert. Auf einer Wandzeitung wird festgehalten, welche Kleingruppe welche Teilaufgabe übernimmt und in welcher Form die Projektergebnisse in der Schule präsentiert werden.

In der dann folgenden Gruppenarbeit erarbeiten die Kinder eigenaktiv das notwendige Sach- und Sinnwissen zur Beantwortung ihrer Fragen. (Mit dem »→« wird auf eine mögliche Nutzung der Hypermedia-Arbeitsumgebung *Grünes Klassenzimmer* verwiesen.)

Gruppe A: Wo und wovon leben Kohlmeisen? Wovon leben ihre Beutetiere?
→ Recherchieren in der Datenbank *Grünes Klassenzimmer*,
→ Anlegen einer Arbeitsmappe »Die Kohlmeise«,
→ Überarbeiten der gefundenen Dokumente (Schreibwerkzeug) für den eigenen Zweck,
→ Erstellen und Gestalten eigener zusätzlicher Dokumente (Schreibwerkzeug).

Gruppe B: Wo brüten die Kohlmeisen, wieviel Junge hat ein Pärchen und wie zieht es seine Jungen auf? Wie verbreitet sind die Kohlmeisen am Standort des Grünen Klassenzimmers? Wie können Kohlmeisen beobachtet werden?
- Gezielte Beobachungen und Zählungen im Grünen Klassenzimmer.

→ Recherchieren in der Datenbank *Grünes Klassenzimmer*,
→ Erstellen eines Beobachtungsplanes und -berichtes (Schreibwerkzeug),
→ Erstellen und Auswerten eines Fragebogens (Rechen- und Schreibwerkzeug).

Gruppe C: Bauen von Kohlmeisenkästen. Wie teuer wird aber das Ganze?
→ Ausdruck von Bauanleitungen aus der Datenbank *Grünes Klassenzimmer*,
- ggf. Zeichnen von Varianten der Kästen bezogen auf käuflich erwerbbare Brettgrößen, damit beim Zuschneiden der Teilstücke möglichst viele Kästen bei möglichst geringem(!) Holzabfall entstehen.
- Einholen von Preisangeboten für Bretter, Nägel und Schrauben im Baumarkt.

→ Erstellen einer Kalkulation (Kalkulationsblatt).

Gruppe D: Wieviel Kohlmeisenkästen sollten gebaut werden, damit im nächsten Jahr nicht erneut eine »Raupenplage« auftritt? Wo sind die Kästen aufzuhängen? Und was geschieht eigentlich langfristig durch diesen Eingriff in die Natur?
→ Durchführung der animierten Simulation zum Vogelwachstum,
→ Kalkulation der Vogelpopulationen nach einem, zwei und drei Jahren.

Gruppe E: Geschichten, Gedichte und Lieder zur Kohlmeise oder zu Singvögeln.
- Malen eines großen Vogelbaumes als Wandbild. In dieses Bild können Rechercheergebnisse aus der Datenbank eingeklebt werden, nachdem sie bunt gemalt wurden.

→ Recherchieren in der Datenbank *Grünes Klassenzimmer*,
→ Schreiben (Schreibwerkzeug) eigener Erlebnisse mit Kohlmeisen oder anderen Sängern!

Die Kleingruppen stellen sich gegenseitig immer wieder ihre Ergebnisse vor und diskutieren miteinander. Ganz unterschiedliche Einsichten und Werthaltungen kommen dann zusammen. Auch Dilemmadiskussionen sind so möglich.

Das Besondere an diesem Vorhaben ist, daß die Lernwerkzeuge »Schreiben« und »Kalkulieren« sowie die »interaktive, animierte Simulation zum Wachsen einer Vogelbevölkerung« genutzt werden. Systemisches Denken kann angebahnt werden. Rechnen und Schreiben sind kein Selbstzweck. Es sind notwendige Tätigkeiten im Vorfeld verantworteten Handelns.

4. Die Funktion der Hypermedia-Arbeitsumgebung *Grünes Klassenzimmer* beim Lernen

Gestaltung von Multimedia-Dokumenten – Aufschließen der Sinne für Wahr-Nehmung und Förderung eines Viel-Kanal-Lernens

Der Datenbestand *Grünes Klassenzimmer* enthält zur Zeit insgesamt 1187 Multimedia-Dokumente zu den Inhaltsbereichen: Singvögel (250), kleinere Säugetiere (196), Blütenpflanzen (164), Insekten (16), Hütten (136) und Feuer (424). Darüber hinaus enthält er eine animierte Simulation zum Wachsen einer Vogelpopulation, die aber aus Platzgründen nicht dargestellt werden kann.

Ein Multimedia-Dokument hat in der Regel den Umfang einer Bildschirmseite und enthält bis zu 30 sensitive Bereiche. Alle Bilddokumente sind farbig. Ein Dokument kann sich zusammensetzen aus Text, Grafik, Bild (auch Videofilm) und Ton.

Bei Dokumenten dieser Art wird schnell der Vorwurf erhoben: Sollen denn die Kinder gar nicht mehr in den Wald gehen, um die Stimmen der Vögel zu hören? Natürlich sollen sie das! Aber Kinder hören nur Gezwitscher, solange sie nicht für differenzierte Hörwahrnehmungen aufgeschlossen worden sind. Auch Waldspaziergänge oder andere Exkursionen in die Natur müssen vorbereitet werden. Die Sinne für Sehen (die Augen), Hören (die Ohren) und Fühlen (die Haut) müssen geöffnet werden. Durch kompetente Nutzung von Multimedien verschwindet die Wirklichkeit also nicht.

Grafik, Text, Bild und Ton, kombiniert in einem Dokument, aktivieren im Gehirn der Kinder unterschiedliche Bereiche und verbinden sie gleichzeitig miteinander (das sagen Ergebnisse der Hirnforschung). Zeitlich später eingehende isolierte Text-, Bild- oder Tonsignale aktivieren dann wieder alle diese miteinander verbundenen Gehirnbereiche. Hören die Kinder z.B. später das Zetern, so vermuten sie eine Katze in der Nähe der Amsel, und die Kinder werden sie – oder einen anderen Feind – dann in der Regel auch finden. Die Wiedererinnerungs- bzw. Behaltensfähigkeit steigt.

Der elaborierte und verantwortete Hypertext – Förderung der Kommunikation, eines Denkens in Zusammenhängen und des Transferlernens

Über sensitive Felder im Einstiegsdokument gelangt man zum Beispiel durch Anklicken der Meise am Futterring zum Dokument »Singvögel«, durch Anklicken der Wiese oder der Bäume gelangt man zum Dokument »Blütenpflanzen« und durch Anklicken der Katze oder der Maus erscheint das Dokument »Kleinere Säugetiere«.

Das Dokument »Singvögel« ist das Einstiegsdokument in den Bereich der Singvögel. Alle Worte im Dokument sind sensitiv und führen durch Anklicken weiter z.B. zu Vogelfamilien, zu Bastelanleitungen, zu Fabeln oder zu Liedern.

Das Dokument »Meisen« zeigt eine Teilmenge aus der Familie der Meisen. Es sind bildhafte Prototypen. Alle Bilder sind sensitiv und führen durch Anklicken zu den

Meisenarten. Durch Anklicken eines Netzsymbols gelangt man in eine Metaebene, die einerseits die inhaltliche Bedeutung des Hypertextes versprachlicht, andererseits einen Überblick über den Datenbestand im Nahbereich liefert und außerdem noch den Lernprozeß stützen soll. Das eigenständige Finden von Metaebenen hat nach Auffassung der Kognitionspsychologen für das Transferlernen eine zentrale Bedeutung.

Das Dokument »Die Familie der Meisen« zeigt also eine Abstraktion von der Prototypenebene. Es ist aber mit dieser mehrfach verbunden. Zum Beispiel gelangt man durch Anklicken des Wortes »Kohlmeise« zum Dokument »Kohlmeise«. Klickt man aber einen leeren Kasten an, so erscheint ein Leerformular (Arbeitsblatt) zur eigenaktiven Darstellung einer weiteren Meisenart. Die Kinder können dieses Leerformular mit dem Werkzeug »Schreiben« bearbeiten und es in ihrer Arbeitsmappe ablegen.

Das Artdokument »Kohlmeise« befindet sich in drei sachlich/biologisch unterscheidbaren Beziehungsstrukturen: 1. dem Nahrungsnetz, 2. der Funktion von Gesang und Rufen sowie 3. der Fortpflanzung und dem Wachstum. Natürlich gibt es noch weitere. Diese stehen aber in der Primar- und Orientierungsstufe nicht im Vordergrund.

Der Multimedia-Datenbestand enthält darüber hinaus Versuchsbeschreibungen, Bauanleitungen, Beobachtungs-, Protokoll-, Meß-, Zähl- und Kalkulationsanleitungen aber auch Lieder, Gedichte, Fabeln und Geschichten. Diese Dokumente sollen nicht am Computer gelesen, sondern durch die Kinder ausgedruckt werden, denn dann helfen sie, am Arbeitsplatz zu basteln, zu experimentieren, auszuwerten, zu lesen, nachzudenken und miteinander zu diskutieren. Sie führen vom Medium weg und leiten Handlungen an. Daher heißen sie handlungsorientierte Dokumente. Mit ihnen wird die Datenbank verlassen, um eigene reale und authentische Erfahrungen zu gewinnen oder um situationsbezogene Gespräche zu führen.

Alle Multimedia-Dokumente sind, wie skizziert, vielfach miteinander verbunden. Die Gesamtheit aller Verbindungen zwischen den Multimedia-Dokumenten besitzt die Struktur eines vielfältig geknüpften Netzes mit hierarchischen sowie sequenz- und kreisartigen Bestandteilen. Das Gesamtnetz hat also eine der Sache und/oder dem Sinn angepaßte Struktur, und diese hat auch eine inhaltliche Bedeutung. Der Inhalt ist das in besonderer Weise Bedeutsame der Netzstruktur. Dieser elaborierte Hypertext ist zunächst unsichtbar, kann aber sichtbar gemacht werden (Metaebenen). Auf diese Weise wird er auch reflektierbar und das Medium wird selbstreflexiv.

Suchen von Dokumenten – Förderung der Reflexion des gemeinsamen Lernens, der Kommunikation und des Lernen lernens

Bei der *assoziativen Suche* folgen die Suchenden zielgerichtet durch »Anklicken« von »sensitiven« Worten, Zeichen oder Feldern dem Hypertext. Die Kinder der Kleingruppe E, die z.B. ein kleines Sachbuch über »Singvögel und Raupen« herstellen wollen, könnten etwa so vorgehen: Grünes Klassenzimmer (Singvogel am Futterring) → Singvögel (Meisen) → Meisen (Kohlmeise) → Kohlmeise (Kohlweißling) → Großer Kohlweißling (Fortpflanzung) → Fortpflanzung des Großen Kohlweißlings (Rückpfeil) → Großer Kohlweißling (Meisen) → Meisen.

Und bis hier »stöbern« die Kinder auch ohne große Diskussionen im Hypertext. Nun aber besprechen und reflektieren sie, auf der Grundlage des aufgerufenen Protokolls (→ Handbuch, Soest 1993), ihr Ergebnis und auch, wie es weitergehen soll. Sie erkennen zum Beispiel, daß alle Meisen die Raupen des Kohlweißlings fressen. Weiterhin gelangen sie zu folgenden Absprachen: ab Dokument »Kohlmeise« sollen alle »durchstöberten« Dokumente in einer Arbeitsmappe abgespeichert werden, der Arbeitsmappe soll der Name »Singvögel und Raupen« gegeben werden und bei anderen Singvögeln soll weitergesucht werden. So klicken die Kinder in der Protokolliste das Wort »Singvögel« an und springen im Datenbestand auf das jetzt notwendige Dokument zurück.

Im Verlauf dieser gemeinsamen Suchtätigkeit lernen die Kinder durch miteinander Reden und aufeinander Eingehen quasi nebenbei, daß es nicht groß stört, wenn sich einer aus der Gruppe mal eben ein spezielles Suchinteresse erfüllt, es aber notwendig ist, sich immer wieder auf den Arbeitsauftrag zurückzubesinnen. Für die Lehrerin oder den Lehrer eignet sich das dokumentierte Protokoll, um mit der Kleingruppe darüber zu sprechen, wie sie und warum sie was gemacht haben. Die Lehrenden könnten so das »Lernen lernen« anregen, indem sie mit den Kindern z. B. über mögliche Alternativen reden.

Bei einer *begrifflichen Suche* muß ein Suchbegriff eingegeben werden oder es müssen verschiedene Suchbegriffe durch UND, ODER oder NICHT verknüpft werden. (→ Benutzerhandbuch). Den Suchbegriff kann man eintippen oder aus der »aufgeschlagenen« Wörterliste durch Anklicken einschreiben. Wird nun z. B. nur der Suchbegriff »Meise» eingegeben, so werden alle Dokumente gefunden, in deren Wörterliste das Wort »Meise« vorkommt. Unter ihnen sind z. B. auch alle Gedichte und Geschichten, deren Wörterlisten das Wort Meise enthalten. Wird aber als zweiter Suchbegriff z. B. das Wort »Brut« eingegeben und die Suchbegriffe durch UND verbunden, so werden alle Dokumente gefunden, in deren Wörterlisten sowohl die Worte »Meise« als auch »Brut« vorkommen. Zum Beispiel ist dann das Dokument »Brut der Kohlmeise« mit dabei (UND führt zur Schnittmengen-, ODER zur Vereinigungsmengen- und NICHT zur Restmengenbildung).

Der *Wechsel der Suchformen*, von der begrifflichen zur assoziativen Suche (oder umgekehrt), ist für das Arbeiten der Kinder von großer Bedeutung. Nehmen wir an, da ist eine Gruppe, die sich über die Brut von Meisen informieren will. Dann wird sich diese Gruppe nicht erst durch den Hypertext bemühen wollen, sondern sie wird begrifflich suchen. Mit dem begrifflichen Suchen kann man also an die Stelle in den Hypertext springen, die für die Lösung eines Problems von Bedeutung ist. Dies ist ganz wichtig, wenn der Datenbestand mehrere tausend Dokumente umfaßt.

Die Arbeitsmappe ist ein problembezogener und persönlicher Datenbestand – Förderung der Konstruktion intersubjektiven und subjetiven Wissens

Arbeitsmappen werden durch die Kinder oder Lehrpersonen individuell angelegt. Sie beziehen sich auf eine Frage oder ein zu lösendes Problem und werden entsprechend benannt. Alle Dokumente aus dem Datenbestand können in einer Arbeitsmappe abgespeichert werden. Es können aber auch Blätter eingeheftet werden, die mit einem Werkzeug zum Lernen und Üben individuell und ortbezogen hergestellt worden sind. Und alle Dokumente der Arbeitsmappe, ob sie aus der Datenbank genommen oder selbst hergestellt worden sind, können ausgedruckt werden.

Werkzeuge zum Lernen und Üben – Förderung der subjektiven Wissenskonstruktion und der Selbstverantwortung für das eigene Lernen

Das *Werkzeug zum Schreiben* dient der Bearbeitung und Erstellung von Texten sowie der Unterstützung eines »anwendungsorientierten« Spracheunterrichts. Außerdem wird das Lesenlernen durch Schreiben unterstützt. Da das Arbeiten mit Textprogrammen schon relativ gut bekannt ist, wird hier auf eine ausführliche Beschreibung verzichtet. Selbsterstellte Dokumente können ausgedruckt oder in eine Arbeitsmappe abgelegt werden.

Verfassen die Kinder neue Texte oder bearbeiten sie vorgefundene Texte, so ist damit eine aktive eigenständige Textwahrnehmung, -aufnahme, -analyse und -produktion verbunden. Sie »arbeiten« eigenaktiv in einer medialen Schreib(Arbeits)umgebung. Die Kinder denken und verstehen, d.h. sie lernen. Und dadurch wird die Konstruktion von subjektivem Wissen gefördert. Das gilt analog auch für das Rechnen und Kalkulieren in der Arbeitsumgebung mit dem folgenden Werkzeug.

Das *Werkzeug zum Rechnen und Kalkulieren* dient der »Bearbeitung« von Zahlen sowie der Unterstützung eines anwendungsorientierten Mathematikunterrichts. Im *Rechenblatt* können die Kinder frei rechnen. Sie können ihre sachbezogenen Rechnungen selbst eingeben und durchführen. Der Rechner gibt ihnen also keine Aufgaben vor. Einen Zufalls- oder Aufgabengenerator gibt es nicht. Ist durch die Kinder eine Rechnung durchgeführt worden, so erhalten sie durch Anklicken des Fragezeichens gestufte Hilfen dafür, selbst zu entscheiden, ob sie richtig gerechnet haben. Der Rechner gibt ihnen also keine Rückmeldung über falsch und richtig. So lernen die Kinder Selbstverantwortung für ihr eigenes Lernen zu übernehmen.

Der Einsatz eines *Kalkulationsblattes* zur Förderung selbstverantworteten Lernens im Rahmen eines anwendungsorientierten Mathematikunterrichts (möglich wird z.B. die Behandlung von Was-wäre-wenn-Fragen) ist im Grundschulunterricht noch sehr neu. Er müßte hier umfassend geschildert werden. Und dies muß aus Platzgründen unterbleiben (→ Handreichung, Soest 1994).

5. Zusammenfassung von Ergebnissen zur Qualitätssteigerung des Lernens

Im projektorientierten Unterricht erhält eine Hpermedia-Arbeitsumgebung ihre größte Wirkung. Denn es ist ein Konstruktionsmedium und kein »Nürnberger Trichter« bzw. kein Instruktionsmedium, wie es Lern- und Übeprogramme sind. Lehrende müssen sich auf die Rolle des Moderierens von Lernprozessen umstellen; sie müssen sensibel werden für die Wahrnehmung von bedeutungsvollen Ausgangssituationen für Projekte. Insbesondere hierfür ist eine Lehrerbildung notwendig. Das Medium bedienen zu lernen, ist von untergeordneter Bedeutung. Es kann nebenbei gelernt werden.

Durch Hypermedia-Arbeitsumgebungen wird ein ganzheitliches Lernen in hinreichend komplexen Sinn- und Sachzusammenhängen unterstützt und angeregt. Komplexität kann/soll durch die Kinder selbst in Teilkomplexitäten (Fragen) gegliedert werden. Die Möglichkeiten des Zusammenwirkens von Multimedia-Datenbestand, Suchwerkzeugen, Arbeitsmappe und Lernwerkzeugen in der Arbeitsumgebung eröffnen für die Kinder ein eigenaktives, entdeckendes und selbstverantwortetes Lernen. Und so konstruierte bedeutungshaltige Wissensstrukturen führen zu einem besseren Behalten.

Auch in mächtigen Hypermedia-Datenbanken und elaborierten Hypertexten verlieren sich die Kinder dann nicht, wenn sie mit einer im Unterricht entwickelten Frage (oder einem Problem) an das Medium herantreten. Nach einer Phase des »Stöberns« im Hypertext, in der Komplexität zunächst unstrukturiert wahrgenommen wird, gehen die Kinder sodann beim Suchen sehr strategisch und zielgerichtet vor. Natürlich lassen sie sich auch hin und wieder verleiten, »Nebenwege« zu gehen, kommen aber immer wieder auf den Kern ihrer Frage zurück. Dies fördert die Konstruktion von umfassenden bedeutungshaltigen Wissensnetzen für Sache und Sinn!

Die Kombination von Texten, Bildern, Tönen und Filmen in Hypermedium erfüllt kindliche Neugier und erregt »lustvolle« Gefühle, unterstützt das mehrkanalige spielerische Lernen und läßt ganzheitlicher und unmittelbarer komplexe Einsichten und Erkenntnisse zu. Die Sinne werden aufgeschlossen für Wahr-Nehmungen. Wirklichkeit geht nicht verloren, sondern wird erkennbar. Auch dies fördert die Konstruktion von umfassenden bedeutungshaltigen Wissensnetzen für Sache und Sinn!

Handlungsorientierte Dokumente führen aus der Datenbank heraus und hinein in Handlungen und Diskussionen am Arbeitsplatz der Kinder. Bastelanleitungen werden ausgedruckt und ausgeführt. Geschichten werden ausgedruckt und diskutiert. Auch Befragungs- oder Beobachtungsanleitungen werden ausgedruckt. Und alles dies führt zu authentischen sowie realen Begegnungen und unterstützt kommunikative Situationen.

Animierte Simulationen und Was-wäre-wenn-Fragen in Kalkulationsblättern führen zu einem »tieferen« Erleben von Wechselwirkungen und damit zu einem Denken in Abhängigkeiten und Zusammenhängen. Systemisches Denken wird so grundgelegt.

Lehrerinnen und Lehrer können Hypermedia-Arbeitsumgebungen für ihre Unterrichtsvorbereitung nutzen. Mit den Dokumenten der Datenbank, der Arbeitsmappe und den Werkzeugen lassen sich Arbeitsbögen entwickeln, auch dann, wenn der Unterricht nicht auf einen projektorientierten umgestellt wird.

Literatur

Anderson, J.R.: Kognitive Psychologie, Heidelberg 1988

Club of Rome: Das menschliche Dilemma – Zukunft und Lernen, München 1979

Club of Rome: Die globale Revolution, Spiegel Spezial 2/91

Jonas, H.: Das Prinzip Verantwortung – Versuch einer Ethik für die technologische Zivilisation, Frankfurt 1979

Jonas, H.: Technik, Medizin und Ethik – zur Praxis des Prinzips Verantwortung, Frankfurt 1987

Klafki, W.: Neue Studien zur Bildungstheorie und Didaktik, Weinheim 1985 und viele weitere Aufsätze in den letzten Jahren

Landesinstitut für Schule und Weiterbildung, Soest (Hrsg.):
- Computer in der Grundschule – Tagungsbericht, 1989
- Neue Technologien und Zukunftsperspektiven des Lernens, 1990
- Gestaltung von Hypermedia-Arbeitsumgebungen – Lernen in Sach- und Sinnzusammenhängen, Soest 1994
- Handbuch für Hypermedia-Arbeitsumgebungen, 1993
- Grünes Klassenzimmer – Frieden mit der Natur, 1994

Martens, W.: Die Autopoiesis sozialer Systeme, Zeitschrift f. Soziologie und Sozialpsychologie 4/91

Riedel, R.: Evolution und Erkenntnis, München 1982

Astrid Vietmeier

Neue Medien und Technologien schon in der Grundschule?

Ergebnisse eines niedersächsischen Modellversuchs zur informationstechnologischen Bildung

Übungen zur Schulung der Sinne und interaktive Bewegungs- und Kommunikationsspiele haben ihren Platz im Unterricht der Grundschule, soviel ist sicher. Sinnes- und Kommunikationsschulung im Rahmen von informationstechnischer Bildung erscheint dagegen zunächst abwegig. Diesen, auf den ersten Blick etwas ungewöhnlichen Ansatz verfolgte der niedersächsische Modellversuch »Beitrag der Grundschule zur informations- und kommunikationstechnologischen Bildung«, der vom Niedersächsischen Landesinstitut für Lehrerfortbildung (NLI) durchgeführt wurde.

Ausgangspunkt des Modellversuchs sind die tiefgreifenden Veränderungen unserer Kommunikationskultur durch technische Medien. Stichworte wie *electronic mail, electronic shopping, tele-banking, Bildtelefone, Videokonferenzen, Video-on-Demand, interaktives Fernsehen* weisen darauf hin, daß die Digitalisierung der Kommunikation bevorsteht. Die ungeheure Flut der Informationsangebote, die durch unbegrenzte Zugriffsmöglichkeiten auf das »Wissen der Welt« via Datennetz entsteht, wird sich vermutlich auf die kognitive und psychosoziale Entwicklung von Kindern auswirken, die in dieser Medienwelt aufwachsen. Es entstehen neue soziale Kontakte, Lern-, und Kommunikationssituationen, die weit über den persönlichen Lebensraum hinausreichen.

Schon heute beziehen Grundschulkinder einen großen Teil ihres Wissens und ihrer Erfahrungen über Fernsehen und Computerprogramme. Der Bildschirm eröffnet den Zugang zu einer Vielzahl von »Lebenswirklichkeiten«. Viele Inhalte, die das Denken, Fühlen und Handeln beeinflussen, entstammen nicht mehr der direkten Anschauung, dem direkten Kontakt mit Personen und Situationen, sondern dem Erlebnisgehalt der Medien.

Viele Pädagogen beklagen den wachsenden Einfluß der Medien, und machen sie für Störungen des Unterrichts und des Sozialverhaltens verantwortlich. Die befürchteten entwicklungspsychologischen Gefahren wie: soziale Deformation und Isolierung durch Mangel an persönlicher Interaktion, Verarmung von Kommunikation, sinnlicher Erfahrung und Phantasie, Dominanz von Sekundärerfahrungen, unstrukturierte Wissensvielfalt, etc. sind allerdings in fast gleicher Weise im 18. Jahrhundert dem Buch unterstellt worden. Und wer von den Kritikern der »Neuen Medien« würde heute den Wert des Buches als Unterrichtsmedium anzweifeln? Medien sind nicht per se gefährlich. Der Sinn von Technik und Medien erweist sich in ihrer Verwendung.

Die skizzierte Entwicklung verlangt gerade in der Grundschule eine verstärkte, handlungsorientierte, in vielen Fällen sogar sozialpädagogisch akzentuierte Medienerziehung, die nicht erst einsetzen darf, wenn sich das Medienverhalten der Kinder verfestigt hat. Die veränderten Aneignungsweisen von Kultur durch Kinder und Jugendliche in der Mediengesellschaft verändern die Themen, Inhalte und Ziele der Medienerziehung. Lehrkräfte müssen qualifiziert werden, die »mediatisierte« Lebenswelt der Kinder als

Teil der gesellschaftlichen Wirklichkeit wahrzunehmen, sie im Unterricht pädagogisch angemessen zu behandeln und die Kinder in der Mediengesellschaft erzieherisch zu begleiten.

Das im folgenden vorgestellte Konzept will erste Antworten und Anregungen zu einer in diesem Sinne verstandenen Medien- und Kommunikationserziehung liefern.

Medien- und Kommunikationserziehung als Aufgabe des Grundschulunterrichts

»Öffnung der Schule« bedeutet Öffnung auf eine durch technische Informations- und Kommunikationssysteme geprägte Gesellschaft. Zeitungen, Zeitschriften, Bücher, Rundfunk, Video- und Audiokassetten, CDs, Bildschirm- und Videotext, Kabel- und Satellitenfernsehen, Telefon und Telefax, Computer und Cyberspace – Kinder werden nicht nur mit einzelnen Medien konfrontiert, sondern wachsen in einer unübersichtlichen, sich ständig verändernden Medienlandschaft auf. Medienerziehung läßt sich nicht länger auf den Medienkonsum in der Freizeit bzw. die Massenmedien eingrenzen. Die miteinander vernetzten Informations- und Kommunikationstechniken durchdringen zunehmend Arbeit, Alltag und Freizeit. Die »Entschlüsselung mediatisierter Erfahrungen« muß ein vorrangiges Ziel medienpädagogischen Handelns sein.

Zeitgemäße Medien- und Kommunikationserziehung muß nach dem niedersächsischen Ansatz bereits in der Grundschule beginnen, ein elementares Vorverständnis der neuen Technologien zu entwickeln und Medienkompetenz zu fördern.

Vorrangiges Ziel dabei ist, Schülerinnen und Schüler an den reflektierten Umgang mit den verschiedenen Medien, an das Erkennen ihrer Botschaften und Gestaltungsmittel und an die aktive Nutzung von Medien als Kommunikationsmittel heranzuführen. In der Grundschule kann dies nur in der direkten Auseinandersetzung mit Elementen der medien- und technikgeprägten Umwelt erreicht werden.

Dabei stehen nicht nur die sogenannten »neuen« Medien bzw. der Computereinsatz im Blickfeld, sondern gerade an den traditionellen Medien wie Sprache, Text, Bild, Musik, Foto, Film, Video sollen prinzipielle Kenntnisse zur Wahrnehmung und Wirkung entwickelt werden.

Aufgrund dieser Zielsetzung wurde in Niedersachsen ein Konzept entwickelt, das:

- thematische Zugänge, Fächer, fachübergreifende Vorhaben und methodische Wege aufzeigt, die geeignet sind, die medienerzieherischen Aufgaben kontinuierlich, exemplarisch und altersgemäß in den Unterricht der Grundschule einzubeziehen, ohne den Unterricht durch zusätzliche Inhalte zu belasten – vielmehr traditionelle Grundschulthemen versucht zu aktualisieren;
- Wege aufzeigt, wie Schülerinnen und Schüler die Einsatzmöglichkeiten der neuen Techniken in ihrer unmittelbaren Lebenswelt kennenlernen können;
- die traditionelle Trennung nach einzelnen Medien überwindet, multimediale Projekte und medienübergreifende Nutzungsmöglichkeiten vorstellt und die Unterschiedlichkeit und die Möglichkeiten der verschiedenen Medien deutlich macht;
- die Entschlüsselung der immer komplexer werdenden Medienerfahrungen ermöglicht und einen sachgerechten, selbstbestimmten, kreativen Umgang mit den Informations- und Kommunikationsangeboten fördert.

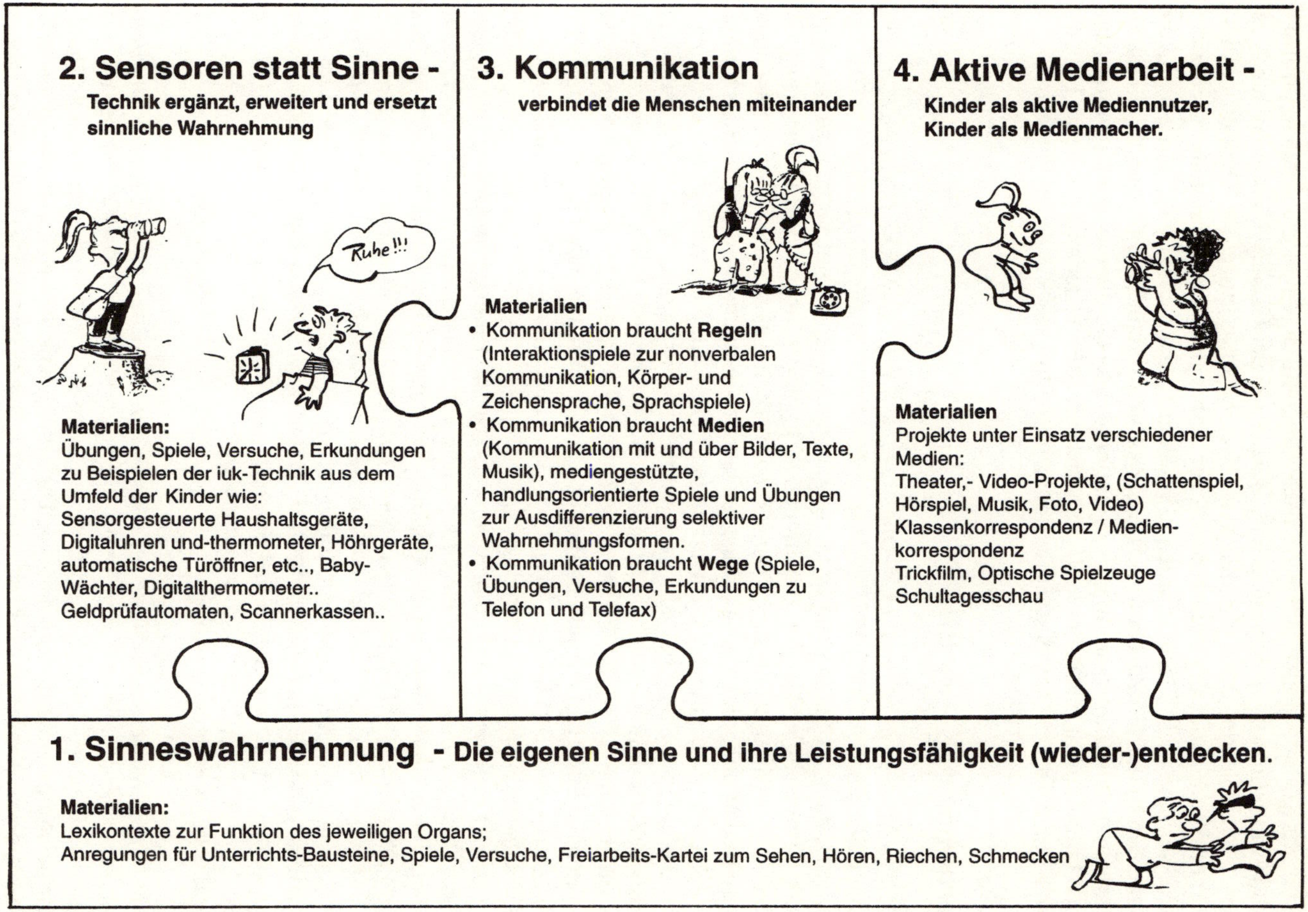

Abbildung III.4: Die vier Lernfelder des Niedersächsischen Modellversuchs

Im Verlauf der Kommissionsarbeit wurde schnell deutlich, daß vorbereitende informations- und kommunikationstechnologische Bildung in der Grundschule nicht durch ein einzelnes Fach geleistet oder gar durch die Bearbeitung einzelner Themen erreicht werden kann, sondern das Ergebnis eines fächer-, jahrgangs- und themenübergreifenden Lernprozesses sein muß. Daher wurden Lernfelder (didaktische Leitideen) entwickelt, die sich an den in der Grundschule vorrangig zu vermittelnden Basisqualifikationen – wahrnehmen, mitteilen, verständigen – orientieren, und die die medialen und informations- und kommunikationstechnologischen Phänomene aus der unmittelbaren Lebenswelt der Kinder nach diesen Kategorien aufschlüsseln.

Die Lernfelder vgl. Abb. III.4

Lernfeld 1 – Sinneswahrnehmung – Die eigenen Sinne und ihre Leistungsfähigkeit (wieder-)entdecken

Sinneserziehung ist keine neue Forderung, sondern gehört seit langem zu den Aufgaben der Grundschule. Mit der zunehmenden Technisierung und Mediatisierung der Umwelt und der Alltagserfahrungen von Kindern erhält die »Schulung der Sinne« heute besondere Bedeutung: nicht nur als Ausgleich oder Kompensation, sondern als Grundlage für Kommunikation und Wahrnehmung der Umwelt. Nur wer sich der Leistungsfähigkeit der eigenen Sinne bewußt ist, kann mediale Erfahrungen richtig einschätzen und kompetent mit ihnen umgehen. Sinnliche Wahrnehmung bildet die Basis zur Ausbildung elementarer Grundfertigkeiten, sie kann weder in einem Fach noch in einem umfangreichen Unterrichtsprojekt erarbeitet werden und muß daher durchgängiges Erkenntnisprinzip sein. Aus diesem Grund wurde auf jede Zuordnung der Materialien zu einzelnen Unterrichtsfächern verzichtet.

Erfahrungen der Erprobung haben gezeigt, daß sich die Lernfähigkeit der Kinder verbessert, wenn sie ihre Sinne bewußt als Lernhilfe einsetzen dürfen. Das Lernen mit allen Sinnen setzt auch angenehme Gefühle wie Spaß, Freude und Genuß frei, was wiederum das Lernen selbst zur lustvollen Betätigung macht. Es kann das kognitive Lernen nicht ersetzen, wohl aber erst ermöglichen und dann verbessern. Außerdem wurden Schülerinnen und Schüler, die ihren eigenen Wahrnehmungen vertrauen können, kritischer und weniger manipulierbar. Wenn sie selbst am Erkunden und Lernen beteiligt waren, wurde die Arbeit mit ihnen merklich leichter und lustvoller. Die Ergebnisse wurden vielfältiger und qualitativ besser als sie je mit operationalisierten Lernverfahren zu erreichen waren.

In *Lernfed 2 – Sensoren statt Sinne – Technik ergänzt, erweitert und ersetzt sinnliche Wahrnehmung* wird daher an Beispielen aufgezeigt, wo technische Geräte, die mit Meßfühlern, Meldern, Sensoren und Detektoren ausgestattet sind, menschliche Wahrnehmungsleistungen übernommen haben. Die »elektronischen Heinzelmännchen« (Fotozellen, Kameras, Temperaturfühler ...) öffnen z. B. wie von Geisterhand Türen, lassen Wasserhähne laufen, auf Zuruf den Wecker verstummen und schalten bei erreichter Temperatur Bügeleisen, Backofen und Waschmaschine aus. Primäre Sinneserfahrung und -leistung wird immer seltener nötig. Über die Auswirkungen der zunehmenden »Technisierung« von Wahrnehmung und Kommunikation läßt sich derzeit nur spekulieren. In jedem Fall müssen Kindern frühzeitig Modelle angeboten werden, die die Phänomene, die in dieser Umwelt vorkommen, für sie verstehbar machen. Dies muß anhand von einfachen Beispielen geschehen, die technische Zusammenhänge auf einem für Grundschülerinnen und Grundschüler verständlichen Niveau erklären.

In der Erprobung wurde deutlich, daß Grundschülerinnen und -schüler durchaus in der Lage sind, an den technischen Geräten des alltäglichen Gebrauchs, einfachste Merkmale der Informations- und Kommunikationstechnik zu verstehen und Zusammenhänge zwischen menschlichen Sinnesleistungen und dem Übertragen von Sinnesleistungen an Geräte herzustellen. Dabei spielt das Verstehen der genauen Funktionsweise bestimmter Geräte nur eine untergeordnete Rolle. Vielmehr geht es um Fragen nach der Unterschiedlichkeit zwischenmenschlicher und »technischer Wahrnehmung«.

- *Welche Wahrnehmungsleistungen werden von einer bestimmten Maschine erbracht?*
- *Haben »Maschinen« Sinnesorgane?*
- *Wie können »Maschinen« Wahrnehmungsleistungen übernehmen?*
- *Wie nehmen Menschen wahr? Wie erbringen »Maschinen« entsprechende Wahrnehmungsergebnisse?*
- *Welche Konsequenzen ergeben sich aus der zunehmenden Übertragung von Wahrnehmungsleistungen an Geräte für das Zusammenleben?*

Lernfeld 3 – Kommunikation verbindet die Menschen miteinander

Zur Kommunikationserziehung in der Grundschule gehört die Ausbildung elementarer Fähigkeiten wie Sprechen, Hören, Schreiben und Lesen. Sie ermöglichen es den Schülerinnen und Schülern, die Wirklichkeit zu erschließen, die Wechselbeziehung von Sache, Denken und Sprache zu erfassen, fördern ihre kognitive und psychische Entwicklung und den zwischenmenschlichen Erlebens- und Erfahrungsaustausch.

Neben die unmittelbare Kommunikation zwischen Menschen tritt heute die technisch vermittelte Kommunikation über Telefon und Telefax und der Dialog mit elektronischen Gesprächspartnern, wie Anrufbeantwortern, Computerspielen, Fahrkartenautomaten. Bislang waren z.B. Spiele im Prinzip an das Zusammenspiel von Partnern gebunden. Bei Computerspielen ist der Partner ins »Programm abgewandert«. Die Bedienung des technischen Geräts tritt an die Stelle zwischenmenschlicher Interaktion.

Den möglichen entwicklungspsychologischen Gefahren kann nur begegnet werden, indem der Unterricht die »Basisgrammatik« dieser neuen Zeichensysteme vermittelt und Kommunikation in allen ihren Erscheinungsformen übt und kommunikatives Handeln bewußt macht.

Die Materialien versuchen das Lernfeld »Kommunikation« im wesentlichen unter drei Aspekten aufzuschließen:

- *Kommunikation braucht Regeln*
  Kommunikation setzt gemeinsame Ordnungen und Zeichensysteme voraus. Die aber entstehen ausschließlich in der Interaktion, so daß Beziehungsfähigkeit der Kinder untereinander zur wesentlichen Voraussetzung für ein Lernen mit lebenspraktischer Relevanz wird. Neben Übungen und Spielen zur nonverbalen Interaktion, zur Körper- und Zeichensprache finden sich im ersten Teil zahlreiche Unterrichtsanregungen zum spielerischen Umgang mit Sprache, Wort und Wortbedeutungen.
- *Kommunikation braucht Medien*
  Der Kommunikation mit und über Medien kam im Rahmen dieses Modellversuchs eine besondere Bedeutung zu. Ein wesentliches Anliegen dieses Lernfelds ist es,

Schülerinnen und Schülern deutlich zu machen, daß es kein allgemeingültiges, objektives Bild der Wirklichkeit gibt und daß vor allem Medien es nicht vermitteln. Wahrnehmung und Kommunikation sind selektiv und bereits bei Grundschulkindern abhängig von sozialisationsbedingten Faktoren, Erfahrungen, Einstellungen und Stimmungen. Medienvermittelte »Einweg-Kommunikation« ist in diesem Sinne doppelt selektiv. Die Kinder als Mediennutzer müssen lernen, sich der eigenen Subjektivität und der Absichten der Medienmacher, der Autoren, Kameraleute etc. bewußt zu werden. In der Auseinandersetzung mit Gesehenem, Gehörtem, Erlebtem, mit Texten, Bildern, Musik, Fotos, Film und Fernsehen lernen Schülerinnen und Schüler, daß jeder durch seine persönliche »Brille« sieht. Auch jüngere Kinder können schon erkennen, daß man den gleichen Ausschnitt von Wirklichkeit unterschiedlich wahrnehmen kann und daß jede Aussage auch Interpretation ist.

– *Kommunikation braucht Wege*
  Kommunikation findet seit langem nicht nur interpersonal statt, sondern immer auch vermittelt, unter Verwendung von Medien wie Brief, Telegraf, Telefon, Telefax und Computer statt. Für Kinder von heute ist es in unserer Gesellschaft ebenso selbstverständlich, daß Tennisturniere rund um den Globus zeitgleich übertragen werden, wie Satellitenfilme in der Wetterkarte und die Tatsache, daß man im Prinzip immer und überall telefonieren oder Musik nach Wahl hören kann. Für Kinder, die mit diesen modernen Kommunikationsmedien aufwachsen, ist die nahezu unbegrenzte Verfügbarbeit über Kommunikations- und Informationsmöglichkeiten selbstverständlicher Teil ihrer Lebenswelt.
  Der Bezug zur Telekommunikation läßt sich in der Grundschule am besten am Beispiel des Telefons herstellen. Während Telefone immer mehr zu multifunktionalen Geräten entwickelt werden, beschränken sich bisherige Unterrichtsvorschläge zu dem Thema lediglich darauf, die sachgerechte Bedienung an völlig veralteten Modellen einzuüben. Die vorliegenden Materialien wollen hingegen zu Fragen der Bedeutung des Telefons für das Leben in der Familie, mit Freunden, Nachbarn und der Veränderung des Telefonierens durch Entwicklungen wie Kartentelefon, Anrufbeantworter und Fax-Gerät anregen.

Lernfeld 4 – Aktive Medienarbeit – Kinder als aktive Mediennutzer, Kinder als Medienmacher

Medien sind nicht nur Bestandteile, sondern auch Konstrukteure unserer Wirklichkeit. Gerade Kinder glauben den Bildern der Medien und sind durch sie leicht zu beeinflussen. Die Werbung hat längst Kinder und Jugendliche als kaufkräftige Zielgruppe erkannt. Der derzeitige »Konsum- und Markenwahn« der 8- bis 18jährigen ist nur ein Indiz für die Wirksamkeit der »visuellen Verführung«. Mediales Lehren muß Möglichkeiten aufzeigen, wie Medien bewußt benutzt werden können, ohne sich von den Medien benutzen zu lassen.

Kinder bestätigen sich längst als aktive Mediennutzer. Fotoapparat, Kassettenrecorder, Videokamera, Computer sind in vielen Haushalten und Kinderzimmern vorhanden. Um jedoch den Schritt von bloßer Handhabung zum reflektierten Gebrauch von Medien zu tun, brauchen die Kinder bewußte Unterweisung.

Medienerziehung in der Grundschule kann nicht in erster Linie darin bestehen, über Medien zu reden. Aneignung von Medienkompetenz vollzieht sich in der Grundschule vor allem im handelnden Umgang mit Medien und im spielerischen Auseinandersetzen mit dem Medienalltag und den eigenen Medienerfahrungen. Das Ziel von Medienerziehung

ziehung ist, durch spielerisches Experimentieren und durch Schaffung von Kommunikationsanlässen zum Vergleich anzuhalten, spezifische Eigenschaften aufzudecken, Kommunikation mit verschiedenen Medien zu üben und Medien selbst zu gestalten.

Dabei geht es nicht um die isolierte Betrachtung einzelner Medien. Gerade angesichts der zunehmenden Vernetzung von Medienangeboten müssen Medien intensiv in ihrem Zusammenwirken erprobt werden. Fächerübergreifende und projektorientierte Arbeitsformen kommen einem solchen Ansatz natürlich ebenso entgegen wie beispielsweise freie Arbeitsformen, die zwangsläufig Neigungen und Fähigkeiten, über die Grundschülerinnen und Grundschüler verfügen, stärker berücksichtigen.

Aktive Medienarbeit muß Kindern und Jugendlichen anhand von exemplarischen, altersgemäßen, fächerübergreifenden Beispielen Fähigkeiten vermitteln, die ihnen helfen, sich in unserem medialen Zeitalter zurechtzufinden. In der Grundschule geschieht das vor allem im aktiven, erkundenden Umgang mit Medien und Medienerfahrungen.

Die Projekte und Unterrichtsideen dieses Kapitels wollen über handlungsorientierte Zugänge zur kreativen Gestaltung von Medien anregen und die mediale Erfahrungswelt der Schülerinnen und Schüler erweitern und Erlebnisalternativen schaffen.

Aufgrund der Erprobungserfahrungen des Modellversuchs lassen sich didaktische und methodische Aspekte aktiver Medienarbeit im Unterricht der Grundschule wie folgt zusammenfassen:

- *Kinder eignen sich »die Welt« aktiv an. Sie haben Freude am Selbertun und betreiben – wenn man sie nur läßt – learning by doing.*
- *Technische Feinheiten und medienspezifische Besonderheiten werden beim Tun ungleich deutlicher als beim »Konsumieren«.*
- *Werden AV-Medien in der Schule aktiv eingesetzt, sind sie immer auch Mittel (Medium) der Verarbeitung, der Durchdringung eines Unterrichtsgegenstandes. Aktiver Gebrauch technischer Medien ist gleichermaßen Unterrichtsgegenstand und Arbeitsmethode.*
- *Bei der Bearbeitung eines Unterrichtsgegenstandes (Text, Erkundung ...) mit Hilfe unterschiedlicher Techniken werden die spezifischen Leistungen bzw. Defizite der einzelnen Medien deutlich und vergleichbar.*
- *Multimediale Erarbeitung, Bearbeitung und Übermittlung von Sach- und Umweltwissen hat eine andere Qualität als es ein additiver, von Medium zu Medium fortschreitender Mediengebrauch/-einsatz hätte erzielen können.*
- *Die Arbeit mit verschiedenen Techniken zeigt, daß die Endprodukte immer subjektiv ausfallen. Die Kinder bemerken auch, wie man mit Hilfe von »Tricks« die Zuhörer oder -seher, ›hereinlegen‹/manipulieren kann.*
- *Gestaltung selbst einfachster Medienprodukte setzt Absicht voraus. Auch als ›passive‹ Zuhörer und Zuschauer fangen die Kinder an, nach den benutzten Mitteln, nach der Absicht und deren Aufrichtigkeit zu fragen. Schon Grundschülerinnen und -schüler gewinnen altersgemäß an Mündigkeit.*
- *Beim Herstellen einer Diareihe, eines Hörspiels oder Videofilms ist Zusammenarbeit erforderlich, die Kinder üben sich in Planung und Kommunikation.*
- *Jedes gelungene ›Werk‹ fordert sein Publikum: Ob der Rest der Klasse, andere Mitschülerinnen und Mitschüler oder die Eltern – das Medienprodukt wird Gesprächsanlaß und schafft eine erweiterte Kommunikationssituation, die – im besten Fall – schneeballartig aus der Schule hinauswirken kann.*

Inhalt und Struktur der Unterrichtsmaterialien

Die Unterrichtsbeispiele und -projekte wurden so konzipiert, daß sie parallel in den Fächern Sachunterricht, Deutsch, Kunst und Musik eingesetzt werden können; sie kommen damit dem ohnehin stark fächerübergreifenden Arbeiten in der Grundschule entgegen.

Die Ziele, Inhalte und Übungsmöglichkeiten der Lernfelder stehen in engem inhaltlichen Zusammenhang, sie erlauben eine wechselnde Schwerpunktsetzung und lassen sich ausgezeichnet zu Projekten verbinden. Sie ermöglichen verknüpfendes, aufbauendes, prozeß- und erkenntnisorientiertes Lernen.

Bei allen Materialien zur Vermittlung von Merkmalen und Funktionsweisen von Medien und Technik gilt das genetische Prinzip: An einfachen und nachvollziehbaren technischen Vorformen wie z.B. Daumenkino und Lochkamera werden im konkreten Umgang Erfahrungen gesammelt, die jahrgangsgemäß fortschreitend ein Verständnis der modernen und neuen Techniken aufbauen und zum kompetenten Umgang verhelfen. Die Beispiele und Inhalte entstammen dem primären Erfahrungsbereich der Schülerinnen und Schüler und erlauben einen spielerisch-experimentierenden, produktiven und handlungsorientierten Zugang.

Von besonderer Bedeutung sind Unterrichtsgänge und Erkundungen, die eine direkte Begegnung mit dem »Unterrichtsgegenstand« herstellen. Alle Medien und Kommunikationstechniken, die sich nicht in den Klassenraum hineinnehmen lassen, müssen »vor Ort« aufgesucht werden.

Bei allen Materialien handelt es sich um mehrfach erprobte Unterrichtsbausteine (Anregungen, Arbeitsblätter, Versuchsbeschreibungen, Bauanleitungen) Spiele, Karteikarten für Freiarbeitsphasen, und Projektberichte. Alle Materialien, abgesehen von Sach- und Informationstexten für die Lehrkräfte, sind grundschulgerecht gestaltet und zwecks leichterer Orientierung mit Piktogrammen und Hinweisen versehen, die Lernfeld und Thema bezeichnen. Sie enthalten Angaben zu Intention, Aktionsform, Materialbedarf und, wenn nötig, Hinweise auf jahrgangsspezifische Differenzierung.

Durch die skizzierten Lernfelder wird deutlich, daß Kommunikationserziehung in der Grundschule nicht noch ein neu zu behandelndes Thema ist, sondern daß es gilt, traditionelle Inhalte des Grundschulunterrichts zu aktualisieren und sinnvoll zu verbinden. Der größte Teil der Materialien läßt sich problemlos in die gängigen Lehrinhalte der Grundschule integrieren, ohne den Unterricht durch zusätzliche Themen zu belasten.

Probleme und Ausblick

Um die Ergebnisse des Modellversuchs im Unterricht der niedersächsischen Grundschulen umsetzen zu können, müssen entsprechende Voraussetzungen geschaffen werden, nämlich schulorganisatorische und gestalterische Freiräume, die eine Umsetzung der Unterrichtsideen zulassen, sowie eine intensive Fortbildung und Beratung, die die Lehrkräfte in die Lage versetzt, sich mit den neuen Inhalten, Methoden und Medien vertraut zu machen. Die Ergebnisse des Modellversuchs bieten zudem Anregungen für eine notwendige Fortschreibung der Rahmenrichtlinien für den Unterricht in der Grundschule.

Zur Zeit entwickelt das Niedersächsische Landesinstitut für Lehrerfortbildung,

Lehrerweiterbildung und Unterrichtsforschung (NLI) eine Konzeption zur Umsetzung der Modellversuchsergebnisse durch Lehrerfortbildung, die sämtliche Fortbildungsebenen (zentral, regional, schulintern) umfaßt.

In jüngster Zeit mehren sich die Fragen von interessierten Lehrkräften zum Computereinsatz in der Grundschule und können (noch) nicht beantwortet werden. Es gibt bisher in Niedersachsen seitens des Landesinstituts kaum Erfahrungen mit dem Einsatz des Rechners in der Grundschule und keine nennenswerten Untersuchungen auf dem Gebiet der Lern- und Übungssoftware. Andererseits drängt derzeit eine Fülle von Lernprogrammen auf den Markt. Es besteht die Gefahr, daß aufgrund fehlender Beratung, Lehrkräfte auf didaktisch unzulängliche Programme zurückgreifen. Sinnvoll erscheint daher die Ergänzung der Materialien oder die Entwicklung eines Folgebandes, der Möglichkeiten des Computereinsatzes als Medium und Werkzeug in der Grundschule aufzeigt, sowie die Entwicklung von Konzepten und Beurteilungskriterien für Lern- und Übungsprogramme und die Integration dieser Aspekte in die Lehrerfortbildung. Erfahrungen und Ergebnisse bestehender Initiativen an Schulen und Hochschulen müßten dringend gesammelt, koordiniert und den Lehrkräften zugänglich gemacht werden.

Angesichts der angespannten Haushaltslage in Niedersachsen ist die Implementation und vor allem Fortführung des Modellversuchs allerdings in weite Ferne gerückt.

IV. Kommunikations- und Medienerziehung – Stichwort »Computerspiele«

Jürgen Fritz

Bildschirmspiele und Grundschulkinder

1. Was sind Bildschirmspiele

Das erste Erkennungsmerkmal dieser vor etwa 20 Jahren entstandenen Spielform ist ein Bildschirm, auf dem etwas geschieht, das man sehen und hören kann. Wie von Film und Fernsehen gewohnt, »erkennen« wir in den Bildpunkten und Tönen bestimmte Bedeutungen. Die Zeichen deuten auf etwas hin, das uns bekannt ist: Bilder, Figuren, Geräusche, Melodien.

Auf dieses Geschehen, das sich auf dem Bildschirm vor unseren Augen und Ohren abspielt, können wir Einfluß nehmen: über spezielle »Eingabgeräte« wie Tastatur, Joystick, Maus. Die Wirkungen unserer »Eingaben« können wir unmittelbar verfolgen. Das Geschehen auf dem Bildschirm »reagiert« auf uns, so daß wir uns »irgendwie« darin wiederfinden: in einem Spiel.

Damit das alles funktioniert, bedarf es der Computertechnologie. Die »Welt«, in die sich der Bildschirmspieler begibt, ist ein Computerprogramm, gespeichert auf einem Datenträger. Das kann eine Diskette sein, ein Einsteckmodul, eine Festplatte oder eine CD-ROM-Disk. Im Computerprogramm wird jede Einzelheit der »Welt am Draht« festgelegt und zwar in Form einer Befehlsabfolge: Es wird bestimmt, was nacheinander passieren soll. Die Befehlsabfolge darf man sich nicht (nur) als einen starr festgelegten Geschehensablauf vorstellen (wie etwa in einem Spielfilm). In die Abfolge sind vielmehr die möglichen Spielhandlungen des Bildschirmspielers einbezogen. Mit Hilfe des Programms »prüft« der Computer in Sekundenbruchteilen die »Eingaben« des Spielers, also das Bewegen des Joysticks und den Druck auf bestimmten Tasten. Als »Reaktion« darauf werden die Bild- und Tonsignale ausgelöst, die bei diesen Eingaben vom Programmierer vorgesehen sind.

Von der Geräteseite her unterscheidet man folgende Formen von Bildschirmspielen:

a) Die Arcade-Games: Das sind die Spielautomaten, die man vornehmlich in den Spielhallen finden kann und die ein actionreiches Spiel gegen klingende Münze bieten. Geschicklichkeit und Können der Spieler entscheiden, wie lange man für eine Münze in der »Welt am Draht« verweilen darf.
b) Die Computerspiele: Die Hardware besteht aus Computern unterschiedlichen Typs, vom »Steinzeit«-Computer »C 64« über »Amiga« bis hin zu den modernsten PCs aus der DOS-Welt. Als Software steht eine kaum noch zu überblickende Menge an Spielen zur Verfügung: in Diskettenversion oder (zunehmend häufiger) als CD-ROM-Disk. Dabei muß man berücksichtigen, daß die Computer »eigentlich« nicht zum Spielen vorgesehen sind, sondern für »ernsthafte« Anwendungen.
c) Die Videospiele: Dieser Computertyp ist »nur« für das Spielen vorgesehen und für diesen Zweck optimiert: Schneller Prozessor, gute Grafik, guter Sound, einfache

Bedienung. Datenträger sind Einsteckmodule oder (bei den neuesten Modellen) CD-ROM-Disks. Zwei Firmen beherrschen den Markt der Videospiele: Nintendo und Seega. Die Videospiel-Computer kann man in der Regel an den Farbfernseher anschließen und erfordern keinen zusätzlichen Monitor (wie beim Computer).

d) Die tragbaren Videospiele: Hier ist alles noch einfacher und unkomplizierter, um schnell und überall ins Spiel zu kommen. Nach dem Prinzip des »All-in-One« ist schon alles »an Bord«: Bildschirm, Prozessor, Joystick, Stromversorgung. Nur noch die Spielmodule einschieben: und schon kann's losgehen. Es verwundert daher nicht, daß diese tragbaren Videospiele nach dem Muster des »Gameboy« gerade unter Grundschulkindern das größte Interesse finden.

Während es relativ einfach ist, sich einen Überblick über die Spielgeräte zu verschaffen und diese zu systematisieren, stößt man bei dem Bereich der Software, also den »eigentlichen« Spielen auf viel größere Schwierigkeiten. Wir wollen uns nun einen Überblick verschaffen, welche »Welten am Draht« es inzwischen für Kinder, Jugendliche und Erwachsene gibt.

2. Zu den Wunschwelten der Bildschirmspiele

a) Versuch einer Systematisierung: Die Welt der Bildschirmspiele dehnt sich aus. Längst hat sich dieses neue Medium aus seiner Begrenzung auf »Abschießspiele« gelöst. Schaut man allein auf die Namen der vielen hundert Spiele, die jedes Jahr neu auf den Markt gelangen, kann man unschwer die recht unterschiedlichen Welten ausmachen, die sich den Spielern öffnen: von abstrakten Denkspielen, über Kriegsszenarien, Weltraum-Eroberungen, sportlichen Aktivitäten, bis zu Wirtschaftsspielen, Fantasy-Abenteuern und Filmvorbildern entlehnten Adventures spannt sich der Bogen. Immer mehr Bereiche, die bislang anderen Unterhaltungsmedien wie Buch, Comic, Film und Fernsehen vorbehalten waren, entwickeln sich zu Welten, die durch »Videonauten« jeglichen Alters erschlossen und erobert werden können. Für jeden Geschmack und jedes Interesse stehen Welten bereit, in denen sich die Spieler in vielfältigen Bewährungssituationen wiederfinden können.

Für einen außenstehenden Betrachter ist diese Vielfalt unterschiedlicher, miteinander verwobener und »verwandter« Welten nur noch schwer zu ordnen – und jeden Tag kommen neue Welten dazu. Alle bislang unternommenen Ordnungsversuche haben sich nach kurzer Zeit als »überholt« erwiesen. Die Wachstumskraft und Wachstumsgeschwindigkeit dieser »Welten am Draht« haben sich bisher allen Versuchen entwunden, ordnend Übersicht zu schaffen. Wie soll man ordnen, was sich nahezu täglich verändert und alle bislang vorhandenen Spielelemente in immer neuen Kombinationen den reiselustigen »Videonauten« als »neuestes Bildschirmspiel« offeriert?

Gleichwohl besteht ein breites Interesse zu wissen, welche Ausdehnung das Universum der Bildschirmspiele hat, wohin es sich entwickelt, wie die einzelnen Welten miteinander zusammenhängen, welche Kräfte in ihnen wirken und wie sich die Vielfalt der Welten ordnen läßt, damit man sie vergleichen und miteinander in Beziehung setzen kann. Um diesem Interesse zumindest einen kleinen Schritt entgegenzukommen, ist es notwendig, Bezugspunkte in diesem Universum der Bildschirmspiele zu finden. Anhand dieser Bezugspunkte könnte man dann versuchen, zu einer »Landkarte der Bildschirmspiele« zu gelangen.

Untersucht man die Bildschirmspiele nach übergreifenden und gleichwohl differenzierenden Merkmalen, stößt man auf drei wesentliche Konstruktionsprinzipien, die sich in den Spielen finden lassen. Damit der »Videonaut« eine Welt in einem Spiel entfalten kann, muß diese Welt gegen seinen Versuch Widerstände entwickeln. Täte sie dies nicht, würde sich ein motivierendes Spiel nicht entwickeln können. Die »Widerstände der Welt«, die Schwierigkeiten, Verwicklungen und Herausforderungen, sind es, die die Fähigkeiten des Spielers fordern (und fördern): Er muß einen Sachverhalt durchdenken, reaktionsschnell handeln, sich räumlich orientieren, strategisch angemessen entscheiden. Geht man von diesen Spielforderungen aus, lassen sich zwei »Pole« im Universum der Bildschirmspiele ausmachen: Denken und Action. Die Lage der einzelnen Bildschirmspiele im Universum läßt sich zunächst davon bestimmen, ob ein Spiel in seinen Spielforderungen eher von Denkprozessen oder eher von unmittelbarem aktionsgeladenem Handeln bestimmt ist. Ordnet man die Bildschirmspiele danach bipolar zu und zieht man irgendwie eine Trennlinie zwischen ihnen, hat man auf der einen Seite die »Denkspiele« (oder auch »Köpfchenspiele«) und auf der anderen Seite die »Actionspiele« (oder auch »Knöpfchenspiele«).

Dieses biploare Universum, das in der Anfangszeit der Bildschirmspiele recht gut geeignet war, sich in der Vielfalt der Spiele zurechtzufinden, reicht in seiner ordnenden Funktion heute nicht mehr aus. Hinzukommen müßte ein dritter Pol, der eine weitere Ausdehnungsrichtung in der Entwicklung der Bildschirmspiele bezeichnet: die Spielgeschichten. Spiele dieser Art enthalten sowohl Elemente der Denkspiele als auch solche der Actionspiele. Wesentlich an den Spielgeschichten ist, daß der Spieler durch sein spielerisches Handeln nicht nur eine Welt entfaltet, sondern im Entfalten der Welt auch eine Geschichte: seine Geschichte als Entwicklung seiner Spielfigur in dieser Welt.

So legen wir für die »Landkarte der Bildschirmspiele« ein tripolares Universum zugrunde, das durch die Elemente »Denken«, »Action« und »Geschichten« aufgespannt ist. Je nachdem, wie stark ein einzelnes Spiel durch diese drei Elemente (wie ein Magnet) »angezogen« wird, desto deutlicher wird das Spiel in Richtung auf dieses Element auf der »Landkarte« plaziert. In der horizontalen Ebene wird die Lage davon bestimmt, inwieweit Spielelemente mittelbar und zeitverzögert gesteuert werden müssen und inwieweit Denken und indirektes Handeln gefordert werden (Zuordnung auf das Element »Denken«) oder (in anderere Richtung) inwieweit eine Spielfigur unmittelbar und aktional gesteuert werden muß, also direktes Handeln in filmähnlichen Abläufen gefordert ist. Auf der vertikalen Ebene geht es darum, ob sich der Spieler in Einzelabläufen bewähren muß und ob ein eher einförmiges Geschehen vorliegt oder aber (was für eine Spielgeschichte sprechen würde), ob eine komplexe Geschichte entfaltet wird, die dem Spieler einen geschlossenen Geschehensablauf bietet und die eine entsprechende Vielseitigkeit aufweist.

Schauen wir uns dies einmal genauer mit Blick auf die konkreten Erscheinungsformen der Bildschirmspiele an und prüfen wir, welche dieser Welten für Grundschulkinder von besonderem Interesse sind.

b) Damit Denken ins Spiel kommt: Bei einer großen Gruppe von Spielen stehen die auf das Denken gerichteten Spielforderungen im Mittelpunkt. Planvolles durchdachtes Handeln ist erforderlich, um die spielerischen Probleme zu lösen. In der Regel handelt der Spieler indirekt. Meist gibt es keine zentrale Spielfigur, keinen »elektronischen Stellvertreter«, mit dessen Hilfe sich das Spielgeschehen entfalten kann. Der Spieler

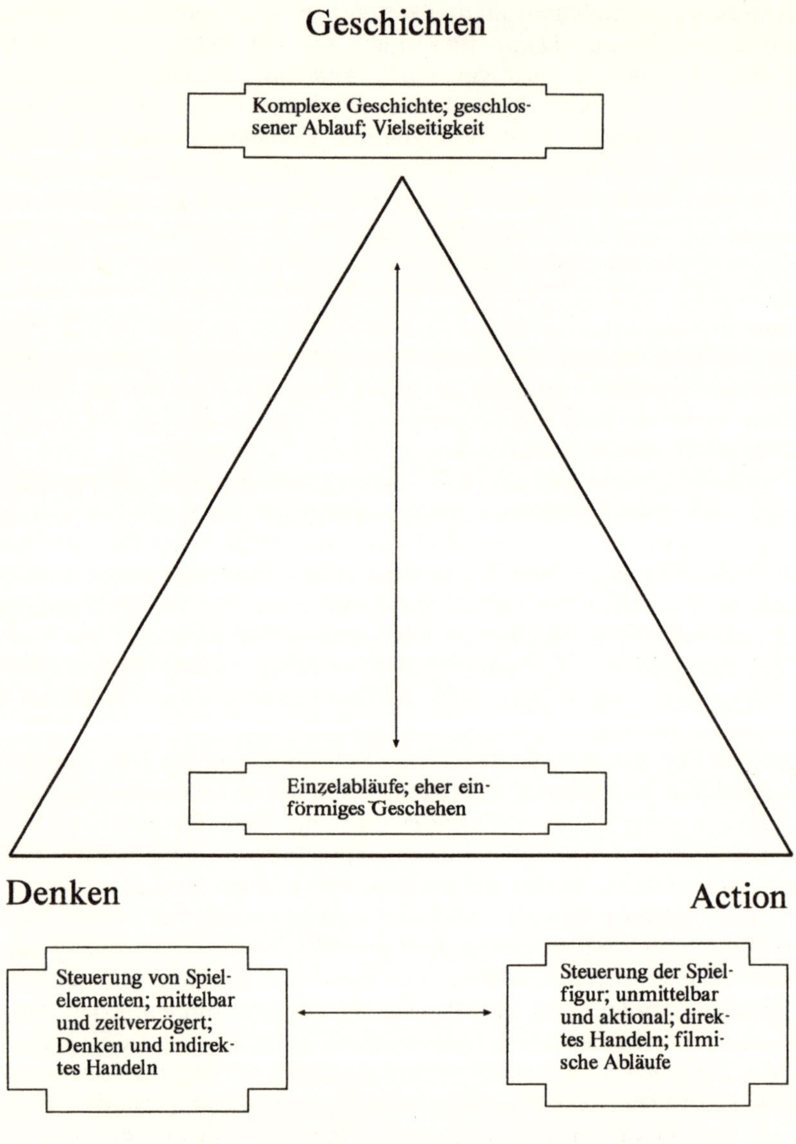

Abbildung IV.1: »Landkarte« der Bildschirmspiele (J. Fritz)

befindet sich vielmehr »außerhalb« und wirkt von dort auf die einzelnen Spielelemente ein. Er steuert »von außen« das Spielgeschehen, indem er zielbezogene Veränderungen an einzelnen Elementen vornimmt: Spieleinheiten zu einem anderen Ort dirigiert, den Charakter der Elemente verändert, Angriffs- und Verteidigungsbefehle gibt, Ausgaben, Käufe und Verkäufe veranlaßt.

Der Spieler ist mit einem komplexen Gesamtgeschehen konfrontiert, dessen Entwicklung er durch Einwirken auf einzelne Elemente im Sinne des Spielziels zu steuern hat. Die komplexen Denkprozesse erfordern in der Regel eine Zeitverzögerung im Spielablauf. Das Spielgeschehen wird »angehalten«. Erst wenn der Spieler seine Eingaben beendet hat, setzt sich das Spiel fort, und erst dann wird erkennbar, welche Wirkungen die Eingaben des Spielers ausgelöst haben (»Turn-Modus«).

Der Bereich der Denkspiele ist recht vielfältig. Neben einfachen und meist abstrakten Spielen, bei denen Mustererkennung und operatives Denken gefragt ist, gibt es vor allem eine große Menge an Strategiespielen – von Schlacht- und Kriegsspielen bis zu Wirtschaftssimulationen. Für Grundschulkinder sind Spiele dieser Art häufig zu schwierig und zu komplex, als daß sie sich mit ihnen befassen wollten. Selbst die grafisch sehr ansprechenden Comic-Denkspiele (wie z.B. »Lemmings«) sind allenfalls für ältere und sehr versierte Grundschüler geeignet. In eigenen Erprobungen mit Grundschülern einer 4. Klasse zeigte sich, daß die meisten Kinder recht schnell an die Grenzen ihrer Möglichkeiten und Fähigkeiten gelangten.

c) Action muß sein: Spannung, Unmittelbarkeit und »Lebendigkeit« sind die sofort spürbaren Kennzeichen dieses Spieltyps. Der Spieler handelt mit Hilfe eines »elektronischen Stellvertreters«. Seine Einwirkungen auf diese Spielfigur sind direkt und auf Aktion gerichtet. Es entsteht (durch vielfältige Gefährdungssituationen) ein unmittelbarer Handlungsdruck, der den Spieler zur ständigen Konzentration und Handlungsbereitschaft zwingt. Der Spieler hat dadurch das Gefühl, direkt und unmittelbar im Spiel zu sein. Im Mittelpunkt der Spielforderungen stehen Fähigkeiten wie rasches Auffassungsvermögen, Reaktionsschnelligkeit, Auge-Hand-Koordination, räumliches Orientierungsvermögen, Streßresistenz. Action-Spiele fordern vom Spieler unmittelbar geistige und körperliche Präsenz. Viel Zeit für Überlegung und Abwägung bleibt nicht.

Es geht vielmehr darum, daß der Spieler »effektive Verhaltensmuster« in bezug auf die vielfältigen Spielsituationen entwickelt. Er lernt, was in der jeweiligen Situation zu tun ist. Und dieses Tun muß immer wirkungsvoller, präziser und schneller werden, um die immer schwieriger zu bewältigenden Gefährdungssituationen zu meistern.

Die Bereiche, auf denen sich die »Action« bezieht, können recht unterschiedlich sein. Während anfangs einfache »Abschießspiele« nach dem Muster von »Weltraumschlachten« diesen Bereich der Bildschirmspiele beherrschten, sind diese »Kämpferspielen« gewichen, in denen martialische Spielfiguren hüpfend, springend, laufend klettern und vor allem schießend die Welt durcheilen und alles niedermachen, was sich ihnen in den Weg stellt. Dieser Bereich ist fast ausschließlich für *Jungen* von Interesse, die hier das Heldenleben ihrer Idole nachspielen und ihren eigenen »Lebenskampf« inszenieren können.

Für *Mädchen* sind eher die Funny-Games interessant, in denen eine lustige, comicartige Figur durch Labyrinthe eilt, sammelt, hüpft, klettert und (fast nebenbei) einige unangenehme Elemente aus der dortigen Flora und Fauna »erledigt«. Spiele dieser Art finden das Interesse von Grundschülern durch den Witz der Situationen, durch die lustigen Figuren und vielfältigen Überraschungen.

Sportspiele kommen bei den Grundschülern relativ gut an, die selbst Sport treiben und Spaß dabei haben. Faszinationskraft üben auch Fahrzeugspiele auf die Kinder aus. Hier sind es insbesondere rasante Autofahrspiele und Motorradrennen, die gut ankommen. In actionreicher Fahrt können die Kinder am Bildschirm erleben, was ihnen selbst noch nicht möglich ist, aber für sie zum Erwachsensein dazugehört.

d) Geschichten spielen: Wesentliches Merkmal der Spielgeschichten ist ein in sich geschlossener Geschehensablauf, bei dem die einzelnen Situationen und Szenen Teile eines langen Spannungsbogens sind. Mittelpunkt der Geschichten ist eine Spielfigur, die vom Spieler direkt und/oder indirekt gesteuert wird. Die Spielfigur kann sich auch in verschiedene Rollen aufspalten, die nacheinander (oder gleichzeitig) in ihrem Handeln beeinflußbar sind. Der Spieler hat mit seiner Spielfigur (oder »Party«) eine Fülle von Rätseln und Aufgaben zu lösen, die zueinander in einer sinnvollen, aufeinander abgestimmten Beziehung stehen. Die Spielforderungen können vielfältiger Art sein: Neben der Lösung von Rätseln und Denkaufgaben geht es teilweise auch um Geschicklichkeit, Reaktionsschnelligkeit und räumliches Orientierungsvermögen. Vielfach werden auch strategische Überlegungen und taktische Entscheidungen gefordert.

Die einzelnen Handlungsfolgen werden zu einer Geschichte mit erkennbarem Ende zusammengebunden. Teilerfolge bauen im Fortgang der Geschichte aufeinander auf. So entsteht das Muster eines »Entwicklungsromans«: ein Spiel mit der »eigenen« Biographie oder die Geschichte eines »Heldenlebens«. Indirekte Einwirkungen auf das Spielgeschehen (nach dem Muster von Denkspielen) sind ebenso möglich, wie aktionales unmittelbares Handeln (das für Actionspiele typisch ist). Insofern können die Spielgeschichten vom Handlungstyp her gesehen Mischformen zwischen Denkspiel und Actionspiel sein.

Was Inhalte, Thematiken und Spielforderungen anbelangt, steht für unterschiedliche Geschmäcker die passende Kost bereit. Historisches wird ebenso geboten, wie Ausflüge in die Fantasy-Welt oder prickelnde Abenteuer der Jetzt-Zeit. Neben Detektivgeschichten kann man sich auch in der Welt der Zukunft wiederfinden und als »Handelsreisender der Zukunft« sein Glück versuchen.

Für Grundschulkinder sind die meisten Spiele dieses Bereichs zu aufwendig, zu komplex und viel zu schwierig. Gleichwohl gibt es einige »kindgerechte« Spiele, die Jung und Alt in ihren Bann ziehen können. Eines davon heißt »Secret of Monkey Island« und kommt Kindern in ihrem Wunsch, erwachsen zu werden, Abenteuer zu erleben und Menschen kennenzulernen, sehr entgegen.

3. Warum sind Kinder von Bildschirmspielen fasziniert?

Die große Faszinationskraft, die dieses Medium auf Kinder (Jugendliche und Erwachsene) haben kann, läßt die Frage entstehen, warum dies so ist. Befragungen erbrachten nur recht oberflächliche Ergebnisse.[1] Die Suche nach Spaß und Spannung macht nach Befragungen von Jugendlichen den Hauptteil der Motivation aus. Was aber bewirkt diesen Spaß und diese Spannung? Sind es die grafisch aufwendig gemachten Bildschirmwelten? Ist es der Leistungsaspekt, der Teil jedes Bildschirmspiels ist? Ist die Faszinationskraft von den permanenten Rückmeldungen während des Spiels abhängig? Oder ist eine Kombination aller dieser Faktoren dafür verantwortlich, daß Kinder von Bildschirmspielen fasziniert sind?

Alle diese Erklärungsversuche bleiben letztlich unbefriedigend. Ein umfangreiches dreijähriges Forschungsprojekt in Nordrhein-Westfalen, das Ende 1994 abgeschlossen

1 So z. B. bei Spanhel, D.: Jugendliche vor dem Bildschirm, Deutscher Studien Verlag, Weinheim 1987, S. 110ff.

wurde, hatte das Ziel, die Gründe für die Faszinationskraft von Bildschirmspielen detaillierter in Blick zu nehmen.[2] Einige erste Ergebnisse deuten in folgende Richtung:

Ein wesentliches und zentrales Motiv, das entscheidende Bedeutung für die Faszinationskraft von Bildschirmspielen besitzt, ist der Wunsch nach *Kontrolle*, nach Beherrschung des Spiels. Die Spieler sind darum bemüht, das Spiel zu verstehen, seine impliziten und expliziten Regeln angemessen anzuwenden, um das Spiel zu *beherrschen*, um ihr Bleiberecht im Spiel zu behaupten. Dafür spannen sie alle ihre Fähigkeiten an, ertragen Streß und setzen ihre Zeit ein. Offensichtlich hat das Bildschirmspiel die Funktion, einen Ausgleich zu schaffen für den permanenten Kontrollverlust, der die Lebenssituationen von Kindern und Jugendlichen (auch und gerade in der Schule) kennzeichnet.[3]

Erfolgreiche Bildschirmspiele ermöglichen in einer subtil auf die Fähigkeiten des Spielers abgestimmten Weise Kontrolle über das Spiel zu gewinnen, wobei die Schwierigkeiten im Spiel mit den wachsenden Fähigkeiten der Spieler koppelbar sind. Spiele, bei denen Spieler nicht klarkommen, die für sie unverständlich oder zu schwer sind und bei denen sie daher Kontrollverluste erleiden, werden rasch abgebrochen und als »schlecht« beurteilt. Kommen sie jedoch – nach einigen Anstrengungen damit klar – stellen sich Spaß und Vergnügen ein.

Neben dem Kontrollmotiv ist für die Faszinationskraft von Spielen entscheidend, daß sich die Spieler mit ihren Erfahrungen, Vorlieben, Interessen, Wünschen und Fantasien darin wiederfinden können. Von den Spielen muß ein »Angebot« ausgehen, das auf die »Erwartung« der Spieler trifft. Mit anderen Worten: Für die Faszinationskraft von Bildschirmspielen ist es unabdingbar, daß sich Spiel und Spieler auf einer dynamischen und thematischen Ebene strukturell koppeln.

Dazu muß man wissen, daß sich das Kontrollmotiv in den Spielen über verschiedene »spieldynamische Grundmuster« vermittelt, die Entsprechungen zu den grundlegenden Handlungsorientierungen in den Industriegesellschaften besitzen. Um Kontrolle über das Spiel zu gewinnen, muß man beispielsweise etwas »erledigen«, sich bereichern und sich »armieren«, in »Zweikämpfen« den Sieg davontragen, sein »Herrschaftsgebiet« ausdehnen, Prüfungen und Bewährungssituationen bestehen.

Diese grundlegenden Handlungsorientierungen vermitteln sich ihrerseits wieder durch bestimmte Thematiken, Rollenangebote und Spielinhalte, die für die Spieler attraktiv sind: ein Auto lenken, in einem Labyrinth als »Kämpfer« Gegenstände finden und gegen Monster antreten, als »Bürgermeister« eine Stadt aufbauen und verwalten.

So finden sich die Spieler in einer Welt wieder, die ihnen thematisch zusagt und in der sie Handlungsweisen zeigen dürfen, die ihrem Wunsch nach Kontrolle entgegenkommen. Auf dem Bildschirm entfaltet sich aus diesen Bestandteilen ein dramatisches

2 An dem vom Wissenschaftsministerium des Landes Nordrhein-Westfalen geförderten Forschungsverbund sind beteiligt die Universitäten Dortmund und Bochum sowie die Fachhochschulen Köln und Dortmund. Die Ergebnisse der Untersuchungen werden im Herbst 1995 im Juventa Verlag unter dem Titel »Warum Computerspiele faszinieren« erscheinen.

3 In diesem Zusammenhang interessant sind die Ergebnisse von Untersuchungen zum Zuschauerverhalten bei Fernsehsendungen. Auch hier liegt im erlittenen Kontrollverlust eine zentrale Motivationsquelle für das Sehen bestimmter Sendungen; vgl. hierzu: Vitouch, P.: Fernsehen und Angstbewältigung, Westdeutscher Verlag, Opladen 1993.

Geschehen, das den Spieler deswegen in seinen Bann schlägt, weil er sich darin mit Aspekten seiner Person wiederfindet und seinem Wunsch nach Kontrollierbarkeit dieser Welt Rechnung getragen wird.

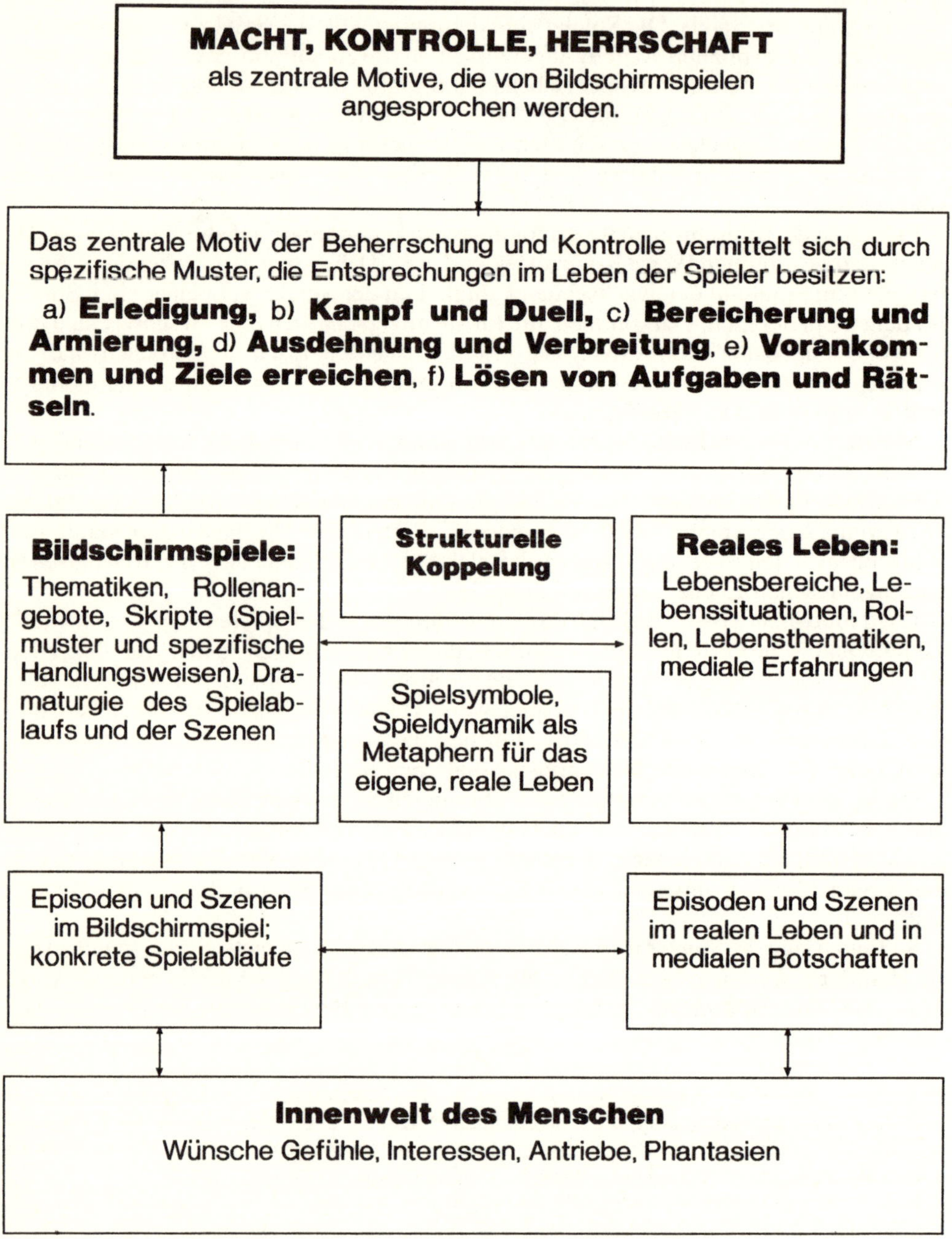

Abbildung IV.2: Motivationsstruktur bei Bildschirmspielen …

4. Welche Wirkungen gehen von Bildschirmspielen aus?

In Leserbriefen, in der Berichterstattung der Tagespresse, in Rundfunk und Fernsehen sind es inbesondere zwei Besorgnisse, die sich bei Erwachsenen gegenüber den Bildschirmspielen gebildet haben. Meist werden sie so platt geäußert, wie sie hier stehen:

1. Bildschirmspiele machen aggressiv und fördern die Gewaltbereitschaft.
2. Von Bildschirmspielen kann man süchtig werden.

Der Vorteil dieser beiden Ausssagen ist ihre Einfachheit und ihre offensichtliche Plausibilität. Ohne Gewalt geht es in kaum einem Bildschirmspiel ab. Und Computerfreaks, die von ihren Spielen nicht loskommen können, kennt vermutlich jeder. Trotzdem bleibt es zu fragen, ob es Belege dafür gibt, daß diese Aussagen stimmen. Schaut man sich die verschiedenen Forschungsergebnisse etwas genauer an, steigt die Skepsis gegen vorschnelle Annahmen dieser Art.[4]

1. Zunächst besteht keine Einigkeit darüber, welche Bildschirmspiele man überhaupt als »aggressiv« bezeichnen soll. Sind »Weltraumgefechte« aggressiv? Oder fängt es erst dann an problematisch zu werden, wenn menschenähnliche Wesen aufeinander losgehen? Sind Spiele mit offener Gewalt problematisch oder eher solche, bei denen Gewalt mittelbar ausgeübt wird, wie z. B. bei allen Strategiespielen, bei denen man »lediglich« abstrakte Symbole hin- und herbewegt? Bei welcher Bildhaftigkeit der Symbole fängt das Problem an, wo hört es möglicherweise auf? Was ist von einem Kampffliegerpiloten zu halten, der seine »missions« fliegt? Ist dieses Spiel problematisch oder eher eins, bei dem Karatekämpfer den Besten unter sich ausmachen? Und was soll man schließlich von den Funny-Games denken, bei denen es gewiß nicht »gewaltfrei« zugeht und das Zertreten von kleinen Schnecken zur Tagesordnung gehört?

Auch die Forschung kann wenig beitragen zur Stützung der Behauptung aggressiver Wirkungen der Bildschirmspiele. Danach ist es keinesfalls sicher, ob Bildschirmspiele überhaupt Aggressionen hervorrufen bzw. vermehren oder genau das Gegenteil bewirken. Bei vielen Untersuchungen bleibt ungeklärt, ob aggressive Spiele Aggressionen verursachen bzw. verstärken, oder ob diese Spiele von stärker aggressiv orientierten Spielern bevorzugt werden. Zu denken geben sollten Befunde, daß manche traditionellen Spiele (wie z. B. »Dart«) weitaus mehr Aggressionen hervorrufen als Bildschirmspiele. Denkbar wäre auch, daß aggressive Reaktionen nach dem Bildschirmspiel nicht von den Inhalten des Spiels stammen, sondern von den Mißerfolgserlebnissen, die mit diesen Spielen verbunden sein können: Wutreaktionen, die überall dort auftreten können, wo der gewünschte Erfolg nicht eingetreten ist.

2. Noch weniger belegbar ist die Vermutung, Bildschirmspiele machten »süchtig«. Nach einigen Untersuchungsberichten scheint es zwar eine prozentual kleine Gruppe von Häufigspielern zu geben, die zwölf und mehr Stunden pro Woche spielen, doch ist es fraglich, ob exzessives Spielen schon als Sucht bezeichnet werden kann. Das Interesse für Bildschirmspiele ist nach unseren bisherigen Untersuchungen bei Kindern und

4 Eine gute Zusammenfassung und kritische Würdigung der einzelnen Forschungsergebnisse bietet Sacher, W.: Jugendgefährdung durch Video- und Computerspiele?; in: Zeitschrift für Pädagogik, Heft 2/1993, S. 313ff.

Jugendlichen zeitlich begrenzt. Nach einiger Zeit erlahmt der Reiz dieser Spiele: Andere Dinge in der Umwelt sind wichtiger (und interessanter) geworden: sportliche Interessen, Freundschaften, berufliches Engagement, neue Schwerpunkte in der Freizeitgestaltung.

Im Gegensatz zu anderen Suchtformen (stoffgebundenen und nichtstoffgebundenen Süchten) führt das intensive Spielen am Bildschirm in aller Regel weder ins »soziale Abseits« noch zu erheblichen Gesundheitsschädigungen, wie z.B. beim Konsum illegaler Drogen. Im intensiven Bildschirmspiel werden die Gesundheits- und Leistungsnormen unserer Gesellschaft vielmehr bestätigt: immer fit und erfolgreich sein. Das Bildschirmspiel, gerade wenn es intensiv gespielt wird, entlarvt sich als Metapher unseres Berufs- und Arbeitslebens: in der Gestalt eines bunten und spannenden »Abenteuerspiels«.

Wesentlich für alle Suchtformen ist der »Kontrollverlust«, also die Unfähigkeit, Kontrolle über sich, seine Wünsche und sein Handeln auszuüben. Im Grunde geben sich die Süchtigen auf: sie geben ihren Wunsch auf, die Kontrolle über sich und ihr Leben zu haben. Wie sieht dies beim exzessiven Bildschirmspielen aus? Ist hier auch mit Kontrollverlust zu rechnen? Bei allen Bildschirmspielen geht es darum, Kontrolle zu erlangen und Kontrolle auszuüben. Sich in dieser »Welt am Draht« behaupten zu können, setzt unabdingbar voraus, sich selbst zu kontrollieren: die Motorik, die Aufmerksamkeit, das Denken, die Gefühle. Nur wenn der Spieler sich in einer fast schon totalen Weise unter Kontrolle hat, kann er auch für ihn schwierige Spiele kontrollieren und sein »Bleiberecht« erstreiten. Die interessante Frage lautet nun, ob der Kampf um Kontrolle im Bildschirmspiel zu einem Kontrollverlust über mein Spielen am Bildschirm schlechthin führen kann oder nicht. Oder anders herum gefragt: Kann mein Wunsch, das Bildschirmspiel zu kontrollieren, so stark werden, daß ich mit dem Spielen nicht mehr aufhören kann?

Nach unseren Untersuchungen erschöpft sich irgendwann der Reiz von jedem Bildschirmspiel. Der Kampf um Herrschaft und Kontrolle ist nach einer bestimmten Zeit entschieden. Notfalls helfen Lösungsbücher sowie Tips und Tricks aus Spielezeitschriften weiter, die Entscheidung doch noch zu eigenen Gunsten herbeizuführen. Dies gilt insbesondere für Kinder, die zwar teilweise sehr intensiv spielen können, dann aber sehr rasch davon lassen. Sie haben dann aus dem Spiel das »herausgezogen«, was sie gebraucht haben: das Gefühl, diese Welt am Draht kontrollieren zu können.

Welche Wirkungen gehen denn nun tatsächlich vom Bildschirmspiel aus? Untersucht man den psychischen Kern des Wunsches, das Spiel zu kontrollieren, stößt man auf das Prinzip »Hoffnung«. Die Versicherung, Erfolg haben zu können, läßt sich in jedem Spiel einlösen. Insofern geht vom Bildschirmspiel trotz (oder gerade wegen) der permanenten Bedrohungssituationen etwas Zuversichtliches aus: das Leben bewältigen zu können und seine Umwelt zu beherrschen. Und dies dürfte auch ein wesentlicher Grund sein, warum selbst Kinder (die in der Grundschule kaum fünf Minuten stillsitzen können) sich stundenlang mit Bildschirmspielen befassen. Sie erhalten die Versicherung, leistungsfähig zu sein, sich durchsetzen und Gefahren beherrschen zu können. Sie erfahren aber auch, daß dafür Anstrengungen unverzichtbar sind. Dabei wird das jeweilige Bildschirmspiel zu einer Metapher der gewünschten eigenen Lebensperspektive. So wie man im Spiel erfolgreich sein »Bildschirmleben« meistert, so soll auch im eigenen Leben dieser Erfolg möglich werden.

Im Bildschirmspiel wird die Zuversicht genährt, mit den Gefährdungen des Lebens klarzukommen. Genau dies erwarten die Kinder vom Spiel, und das sind auch seine

Wirkungen: Stabilisierung der Psyche und Schutz gegen Angstgefühle. Um so größer sind Enttäuschung und Verärgerung, wenn die Kinder mit dem Spiel nicht klarkommen, anstelle von Zuversicht Versagensgefühle treten und wenn sie erkennen müssen, daß sie nicht einmal das Spiel (geschweige denn ihr Leben) kontrollieren können. Die Wirkungen sind je nach Kind unterschiedlich: Unmutsäußerungen, Spielabbrüche, erneute Spielversuche. An dem Ausmaß emotionaler Betroffenheit (nicht nur bei Kindern!) kann man ablesen, daß es nicht »nur« um ein Spiel geht, sondern daß mehr auf dem Spiel steht: Die Erwartungen an das Spiel sind Erwartungen an das eigene Leben.

Gleichwohl darf der Sieg im Bildschirmspiel nicht allzuleicht errungen sein: Was wäre er dann wert! Der Erfolg im Spiel will mit großen Anstrengungen errungen werden, wenn er als bedeutsam gelten will. Nur dann kann dieser Erfolg Metapher sein für die Bewältigung der Schwierigkeiten im eigenen Leben. Und dies dürfte nach unseren Untersuchungen auch der zentrale Punkt in den Wirkungen des Bildschirmspiels sein: Die Kinder erfahren eine Bestätigung der Leistungsnormen unserer Gesellschaft und verbinden dies mit der Vorstellung, daß ein erfolgreiches selbstkontrolliertes Leben, ja die gesamte eigene Lebensentfaltung an die Erfüllung dieser Normen gebunden ist.

5. Bildschirmspiele: eine pädagogische Herausforderung

Auf dem Hintergrund dieser Erkenntnisse greift eine »Bewahrpädagogik« sicher zu kurz. Die Kinder sind Teil dieser Gesellschaft und müssen sich auf diese Gesellschaft – so oder so – einlassen. Die Chance, sich auf einer metaphorischen Ebene mit dieser Gesellschaft zu konfrontieren, sollte ihnen daher nicht vorschnell genommen werden. Pädagogisch verantwortlich wäre es, sich auf diese Auseinandersetzung einzulassen. Das hieße, die Kinder beim Bildschirmspielen zu begleiten und versuchen zu verstehen, warum sie sich so intensiv diesem Medium zuwenden. Anstatt Kinder mit ihren Spielwünschen ins Abseits zu schieben, wäre es allemal besser, dieses Interesse an den Bildschirmspielen sprachfähig werden zu lassen. Dahinter darf jedoch nicht das Elterninteresse stehen, Kinder von den Bildschirmspielen »abzubringen«. Dies würde die Gesprächsbasis von vornherein negativ einfärben. Ziel müßte es vielmehr sein, daß Kinder durch die Gespräche ein Gespür für ihre eigenen Wünsche und Lebensperspektiven erlangen und selbstbestimmt Wege finden, die dafür geeignet sind, dies zu realisieren. Für Eltern könnte der erste Schritt auf dem Weg zu ihren Kindern darin bestehen, sich selbst auf die Bildschirmspiele einzulassen, die Faszinationskraft auf sich wirken und den kritischen Impuls entstehen zu lassen, die Ursachen dafür herauszufinden. Damit hätten Eltern eine angemessene Ausgangsbasis für Gespräche mit ihren Kindern: Sie stünden auf gleicher Ebene.

Für die Grundschule müßte Ähnliches gelten: Bildschirmspiele nicht pädagogisch »bannen«, sondern sie als einen legitimen (und für Kinder wichtigen) Unterrichtsgegenstand ernst nehmen. Neben erfahrungsorientierten Gesprächen über Bildschirmspiele könnte man auch versuchen, die Muster und Inhalte eines Bildschirmspiels in andere Spielformen kreativ umzusetzen. So könnte z.B. aus einem bei Kindern bekannten und beliebten Funny-Game ein Bewegungsspiel in der Turnhalle werden.[5]

5 Interessant ist z.B. eine Unterrichtseinheit, in der das bekannte Videospiel »Super-Mario-Land« Ausgangspunkt für eine bewegungsorientierte Umsetzung im Sportunterricht wurde; vgl. Wagner, B.: Super-Mario-Land; in: »Praxis Spiel+Gruppe«, Heft 4/1992, S. 190ff.

V. Der Computer als Hilfe für den Grundschullehrer – Der Computer als Hilfsmittel bei der Unterrichtsvorbereitung, bei der Arbeitsmittelherstellung und in der Schulverwaltung

Ralf Lohuis

Arbeitsbögen aus dem Computer

»Grundschullehrer und Computer« wie paßt das zusammen? Inwieweit macht es Sinn, für die überwiegend pädagogisch orientierte Arbeit in der Grundschule Computer als Hilfsmittel und Werkzeuge einzusetzen? Kann solch ein Gerät der Lehrerin, dem Lehrer in der Grundschule überhaupt Arbeit abnehmen und diese ökonomisieren?

Nun, ich denke, der Computer kann hier eine ganze Menge leisten, besteht doch ein sehr großer Teil unserer Arbeit in der Grundschule darin, Materialien zusammenzustellen, didaktisch aufzuarbeiten, den Bedürfnissen und den Möglichkeiten der Kinder anzupassen und dabei diese Materialien auch noch motivierend zu gestalten. Genau bei diesen, meistens recht aufwendigen Arbeiten kann uns ein geeigneter Rechner von Nutzen sein.

Um das einmal ganz konkret aufzuzeigen, möchte ich im folgenden berichten, wie mir der Computer bei meiner Arbeit zu einem mittlerweile unverzichtbaren Hilfsmittel geworden ist.

Vor über 10 Jahren habe ich mir meinen ersten Computer zugelegt, damals noch einen Commodore C 64, ein Rechner, der mittlerweile schon fast zur Legende geworden ist. Viel mehr als komfortable Textverarbeitung war damit aber für meine Arbeit nicht zu leisten. Gerade die doch wichtigen gestalterischen Möglichkeiten für die Erstellung individueller Arbeitsbögen, Lesetexte und Rechenblätter fehlten dieser Maschine natürlich noch völlig.

Aber schon anderthalb Jahre später kam mit dem Apple-Macintosh ein für damalige Verhältnisse revolutionäres System auf den Markt, das mich sofort begeisterte. Hiermit ließen sich meine Vorstellungen schon recht weit verwirklichen. Der Macintosh erlaubte es nämlich mit der dazugehörigen Text- und Bildverarbeitung, Geschriebenes und mittels einer Computermaus Gemaltes zu verknüpfen. Jetzt standen nicht nur die wenigen Schriften des Druckers zur Verfügung, sondern Schrifttypen ließen sich aus einer großen Palette frei wählen und in jeder beliebigen Größe darstellen, ein für die Arbeit mit Leseanfängern unschätzbarer Vorteil.

Aber der Macintosh bot damals, und wie ich finde heute immer noch, einen weiteren überzeugenden Vorteil. Seine grafische, intuitiv zu erfassende Benutzeroberfläche machte es wirklich zum Kinderspiel, die Bedienung des Rechners zu erlernen. Für mich damals immens wichtig, hatte ich doch als Anfänger im Schuldienst genug mit Schule zu tun, um auch noch die komplizierten Befehle zur Bedienung der damals auch aufkommenden DOS-Computer zu erlernen.

Bei der von mir benutzten Software handelte es sich nicht um spezielle Programme für die Schule bzw. für Lehrer. Die gab es lange Zeit auch nicht und wirklich gute sind immer noch spärlich gesät. Für meine Arbeit reichte zunächst eine einfache Textverarbeitung, hier lange Zeit das Programm MacWrite, eine Bildverarbeitung, wie MacPaint und später dann SuperPaint. Später kam noch ein einfaches Layoutprogramm hinzu. Das war das rahmenorientiert arbeitende Programm RagTime, das mich durch seine wirklich einfache und intuitiv zu erfassende Erlernbarkeit faszinierte und komfortable Möglichkeiten bot, Dokumente mit Bildern, Grafiken und Texten ansprechend zu gestalten.

Um es an dieser Stelle klar zu sagen, mein Computer stand zu Hause, war von mir privat angeschafft und diente lange Jahre wirklich ausschließlich der Vorbereitung und Organisation von Unterricht. Die Kinder meiner Klasse kamen damit zunächst nicht in Berührung. Erst in den letzten Jahren konnte ich mir alte Rechner besorgen, um sie den Kindern als Werkzeug für verschiedenste Formen der Texptroduktion, also Geschichten, kleine Bücher oder Sachtexte zur Verfügung zu stellen. Das waren für mich interessante Erfahrungen, über die zu berichten allerdings den Rahmen dieses Beitrages sprengen würde.[1]

Ich benutzte den Macintosh zunächst in erster Linie für die Erstellung von Arbeitsbögen und Overheadfolien. Die fertigen Übungen in den Büchern oder die Arbeitsblätter der Schülermappen reichen, das weiß jede Kollegin, bei weitem nicht. Das Erstellen zusätzlicher Materialien ist allerdings meistens eine recht aufwendige Angelegenheit. Hierbei kann mir der Computer wirklich gute Dienste leisten. Zwar dauert die Erstellung eines Arbeitsbogens, etwa für den Sachunterricht, so mitunter ungefähr genauso lange wie von Hand, vielleicht sogar etwas länger. Allerdings ist das Ergebnis dafür auch relativ perfekt und steht den Seiten aus den Büchern in nichts nach. Oftmals ist ein Arbeitsbogen am Rechner allerdings auch sehr schnell fertiggestellt. Zum Beispiel Übungsblätter für den Mathematikunterricht, bei denen ich den Gestaltungsrahmen für eine Aufgabe, also Kästchen, Rechenoperationen oder Striche, am Computer zeichne und dann diesen Gestaltungsrahmen einfach durch Mausklick beliebig oft duplizieren kann. Gleiches gilt für die Erstellung von Linienblättern für den Schreiblehrgang. Auch hier reicht es, die gewünschte Lineatur einmal zu zeichnen und dann beliebig oft zu duplizieren.

Unzufrieden war ich häufig mit den mir zur Verfügung stehenden Zeichensätzen. Das waren zwar eine ganze Menge, grundschulspezifische Anforderungen konnten sie allerdings häufig nicht erfüllen. Es fehlte mir stets eine Vereinfachte Ausgangsschrift, und auch einige Buchstaben der Druckschriften entsprachen nicht denen der Fibel, so z.B. das kleine a, das kleine l und das große I. So bin ich dazu gekommen, mich mit der Entwicklung von speziellen Zeichensätzen auseinanderzusetzen. Mit Hilfe eines erfahrenen Typographen konnte ich dann alle meine Vorstellungen verwirklichen. Neben einer Vereinfachten Ausgangsschrift und den beiden in deutschen Fibeln verwendeten Druckschriften habe ich so noch einen Zeichensatz mit Piktogrammen für Arbeitsanweisungen und Wochenpläne erstellt, Anlautbilder auf die Tastatur gelegt und Linienzeichen an die Tastatur gebunden, so daß sich die gebräuchlichen Lineaturen in beliebiger Größe erzeugen lassen. Diese Zeichensätze haben sich bei mir und vielen meiner Kollegen als praktisch und hilfreich bewährt.[2]

1 Anregungen und Hilfen hierzu habe ich u.a. in folgendem Buch gefunden: H. Mitzlaff, K. Wiederhold: Computer im Grundschulunterricht Hamburg 1990.

2 Die Zeichensätze (True-Type-Schriften) werden angeboten von der: Medienwerkstatt Mühlacker, Pappelweg 3, 75417 Mühlacker. Sie kosten 158,– DM und lassen sich sowohl auf Macintosh-, als auch auf Windows-Rechnern installieren. Weitere spezielle Schulschriften, wie z.B. Schreibschriften mit Lineatur, Tierbildern für die Anlaute und den Verkehrszeichen sind z.Z. in Vorbereitung.

Als wirklich effektiv erweist sich aber der Vorteil, die so gefertigten Materialien auf elektronischem Wege abzuspeichern, um sie bei passender Gelegenheit wieder verfügbar zu haben. Hierbei liegt der Vorteil nicht allein in der Verfügbarkeit. Vielmehr lassen sich solche abgespeicherten Seiten mit wirklich geringem zeitlichen Aufwand so abändern, daß sie auch in der neuen unterrichtlichen Situation, etwa einer anderen Klasse oder einem höheren Jahrgang, genau auf die Bedürfnisse der Kinder abgepaßt werden können. Mit den alten Matrizen aus der Schublade geht das nicht, wenn sie sich denn überhaupt noch einmal »durchnudeln« lassen.

Das Problem, geeignete Bilder und Abbildungen in Arbeitsblätter einzubauen, konnte ich auf recht unterschiedliche Weise lösen. Die sicherlich einfachste war, bei der Gestaltung des Blattes entsprechenden Raum für ein Bild freizulassen und es dann aus der Quelle auszuschneiden bzw. zu kopieren und einzukleben. Einfache schematische Darstellungen konnte ich natürlich mit Zeichenprogrammen selbst erstellen und direkt in die Arbeiten einbinden, für mehr reichten hier meine zeichnerischen Fähigkeiten leider nicht. Eine weitere Möglichkeit besteht darin, fertige, elektronisch gespeicherte Bilder zu verwenden. Diese gibt es mittlerweile in großer Vielfalt auf sogenannten Public-Domain-Disketten der verschiedenen Benutzergruppen oder Vereine, die sich mit der Arbeit am Computer auseinandersetzen.[3] Wirklich komfortabel wurde für mich die Einbindung von Bildern allerdings, nachdem ich mir einen kleinen Handscanner angeschafft hatte. Mit ihm lassen sich Zeichnungen oder einfache Bilder aus Zeitschriften oder Büchern bequem einscannen, weiterverarbeiten, d. h. entsprechend meinen Anforderungen verändern und in die Arbeitsbögen einpassen. Daß solche Handscanner nur Bilder bis zu einer bestimmten Größe akzeptieren, ist kein Problem, da diese Bilder ja immer nur Teil einer Gesamtgestaltung sind.

Auf Matrizen habe ich, solange sie es in unserer Schule noch gab, natürlich auch mit dem Computer arbeiten können. Die Nadeldrucker nehmen diese Matrizen für den Umdrucker nämlich problemlos an und erzeugen wirklich bessere Druckergebnisse, als man es mit einer Schreibmaschine oder von Hand erreichen könnte.

Nun ist es bestimmt nicht immer sinnvoll, ganze Arbeitsbögen am Rechner zu erstellen, zumal wenn sie wirklich nur einmal zum Einsatz kommen und, wie z.B. Übungsblätter für den Mathematikunterricht mit vielen Rechenaufgaben, recht aufwendig zu erstellen sind. Hierbei habe ich mich damit begnügt, am Computer lediglich Vorlagen zu fertigen, auf denen ein ansprechender Rahmen aufgebracht wurde und Lösungskästchen vorgezeichnet waren. Die eigentlichen Aufgaben habe ich dann schnell von Hand eingegeben. Das erwies sich insgesamt als effektiver und hatte den Vorteil, daß die so entstandenen Vorlagen mehrfach mit immer wieder neuen und anderen Aufgaben benutzt werden konnten. Häufig habe ich diese Vorlagen nach dem Ausdrucken erst kopiert und in die Kopie die eigentlichen Aufgaben geschrieben. So bekam ich mit der Zeit einen Vorrat an Formblättern, die sich sehr schnell mit aktuell und individuell zu übenden Aufgaben füllen ließen.

Hinzu kommt, daß so mit der Zeit im Computer eine kleine Sammlung von Gestaltungsmustern aufgebaut wurde, auf die sich dann immer schnell wieder zurückgreifen ließ. Neue Arbeitsblätter konnten damit dann recht schnell und ohne großen Aufwand

3 Solche User-Groups haben sich für die Macintosh-Computer beispielsweise zum MAC e. V., zur A. U. G. E. oder dem COCONUT e. V. zusammengeschlossen und verteilen zum Teil sehr umfangreiche Sammlungen von kostenloser oder kostengünstiger Software.

am Computer erstellt werden. Gerade im Lernbereich Mathematik kommt bei meiner Arbeit diese Mustersammlung recht häufig zum Einsatz, weil hier besonders immer wiederkehrende Aufgabenrahmen für die täglichen Übungen wichtig und für die Kinder hilfreich sind.

Ein anderes Medium, das ich sehr gerne eingesetzt habe, ist die Overheadfolie für den Tageslichtschreiber. Jeder weiß, daß Schreibmaschinentypen spätestens in der letzten Reihe einer Klasse hierauf nicht mehr zu erkennen sind. Die Vergößerung des OHP reicht hierfür bei weitem nicht aus. Die komfortable Skalierbarkeit der Buchstaben beim Macintosh erlaubt es aber, Geschriebenes in beliebig großen Typen darzustellen, so daß alles vom Tageslichtschreiber gut lesbar an die Wand projiziert werden kann. (Zum Vergleich: Schreibmaschinentypen entsprechen einer Schriftgröße von 12 Punkt – einer Maßeinheit aus dem Druckereigewerbe – am OHP sind aber 18 Punkt und mehr sinnvoll.) Ausgegeben werden die Vorlagen übrigens am besten vom Computerdrucker auf normalem Papier, von dem dann mit dem Kopierer die Folie gezogen wird.

Ein weiterer Bereich, in dem mir der Computer eine große Hilfe ist, ist die Erstellung von Selbstlernspielen und Ordnungshilfen für offene Unterrichtsformen, wie der Freiarbeit oder der Arbeit nach dem Wochenplan. Die Vorlagen für Buchstabenmemories, Rechendominos, Bingos, Stöpselkarten, Diktattaschen und -dosen oder Mathespielen lassen sich genauso wie die Arbeitsbögen sehr ansprechend aber auch schnell gestalten und sind, einmal abgespeichert, immer wieder einfach zu variieren, um sie den jeweiligen zu übenden Inhalten anzupassen. Außerdem habe ich mir auch hier im Laufe der Zeit eine Sammlung von verschiedenen Grundmustern für Übungen geschaffen, auf die ich dann bei der Erstellung neuer Spiele stets zurückgreifen kann. Alle am Computer gefertigten Vorlagen für Selbstlernmaterialien sind zunächst Kopiervorlagen, die ich dann in beliebiger Anzahl für die Spiele meiner Klasse und auch für die Kollegen kopiere. Erst die Kopien werden auf feste Pappe gezogen, von den Kindern oder mir gegebenenfalls farbig gestaltet und mit schützender Folie überzogen.

Damit die Kinder die verschiedenen Lernspiele auch wiederfinden, bekommen alle entsprechende Etiketten und die Schränke und Regale, in denen sie zu finden sind, Schilder, die in klarer, großer Schrift, auch mit dem Computer gefertigt sind.

Aber nicht nur die Materialien für den Wochenplan, auch den Arbeitsplan selbst erstelle ich mit dem Computer. Dieser wird auf diese Weise übersichtlich und durch die Verwendung von entsprechenden Pictogrammen[4] auch leicht verständlich, besonders für die Kinder im ersten Schuljahr. Der Vorteil liegt hier aber auch wieder in der leichten Veränderbarkeit des Plans. So kann ich ohne großen Aufwand für die verschiedenen Leistungsgruppen meiner Klasse differenzierte Wochenpläne ausgeben, einfach dadurch, daß ich einzelne Zeilen durch angepaßte Aufgaben ersetze. Ganz neue Wochenpläne muß ich nicht jedesmal neu gestalten, da ich einfach die Übungen des vorigen Plans im Computer mit den aktuellen überschreibe, die äußere Gestaltung bleibt so erhalten.

Die auf den folgenden Seiten gezeigten Beispiele sollen einen kleinen Eindruck vermitteln, wie vielfältig sich ein morderner Computer bei der Organisation von Unterricht und hier besonders beim Erstellen von Arbeitsmaterialien einsetzen läßt.

4 Spezielle Pictogramme für die Grundschule gibt es bei der Medienwerkstatt Mühlacker (siehe Anmerkung 2)

Jn der Turnstunde

Der Lehrer ruft:

Kinder kommt her!

Kommt schnell zu mir!

Wir machen ein Spiel.

Wir spielen Katze und Maus.

Lies Dir die Geschichte leise durch!

Schreibe die Geschichte in Schreibschrift auf!

Abbildung V.1: Arbeitsbögen aus dem Computer – Beispiel 1 (Lohuis)

Der Lügen-Quatsch-Spaß-Würfel

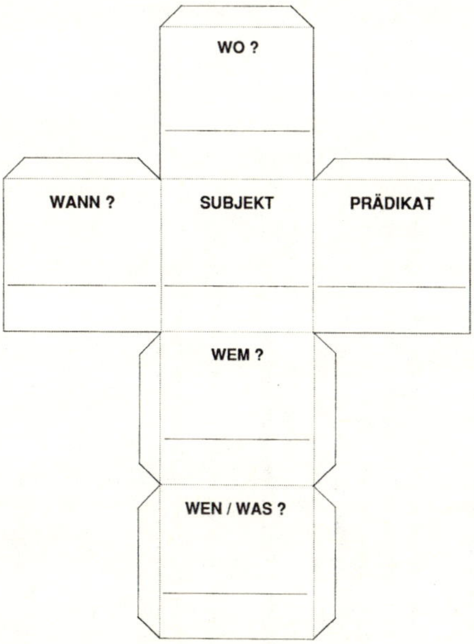

1. Schreibe Satzteile auf die Würfelseiten.
2. Schneide das Würfelnetzt entlang der durchgezogenen Linien aus.
3. Falte die Würfelseiten an den gepunkteten Linien.
4. Klebe den Würfel zusammen.
5. Würfel mit 5 Partnern zusammen einen Lügen-Quatsch-Spaß-Sätz.
6. Schreibe den Satz in Dein Heft.

Abbildung V.2: Beispiel 2

Findest Du die Wörter, die hier versteckt sind?

Kreise die Wörter mit einem Buntstift ein.

Schreibe die Wörter unten auf die Linien.

A	R	Z	W	X	Y	W	T	P	O	N	K	J	U	C	G
X	T	A	G	E	B	U	C	H	X	R	T	Z	H	H	N
P	I	Z	R	W	Q	T	Q	Z	Y	D	I	P	Ö	L	I
Q	V	Ä	B	S	C	C	S	C	H	L	Ü	S	S	E	L
Y	I	F	G	C	H	T	T	S	W	Z	Z	Y	Ü	Q	N
C	E	A	X	H	Z	W	O	H	N	U	N	G	O	Ä	W
B	L	Y	O	I	Q	D	H	J	J	W	Z	Ä	Y	C	I
K	L	O	L	M	K	M	K	A	F	F	E	E	N	B	S
J	E	P	Z	P	Q	M	B	J	F	F	T	U	G	L	S
T	I	Z	X	F	A	Ü	P	M	N	C	X	A	I	P	E
U	C	S	S	E	T	V	E	R	B	O	T	E	N	Q	N
O	H	Q	Y	N	X	V	B	N	M	K	K	L	G	L	Ü
Ü	T	A	A	C	V	W	W	Y	Z	J	J	Q	C	V	B
Ä	D	G	I	Z	I	E	H	E	N	E	D	X	G	Ö	P
Ü	M	U	T	R	Z	F	W	Y	C	X	S	C	H	Ö	N
Y	M	I	L	C	H	O	I	Z	T	H	Ä	I	W	R	L

Abbildung V.3: Beispiel 3

Sachunterricht *Thema:* Leben und Arbeiten im Ruhrgebiet

Wie die Kohle entstanden ist

Vor vielen Millionen Jahren lag die Landschaft des heutigen _____ am Rande des Meeres. Jn dem sumpfigen Küstenland wuchsen baumhohe _____, Schachtelhalme, Siegelbäume und _____.

Alte Bäume brachen zusammen und fielen in den _____; neue Bäume wucherten in die Höhe und starben wieder ab. Jn _____ und _____ wurden die Pflanzenteile luftdicht abgeschlossen. Sie konnten nicht vermodern und wurden zu _____.

Das _____ überflutete diese Sumpfgebiete und deckte sie mit _____ und Sand zu. Unter dem Druck der gewaltigen _____ wurde der Torf zu _____ umgewandelt.

Die vielen Braunkohleschichten, getrennt jeweils durch _____ und Schlickmassen, wurden durch die oberen immer stärker zusammengedrückt. Dadurch entstand im Laufe von Millionen Jahren die _____.

Die Kohleschichten nennt man _____. Ursprünglich lagen die Schichten fast waagerecht im Boden, so wie sie im Sumpf abgelagert worden waren. Die Erde bewegte sich jedoch, so daß die Schichten ähnlich wie bei einem Stück Stoff in _____ gelegt wurden. Deshalb liegen die kohletragenden _____ manchmal sehr unregelmäßig und zerrissen in der Erde des Ruhrgebietes.

Schreibe die fehlenden Wörter in den Text. Die Kästchen helfen Dir!

Sandschichten, Sand, Farne, Torf, Ruhrgebietes, Sumpf, Schlick, Schuppenbäume, Wasser , Falten, Braunkohle , Schlamm, Flöze, Flözbänder, Steinkohle, Meer;

Abbildung V.4: Beispiel 4

Stöpselbilder für Anfänger

Titel: **Ball**

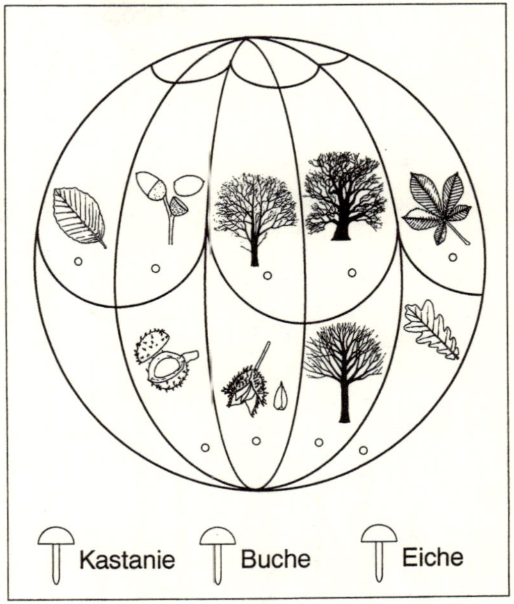

Art: Frucht, Blatt und Wintersilhouette heimischer Laubbäume

Blatt 10/2

Abbildung V.5: Beispiel 5

Joachim Niewel

Computer in der Unterrichtsvorbereitung und Verwaltung einer Grundschule

Neben der konkreten Arbeit mit dem Computer im Unterricht bietet sich dieses Gerät natürlich an, es auch zur Vorbereitung des Unterrichts zu nutzen. Hierdurch kann, so ist meine Erfahrung, ein hohes Maß an Arbeitsenergie seitens der Lehrerin oder des Lehrers eingespart werden. Welche Hilfen bietet aber der Computer bei der Vorbereitung von Unterricht im einzelnen? Auf diese Frage möchte ich im folgenden eingehen.

1. Meist nutze ich den Computer zum Erstellen von Arbeitsblättern. Ist ein solches konzipiert, so lasse ich es ausdrucken. In der Schule wird es dann in entsprechender Anzahl kopiert. Da das Arbeitsblatt gespeichert ist, kann es jederzeit neu ausgedruckt werden und steht sofort zur Verfügung. Häufig nutze ich aber auch die Gelegenheit, die Arbeitsblätter zu modifizieren, denn oft mußte ich nach dem Unterrichtseinsatz des Blattes feststellen, daß noch nicht alles optimal gestaltet war. So läßt sich das Arbeitsblatt mit nur geringem Arbeitsaufwand optimieren und steht anderen Schülergruppen in verbesserter Form zur Verfügung.

2. Nachdem ich auf die oben beschriebene Weise zu einer stattlichen Kollektion von Arbeitspapieren gekommen war, stellte ich fest, daß mein System noch nicht ausgereift war. Bislang speicherte ich die Arbeitspapiere auf der Festplatte ab. Mit zunehmender Zeit jedoch wuchs die Anzahl der Blätter an – und es wurde mir immer schwerer, das gesuchte Papier aus der Gesamtmenge herauszufinden. Nun organisierte ich das System um: Für jedes Unterrichtsfach verwende ich jetzt eine Diskette. Auf dieser Diskette ist die Gesamtmenge von Papieren geringer, d.h. der Überblick ist leichter zu bewahren.

Alternativ kann man aber auch Arbeitspapiere auf der Festplatte belassen und diese dann mit dem Finder (Voraussetzung: für jedes Arbeitsblatt ist ein eindeutiges »Kennwort« vorhanden!) ausfindig machen!

3. Seit geraumer Zeit steht mir im Textverarbeitungsprogramm die »Vereinfachte Ausgangsschrift« zur Verfügung. Hierdurch bin ich in der Lage, Arbeitspapiere, aber auch Plakate und andere Anschauungsmittel, speziell für den Anfangsunterricht, in besonders vorbildlicher Form zu erstellen.

Dies können beispielsweise etwa DIN-A4-große Plakate sein, auf denen Schülerinnen und Schülern der Anlaut eines Wortes anhand eines Bildmotivs präsentiert wird. Die Gestalt des Anfangsbuchstabens in Druckschrift sowie in Vereinfachter Ausgangsschrift ist für die Kinder zudem erkennbar.

Hierfür zwei Beispiele (s. Abbildungen VFR-12..6 und V.7): Die Bilder signalisieren die Anlaute »a« und »e«, sie bilden eine optische Stütze. Die Buchstaben in den Rahmen geben den Kindern die Buchstabengestalt in unterschiedlichen Schreibweisen vor.

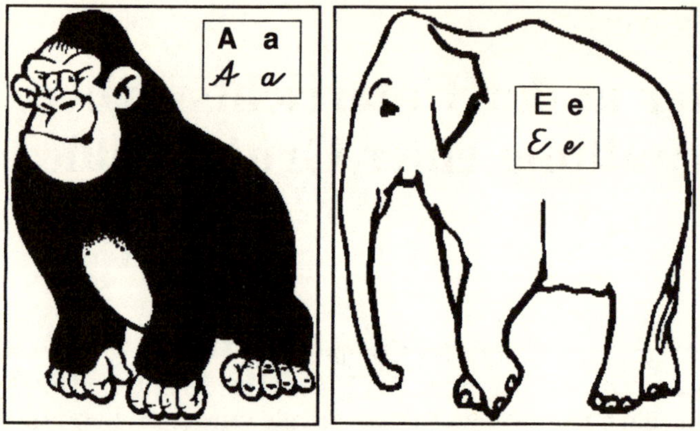

Abbildung V.6: Arbeitsblatt aus der Computerwerkstatt der Friedrich Harkort-Schule, Hagen

Die oben dargestellten Motive lassen sich – mit zunehmendem Lernzuwachs – weiterverwenden: Zu dem Affen oder dem Elefanten werden nun die Wörter geschrieben – auch hier in Druckschrift und/oder Vereinfachter Ausgangsschrift. Auf diese Art und Weise besteht die Möglichkeit, im Lauf der Zeit Lesekarten zu erstellen, die im Rahmen der Differenzierung entweder mit dem Bild als optische Hilfe oder ohne Bild gestaltet werden können.

Abbildung V.7: Arbeitsblatt aus der Computerwerkstatt der Friedrich Harkort-Schule, Hagen

Es bestehen mannigfaltige Möglichkeiten, diese Lesekarten mit dem Computer zu modifizieren oder sie mit anderen zu kombinieren. Mit den Lesekarten kann dann bereits im ersten Schuljahr die Produktion von einfachen Texten initiiert werden, aber auch der Aufbau eines orthographisch gesicherten Grundwortschatzes.

Im Rahmen dieses Aufbaus empfiehlt es sich, die Lernwörter, die orthographisch zu sichern sind, mit dem Computer in guter Qualität als Plakat auszudrucken. Die dabei entstehenden Lernwörter-Sammlungen präsentieren den Kindern den jeweils aktuellen Stand der zu erlernenden Wörter. Je nach Hardware-Ausstattung können Lehrerin oder Lehrer dabei noch wählen, ob die Gestaltung farbig oder schwarz-weiß vorgenommen werden soll.

Und auch hier gilt: Alle Produkte, die mit dem Computer erarbeitet wurden, können gespeichert werden und stehen somit zu einem späteren Zeitpunkt zur Verfügung.

4. Die Palette von Computeranwendung im Rahmen der Unterrichtsvorbereitung ist groß. Schlicht gesagt: Für nahezu jeden Lernbereich lassen sich Anwendungsmöglichkeiten finden. Den Rahmen und die Grenzen bilden hierbei die Ausstattung des Anwenders in bezug auf Hard- und insbesonders Software, aber auch seine »persönliche Ausstattung« – eben wie er mit Computer und Programm umzugehen weiß.

Standard ist wohl die Gestaltung von Mathematik-Arbeitsblättern, von Arbeitsblättern im Sprach-, Sach-, Musik- und Religionsunterricht... Nicht zuletzt sei darauf hingewiesen, daß gerade auch die Lernzielkontrollen, die in zahlreichen Lernbereichen notwendig sind, mit dem Computer gestaltet werden können. Für all diese Produkte gilt eins: Sie sind jederzeit wieder abrufbar und stehen Lehrerin oder Lehrer nach Bedarf zur Verfügung.

In den Abbildungen V.8 und V.9 findet der Leser zwei Beispiele für Arbeitsmittel, die mit dem Computer gestaltet worden sind:

- Stop that noise! (Jazz Chant), (eigener Entwurf) Text entnommen aus: Kinder begegnen Fremdsprachen, Irmintraut Hegele u. a., Braunschweig 1994;
- Mathematik-Arbeitsblatt (eigener Entwurf).

Durch Computeranwendung – so ist meine Erfahrung – lassen sich Arbeitsmittel für den Unterricht erstellen, deren Aufforderungscharakter eindeutig ist. Das bedeutet in der Praxis: ein hohes Maß an Akzeptanz!

Lehrkräfte, die Apple-Computer verwenden, haben die Option, von diesem Hersteller die *Hypercard*-Software zu beziehen. Dieses System ist aufgebaut wie ein »Rolodex«, d. h. der Anwender, in diesem Fall Schülerinnen und Schüler, bearbeiten eine Karte und blättern hiernach zur nächsten Karte. (Es besteht aber auch die Möglichkeit, zurückzublättern.)

Dieses Umblättern geschieht eben nun nicht mit dem Papier des »Rolodex«, sondern auf dem Bildschirm des Computers durch Anklicken von Pfeilen oder Symbolen durch die Maus.

Nutzer können bei *Hypercard* solche Blätter selbst gestalten. So besteht die Möglichkeit u. a. Mathematik-, Grammatik-, Rechtschreib-, Sachunterrichtstrainingsprogramme selbst zu gestalten. Anforderung an den Anwender: Englischkenntnisse für die Programmierung, ein wenig Verständnis für den Aufbau des *Hypercard*-Systems (eigene Erfahrung: Manual lesen und besonders *auf den Rat anderer Apple-Anwender hören!*).

Die Schülerinnen und Schüler, die nun mit diesen Karten arbeiten, lösen gestellte Aufgaben und bewegen sich in dem Programm durch Mausklick auf Tastensymbole. Das Lernen der Kinder ist selbstgesteuert, der Lehrer, die Lehrerin haben Zeit für andere Dinge.

5. Im folgenden möchte ich nun auf Einsatzmöglichkeiten des Computers in der Schulverwaltung eingehen. Das Gerät Computer kann wesentlich dazu beitragen, die Verwaltungsarbeit zu straffen und zu erleichtern. (Von daher sind Technikfeindlichkeit oder Computerphobie nicht angebracht!)

Hallo!
Auf diesem Blatt findest du einige tolle Rechenaufgaben! Sicher kannst du sie lösen!
Viel Spaß!!!

35 - 10 =	38 - = 33
38 - 7 =	33 - = 30
36 - 4 =	37 - = 35
39 - 8 =	35 - = 29
40 - 10 =	
33 - 8 =	
34 - 9 =	
32 - 4 =	
37 - 7 =	
31 - 5 =	
40 - 10 =	43 - = 40
44 - 9 =	49 - = 47
47 - 8 =	48 - = 42
43 - 7 =	46 - = 41
45 - 5 =	43 - = 38

Die Lösungen für die Aufgaben findest du auf dem Kontrollblatt!!!

Abbildung V.8

Stop that Noise!

(Jazz Chant)

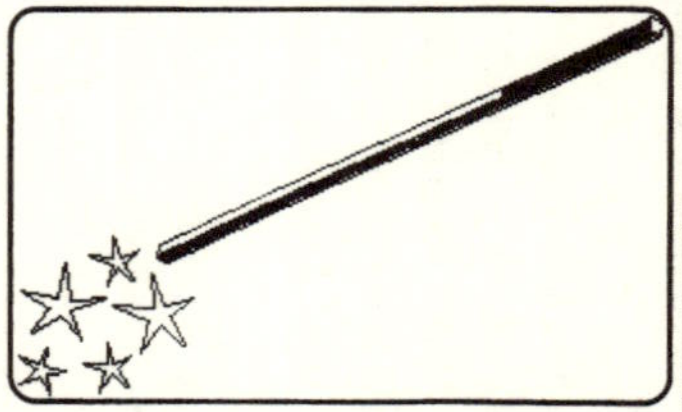

Teacher: Sh! Sh! Stop that noise!

Chorus: Sh! Sh! Stop that noise!
Sh! Sh! Stop that noise!

Teacher: Come on girls,
Tell all the boys.
Tell all the boys,
to stop that noise!

Girls: Please be quiet.
Stop that noise!
Please be quiet
Stop that noise!
Please be quiet
Stop that noise!

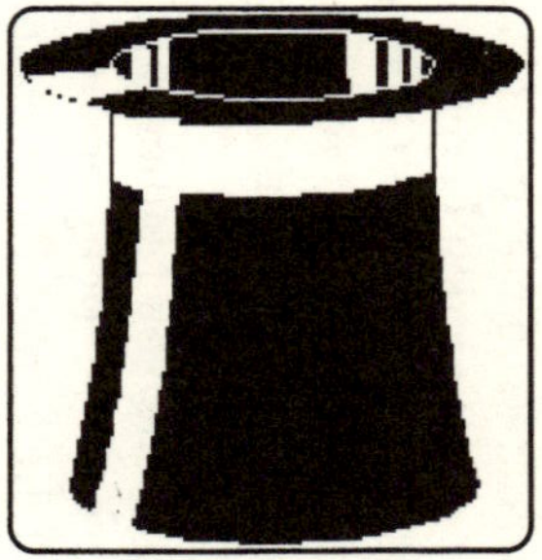

Teacher: Come on boys,
tell all the girls.
Tell all the girls
to stop that noise!

Boys: Shut up girls!
Stop that noise!
Shut up girls!
Stop that noise!
Shut up girls!
Stop that noise!

Teacher: Come on girls,
come on boys.
Tell everybody
to stop that noise!

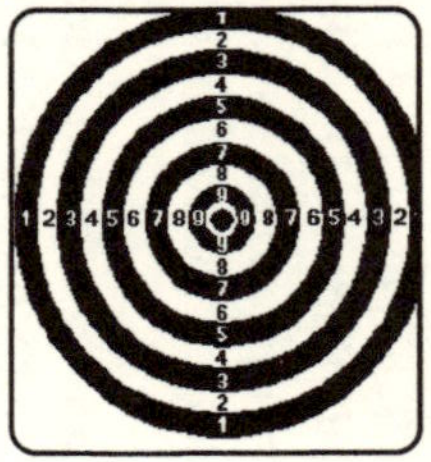

Abbildung V.9

Ich denke dabei insbesonders an die »Papierflut«, die seitens der Schule oft auf die Eltern oder Schüler »losgelassen« wird.

Einladungen, Erinnerungen, Mitteilungen ... lassen sich abspeichern und bei Bedarf abrufen. Notwendig ist dann nur noch das Ändern des Datums – also eine echte Arbeitserleichterung!

Ein weiteres Votum für den Computereinsatz in der Verwaltung liegt im Bereich der Führung von Schülerdaten. Ständig müssen bei Ab- oder Zugängen von Schülerinnen und Schülern die Klassendaten aktualisiert werden. Es gilt, für die Statistik die Anzahl von Aussiedlern und Ausländern, die Konfessionszugehörigkeit etc. zu erfassen. All das kann mit einem Computer höchst sinnvoll organisiert werden.

Für die Schule, an der ich tätig bin, wurde darum ein Verwaltungsprogramm (Basis: Apple-*Hypercard*) erstellt, welches äußerst hilfreich ist.

Folgende Funktionen weist dieses Programm auf:

Sortieren: nach Name und Geschlecht
nach Name, Geschlecht, Konfession
nach Name, Geschlecht und Nationalität

Suchen: Suchwort eingeben, Computer sucht Karteikarte

Neu: Computer erstellt neue leere Karte

Löschen: Computer löscht Karteikarte, vorher Sicherheitsabfrage

Drucken: Druckbefehl

Statistik:
- eine spezielle Konfession (ja oder nein)
- welche Konfession
- eine spezielle Nationalität
- eine spezielle Klasse
- welche Klasse

Ist die Funktion Statistik gewählt, so erstellt der Computer nach Wunsch »Statistik-Blätter« (z.B. alle katholischen Kinder aus der Klasse 1b)

Ein wie oben beschriebenes Programm kann für Schulleitungen eine erhebliche Entlastung bedeuten. Voraussetzung ist aber, daß die Schülerdaten ständig aktualisiert werden.

Diese Aufgabe könnten die Schulsekretärinnen übernehmen. Häufig jedoch wird dies durch gewerkschaftliche Reglementierung verhindert. Die Gründe hierfür sind die nicht computergerechten Arbeitsplätze in Schulsekretariaten, mangelnde Ausbildung...

Abschließend sei mir noch folgende Anmerkung gestattet: Computer in der Unterrichtsvorbereitung und in der Schulverwaltung sind eine wahrhaftig nützliche und in jeder Hinsicht kräftesparende Hilfe.

Kolleginnen und Kollegen, die mit dem Gedanken spielen, sich einen Computer anzuschaffen oder diesen mehr für schulische als für private Zwecke zu nutzen, sei an dieser Stelle Mut gemacht. Wie ich aus eigener Erfahrung weiß, gibt es früher oder später Rückschläge, doch durch steten Umgang mit dem Computer schafft sich der Anwender Sicherheit und Kompetenz, d.h.: Im Lauf der Zeit geht einem die Arbeit mit dem Computer leichter von der Hand und er wird zu einer wirklichen Hilfe bei der Bewältigung der alltäglichen Aufgaben.

VI. Ein exemplarischer Blick über die Grenzen

Heinrich Legat

Der Schulversuch »EDV in der Grundschule« in Österreich

Zehn Jahre Erfahrungen mit dem Computer

1. Beginn in Oberhaag

Als ab dem Jahr 1984 immer öfter in verschiedenen Medien Berichte über den Einsatz von Computern in Grundschulen, ja sogar in Kindergärten in den USA oder in Japan auftauchten, war das Interesse einer Grundschullehrergruppe in dem steirischen Dorf Oberhaag an diesem Thema geweckt. Genauere Nachfragen ergaben, daß auch in Europa (in der Schweiz, in Großbritannien und in Deutschland) Pilotprojekte anliefen. Die erste, spontane Reaktion war Ablehnung, weil der humane Aspekt der Grundschuldidaktik durch den Einsatz von Maschinen gefährdet schien. Doch weil wir uns nicht mit simpler, nur in Emotionen begründeter Ablehnung zufriedengeben wollten, beschlossen wir, selbst Erfahrungen zu sammeln, um bei der Diskussion, die früher oder später auch in Österreich losbrechen würde, aus Erfahrung mitreden zu können.

Deshalb wurde am 13. März 1985 beim Bundesministerium für Unterricht die Durchführung eines Schulversuches beantragt, mit dem erkundet werden sollte, ob und in welcher Form die »EDV« für die Grundschule geeignet ist. Schon in der ersten Projektbeschreibung wurde auf die Möglichkeiten der Datenfernübertragung hingewiesen und projektiert, auch die DFÜ in den Unterricht einzubeziehen. Zugleich mit der Beantragung begann die schulinterne Lehrerausbildung im »Schneeballsystem«, d.h., der Projektleiter machte verschiedene Kurse und Lehrgänge mit, auch im Ausland und teilweise auf eigene Kosten, und gab das Gelernte an seine Kollegen weiter. Außerdem wurden Firmen und Institutionen ersucht, in Form von »Sponsoring« zu helfen, die Kosten für die Beschaffung von Hardware und Software zur Verfügung zu stellen. In der Vorbereitungs- und Ausbildungsphase wurde bald klar, daß der Begriff »EDV« als Name für das Vorhaben zu unscharf war, weil es im Projekt in erster Linie um die Unterstützung des lehrplanmäßigen Unterrichts mit Hilfe geeigneter Programme ging. Seit dieser Zeit trägt der Schulversuch den Arbeitstitel »Computerunterstützter Unterricht in der Grundschule«. Nach der Genehmigung durch das Bundesministerium für Unterricht läuft der Schulversuch seit dem Schuljahr 1985/86.

Dank der Unterstützung durch Firmen, Banken und Vereine wurde im Sommer 1985 nach Durchführung der notwendigen Elektroinstallationen der Computerraum eingerichtet, in dem acht Microcomputer und ein Matrixdrucker bereitstanden.

Organisatorisch macht es das Prinzip »Gesamtunterricht« in der Grundschule in Österreich möglich, den computerunterstützten Unterricht in den »normalen« Unterricht zu integrieren, ohne daß deshalb das Stundenausmaß erhöht werden muß.

Durch die Konzentration auf die Unterstützung des Unterrichts mit Hilfe von Computern wurde es bald klar, daß der Erfolg in erster Linie vom Zugriff auf geeignete Software abhängt, die den Lehrplananforderungen und den methodischen Kriterien entspricht. Hatten die Mitglieder des Teams in der Vorbereitungszeit noch gemeint, sie müßten nur einige wichtige Programmiersprachen lernen, um selbst brauchbare Programme schreiben zu können, so wurden sie in der Alltagsarbeit eines besseren belehrt: Man konnte auf den vorhandenen Microcomputern nur mit BASIC arbeiten (die Kurse in Pascal und LOGO waren also vergebens gewesen), und die selbstgeschriebenen Programme (für Mathematik, Rechtschreiben und Englisch) konnten allenfalls für die Eingangsphase brauchbar sein. Aufgrund dieser Erkenntnis begann eine wichtige Phase der versuchsbegleitenden Arbeit, die zum Teil auch im Ausland durchgeführt wurde: Die Suche nach brauchbarer Software. Die Recherche ergab folgendes Bild: In den USA wurden in Grundschulen überwiegend Computer der Marke Apple II verwendet, für die eine große Menge an Software zur Verfügung stand, und für die auch ein Verlag in der Schweiz (Intus) und einer in Deutschland (Goethe-Institut) Programme produzierten. In Großbritannien waren die BBC-Computer der Firma Acorn Standard in den Grundschulen; auch für diese Computer gab es viele Programme, die sogar methodisch besser waren als die Programme aus den USA. In Österreich schließlich hatte sich das Bundesministerium für Unterricht auf Computer für Schulen festgelegt, die den »Industriestandard« hatten, die unter dem Betriebssystem MS-DOS liefen. Für dieses System gab es allerdings kaum Software für die Grundschule. Auf nationalen und internationalen Konferenzen sah der Projektleiter immer bessere Software, die allerdings auf den Microcomputern in Oberhaag nicht lauffähig war. Es wurde damit klar: Ein Systemwechsel mußte kommen, wollte man den Schulversuch sinnvoll weiterbetreiben und dabei die Weiterentwicklung der Software nützen. Aber welches System war offen für die Zukunft? Trotz der guten Programme mußte der britische BBC-Computer aus den Überlegungen ausscheiden, weil es absehbar war, daß er aufgrund seiner Kapazitäten in Bälde ein Auslaufmodell sein würde.

MS-DOS-Rechner, die Wunschcomputer des Unterrichtsministeriums, verfügten über keine brauchbare Software, doch waren für sie alle Programmiersprachen vorhanden, um Software selbst zu entwickeln. Für die Apple-II-Computer schließlich gab es Software in Hülle und Fülle, wie wir uns an der Vienna International School und auf zwei European Conferences of International Schools überzeugen konnten. Die Entscheidung lautete schließlich: Mittelfristig mit Apple II arbeiten, und langfristig hoffen, daß für DOS-Rechner Programme für die Grundschule entstehen würden. Entsprechend dieser Entscheidung sah im Schuljahr 1987/88 die Computervielfalt in unserem Computerraum aus: Zu den acht Philips-Microcomputern gesellten sich zwei »Fox Pro«-Computer (Apple II kompatibel), zwei von Apple Österreich leihweise zur Verfügung gestellte Apple II und schließlich noch ein PC XT Marke Tandy. Diese babylonische Betriebssystemvielfalt, bei der Programme und Benutzeroberflächen allenfalls ähnlich, aber niemals gleich waren, erschwerten den Unterricht ungemein. Nur der inzwischen gestiegenen Freude aller Lehrer an der Arbeit ist es zu verdanken, daß der Schulversuch diese Phase überlebte. Der Vorteil in diesen Jahren (1987/88 und 1988/89) war, daß wir Trends in der Entwicklung der Programme »live« mitverfolgen konnten, weil viele Verlage dem Schulversuch ihre Programme zur Evaluation zur Verfügung stellten.

Doch nach diesen zwei Jahren war eine weitere Systementscheidung fällig, ja überfällig geworden, weil sich der Hardwaremarkt stark verändert hatte: Apples Macintosh war dabei, die Modelle der Apple-II-Reihe abzulösen, und mit dem 286er AT war in der MS-DOS-Welt ein neuer Standard entstanden. Eine weitere Entwicklung war, daß die Preise für Hardware so sanken, daß eine Umrüstung, die nur mehr eine Neuausstattung sein konnte, finanziell zumutbar geworden war. In die Zeit wichtiger Überlegungen fiel eine persönliche Veränderung beim Projektleiter: Er erhielt eine lange angestrebte Schulleiterstelle in seiner Heimatstadt Graz verliehen, welche er am 1. September 1989 antrat.

2. Wiederbeginn und Fortsetzung in Graz-Gösting

In den Jahren an der Volksschule in Oberhaag hatte der Projektleiter die Überzeugung gewonnen, daß Computer den Unterricht bereichern und unterstützen können, wenn sie überlegt eingesetzt werden. Im neuen Projekt sollte unbedingt auch die Datenfernübertragung einen Platz bekommen. Es standen aber vier große Fragen im Raum: Können die Kolleginnen an der neuen Schule zur Mitarbeit im Schulversuch motiviert werden? Welches Betriebssystem hat für den Bereich Grundschule die größte Lebenserwartung? Kann die notwendige Hardware und Software beschafft werden? Wird das neue Projekt vom Unterrichtsministerium den Status als Schulversuch erhalten? Die erste Frage wurde dadurch gelöst, daß den Lehrerinnen an der Volksschule Graz-Gösting im pädagogischen Teil der Konferenzen gute Unterrichtsprogramme vorgeführt wurden. Daraufhin konnten sie sich eine solche Arbeit sehr gut auch mit ihren Klassen vorstellen. Die Entscheidung über das Betriebssystem fiel zugunsten von Apple Macintosh, hauptsächlich aus drei Gründen:

a) Das Angebot an Unterrichtssoftware war (und ist) groß, der Softwaremarkt lebt und wird ständig weiterentwickelt.
b) Apple Macintosh Computer boten die Möglichkeit zum sofortigen Anschluß an das weltweite Schulnetz AGE (Apple Global Education) und
c) die bekannte Benutzerfreundlichkeit und die normierte Benutzeroberfläche erleichtert sowohl Lehrern, als auch Schülern den Umgang mit den Computern.

Für die Beschaffung der Hardware wurde der in Oberhaag bewährte Weg eingeschlagen, Sponsoren aus der Wirtschaft zu ersuchen, das Projekt zu unterstützen. Dieser Weg erwies sich auch diesmal als erfolgreich; für die notwendige Softwareausstattung sorgten gute Kontakte zu Verlegern in aller Welt. Das gesamte Hard- und Softwaresponsoring erreichte immerhin den Betrag von ÖS 206 250,–. Am 10. Oktober 1991 wurde der neue Computerraum in der Volksschule Graz-Gösting seiner Bestimmung übergeben. Nach notwendigen Erweiterungen und Zukäufen sind heute in der Volksschule Graz-Gösting folgende Computer im Einsatz:

Im Computerraum: 10 Macintosh Plus mit externen Festplatten, 1 Macintosh LC mit 14" Farbmonitor, auf 5 MB aufgerüstet, alle Computer sind über Apple Talk mit einem Drucker (Apple ImageWriter) verbunden; 2 CD-ROM-Laufwerke mit Stereo-Aktivlautsprechern; Telefonanschluß, 2 Modems, Datex-P-Telefonanschluß.

In einer Klasse: 1 Macintosh Plus

In der Kanzlei: 1 Macintosh SE/40 mit Tintenstrahldrucker Apple StyleWriter für die Schulverwaltung.

Da das Unterrichtsministerium das Projekt als Schulversuch ab dem Schuljahr 1990/1991 genehmigt hatte, waren binnen Jahresfrist alle vier entscheidenden Fragen gelöst worden und die Arbeit im Schulversuch »Computeruntstützter Unterricht – Televolksschule« konnte beginnen.

Die Arbeit in den Teilbereichen des Schulversuches wird im folgenden getrennt beschrieben, um Überschneidungen zu vermeiden:

2.1 *Computerunterstützter Unterricht*

2.1.1 CUU auf der Basis »Software auf Diskette«

In den vier Jahren, die der Schulversuch nun in Graz läuft, wurde unsere Softwarepalette ständig erweitert und erneuert, vieles wurde erprobt, vieles auch wieder fallengelassen. Die Programme unterstützen die Unterrichtsfächer Deutsch, Mathematik, Sachunterricht, Musikerziehung, Religion, Englisch und Bildnerische Erziehung. Manche Programme lassen sich auch für mehrere Gegenstände einsetzen, wodurch es zu einer Integration dieser Gegenstände kommt. Wir verwenden für Deutsch die vom Projektleiter ins Deutsche übersetzte, bewährte und bekannte Serie des Verlages Wida: Textbaumeister, Lückentext, Wahlmeister, Varianten und Zuordnungen (*Storyboard*, *Gapmaster*, *Choicemaster*, *Testmaster* und *Matchmaster*), die auch im Sachunterricht ihre Berechtigung haben.

Außerdem sind aus dem Verlag Medienwerkstatt Mühlacker in Erprobung: *Deutsch 1*, *Deutsch 2*, *Diktattrainer*, *Mathematik* und *Klingender Notensetzkasten*. Für Musikerziehung wird auch fallweise das Shareware-Programm Piano herangezogen. Mit *Crossword Magic* von Mindscape können wir für die Kinder Übungen in Form von Kreuzworträtseln erstellen, die ihnen großen Spaß machen (Deutsch, Sachunterricht, auch Religion). In der vierten Schulstufe beginnen wir mit der Textverarbeitung *MacWrite* (Claris), um einerseits das kreative Verfassen von Texten zu fördern, und andererseits, um die Kinder mit einer Textverarbeitung bekannt zu machen. Die Möglichkeiten von Computern im Bereich Bildnerische Erziehung werden von den Programmen *KidPix* und *PrintShop* (Brøderbund) und *MacPaint* (Claris) abgedeckt. Zur Zeit werden vom Projektleiter die amerikanischen Programme *WordCross*, *WordBingo* und *WordLink* (Sprachen) ebenso getestet wie das Autorenprogramm *MacPilot* (Medienwerkstatt Mühlacker), mit dem vom Lehrer interaktive Übungen erstellt werden können.

2.1.2 CUU auf der Basis »CD-ROMs«

Ab dem Schuljahr 1992/93 wurde mit Unterstützung durch das Unterrichtsministerium zusätzlich erkundet, ob sich auch CD-ROMs für den Unterricht in der Grundschule eignen. Auf diesen Datenträgern wird eine Unzahl von Programmen angeboten. Die Versuchsarbeit konzentrierte sich zunächst auf den (in Österreich ab der 3. Schulstufe obligatorischen) Englischunterricht. »Interaktive Bilderbücher« wurden getestet und mit »Cinderella« (Verlag Discis) begann die Phase des Interaktiven Videos. »Cinderella« beeindruckt durch eine korrekte Sprachausgabe durch *native speakers* und durch viele Möglichkeiten der Animation. In Anschluß an die Arbeit mit der CD-ROM können die Kinder selbst ihren Lernzuwachs mit »Lückentext« erfahren. Die Motivation der Kinder für den Englischunterricht und dessen Ertrag konnten mit dieser Arbeitsform deutlich gesteigert werden. Zur Zeit stehen weitere CD-ROMs in Erprobung.

2.2 *Telematik*

Über das internationale Schulnetzwerk AGE bestanden Kontakte mit über 300 Schulen in aller Welt, und es gelang auch anfangs, vielversprechende gemeinsame Projekte zu initiieren, mit denen wir folgende Ziele erreichen wollten:

a) Einbeziehen der Telematik in den Unterricht, um ihn zu unterstützen;
b) Schaffung eines »globalen Bewußtseins« bei den Schülern und
c) sollten die Schüler die Telematik als Teil ihrer zukünftigen Lebens- und Berufswelt kennenlernen.

In den Projekten wurden Tageslänge und Klima mit einer finnischen Volksschule verglichen, im European Classroom waren 40 Schulen aus ganz Europa gemeinsam an der Arbeit, mit einer Grundschule in Norwegen tauschten wir Textaufgaben für das Sachrechnen aus und es gab Klassenpartnerschaften mit Klassen in Norwegen, in Belgien und in den USA. Auf die Dauer erwiesen sich aber die Partner als wenig zuverlässig (Projekte wurden abgebrochen) und auch die Netzsprache Englisch erwies sich als hinderlich, weil keine andere Grundschule aus dem deutschsprachigen Raum an AGE beteiligt war. Schließlich führte eine US-amerikanische Dominanz im Netz dazu, daß eine Auffassung von Pädagogik herrschte, der sich kein europäischer Lehrer guten Gewissens anschließen konnte. Eine Zeitaufwand-Kosten-Nutzenrechnung führte schließlich dazu, daß sich die Volksschule Graz-Gösting im Oktober 1993 von AGE verabschiedete. Parallel dazu begann aber die Mitarbeit am Aufbau eines regionalen »Steirischen Schulnetzwerkes«, weil der Grundgedanke für den Einsatz der Telematik weiterverfolgt wird.

3. Schlußfolgerungen

Computer erweisen sich in der Schule auf vielen Anwendungsebenen als sinnvoll:

- Als Hilfsmittel in der Schulverwaltung,
- als Gegenstand des Unterrichts,
- zur Herstellung von Unterrichtsmitteln und
- als Unterrichtsmedien.

Wenn auch das Hauptziel des Schulversuches der computerunterstützte Unterricht war und ist, so wurden auch auf den weiteren Ebenen durchwegs positive Erfahrungen gesammelt. Darüber zu berichten, würde aber den Rahmen dieses Beitrages sprengen.

Beim derzeitigen Überhandnehmen von Spiel»computern« (Gameboy, Nintendo) ist die Schule nachdrücklich gefordert, den Kindern sinnvolle Alternativen anzubieten und ihnen reale Anwendungen zu zeigen, die ihnen beim Lernen und bei der Bewältigung ihrer Aufgaben helfen.

Mit dem neuen Medium muß man allerdings verantwortungsvoll umgehen und Regeln beachten, die aus unserer Erfahrung so beschrieben werden können:

3.1 Alter der Kinder

Wenn auch heute schon jüngere als Grundschulkinder Erfahrungen mit Computern und mit Computerspielen haben, so wollen wir die Arbeit in der ersten Klasse doch dem elementaren Schreiblese- und Rechenlehrgang und dem sozialen Lernen vorbehalten. Deshalb beginnen wir erst ab der zweiten Klasse mit der Arbeit im Computerraum. Die Art und der Inhalt der Programme wird darüber hinaus mitentscheiden, ab welchem Alter ihr Einsatz sinnvoll ist.

3.2 Qualität der Programme

Die Auswahl der Programme legt dem Lehrer ein hohes Maß an Verantwortung auf. Vor allem müssen die Programme dem Lehrplan für die jeweilige Klasse und der gebräuchlichen Methodik entsprechen. Drillprogramme sind auf ein Mindestmaß zu beschränken (sie sollten nur dort eingesetzt werden, wo der Lehrplan ein »Automatisieren« verlangt, und auch hier sehr sparsam).

3.3 Einsatz der Programme

Man soll nie versuchen, mit Computern Dinge zu tun, die man mit anderen Medien gleich oder besser machen kann. Eine überlegte Beschränkung ist besser als eine Überschwemmung der Kinder mit einem Wust von Programmen, die den unter 3.2 skizzierten Kriterien womöglich widersprechen.

3.4 Organisation

3.4.1 Zeitliche Organisation

Wir achten darauf, daß die Kinder nie mehr als eine Unterrichtseinheit pro Woche im Computerraum arbeiten – davon sind Projekte wie etwa Verfassen von Texten mit Hilfe einer Textverarbeitung ausgenommen. Die normale Einheit kann auch auf zwei Halbstunden aufgeteilt werden, etwa eine für Deutsch und eine für Mathematik.

3.4.2 Räumliche Organisation

In der Diskussion über Computer in der Grundschule ist ein Richtungsstreit entbrannt, der an Glaubenskriege erinnert. Eine Gruppe möchte die Computer in den Klassen aufgestellt wissen. Sie argumentiert, daß die Computer zu den Kindern kommen müssen und nicht umgekehrt, oder, daß mit dieser Organisation Formen des Offenen Lernens oder der Freinet-Pädagogik unterstützt würden. Das erste Argument ist emotionell gefärbt und kann deshalb nicht ernsthaft in Betracht gezogen werden, das zweite Argument hat etwas für sich, muß aber in der Praxis scheitern, wie wir es in einem einschlägigen Projekt erlebt haben. Der tatsächliche Hintergrund für diese Argumentation dürfte sein, daß die Vertreter dieser »Richtung« zu wenig Computer und keinen geeigneten Raum haben.

Abbildung VI.1 und VI.2: Grazer Grundschüler arbeiten am Computer (Fotos Legat, 1994)

Für einen eigenen Computerraum spricht hingegen, daß auch Peripherie (Drucker, CD-ROM-Laufwerk, Lautsprecher, Modem) zur Arbeit gehören, die nur einmal angeschafft werden müssen, weil ein lokales Netzwerk besteht. Im Computerraum sind die notwendigen Verkabelungen fix installiert. Im Computerraum können die Kinder in Partnerarbeit arbeiten, was einen erwünschten Tutor-Effekt bewirkt. Weiters ist sichergestellt, daß die Computer, die immerhin einen hohen Anschaffungswert darstellen, nur unter Aufsicht und Anleitung eines Lehrers bedient werden.

4. Übertragbarkeit auf andere Schulen

Trotz anfänglicher Skepsis, trotz der kosten-, arbeits- und zeitintensiven Irrwege ist der erreichte Standard unseres Schulversuches sehr hoch. Mit der gewählten Hard- und Software können wir erfolgreich computerunterstützten Unterricht erteilen. Aufgrund unserer Erfahrungen können wir anderen Grundschulen nur empfehlen, beim heutigen »state of the art« einzusteigen. Betrachtet man Computer schlicht als neue Unterrichtsmedien, so ist ihr Einsatz, auch an Grundschulen, ein Gebot der Zeit. Da durch unsere Recherchen, die weiterlaufen, ein Überblick über das beachtliche Angebot an grundschulgerechten Programmen besteht, gibt es auch auf dieser Seite keine Probleme. Wir sehen nur drei Probleme, können aber dafür gleich Lösungen bieten:

4.1 Akzeptanz bei den Lehrern

Schwellenangst ist sicherlich bei jedem Lehrer vorhanden, der sich noch nie mit Computern beschäftigt hat. Wenn sich aber eine einfache Bedieneroberfläche mit guten Programmen summiert, steigt die Bereitschaft, sich mit dem Thema auseinanderzusetzen (persönliche Erfahrungen des Projektleiters bei Veranstaltungen der Lehrerfortbildung bestätigen diese Annahme).

4.2 Sicherstellung einer praxisbezogenen Lehrerausbildung

Da es heute schon Computer gibt, die Anfänger aufgrund ihres Betriebssystems vor keine Probleme stellen, kann sich die Lehrerausbildung auf eine Methodik des computerunterstützten Unterrichts konzentrieren. Ziel der Ausbildung soll der Lehrer sein, der über ein solides methodisches Rüstzeug verfügt, der in der Lage ist, das richtige Programm für den richtigen Zeitpunkt auszuwählen und es dann richtig einzusetzen.

4.3 Sicherstellung der Finanzierung

Der Trend, daß bei steigender Leistungsfähigkeit die Preise der Computer sinken, hält weiter an und macht das Thema »Finanzierung« nicht mehr so brisant, wie es noch vor einigen Jahren war. Es hängt nur mehr von der Überzeugungs- und Argumentationskraft der Lehrer dem Schulerhalter gegenüber ab, ob diese sich bereiterklären, die Finanzierung zu übernehmen. Ein in zehn Jahren gereiftes und erprobtes Modell wie der Schulversuch in Österreich kann eine wertvolle Argumentationshilfe sein.

VII. Software und Softwarebewertung für die Grundschule

Hartwig Meißner

Analyse und Bewertung von Computer-Lernprogrammen für die Grundschule

Die Münsteraner Bewertungsmaske

Computer-Lernprogramme gibt es seit etwa 25 Jahren. Hardware und Software wurden inzwischen so sehr verbessert, daß immer mehr Anbieter auch auf den Grundschulmarkt drängen. So beschäftigen wir uns, eine Arbeitsgruppe am Institut für Didaktik der Mathematik an der Universität Münster, seit Ende 1990 intensiver mit der Problematik des Computereinsatzes in der Grundschule. Mitte 1992 starteten wir zusammen mit dem Fach Deutsch ein interdisziplinäres Forschungsprojekt mit dem Ziel, den offiziellen und den grauen Markt von Computer-Lernprogrammen transparenter zu machen. Unser Ziel war es, einen Leitfaden für Interessenten zu entwickeln, mit dessen Hilfe interessierte Lehrer, Eltern oder Schulverwaltungen leichter entscheiden können, ob ein ihnen angebotenes Lernprogramm für die von ihnen beabsichtigten Zwecke brauchbar ist oder nicht. Aber auch für die Programmautoren sollte eine Informationsbasis entstehen, um für zukünftige Entwicklungen gewisse Mindestnormen anzuregen. Nach zwei von uns veranstalteten Fachtagungen (1991, 1993), einer umfangreichen Korrespondenz mit Kollegen, Autoren und Verlagen, der Analyse zahlreicher und der Erprobung einzelner Lernprogramme unter Mithilfe interessierter Lehramtsstudenten liegen nun folgende Ergebnisse vor:

- Leitfaden zur Bewertung von Unterrichtssoftware für die Grundschule einschließlich Bewertungsmaske,
- Literaturverzeichnis zum Thema »Computer in der Grundschule« (Stand 1993),
- Marktübersicht »Computer-Lernprogramme für die Grundschule« (Stand 1994),
- ca. 70 Bewertungen von Computer-Lernprogrammen für die Grundschule (ca. 50 für Mathematik, ca. 20 für Deutsch).

Wir wollen hier unsere Bewertungsmaske vorstellen. Sie unterscheidet sich von vorhandenen Bewertungsverfahren (SODIS, CLiP u. a., vgl. Literatur) in folgenden Punkten:

- Die grundschulspezifischen Belange stehen ausdrücklich im Mittelpunkt (Motivation, Computervorwissen, allgemeine und stoffbezogene Lernziele, ...),
- die Bewertungsmaske besteht im wesentlichen aus einer Checkliste von insgesamt 240 Einzelkriterien, gegliedert nach den Stichworten Lernform, Lernprozeßsteuerung, Lernverstärkung, Motivationselemente, Flexibilität, technische Handhabung, Begleitmaterial, fachdidaktische Qualität.

Anlaß für das Checklisten-Verfahren war die Beobachtung, daß in bisherige Bewertungen sehr viele subjektive Gesichtspunkte eingingen, die dem Leser der Bewertung aber häufig nicht bekannt waren oder mitgeteilt wurden. Bewertungen desselben Programms konnten durch verschiedene Bewerter sehr unterschiedlich ausfallen. Ein pauschales Gesamturteil war deshalb nicht sehr aussagekräftig und wird deshalb von uns erst gar nicht angestrebt. Unsere Bewertungsmaske liefert nur ein »Profil« und überläßt eine abschließende Gesamtwertung dem Leser. Wir wollten durch unser Checklisten-Verfahren insgesamt erreichen, daß verschiedene Bewerter desselben Programms zu vergleichbaren Bewertungen kommen, daß auch Laien bewerten können (z.B. neu erscheinende Programme) und daß Laien solche Bewertungen für ihre Zwecke auch ohne weitere Zusatzkenntnisse interpretieren können. Die Liste entstand schrittweise in Wechselwirkung mit der Arbeit des Bewertens der uns vorliegenden Programme.

Wir möchten jetzt die uns wesentlich erscheinenden Punkte unseres Leitfadens zusammenfassen und wählen dazu den Schwerpunkt Mathematik, da hier unsere Erfahrungen am umfangreichsten sind.

Grundschulspezifische Belange

Wortwahl, Sprache, Bilder, Graphiken und Bildschirmgestaltung müssen altersgemäß sein. Kindlicher Lerneifer, Lob, Kritik und Lernspaß müssen im Vordergrund stehen. Nicht der Schüler darf gegängelt werden, sondern er ist es, der das Lernprogramm steuert. Lernprogramme sollten dort verwendet werden, wo andere Unterrichtsformen weniger effizient oder attraktiv sind, d.h. sie sollten für individuelles Üben, »privates« Versuchen und Probieren, kreatives Entdecken in Partnerarbeit usw. eingesetzt werden. Der Computer ergänzt nur die Arbeit mit Material, das Klassengespräch und die soziale Dimension des Grundschulunterrichts.

Lernprozesse

Ein reines Reiz-Reaktions-Lernen (drill-and-practice) ist nur für wenige Bereiche akzeptabel, z.B. beim Einüben von mechanischen Fertigkeiten oder Einmaleins-Sätzen. Lernen ist um so effektiver, je vielseitiger, abwechslungsreicher und vor allem je aktiver die vom Lernprogramm ausgelösten Denkprozesse sind. Motivation ist notwendig! Versuchen und Probieren, spielerisches Erforschen, Diskussionen, Partnerarbeit oder eine Identifizierung mit dem gestellten Problem bauen ein viel verzweigteres Netzwerk von Wissen und Fähigkeiten auf, auf das dann später über unterschiedlichste Assoziationen zurückgegriffen werden kann.

Ein Lernprogramm sollte »einfühlsam« und flexibel sein, d.h. nicht zu leicht und nicht zu schwer, also individuell bei den Hilfestellungen. Ein Sarg oder ein Galgen als Rückmeldung bei einem gemachten Fehler sind total unakzeptabel! Positive Rückmeldungen gibt es in den verschiedensten Varianten, »Kritik« sollte dagegen dezent sein. Ein sachliches Lernprotokoll für den Schüler mit Empfehlungen für das weitere Arbeiten mit dem Lernprogramm ist ebenfalls wünschenswert. Für die Lehrer wäre zusätzlich eine automatische Fehleranalyse sinnvoll.

Technische Handhabung und Begleitmaterial

Jedes Lernprogramm sollte mit einem aussagekräftigen Startwort sofort arbeitsbereit sein, und es muß absturzsicher sein. Es sollte so leicht bedienbar sein wie Telefon oder TV-Fernbedienung, also möglichst wenige und einheitlich belegte Funktionstasten haben, wobei sinnlose Tasten gesperrt sind. Ein leichter Zugriff zu Bedienungshilfen ist ebenso erforderlich wie die Möglichkeit, jederzeit aussteigen zu dürfen. Dem Arbeiten mit der Maus und mit Funktionssymbolen auf dem Bildschirm ist Vorrang zu geben gegenüber der Benutzung der Schreibmaschinentastatur.

Tippfehler oder andere sofort erkannte Fehlhandlungen müssen korrigiert werden können, d. h. jede Eingabe muß mit einem (einheitlichen) Abschlußbefehl enden, bevor der Computer reagieren kann. Motivationselemente müssen ggf. einfach zu- oder abgeschaltet werden können (Ton, Feedback-Abläufe, Farben, ...). Eine einheitliche Bildschirmgestaltung für alle Programmebenen ist dazu erforderlich.

Zu jedem Lernprogramm sollte es in schriftlicher Form (!) Begleitmaterial geben, das auch für Laien ausreichend Auskunft gibt zu den Stichworten Adressatengruppe, Lernziele, didaktische Konzeption, Hardware-Voraussetzungen und notwendige EDV-Kenntnisse für Lehrer bzw. Schüler.

Fachdidaktische Qualität

Grundsätzlich, die Sprech- und Schreibweisen des Mathematikunterrichts sind unverletzbar, Kompromisse aufgrund von Hardware- oder Software-Eigenheiten darf es nicht geben! Im Arithmetikunterricht spielt die Zahl Null eine Sonderrolle, wird dies vom Lernprogramm berücksichtigt? Für die Aspekte Zahlbegriff, Kopfrechnen und Schriftliches Rechnen haben wir jeweils weitere Problembereiche in die Checkliste aufgenommen.

Folgt man beim Sachrechnen der traditionellen Dreiteilung von »eingekleideter Aufgabe – Textaufgabe – Sachaufgabe«, so entstehen die zwei Schwerpunkte »Rechnen« bzw. »Sachsituation«. Dementsprechend unterschiedlich und zum Teil gegensätzlich fallen dann die Checklisten aus. Ähnlich beim Geometrieunterricht. Hier liegt für die Grundschule das Erkennen von Phänomenen im Vordergrund. Mechanische Berechnungen oder die Benutzung von Variablen oder Formeln gehören nicht hierher.

Zusammenfassung

Die vollständige Bewertungsmaske ist ab Seite 315 abgedruckt. Bis auf die Teilaspekte Inhaltsübersicht und fachdidaktische Qualität, für die auch Versionen für den Deutschunterricht vorliegen, sind alle Teile grundschulspezifisch einheitlich und fachübergreifend formuliert. Da sich nicht alle Angaben in JA/NEIN-Formulierungen pressen lassen, ist an den betreffenden Stellen Platz für kurze Beschreibungen gelassen, z. B. für eine Kurzinhaltsangabe oder für die Art der Lernverstärkung usw. Die Teile 1–3 haben dabei beschreibenden Charakter, die eigentliche Bewertung erfolgt im 4. Teil. Hier ist die Checkliste so formuliert, daß das Ankreuzen eines Items als positive Programmeigenschaft interpretiert werden kann. So ist die Anzahl der bei jedem Stichwort gemachten Kreuze im Verhältnis zur jeweiligen Maximalzahl ein Kriterium für die Güte.

Jeder kann sich für diese acht Stichworte selbst ein Bewertungsprofil aufstellen und dann für sich selbst entscheiden, welche der Stichwortbereiche für ihn wichtiger und welche unwichtiger sind, um so zu seiner subjektiven Abschätzung der Einsatzmöglichkeiten zu gelangen. Wir schlagen eine Einteilung in fünf Klassen vor für jedes zu bewertende Merkmal mit folgenden Prozentzahlen (jeweils erreichte Punktzahl im Verhältnis zur jeweils maximal möglichen Punktzahl):

0–9%	10–36%	37–63%	64–90%	91–100%
sehr schlecht	schlecht	mittel	gut	sehr gut

Literatur

Baumann, G./Monnerjahn, R.: Der Computer als Lern- und Unterrichtshilfe in der Grundschule. In: Jaeger, R. S., Arbinger, R., Bannert, M., Lissmann, U., Deutsch, M., Konrad, K. (Hrsg.): Computerunterstütztes Lernen, Zeitschrift »Empirische Pädagogik«, Beiheft 2, Landau 1991, S. 205–220

Bliemeister, J. (Hrsg.): Informationsstelle Schule und Computer. Ein Modell zur Optimierung des Informationsaustauschs im Bereich der informationstechnischen Bildung (= Kultusministerium Rheinland-Pfalz. Schulversuche und Bildungsforschung. Berichte und Materialien, Bd. 66), Mainz: v. Hase & Koehler-Verlag 1991

Garlichs, A.: Kinder im Medieneinsatz – Überlegungen für die Arbeit in der Grundschule. In: Fölling-Albers, M. (Hrsg.): Veränderte Kindheit – Veränderte Grundschule; Arbeitskreis Grundschule e. V. (= Beiträge zur Reform der Grundschule, Bd. 75), Frankfurt a. M.: Arbeitskreis Grundschule 1989

Hosseus, W. (Hrsg.): Computer als Unterrichtsmedium. Abschlußbericht eines Modells zur Entwicklung, Erprobung und Bewertung von Computersoftware für den Unterricht (= Kultusministerium Rheinland-Pfalz. Schulversuche und Bildungsforschung. Berichte und Materialien, Bd. 65), Mainz: v. Hase & Koehler-Verlag 1991

Krauthausen, G.: Computereinsatz in der Grundschule? Pädagogik und Fachdidaktik sind gefordert. In: Beiträge zum Mathematikunterricht, Verlag Franzbecker, Bad Salzdetfurt (1990), S. 169–172

Krauthausen, G.: Zu Grenzen und Möglichkeiten des »Neuen Mediums« Computer im Mathematikunterricht der Grundschule. In: Beiträge zum Mathematikunterricht, Verlag Franzbecker, Bad Salzdetfurt (1993), S. 245–248

Krauthausen, G./Herrmann, V.: Computer im Mathematikunterricht der Grundschule: »Niemals hinter das Erreichte zurückgehen«. In: Mathematische Unterrichtspraxis 12 (1991), H. 1, S. 9–17

Landesinstitut für Schule und Weiterbildung (Hrsg.): Neue Technologien und Zukunftsperspektiven des Lernens. Soest: Soester Verlagskontor 1990

Landesinstitut für Schule und Weiterbildung (Hrsg.): Computer und Grundschule – Software. Soest: Soester Verlagskontor 1991

Uhlemann, B.: Die Computer in der Grundschule. Schulpraktische Erfahrungen im alltäglichen Grundschulunterricht, dargestellt am Beispiel: Mathematik. In: Sachunterricht und Mathematik in der Primarstufe. Aulis Verlag Deubner & Co KG Köln, Nr. 18 (1990), H. 12, S. 557–565

Die Bewertungsmaske ist auf den folgenden Seiten abgedruckt.

Westfälische Wilhelms-Universität Münster
Projekt "Computer-Lernprogramme in der Grundschule"

Verantwortlich für Mathematik: Prof. Dr. Hartwig Meißner, Einsteinstr. 62

Analyse für das Computer-Lernprogramm ....

1. Bibliographische Angaben

Autor(en):
Erscheinungsjahr:
Version:
ISBN-Nummer:
Land der Entwicklung
Vertrieb:
Preis:
Hardware:

2. Inhaltsübersicht (Mathematik)

Einsatzbereich:

( ) ab Klasse 1 ( ) ab Klasse 2 ( ) ab Klasse 3 ( ) ab Klasse 4
( ) ______________________________

Themenbereich

( ) Arithmetik
    ( ) Zahlbegriff
    ( ) Kopfrechnen
    ( ) Schriftliches Rechnen
( ) Sachrechnen
    ( ) Schwerpunkt Rechnen
    ( ) Schwerpunkt Sache
        ( ) Währung ( ) Zeit
        ( ) Längen ( ) Gewichte
        ( ) Flächen-/Rauminhalte
( ) Geometrie
    ( ) Zeichnen/Konstruieren
    ( ) geometrische Begriffe/Sachverhalte
    ( ) Berechnungen

Inhalt:

3. Didaktische Konzeption

3.1. *Lernform*
( ) Drill-and-Practice
( ) Versuchen und Probieren
( ) Einsichten vermitteln
( ) Entdeckendes Lernen

3.2. *Lernprozeßsteuerung*
( ) Unmittelbares feed-back
( ) Lernhilfen
( ) Lernprotokoll
( ) auf Monitor ( ) auf Diskette/Drucker ( ) mit Fehleranalyse

3.3. *Lernverstärkung*

3.4. *Motivationselemente*
( ) Farbe ( ) variierbar
( ) Bilder
( ) Ton ( ) abschaltbar ( ) jederzeit
( ) Bewegungsabläufe ( ) vorgegeben ( ) manipulierbar
( ) ________________________________

3.5. *Flexibilität*
( ) Lerneinheit frei wählbar
( ) Inhalte vom Lehrer variierbar
( ) Programm-Ausstieg möglich
( ) jederzeit ( ) nur zum Ende einer Aufgabe
( ) nur zum Ende einer Unterrichtseinheit

3.6. *Technische Handhabung*
Startwort: ____________________↵
( ) Tastaturbedienung
( ) Maus-Steuerung
( ) Schreibmaschinenkenntnisse erforderlich
( ) Zusatzkenntnisse notwendig:
( ) Befehle ( ) Codes ( ) Tastenfolgen
( ) Tastenbezeichnungen ( ) Sonstiges___________

3.7. *Begleitmaterial*
( ) schriftlich: ____ Seiten
( ) auf Diskette: ca.____ Seiten
( ) nicht vorhanden

Kommentar:

4. Bewertung

4.1. *Lernform*

- ( ) Partnerarbeit möglich
- ( ) spielerische Form
- ( ) vielfältige Wahlmöglichkeiten
- ( ) unterschiedliche Übungsformen
- ( ) zum Probieren anregend
- ( ) Denkimpulse liefernd
- ( ) zum Entdecken anregend

4.2. *Lernprozeßsteuerung*

(a) Feed-back:

- ( ) vorhanden
- ( ) klare Aussage
- ( ) eindeutige Symbolik
- ( ) gut lesbar/erkennbar
- ( ) Zeitdauer vom Schüler beeinflußbar
- ( ) Zeitdauer angemessen

(b) Lernhilfen:

- ( ) vorhanden
- ( ) nur auf Wunsch
- ( ) Hilfegrad wählbar
- ( ) Hilfeart wählbar
- ( ) Hinweis auf Fehlerstelle
- ( ) Hinweis auf Fehlerart
- ( ) Denkimpulse liefernd

(c) Lernprotokoll für Schüler:

- ( ) vorhanden
- ( ) auch bei vorzeitigem Ausstieg
- ( ) nur auf Wunsch
- ( ) korrekte Angaben
- ( ) sachlich
- ( ) sprachlich einwandfrei
- ( ) inhaltlich verständlich
- ( ) übersichtliche Gestaltung
- ( ) quantitativ vollständige Angaben
- ( ) keine Notenvergabe
- ( ) Hervorhebung der richtig gelösten Aufgaben
- ( ) Leistungsbewertung angemessen
- ( ) weitere Arbeitshinweise

(d) Lernprotokoll für Lehrer:

- ( ) vorhanden
- ( ) auch bei vorzeitigem Ausstieg
- ( ) automatische Speicherung
- ( ) vollständige bibliographische Angaben
- ( ) Angaben für Fehleranalyse verwertbar
- ( ) automatische Fehleranalyse

4.3. *Lernverstärkung*

positive Rückmeldungen:

- ( ) positiv-verstärkend (schriftlich)
- ( ) positiv-verstärkend (ikonisch)
- ( ) positiv-verstärkend (akustisch)
- ( ) variantenreich (schriftlich)
- ( ) variantenreich (ikonisch)
- ( ) variantenreich (akustisch)

negative Rückmeldungen:

- ( ) dezent
- ( ) sachlich
- ( ) mit Information zum Fehler
- ( ) positiv-ermunternd
- ( ) keine Bestrafung
- ( ) keine Bedrohung
- ( ) keine entmutigenden non-verbalen Elemente

4.4. *Motivationselemente*

Farbe:

- ( ) vorhanden
- ( ) variierbar vom Lehrer
- ( ) variierbar vom Schüler
- ( ) unterstützt den Inhalt

Bilder/Grafiken:

( ) vorhanden
( ) deutlich
( ) nicht bedrohlich
( ) enge Beziehung zur Erfahrungswelt des Schülers
( ) unterstützen den Inhalt

Lerninhalte:

( ) für Differenzierung variierbar
( ) Partnerarbeit möglich
( ) kein isoliertes Fertigkeitstraining

Ton:

( ) vorhanden
( ) jederzeit abschaltbar
( ) variantenreich
( ) nicht bedrohlich
( ) akustische Sprache gut verständlich

Bewegungsabläufe:

( ) vorhanden
( ) harmonisch
( ) nicht nur programmgesteuert

Spielformen:

( ) vorhanden
( ) klare Spielanleitung
( ) keine Bedrohung
( ) keine Bestrafung
( ) Leistung/Wettbewerb zweitrangig
( ) Partnerarbeit möglich
( ) unterstützen den Lerninhalt
( ) Inhalte variierbar

4.5. *Flexibilität*

Wahlmöglichkeiten:

( ) Lerneinheit
( ) Schwierigkeitsgrad
( ) Lernumfang
( ) Bearbeitungszeit
( ) Hilfegrad
( ) Hilfeart
( ) Lernprotokoll
( ) Entwurf eigener Aufgaben

Einschränkung der Wahlmöglichkeiten durch den Lehrer:

( ) Lerneinheit
( ) Schwierigkeitsgrad
( ) Lernumfang
( ) Bearbeitungszeit
( ) Hilfegrad
( ) Hilfeart
( ) Lernprotokoll

Lernprozeß:

( ) Eingabe korrigierbar
( ) Feed-back abstellbar
( ) Eingabe endet mit einem Abschlußbefehl
( ) Fehlversuche möglich
( ) Lernhilfen nach Fehlversuchen wählbar
( ) Vor- und Zurückblättern
( ) wahlweise Teile einer Lerneinheit wiederholbar
( ) Anpassung an die Leistungsentwicklung
( ) Programmausstieg jederzeit möglich

Programminhalte vom Lehrer variierbar:

( ) Umordnung der Reihenfolge
( ) Wort- oder Zahlenmaterial ergänzbar
( ) Bildmaterial ergänzbar
( ) akustisches Material ergänzbar
( ) Aufgabenart veränderbar

4.6. *Technische Handhabung*

(a) Programmbedienung für Schüler:

( ) einprägsames Startwort
( ) ohne EDV-Kenntnisse bedienbar
( ) Maus-Steuerung
( ) Sperrung sinnloser Tasten
( ) absturzsicher
( ) gebräuchliche Tastenbelegungen
( ) Minimum an Tastaturbelegung auf allen Programmebenen
( ) einheitliche Tastaturbelegung auf allen Programmebenen
( ) keine Tastenkombinationen
( ) Bedienungshilfen jederzeit ablesbar
( ) eindeutige Bedienungshilfen
( ) Programmausstieg nur über Abschlußbefehl/Bestätigung

(b) Programmbedienung für Lehrer ohne EDV-Kenntnisse durchführbar:

( ) Installation
( ) Programmkopie
( ) Datenspeicherung
( ) Ausdruck
( ) Programmvariation

(c) Programmführung

Menüdarbietung:

( ) für Schüler übersichtlich und verständlich
( ) Hauptmenü zeigt alle Ebenen an

Bildschirmgestaltung:

( ) Zeichen gut lesbar
( ) Bildmaterial deutlich erkennbar
( ) Aufgabe im Vordergrund
( ) klare Trennung von Anweisungs- und Aufgabenbereich
( ) übersichtliche Informationsanordnung

Programminformationen:

( ) vollständig
( ) als solche klar erkennbar
( ) sprachlich einwandfrei
( ) eindeutige Aussagen
( ) keine "Ich"-Form
( ) Symbole mit eindeutiger Funktion
( ) Einblendungszeit vom Schüler beeinflußbar

4.7. *Begleitmaterial*

( ) als schriftliche Beilage
( ) auf Diskette vorhanden

Programmbedienung:

( ) exakte Hardware-Angaben
( ) Bedienungshinweise vollständig
( ) sachlich korrekt
( ) klarer Aufbau
( ) gut verständlich

Programminhalt:

( ) vollständiger Überblick
( ) sachlich korrekte Angaben
( ) klarer Aufbau
( ) gut verständlich
( ) Vorkenntnisse nicht notwendig (oder sie werden angegeben)
( ) Formulierung von Lernzielen
( ) Angabe einer geeigneten Zielgruppe
( ) Bezug zu Richtlinien/Lehrplänen
( ) Angabe der didaktischen Konzeption
( ) Bezug zu neueren fachdidaktischen Ansätzen

4.8. *Fachdidaktische Qualität (Mathematik)*

(a) Grundsätzliche Anforderungen

( ) sachlich fehlerfrei	( ) variable Präsentationsformen
( ) sprachlich einwandfrei	( ) variantenreiche bildliche Darstellungen
( ) Fachsprache richtlinienkonform	( ) Differenzierung nach Leistungsniveau möglich
( ) klare Aufgabenstellung	( ) Vermeidung evtl. verletzender Rückmeldungen
( ) altersgemäße Aufgabenstellung	( ) keine geschlechtsspezifische Rollenzuweisung
( ) vielfältige Übungsformen	
( ) Einbettung der Aufgaben in reale Situationen	

(b) Themenbereichs-spezifische Anforderungen (nicht immer sind alle Themenbereiche betroffen)

☐ *Arithmetik/Zahlbegriff:*

( ) Einbeziehung der Zahl Null	( ) Lerneinheit-Angebot mit vermischten Rechenarten
( ) Einbeziehung von Größen	( ) Zahlbereiche auswählbar
( ) Einbeziehung weiterer Zahlbegriffsaspekte	( ) Rechenoperationen auswählbar
( ) flexible Zifferneingabe	

☐ *Arithmetik/Kopfrechnen:*

( ) Einbeziehung der Zahl Null	( ) */: : Multiplikator/Divisor mit einer Null am Ende
( ) auch "erweitertes" Kleines Einmaleins	( ) Lerneinheit-Angebot mit vermischtenRechenarten
( ) flexible Zifferneingabe	( ) Lerneinheit zu einem bestimmten Einmaleins wählbar
( ) Zahlen mit einer oder mehreren Nullen	( ) bildliche Lernhilfen
( ) +/- : Rechnen mit der Zahl Null	( ) Einbettung in Sachaufgaben
( ) */: : Rechnen mit der Zahl Eins	
( ) +/- : Zahlen in der Nähe voller Zehner, Hunderter, Tausender	

☐ *Arithmetik/Schriftliches Rechnen:*

( ) benutzte Verfahren richtlinienkonform	( ) */: : Überschlags-/Kontrollrechnung
( ) Zahlen mit einer/ mehreren Nullen	( ) */: : Zahlen mit mehreren Nullen
( ) +/- : Aufgaben mit Übertrag	( ) Einbettung in Sachaufgaben

☐ *Sachrechnen/Schwerpunkt Rechnen:*

( ) einfache sprachliche Struktur	( ) Reihenfolge der Rechenschritte wählbar
( ) Verwendung von Signalwörtern	( ) übersichtliche schriftliche Fixierung des gesamten Lösungsweges
( ) eindeutige Lösungen	( ) Formulierung der Lösung in Satzform
( ) Aufgaben mit mehr als einem Denkschritt	( ) Kontrollrechnungen werden verlangt
( ) Anleitung zur Überschlagsrechnung	( ) Komma, d.h. kein Dezimalpunkt

☐ *Sachrechnen/Schwerpunkt Sache:*

( ) einfache sprachliche Struktur	( ) Hilfen zur schrittweisen Bearbeitung
( ) Situationsvorgaben auch in nicht-mathematisierter Form	( ) graphische Mathematisierungshilfen
	( ) bildliche Mathematisierungshilfen
( ) keine Verwendung von Signalwörtern	( ) Reihenfolge der Rechenschritte wählbar
( ) Aufgaben mit mehr als einem Denkschritt	( ) übersichtliche, schriftliche Fixierung des gesamten Lösungsweges
( ) Fragestellungen werden erarbeitet	
( ) mehrere Lösungen sind möglich	( ) Formulierung der Lösung in Satzform
( ) Anleitung zur Überschlagsrechnung	( ) Kontrollrechnungen werden verlangt
( ) Komma, d.h. kein Dezimalpunkt	

☐ *Geometrie/Zeichnen und Konstruieren:*

( ) spielerisches Versuchen/Probieren	( ) Zeichnungen können abgeändert werden
( ) Anfertigen von Zeichnungen	( ) keine Berechnungen
( ) vielfältige Gestaltungsmöglichkeiten	( ) Reflektionen werden angeregt

☐ *Geometrie/geometrische Begriffe und Sachverhalte:*

( ) spielerisches Versuchen/Probieren	( ) Detailuntersuchung einzelner Objekte
( ) Modelle/ bildliche Darstellungen vorhanden	( ) Benutzung von Fachtermini
	( ) Benutzung von Symbolen
( ) phänomenologischer Vergleich verschiedener Objekte	( ) keine Berechnungen
	( ) Reflektionen werden angeregt

☐ *Geometrie/Berechnungen:*

( ) Formen, Figuren, Flächen	( ) keine Benutzung von Formeln
( ) Körper	( ) Detailuntersuchung einzelner Objekte
( ) Modelle/ bildliche Darstellungen vorhanden	( ) verschiedene Objekte im Vergleich
	( ) Verallgemeinerungen werden angeregt

5. Bewertungsprofil

Lernform:	starr	☐	☐	☐	☐	☐	offen
Lernprozeßsteuerung:	nicht akzeptabel	☐	☐	☐	☐	☐	gut
Lernverstärkung:	nicht akzeptabel	☐	☐	☐	☐	☐	gut
Motivationselemente:	nicht vorhanden	☐	☐	☐	☐	☐	anregend
Flexibilität:	nicht vorhanden	☐	☐	☐	☐	☐	variantenreich
Technische Handhabung:	kompliziert	☐	☐	☐	☐	☐	einfach
Begleitmaterial:	nicht vorhanden	☐	☐	☐	☐	☐	hilfreich
Fachdidaktische Qualität:	nicht akzeptabel	☐	☐	☐	☐	☐	gut

VIII. Anhang

Literaturverzeichnis

Adam, J.: Computer im Klassenzimmer – Versuch einer Bestandsaufnahme der gegenwärtigen Diskussion. In: Fragen und Versuche. Heft 69, Sept. 1994, S. 45–50.

Aebli, H.: Grundlagen des Lehrens. Eine Allgemeine Didaktik auf psychologischer Grundlage. Stuttgart, 1993 – 2. Aufl.

Aebli, H.: Zwölf Grundformen des Lehrens. Stuttgart, 1993 – 7. Aufl.

Akademie für Lehrerfortbildung Dillingen: Dokumentation Computer in Unterricht und Lehrerfortbildung. Symposion 1985. Akademiebericht Nr. 107. Dillingen, 1986.

Akademie für Lehrerfortbildung Dillingen: Moderne Informations- und Kommunikationstechnologie. Anregungen für den Deutsch- und Sozialkundeunterricht. Akademiebericht Nr. 135. Dillingen, 1988.

Akademie für Lehrerfortbildung Dillingen/Staatsinstitut für Schulpädagogik und Bildungsforschung München/Zentralstelle für Programmierten Unterricht und Computer im Unterricht Augsburg: Informationstechnische Grundbildung. Grundlagen für alle Schularten. Dillingen, 1988 a.

Akademie für Lehrerfortbildung Dillingen/Staatsinstitut für Schulpädagogik und Bildungsforschung München/Zentralstelle für Programmierten Unterricht und Computer im Unterricht Augsburg: Informationstechnische Grundbildung Gymnasium. Dillingen, 1988 b.

Akademie für Lehrerfortbildung Dillingen/Staatsinstitut für Schulpädagogik und Bildungsforschung München/Zentralstelle für Programmierten Unterricht und Computer im Unterricht Augsburg: Informationstechnische Grundbildung Hauptschule. Dillingen, 1988 c.

Akademie für Lehrerfortbildung Dillingen/Staatsinstitut für Schulpädagogik und Bildungsforschung München/Zentralstelle für Programmierten Unterricht und Computer im Unterricht Augsburg: Informationstechnische Grundbildung Realschule. Dillingen, 1988 d.

Akademie für Lehrerfortbildung Dillingen/Staatsinstitut für Schulpädagogik und Bildungsforschung München/Zentralstelle für Programmierten Unterricht und Computer im Unterricht Augsburg: Informationstechnische Grundbildung Schulen für Behinderte und Kranke. Dillingen, 1988 e.

Ambros, W./Bronder, D. u. a.: Pädagogen berichten aus der Praxis: »Computerbiographien«. In: Hejl u. a. LUMIS-Studie, 1988, S. 111–172.

Arenhövel, F.: Computereinsatz in der Grundschule. Donauwörth, 1994.

Avann, P. (Ed.): Teaching Information Skills in the Primary School. London, 1985.

Baeseler, F./Heck, B.: Desktop Publishing Gestaltung. Hamburg, New York u. a., 1989.

Balhorn, H./Brügelmann, H.: Ein medium ist ein medium. In: Die Grundschulzeitschrift, Heft 47/1991, S. 4–7.

Baumann, G./Monnerjahn, R.: Computerunterstütztes Lernen im Fach Mathematik (3./ 4. Schulahr). In: Krauthausen/Herrmann u.a., 1994, S. 178–190.

Baumann, G./Gorges, E. u.a.: Erfahrungsbericht der Schulen im Modellversuch CLiP. In: Monnerjahn (Hrsg.), 1994, S. 19–49.

Baumgartner, P./Payr, S.: Wie Lernen am Computer funktioniert. In c't, Heft 8, 1994, S. 138–142.

Bayerisches Staatsministerium für Unterricht und Kultus (Hrsg.): Gesamtkonzept für die informationstechnische Bildung in der Schule. Fortschreibung 1990. München, Juli 1990.

Bayerisches Staatsministerium für Unterricht und Kultus: Beratungsvorlage zum Thema »Telekommunikation im Bildungswesen«, KMK, 270. Plenum, 1./2. Dezember 1994.

Beblo, S./Hilger, W./Scheimann, G.: Computerunterstützte Förderung des Lesens, Schreibens und Rechnens in der Grund- und Hauptschule. In: Bayerische Schule. 9-1994, S. 19–22.

Beck, J.: Der Bildungswahn. Essay. Reinbek, 1994.

Berliner Memorandum »Aktiver lernen: Multimedia für eine bessere Bildung«. Berlin, Dezember 1994. Internes Papier von Rissberger u.a.

BLK (Hrsg.): Gesamtkonzept für die informationstechnische Bildung. Materialien zur Bildungsplanung Heft 16. Bonn 1987.

BLK (Hrsg.): Rahmenkonzept für die informationstechnische Bildung in Schule und Ausbildung einschließlich der Mindestanforderungen an schulgeeignete Rechner. Bonn, 1. Juli 1985.

Blows, M./Wray, D. (Gen. Ed.): Teacher Handbook – Using Computers Effectively. Warwickshire, 1989.

Bogner, C./Burger, H./Weiß, K. (Red.): Computer und Kulturtechniken. Europäische Fachtagung ›Auswirkungen der informationstechnischen Bildung auf allgemeinbildende Elemente, Einstellungen und Verhaltensweisen von Jugendlichen‹, vom 26.–28. Nov. 1990 in Dillingen/Donau. Tagungsband. Staatsinstitut für Schulpädagogik und Bildungsforschung. München, 1992.

Bohnenkamp, A.: Computer im Grundschulunterricht? Erfahrungen aus einer Lernwerkstatt. In: Hofmann u.a., 1993, S. 11–33.

Bohnenkamp, A./Brügelmann, H.: Öffnung des Unterrichts durch Computer? In: Grundschulzeitschrift, 32/1990.

Bonfranchi, R.: Computer-Didaktik in der Sonderpädagogik. Luzern, 1992.

Bronkhorst, J.: Freinet hat endlich sein globales Dorf. In: Fragen und Versuche. Heft 69, Sept. 1994, S. 53–57.

Brügelmann, H.: Computer als Hilfe beim Lesen- und Schreibenlernen? In: Hameyer u.a. (Hrsg.): Computer an Sonderschulen. 1987, S. 99–108.

Brügelmann, H.: Computer im Anfangsunterricht Lesen und Schreiben. In: Krauthausen/Herrmann u.a., 1994, S. 128–143.

Brügelmann, H.: Die Schrift entdecken. Konstanz, 1984a, 1989 – 3. Aufl.

Brügelmann, H.: Drucken und Vervielfältigen im ersten Schuljahr. In: Die Grundschulzeitschrift, H. 18, 1989, S. 39–40.

Brügelmann, H.: Heimcomputer in der Grundschule: Der neue Kinderschreck? In: IRA/D-Beiträge, 1985a, S. 84–110.

Brügelmann, H.: Kinder auf dem Weg zur Schrift. Eine Fibel für Lehrer und Laien. Bottighofen, 1983, 1992 – 4. Aufl.

Brügelmann, H.: Lesen- und Schreibenlernen mit Computer-Hilfe. In: Grundschule 4/1985b, S. 10–13 (Teil 1); 5/1985b, S. 14–18 (Teil 2).
Brüggelmann, H.: Schreiben lernen mit den neuen Techniken. In: Schulpraxis, H. 5, 1986, S. 6–7.
Brügelmann, H.: Schrifterwerb mit Computerhilfe: Verführung, Herausforderung oder Spiegelbild der Grundschuldidaktik? In: IRA/D-Beiträge, 2/1984, S. 21–51.
Bücher zerstören die Erziehung. Roger Schank im Gespräch mit Thomas J. Schult. In: c't, Heft 1/1994, S. 56–58.
Bundeszentrale für politische Bildung (Hrsg.): Computerspiele – Bunte Welt im grauen Alltag. Ein medien- und kulturpädagogisches Arbeitsbuch. Bonn, 1993.
CHIP – Das Mikrocomputer-Magazin. Themenheft: 10 Jahre PC. April 1987.
Clements, D.H.: Computers in Early and Primary Education. New Jersey, 1985.
Clements, D.H.: Effects of Logo and CAI Environments on Cognition and Creativity. In: Journal of Educational Psychology, 1986, No. 4, S. 309–318.
Clements, D.H./Batista, M.T.: Testudinal Testimony. Why Logo for Learning Mathematics? Logo-Based Geometry. In: Logo Exchange, Feb. 87, S. 20f.
Clements, D.H./Nastasi, B.K.: Effects of Computer Environments on Social-Emotional Development: Logo and Computer-Assisted Instruction. In: Computers in the Schools, Summer/Fall, 1985, Vol. 2, Nos. 2/3, p. 11–31.
Cohen/Denizet u.a.: Kinder entdecken die Schriftsprache am Computer. In: Balhorn/Brügelmann (Hrsg.): Jeder spricht anders. Konstanz, 1989.
Crompton, B. (Ed.): Computers and the Primary Curriculum 3–13. London, New York u.a., 1989.
Dehn, M./Heinrich, P./Wagner-Lueken, S./Weber, G.: Der Computergeist und seine Frau. Computer: Medium für Schriftkultur? In: Die Grundschulzeitschrift 47/1991, S. 19–23.
Drage, C./Evans, N.: Teacher Friendly – A Guide to Using Micro's in the Classroom. Worcester, 1988.
Focus [Pro & Contra] Computerunterricht schon in der Grundschule? Paul Krüger (Ja), Hans Zehetmair (Nein). Focus 44–1994, S. 59.
Fölling-Albers, M.: Veränderte Kindheit. Neue Aufgaben für die Grundschule. In: Haarmann, D. (Hrsg.): Handbuch Grundschule. Band 1. Weinheim und Basel, 1991, S. 52–64.
Fölling-Albers, M. (Hrsg.): Veränderte Kindheit – Veränderte Grundschule. Frankfurt/Main, 1989.
Förster, Ch./Vogel, R.: PC – Ergonomie und Ökologie. München, 1994.
Freese, H.-L.: Kinder sind Philosophen. Weinheim, Berlin, 1989.
Frey, K.: Effekte der Computerbenutzung im Bildungswesen. Ein Resumee des heutigen empirischen Wissensstandes. Zft. für Pädagogik 5/1989, S. 637–656.
Gies, U./Mitzlaff, H.: Wo auf der Welt ist Carmen Sandiego? Ein Lernspiel. Analyse. In: Macintosh-Magazin. 8-1989, S. 32–34.
Goodman, D.: The Complete HyperCard Handbook. Toronto u.a., 1987.
Gorny, P.: Computer in der Schule? In: Schröder, G./Spindler, D. (Hrsg.): Zukunft der Schule. Chancen und Risiken. Oldenburg, 1986, S. 232–255.
Graves, D.: Kinder als Autoren: Die Schreibkonferenz. In: Brügelmann (Hrsg.): ABC und Schriftsprache. Konstanz, 1986.
Greenfield, P.M.: Kinder und neue Medien. Weinheim, 1987.
Grieser, F./Irlbeck, T.: Computer-Lexikon. München, 1993.

Günther, K.-B.: Der Computer als Werkzeug für den (Schrift-)Spracherwerb bei Kindern mit schweren lautsprachlichen Entwicklungsstörungen und Totalausfällen. Künftige Entwicklungswünsche aus behindertenpädagogischer Sicht. In: Hofmann u.a., 1993, S. 169–186.

Haehnel, G.: Wege zu einem freinetischen Musikunterricht (7): Der Musikcomputer. In: Fragen und Versuche. Heft 69, Sept. 1994, S. 64–71.

Hagenmeyer, B./Löthe, H.: Computer als Werkzeug für Grundschulkinder – eine Pilotstudie (zu Logo). In: mathematik lehren. 7/Dez. 1984, S. 16–18.

Hameyer, U. u.a. (Hrsg.): Computer an Sonderschulen. Weinheim u. Basel, 1987.

Hanninger, J.: Grundschulmathematik mit dem Computer. In: LehrerJournal 11/1984, S. 445–448.

Hart, B.: Erfahrungen in Großbritannien. In: LSWComputereinsatz in der Grundschule? Symposion 1989. Soest, 1989, S. 149–156.

Hejl, P.: Viel Lärm um nichts? Zur Diskussion um die kognitiven und sozialen Wirkungen der Computernutzung. In: Hejl u.a., LUMIS-Studie, 1988, S. 212–287.

Hejl, P.M./Klauser, R./Köck, W.K.: »Computer Kids«: Telematik und sozialer Wandel. Ergebnisse einer Pilotstudie in Nordrhein-Westfalen. LUMIS-Schriften aus dem Institut für Empirische Literatur- und Medienforschung der Universität-Gesamthochschule Siegen. Siegen, 1988.

Hentig, H. v.: Das allmähliche Verschwinden der Wirklichkeit. Ein Pädagoge ermutigt zum Nachdenken über die Neuen Medien. München, Wien 1987 – 3. Aufl.

Hentig, H. v.: Das Böse und die heile Welt. In: Neue Sammlung 1966, S. 183–201.

Hentig, H. v.: Die Flucht aus dem Denken ins Wissen. FAZ, 16. 8. 1993, S. 26.

Hentig, H. v.: Die Schule neu denken. Eine Übung in praktischer Vernunft. München, Wien, 1993.

Herrmann, V.: Computer in der Grundschule: Anspruch und Wirklichkeit. In: Krauthausen/Herrmann u.a., 1994, S. 46–63.

Hessisches Institut für Bildungsplanung und Schulentwicklung (HIBS): Computer und Grundschule. Ausgewählte Unterrichtsvorhaben und systematischer Erfahrungsaustausch. Ein Kooperationsprojekt mit den HILF-Außenstellen Fulda und Marburg 1994–1996. Wiesbaden, Oktober 1994.

Hessisches Institut für Bildungsplanung und Schulentwicklung (HIBS): Helios + Kokos. Info. Heft 1/Juli 1994.

Hessisches Kultusministerium: Rahmenplan Grundschule. Entwurf. Stand 1. Nov. 1993. – Überarb. Fassung, Wiesbaden, 1995.

Hofmann, W.: Der Einfluß zeitlicher Synchronizität von Graphem und Phonem auf den anfänglichen Schriftspracherwerb. Frankfurt/Main, 1995.

Hofmann, W./Müsseler, J./Adolphs, H. (Hrsg.): Computer und Schriftspracherwerb. Programmentwicklungen, Anwendungen, Lernkonzepte. Opladen, 1993.

Hopf, A.: Außenflächen, Straßen und Verkehr in der Wohnumwelt von Kindern. In: Fölling-Albers, 1989, S. 85–93.

Huber, F.: Die Bedeutung des Computers für körperbehinderte Kinder und Jugendliche. Erfahrungen aus einem Modellversuch an Schulen für Körperbehinderte. In: Hofmann u.a., 1993, S. 147–159.

Jäger, R.S. (Hrsg.): Computerunterstütztes Lernen an allgemeinbildenden Schulen. Einsatz und Erprobung des TOAM-Systems. Abschlußbericht. Mainz, 1992.

Jäger, R.S./Arbinger, R. u.a.: Ergebnisse der wissenschaftlichen Begleitung. Der Soft-

wareeinsatz im Rahmen des Modellversuchs CLiP. Lernerfolg und Akzeptanz. In: Monnerjahn (Hrsg.), 1994, S. 71–120.
Jansen, U.: Kinder und Computerspiele. Examensarbeit an der BUGH-Wuppertal. Unveröffentlicht. SoSe, 1992.
Jong, D. de: Erfahrungen in den Niederlanden. In: LSWComputereinsatz in der Grundschule? Symposion 1989. Soest, 1989, S. 157–163.
Kanselaar, G.: Computer und Lernen: Der Lerner als Subjekt oder Objekt. In: Bogner u. a., Staatsinstitut, München, 1992, S. 132–165.
Kauntz, E.: Bei der dritten falschen Antwort sagt der Computer vor. Rechner, Bildschirm, Lehrprogramme in der Schule – Beispiel Simmern im Hunsrück. FAZ, 25. 6. 1987.
Kellmer-Pringle, M.: Was Kinder brauchen. Stuttgart, 1979.
Keudel, U.: Medienerziehung – Leseförderung – Erziehung zur Teilhabe am literarisch-kulturellen Leben. Überlegungen für ein weiterführendes Konzept von Medienerziehung. In: IPTS: Medienerziehung – Leseförderung. Kiel, 1990/91, S. 7–18.
Keudel, U.: Der Modellversuch ›Bausteine für eine schulische Medienerziehung unter besonderer Berücksichtigung der Leseförderung‹. In: IPTS: Medienerziehung – Leseförderung. Kiel, 1990/91, S. 19–25.
Klafki, W.: Zum Bildungsauftrag des Sachunterrichts in der Grundschule. Einführung in epochaltypische Schlüsselprobleme und vielseitige Fähigkeits- und Interessenbildung. In: Grundschulunterricht 1-1993, S. 3–6 [Kurzfassung des Vortrags auf der Gründungsversammlung des GDSU, Berlin, März 1992].
Klafki, W.: Allgemeinbildung in der Grundschule und der Bildungsauftrag des Sachunterrichts. In: Lauterbach u. a. (Hrsg.): Brennpunkte des Sachunterrichts. Probleme und Perspektiven des Sachunterrichts. Band 3. Kiel, 1992, S. 11–31.
Klauser, R.: »Computer Kids« aus der Sicht von Lehrern. In: Hejl u. a., LUMIS, 1988, S. 28–110, [Klauser 1988 a].
Klauser, R.: Zur Soziodemographie des Heimcomputer-Bestandes in der Bundesrepublik Deutschland 1984–1987. In: Hejl u. a., LUMIS-Studie, 1988, S. 173–184. [Klauser 1988 b].
Klauser, R.: Wenn der Einzelfall für alle(s) stehen muß: Computer und Computer Kids in den Massenmedien in der Bundesrepublik Deutschland 1982–1988. In: Hejl u. a., LUMIS-Studie, 1988, S. 196–211 [Klauser 1988 c].
Klep, J.: Computer im Mathematikunterricht niederländischer Grundschulen. Krauthausen/Herrmann u. a., 1994, S. 164–177.
Kochan, B.: Möglichkeiten und Grenzen des computerunterstützten Unterrichts. Manuskript eines Vortrages in Aachen, 1988.
Kochan, B.: Impulse für die Software-Entwicklung zur Vermeidung und Überwindung von Rechtschreibschwäche. In: Balhorn/Brügelmann (Hrsg.): Jeder spricht anders. Konstanz, 1989, S. 242–244.
Kochan, B.: Schreibprozeß, Schreibentwicklung und Schreibwerkzeug. Theoretische Aspekte des Computergebrauchs im entfaltenden Schreibunterricht. In: Hofmann u. a., 1993, S. 57–91.
Kochan, B./Herz, G.: Schreibprozesse am Computer. Zur Bedeutung des Computers für die Schreibentwicklung bei Kindern. In: Grundschule, 12/1988, S. 25–27.
Köck, W. K.: Zur Einführung: Telematik, Computerkinder, sozialer Wandel. In: Hejl u. a., LUMIS-Studie, 1988, S. 9–27.
Kohlberg, L.: Zur kognitiven Entwicklung des Kindes. Frankfurt/M., 1974.

Krappmann, L./Oswald, H.: Freunde, Gleichaltrigengruppen, Geflechte. Die soziale Welt der Kinder im Grundschulalter. In: Fölling-Albers, 1989, S. 94–102.

Krauthausen, G.: Von ›Futterprämien‹ und kognitiven Werkzeugen. In: Krauthausen/Herrmann u.a., 1994, S. 82–111.

Krauthausen, G./Herrmann, V. u.a.: Computereinsatz in der Grundschule? Stuttgart u.a., 1994.

Krauthausen, G./Herrmann, V.: Plädoyer für eine pädagogisch-didaktisch reflektierte Diskussion zum Computereinsatz in der Grundschule. Krauthausen/Herrmann u.a., 1994, S. 30–45.

Kühn, N.: Entwicklung und Ausstattung einer computerunterstützten Schreibumgebung für Grundschulkinder. In: Hofmann u.a., 1993, S. 35–55.

Kultusminister des Landes Nordrhein-Westfalen: Begegnung mit Sprachen in der Grundschule. RdErl. vom 13. 2. 1992.

Landesinstitut für Schule und Weiterbildung [LSW] (Hrsg.): Computereinsatz in der Grundschule? Symposion am 13. und 14. März 1989. Soest, 1989.

Landesinstitut für Schule und Weiterbildung [LSW] (Hrsg.): Das grüne Klassenzimmer – Frieden mit der Natur. Soest, 1993.

Landesinstitut für Schule und Weiterbildung [LSW] (Hrsg.): Interaktive Medien im Unterricht – Gestaltung von Hypermedia-Arbeitsumgebungen. Gleichzeitig Abschlußbericht zu den Modellversuchen CompiG und OPTIS. Werkstattbericht 5. Soest, 1994.

Landesinstitut für Schule und Weiterbildung [LSW] (Hrsg.): Gestaltung von Unterrichtssoftware. Werkstattbericht 1. Soest, 1992.

Landesinstitut für Schule und Weiterbildung [LSW] (Hrsg.): Neue Interaktive Medien im Unterricht. Handbuch zu den Hypermedia-Arbeitsumgebungen. Soest, 1993.

Landesinstitut für Schule und Weiterbildung [LSW] (Hrsg.): Neue Interaktive Medien im Unterricht. Handbuch zu den Werkzeugen zur Erstellung von Hypermedia-Arbeitsumgebungen. Soest, 1994.

Landesinstitut Schleswig-Holstein für Praxis und Theorie der Schule (IPTS): Modellversuch Bausteine für eine schulische Medienerziehung unter Berücksichtigung der Leseförderung: Einführung in Anliegen und Aufbau des Modellversuchs (hrsg. von U. Keudel), Kiel 1990/91; Baustein 1: Schulbibliotheken. Kiel, 1993; Baustein 2: John Glückstadt. Kiel, 1993; Baustein 4: Spiegelung von Lyrik. Kiel, 1990/91; Baustein 7: Zeitung macht Schule. Kiel, 1993.

Langenegger, Ch.: Das grüne Klassenzimmer. In: Education Notes. Hünenberg, Schweiz, Mai 1994, S. 4f.

Lehmann, J.: Soziokulturelle Auswirkungen der individuellen Computernutzung. Unterrichtswissenschaft, 1988, 4, S. 32–43.

Lehmann, R.: Meine Erfahrungen aus zwei Jahren Computereinsatz. In: Fragen und Versuche. Heft 69, Sept. 1994, S. 43f.

Leu, H.R.: Wie Kinder mit Computern umgehen. Studie zur Entzauberung einer neuen Technologie in der Familie. DJI. Weinheim u. München, 1993.

Liepe, J./Schreier, H.: Computer im Sachunterricht – Domesday-Projekt. In: Sachunterricht und Mathematik in der Primarstufe (SMP). Köln, 1988; Heft 3, S. 98–100.

Lorenz, J.H.: Kognitionspsychologische Grundlagen des Lernens mit dem Computer in der Grundschule. In: Krauthausen/Herrmann u.a., 1994, S. 14–29.

Lorenz, J.H./Radatz, H.: Handbuch des Förderns im Mathematikunterricht. Hannover, 1993.

Lodge, J. (Ed.): Computer Data Handling in the Primary School. London, 1992.

Löthe, H.: Lernen mit LOGO. In: Hameyer u.a. (Hrsg.): Computer an Sonderschulen. 1987, S. 180–195.

Löthe, H.: Computes as a Tool for Children at Elementary Level and its Impact on School Mathematics. In: Tinsley-Tagg, 1984, S. 45–49.

Löthe, H.: Der Computer im Mathematikunterricht. In: Die Realschule. 1987, H. 4.

Löthe, H.: Nachwort zur deutschen Taschenbuchausgabe von Seymour Papert: Gedankenblitze. 1985, S. 224–231.

Löthe, H.: Rechnereinsatz in der Primarstufe und Sekundarstufe I. Neue Schulpraxis, Heft 11, S. 10ff.

Lück, W. v.: Gestaltung und Erprobung von Hyper-Media-Arbeitsumgebungen zum Lernen und Üben. Krauthausen/Herrmann u.a., 1994, S. 192–205.

Mandl, H./Heiland, A.: Auswirkungen neuer Informationstechnologien auf kognitive Leistungen, soziale Kommunikation und Persönlichkeit von Kindern und Jugendlichen. In: Bogner u.a., Staatsinstitut, 1992, S. 21–58.

Margolis, J.: Die Konzeption des kontinuierlichen Computerlehrganges in der russischen Grundschule. Noch unveröffentlichtes Manuskript. 1994.

Margolis, J./Iwanow. A.: Sechsjährige Kinder zum Schöpfertum mit Computer. In: Informatika i Obrasowanie. Moskau 3/1991.

Margolis, J./Iwanow, A./Barankina, E.: Kontinuierlicher Computerlehrgang in den Klassen 1–11. In: Informatika 1 Obrasowanie. 1/1991.

Matros, N.: Das PC-Programm FELIX und der Mathematikunterricht in der Grundschule. Eine Beurteilung unter fachdidaktischen Gesichtspunkten im Rahmen des Modellversuchs CLiP. In: Monnerjahn (Hrsg.), 1994, S. 121–167.

Mayer, P.W./Seter, G.: Computer-Kids. Ravensburg, 1994.

Meier, R.: Dimensionen des Zusammenlebens. In: Lauterbach, R. u.a. (Hrsg.): Dimensionen des Zusammenlebens. Probl. u. Perspekt. des Sachunterrichts. Bd. 4. Kiel, 1993, S. 15–46.

Meyer, R./Ulrich, H./Fabian, D.: Der Krieg im Kinderzimmer. Über Spiele, die Eltern von Kindern lernen. Korschenbroich, 1995.

Michel, S.L.: HyperCard – The Complete Reference. Berkeley/Calif., 1989.

Mitzlaff, H.: Bildung und Lernen im Informationszeitalter. Einleitung zu Papert, 1994, S. 1–14.

Mitzlaff, H.: Heimatkunde und Sachunterricht – Historische und systematische Studien zur Entwicklung des Sachunterrichts – zugleich eine kritische Entwicklungsgeschichte des Heimatideals im deutschen Sprachraum. 3 Bde. Dortmund, 1985.

Mitzlaff, H.: Heimat und Umwelt – Ortserkundung und Umwelterziehung im Grundschulunterricht. In: Gesing, H./Lob, R.E. (Hrsg.): Umwelterziehung in der Primarstufe – Grundlinien eines umfassenden Bildungskonzeptes. Heinsberg, 1991, S. 129–174.

Mitzlaff, H.: Mit »Kopf, Herz und Hand« in der Natur von der Natur lernen! Von Schulgärten, Umwelt-Erfahrungs-Gärten und Naturschulen. In: Schreier (Hrsg.): Kinder auf dem Wege zur Achtung vor der Mitwelt. Heinsberg, 1992, S. 125–148.

Mitzlaff, H./[Uhlemann/Bernhard]: Kreative Computerfreizeiten in der Jugendherberge Paderborn. Eine pädagogisch-didaktische und informationstechnische Konzeption zum Aufbau aktiver Computerfreizeiten in der JH Paderborn – Mit einer Software-Analyse von Bernhard Uhlemann. Unv. Konzeption für das DJH Westfalen-Lippe. Hagen, 1989.

Mitzlaff, H.: Natschalnaja Schkola i Komputer – Grundschule und Computer – Vom Tabu zum grundschulpädagogischen Thema in der Bundesrepublik. Übersetzt von J. Margolis. Vortragstext für die russische Schul-Konferenz in Samara, Oktober 1994. Erscheint 1995 in Moskau, Informatika i Obrasowanie.

Mitzlaff, H./Theuß, M.: »Heimat« – Vom Umgang mit einem schwierigen Begriff. In: Grundschule, 7–8/1992, S. 81.

Mitzlaff, H./Wiederhold, K.A.: Computer im Grundschulunterricht. Möglichkeiten und pädagogische Perspektiven. Hamburg, New York, St. Louis u.a., 1990.

Mitzlaff, H./Wiederhold, K.A.: Kinder und Computer. Möglichkeiten, Grenzen, Gefahren, pädagogische Herausforderungen. In: Beiträge zur Reform der Grundschule. Band 79/89. Frankfurt/Main, 1990b, S. 133–137.

Möcke, F.: Lernen am Computer. Möglichkeiten und Grenzen des Computer Based Training. In: c't, Heft 8, 1994, S. 132–136.

Monnerjahn, R. (Hrsg.): Computerunterstütztes Lernen an allgemeinbildenden Schulen. Abschlußbericht des Modellversuchs CLiP. Mainz, 1994.

Monnerjahn, R.: Der Modellversuch CLiP – Genese, Zielsetzung, Verlauf, Ergebnisse. In: Monnerjahn (Hrsg.), 1994, S. 1–18.

Monnerjahn, R.: Gestaltungsgrundsätze des Mathematikübungsprogramms FELIX für die Primarstufe. In: Monnerjahn (Hrsg.), 1994, S. 51–69.

Monnerjahn, R.: Lückenschließendes Lernen durch computerunterstütztes Üben. Ein Bericht über Entwicklung und Einsatz eines Mathematikübungsprogrammes in der Grundschule. In: Unterrichtswissenschaft. 1/1992, S. 60–72.

Müsseler, J. u.a.: Texte für Auge und Ohr. Programme und Untersuchungen zum Schriftspracherwerb mit maschineller Sprachausgabe. In: Hofmann u.a., 1993, S. 93–128.

Naegele, I.M.: Kann der Computer beim Erlernen der Rechtschreibung helfen. In: Naegele/Valtin (Hrsg.): Rechtschreibunterricht in den Klassen 1–6. Frankfurt/Main, 1994, 3. völlig neu bearbeitete Auflage, S. 107–111.

Nake, F.: Computer an Grund- und Sonderschulen: »Computer in Arbeitsumgebungen für offenen Unterricht« (Ciao). Antrag auf Förderung eines Projektes im Rahmen der Schulbegleitforschung. Unveröffentl. Projektpapier. 20. 9. 1994.

Nestle, F.: CLiP – ein erster Schritt auf einem langen Weg. In: Monnerjahn (Hrsg.), 1994, S. 169–196.

Niedersächs. Kultusministerium: Der niedersächsische Modellversuch »Beitrag der Grundschule zur informations- und kommunikationstechnologischen Bildung«. Konzeptpapier 10-1992.

Niedersächsisches Landesinstitut für Lehrerfortbildung, Lehrerweiterbildung und Unterrichtsforschung (NLI): Abschlußbericht zum Modellversuch »Beitrag der Grundschule zur informations- und kommunikationstechn. Bildung«. Arbeitspapier, Hildesheim, 27. 7. 1994.

Niedersächsisches Landesinstitut für Lehrerfortbildung, Lehrerweiterbildung und Unterrichtsforschung (NLI): Materialien zum Modellversuch »Beitrag ...« 1. Sinneswahrnehmung; 2. Sensoren statt Sinne; 3. Kommunikation; 4. Aktive Medienarbeit.

Nilshon, I.: Englische Lernsoftware für den Mathematik- und Sachunterricht. Krauthausen/Herrmann u.a., 1994, S. 144–163.

Oberliesen, R.: Schreibwerkzeuge. Technische und gesellschaftlich-historische Erfahrungen – ein Sachunterrichtsprojekt in der 2ten Klasse. In: Die Grundschulzeitschrift 47/1991, S. 14–16.

Offir, B.: Computerized Report on Student Achievement as a Tool in School Management. School of Education, Bar Ilan University, Ramat-Gan, Israel. Unver. Manuskript. o.J.

Offir, B.: Development of the Computer's Peripheral Equipment Specially designed for Education. Bar Ilan University, Israel. o.J.

Offir, B.: Interactive Microfiche as an Output Device in CAI. Bar Ilan University School of Education. In: Educ. Technology, Vol. 25(1), 1988, S. 83f.

Osin, L.: TOAM: C.A.I. on a national scale. Proceedings of the 4th Jerusalem Conference on Information Technology, IEEE, 1984, S. 418–424.

Papert, S.: The Children's Machine. Rethinking School in the Age of the Computer. New York, 1993. New York, London, Toronto, Sidney, Tokyo, Singapore, 1994.

Papert, S.: Die Revolution des Lernens. Kinder, Computer, Schule in einer digitalen Welt. Hannover, 1994.

Partington, M.: Tic Tac Type – A Child's Computer Writing Kit. For ages 8 and up. Carmel, Indiana, 1992.

Piaget, J.: Das moralische Urteil beim Kinde. Zürich, 1954; Frankfurt/M., 1973.

Radatz, H./Schipper, W.: Handbuch für den Mathematikunterricht an Grundschulen. Hannover, 1983.

Rauschmayer, P.: Geometrie und Bildschirm. In: Bogner u.a., Staatsinstitut, 1992, S. 102–114.

Reese, J. u.a.: Gefahren der informationstechnischen Entwicklung. Frankfurt/Main, 1979.

Riesberg, K.: Computer können auch beim Plätzchenbacken helfen. In: Grundschule, 9-1992, S. 70.

Rissberger, A.: Zur Bedeutung des Computers in der Bildung von morgen. Innovation aus Verantwortung. Ministerium für Bildung und Kultur Rheinland-Pfalz. Internes Papier, Januar 1993.

Rost, M./Schack, M.: DFÜ – Ein Handbuch. Hannover, 1993.

Sacher, W.: Computer und die Krise des Lernens. Bad Heilbrunn, 1990.

Salton, G./McGill, M.J.: Information Retrieval – Grundlegendes für Informationswissenschaftler. Hamburg, New York u.a., 1987.

Salomon, G.: Cognitive Effects With and Of Computer Technology. Journal of Human Communication Research (unveröffentlichtes Konzept). University of Arizona (s. Mandl/Heiland, 1992).

Sarnow, K./Presno, O. de: Online-World. Globale Kommunikation. Hannover, 1994.

Schmidt, R./Hallen, H.-P.: Computer in der Grundschule. Essen, 1992.

Schreier, H./Liepe, J.: Vom ABC zu bits und bytes. Computer in der Grundschule. Ein Bericht aus britischen Primarschulen. In: Pädagogik heute, Heft 9, 1987, S. 12–18.

Schubenz, S./Koch, G.: Computer als schriftsprachliches Medium in der pädagogisch-psychologischen Therapie. In: Hofmann u.a., 1993, S. 131–146.

Schulze, H.: Das rororo Computer Lexikon. Reinbek, 1987.

Schumacher, E.: Computer für Grundschullehrer – nein danke? Arbeitsblätter am Computer. In: Grundschule 11/1993, S. 33f., 12/1993, S. 46f., 1/1994, S. 41.
Schumacher, E.: Die Informationstechnologie als Werkzeug des Lehrers. Entwicklung eines modularen Systems von Text- und Grafikelementen zur computergestützten Gestaltung von Arbeitsmaterialien für den Deutsch- und Sachunterricht in der Primarstufe. Freiburg, 1989.
Sehrbrock, P.: Die Pädagogik der Freinets und das Computern. In: Fragen und Versuche. Heft 69, Sept. 1994, S. 59–63.
Sekretariat der Ständigen Konferenz der Kultusminister der Länder in der BRD: Empfehlungen zur Arbeit in der Grundschule. Beschluß der Kultusministerkonferenz vom 2. 7. 1970 i.d.F. vom 6. 5. 1994. Bonn, 1994. Zit. als KMK-Empfehlung, 1994.
Sekretariat der Ständigen Konferenz der Kultusminister der Länder in der BRD: Neue Informations- und Kommunikationstechniken in der Schule. Bericht der KMK vom 12. 6. 1991. Bonn, 1991.
Sekretariat der Ständigen Konferenz der Kultusminister der Länder in der BRD (Hrsg.): Neue Medien und Moderne Technologien in der Schule. Bestandsaufnahme über Aktivitäten in den Ländern zur informationst. Bildung. Bericht der KMK vom 21. 2. 1986. Bonn, 1986.
Sesink, W.: Lernlandschaften. Didaktische Reflexionen zum Einsatz von HyperText- bzw. HyperMedia-Systemen. In: Krauthausen/Herrmann u.a., 1994, S. 112–127.
Sesink, W.: Menschliche und künstliche Intelligenz. Der kleine Unterschied. Stuttgart, 1993.
Sommer, M.: Informatik – Eine PC-orientierte Einführung. Hamburg, New-York u.a., 1987.
Spitta, G.: Kinder schreiben eigene Texte: Klasse 1 und 2. Frankfurt/Main, 1988.
Spitta, G.: Schreibkonferenzen in Klasse 3 und 4. Ein Weg vom spontanen Schreiben zum bewußten Verfassen von Texten. Frankfurt/Main, 1992.
Squires, D.: Forschung zur Nutzung von Mikrocomputern in Schulen: Eine Zusammenfassung zweier Forschungsprojekte (King's College, London). In: Bogner u.a., 1992, S. 174–186.
Staatsinstitut für Schulpädagogik und Bildungsforschung (ISB): TAOS – Texte für Auge und Ohr im Schuleinsatz. Schulversuch zum computerunterstützten Erstlesen an Grundschulen und Schulen für Behinderte und Kranke. Internes Projektpapier. München, 1994.
Stangier, H.-J.: Projekt »Schulzeitung in der Gemeinde«. In: HIBS: HELIOS + KOKOS Info 1/1994, S. 6–9.
Stanley, T.: HyperTalk – HyperText – Programmierung von Apples HyperCard. Hannover, 1993.
Störmer, T.: Programme für den Lese- und Schreibunterricht körperbehinderter Schüler. In: Hofmann u.a., 1993, S. 161–167.
Straker, A.: Children using Computers. Oxford, 1990-2.
Terstappen, A.: Computer in der Grundschule. Pilotversuch mit zweijähriger Erprobung. In: Frankfurter Rundschau. 28. 9. 1992, Nr. 226.
Terstappen, A.: Zweitkläßler am Computer. Pilotversuch an Grundschulen. Erste Skepsis überwunden. In: Frankfurter Rundschau. 12. 10. 1993.
Terstappen, A.: Der Computer – durchaus sinnvolles Hilfsmittel. Einige positive Ergebnisse eines Grundschul-Projekts. In: Frankfurter Rundschau. 30. Juni 1994, Nr. 149.

Theiner, B.: Computerspiele im Sportunterricht. In: Grundschule, 11-1993, S. 34f.
Tinsley, J.D./Tagg, E.D.: Informatics in Elementary Education. Amsterdam, New-York u.a., 1984.
Weber, W.: Software Dokumentations- und Informationssystem SODIS. In: Krauthausen/Herrmann u.a., 1994, S. 64–75.
Weizenbaum, J.: Die Macht der Computer und die Ohnmacht der Vernunft. Frankfurt/M., 1977.
Weizenbaum, J.: Kurs auf den Eisberg. Die Verantwortung des einzelnen und die Diktatur der Technik. München, 1987.
Weizenbaum, J.: Wer erfindet die Computermythen? Der Fortschritt in den großen Irrtum. Freiburg, 1993.
Werner, R.: Die Schulklasse im Sattelschlepper. In: Schulpraxis 5/1987, S. 52–54.
Werner, R.: Gläserne Schüler – gläserne Lehrer? Über den Computereinsatz in Grundschulen. Lehrmittel aktuell. Heft 4, 1988, S. 12–15.
Wiederhold, K./Mitzlaff, H./Gries, U.: Computereinsatz – schon in der Grundschule? In: Grundschule, H. 9, 1988c, S. 62–66.
Wiederhold, K./Mitzlaff, H./Gries, U.: Deti i Kompjutery. In: Ucitel'skaja Gazeta, Moskau, Nr. 94 (1987), 8-1989, S. 3.
Wiederhold, K./Mitzlaff, H./Gries, U.: Macs Eleven. In: MACup H. 6, 1988a, S. 54–57.
Wiederhold, K./Mitzlaff, H./Gries, U.: Kids und Computer – Ein Projekt der Uni Dortmund. In: PC-Praxis 7/8-1988b, S. 84–89.
Wiederhold, A./Mitzlaff, H./Gries, U.: Computer B Natschalnoj Skole. In: Informatika N Obrazobanie. 2-1993, S. 23–25.
Wiederhold, K./Mitzlaff, H./Gries, U.: The Apple Macintosh in Primary Education. In: Wheels for the Mind. Europe. Lund, Sept. 1988d, S. 14–18.
Winkel, R.: Die Schule neu denken und neu machen. Gespräch. In: Erziehung & Wissenschaft (E&W) 11-1994, S. 6–9.
Wuschanksy, E.: Public-Domain- und Shareware-Programme im Unterricht? In: Krauthausen/Herrmann u.a., 1994, S. 76–81.
Young, J.E.: Computer im Dienste der Umwelt. In: Worldwatch-Institute Report: Zur Lage der Welt – 1994. Daten für das Überleben unseres Planeten. Dt. Ausgabe. Frankfurt/Main, 1994, S. 147–177.

Knut Nau und Hartmut Mitzlaff

Basis-Glossar

Ausgewählte Fachbegriffe und Abkürzungen

Konvention:
- Stichworte und Anfangsbuchstaben zu Abkürzungserklärungen im Fettdruck.
- Querverweise sind durch Kursivschrift gekennzeichnet, aber nur beim ersten Auftauchen in einer Erklärung.
- Zusätzliche Info und Beispiele in Klammer,

Abkürzungen: Abk. = Abkürzung; Bez. = Bezeichung; deut. = deutsch(er); engl. = englische(en), Pr. = Programm; zwi = zwischen.

486, 486er Kurze Schreibweise für den Prozessortyp 80486 von *Intel.* (486 *SX-25, DX2-66 VL*).

Algorithmus Exakt beschriebene Operationsanweisung; exakte Beschreibung der Schritte zur Lösung eines Problems; insbes. Rechenanweisung; allg.: Sammlung von Vorschriften durch deren sukzessive Befolgung eine Aufgabe gelöst wird. Beispiel für einen Alltagsalgorithmus: Telefonieren in einer Telefonzelle.

Animation Bewegte Bilder (evtl. mit Ton).

Apple Computer-Hersteller; das Apple bzw. Mac OS (Operating System) setzt seit langem auf eine grafische *Benutzeroberfläche*.

Arbeitsspeicher Bereich im Computer, in den die Programme geladen und in dem sie ausgeführt werden (z.B. 4 *MB*), auch mit *RAM* bez.

ASCII (sprich aski) **A**merican **S**tandard **C**ode for **I**nformation **I**nterchange, Zeichendarstellungscodierung für den Informationsaustausch.

Auflösung Bezeichnet die Darstellungsgüte bei Bildschirmen (z.B. 1280*1024), Druckern (z.B. 300 *dpi*) und Scannern (z.B. 600 dpi).

Back-up Bez. für Sicherungskopie; das Sichern von Programmen und Daten zur Erhöhung der Datensicherheit auf einem externen Medium (Diskette, Wechselplatte, Streamer) in meist komprimierter Form.

Basic Programmiersprache → vgl. auch LOGO, Pascal u.a.

Baud Maßeinheit für die Datenübertragungsgeschwindigkeit (z.B. 9600 Baud bei Modems).

Benutzerlizenz Rechtskräftige Erlaubnis zur Nutzung eines Programms.

Benutzeroberfläche	(auch: »Bedien(er)oberfläche«, »Bediensystem«) vermittelt zwischen dem Benutzer und dem Computer bzw. zwischen dem Benutzer und Betriebssystem oder dem Anwenderprogramm. Erste Schritte auf dem Weg zur Erhöhung der »Benutzerfreundlichkeit« waren sogenannte »Menüsysteme« (Steuerung über Kommandomenüs); eine weitere Verbesserung brachten die grafischen Benutzeroberflächen, wie sie in dem Apple OS für den Macintosh, in dem Bediensystem GEM (Graphical Environment Monitor) und schließlich in MS-Windows (inzwischen Windows Chicago, Windows NT und Windows '95) angeboten wurden. Grafische Bediensysteme nutzen ein spezielles Zeigegerät wie z. B. die Maus. Um die Arbeit mit dem Computer zu erleichtern, haben verschiedene Oberflächen gewohnte Arbeitsumgebungen nachgebildet. So findet der Anwender z. B. einen Papierkorb, in dem er überflüssige Dateien verschwinden lassen kann.
Betriebssystem	(Operating System, OS) System von Programmen, die als erstes in den *RAM* geladen werden und die Datenverarbeitungsanlage (Computer) steuern und überwachen (das B. macht die Ansammlung von Bauelementen erst zum Computer). Bekannte B.-systeme sind: DOS bzw. MS-DOS, OS/2, Unix, Apple OS-System (z. Zt. aktuell) 7.x, Next-Step.
Bildschirmdiagonale	Maß für die Bildschirmgröße, Angabe meist in Zoll (12"–21").
Bildwiederholfrequenz	In Hz (= Hertz). Sie sollte möglichst größer als 70 Hz sein, um die Augen nicht durch ein flackerndes Bild anzustrengen (gut z. B. 1024*786 bei 78–100 Hz).
Bit	**B**inary digi**t** (Binärstelle), Zustand 0 oder 1 (16 Bit, 24 Bit, 32 Bit).
Bitmaps	Grafik, aus Einzelpunkten zusammengesetztes Bild.
bps	**b**its **p**er **s**econd, Maßeinheit der Datenübertragung
Btx	Bildschirmtext (Online-Dienst der Telekom).
Byte	= »Zeichen«; Bezeichnung für die zusammengehörige Folge von 8 *Bit* (bestehend aus 7 Datenbits und einem Prüfbit); mit einem Byte wird ein Zeichen aus dem ASCII-Code dargestellt, z. B. ein Buchstabe oder eine Ziffer.
C++	Programmiersprache.
Cache	Datenpuffer (auch Zwischenspeicher) zwischen der Peripherie und CPI in *KB* (128 KB).
CAD	Abk. für **C**omputer **A**ided **D**esign, das Erzeugen von Konstruktionszeichnungen.
Caddy	Schachtel, in der die CD-ROM in das CD-ROM-Laufwerk geschoben wird.
CAI	Computer Aided Instruction.
CAL	Computer Assisted Learning.
Cartridge	Wechselmedium (Wechselplatte).

CBT	Computer Based Training.
CD	**C**ompact **D**isk, Speichermedium mit sehr großer Speicherkapazität (ca. 650 *MB*).
CD-ROM	**C**ompact **D**isk **R**ead **O**nly **M**emory, Speichermedium für Daten und Programme (ca. 650 *MB*), kann nur gelesen, aber nicht beschrieben werden.
CD-ROM-Laufwerk	Abspielgerät für CD-ROM's (Single-, Double-, Triple-, Quadro-Speed-Laufwerk).
CD-Version	Programme oder Daten auf CD.
Cliparts	Bilder und Grafiken zusammengstellt in einer Bibliothek (meist auf CD-ROM) zum individuellen Weiterverarbeiten.
cps	**c**haracters **p**er **s**econd, Verarbeitungsgeschwindigkeit (*Drucker, DFÜ* und *OCR*).
CPU	**C**entral **P**rocessing **U**nit, Zentraleinheit, Rechenwerk des Computers; ist über mehrere Leitungen (den sog. Bus) mit dem Arbeitsspeicher und Magnetplattenspeichern (Festplatte(n), Diskettenlaufwerk) verbunden.
Dateiverwaltung	Programme, die die Ablage von Dateien organisieren.
Datenautobahn	Hardwareverbindung die schnellen Datentransfer ermöglicht (z.B. Glasfaser).
Datenbank	(Data Base), Anwendungs- oder Anwenderprogramm zur Verwaltung von Datenbeständen mit Such-, Sortier- und Verknüpfungsfunktionen.
Datendurchsatz	Verarbeitungsgeschwindigkeit (in *MB* pro Sek.).
Datentransfer	Austausch von Information (z.B. mittels Modem).
Datex-J	»Datenaustausch für Jedermann« über das Fernmeldenetz der Telekom.
dB	Maßeinheit für Lautstärke (nicht linear, eine Erhöhung um 3 dB bedeutet Verdoppelung der Lautstärke, leise Drucker 40 dB).
DD	Abk. für **D**oubble **D**ensity, doppelte Aufzeichnungsdichte einer Diskette (720 *KM*).
DFÜ	= **D**aten**f**ern**ü**bertragung, dt. Begriff für »online«; Datenaustausch zwischen EDV-Geräten an unterschiedlichen Orten.
Dienstprogramm	Programm zum Manipulieren der Datenstruktur (PC Tools, Norton Utilities).
Diskettenlaufwerk	Schreib- und Leseeinrichtung für Disketten der Größen 3.5″ (*DD* 720 *KB*), (*HD* 1.44 MB), 5.25″ (DD 1.2 MB).
Dokumentation	Bedienungsanleitung für Hard- und Software.
DOS	**D**isk **O**perating **S**ystem, am meisten verbreitetes Betriebssystem für MS-DOS-Programme auf IBM- und Kompatibeln-PC's.
Double Speed	Abspielgeschwindigkeit eines CD-ROM-Laufwerkes, die für Multimedia-Anwendungen mindestens notwendig ist.
dpi	**d**ots **p**er **i**nch, Punkte pro Zoll (2,54 cm) (kennzeichnet z.B. die Drucker*auflösung*).

Drucker	Ausgabegerät für Daten auf Papier.
DTP	**D**eskTop **P**ublishing (Erstellen von Publikationen am Schreibtisch).
DX2-66	Bez. für einen leistungsstärkeren 386er oder 486er mit 66 *MHz Taktfrequenz* intern (im *Prozessor*) und 33 *MHz* extern (außerhalb des *Prozessor*s auf der Rechner*platine*). VL. **V**ESA **L**ocalBus.
e-mail	= Electronic Mail: elektronische Post.
Editor	Programm zum Schreiben und Lesen von einfachem Text.
Edutainment	Lernsoftware-Konzeption, die »Education« und »Entertainment«, also Lernen, Unterhaltung und Spiel in Multi-Media-Produkten miteinander zu verbinden versucht bzw. verspricht. Ob und inwieweit Bildung und Lernen dabei auf der Strecke bleiben, wird aufmerksam zu prüfen sein.
EDV	**E**lektronische **D**aten **V**erarbeitung.
Erweiterungskarten	Baugruppe, die neue/verbesserte Funktionalität dem Computer hinzufügt.
EVA-Prinzip	Eingabe → Verarbeitung → Ausgabe; Grundprinzip und Schrittfolge der Datenverarbeitung.
FAX-Modem	[Postzugelassenes] Gerät, welches die Übertragung von FAX-Dokumenten ermöglicht (Übertragungsgeschwindigkeit 300–14400 Baud, TAE-Anschlußkabel).
Festplatte	Speichermedium mit großer Speicherkapazität und kurzer Zugriffszeit.
Festplattencontroller	Einschubkarte, die das Zusammenarbeiten zwischen Computer und *Festplatte* ermöglicht.
Floppy-Disk	Laufwerk für Disketten (kurz Floppy).
Fonts	Schriften, in denen man Text setzen kann.
formatieren	Vorbereiten eines Datenträgers (Diskette, *Festplatte*) zum Abspeichern von Daten.
Frequenz	Wiederholhäufigkeit pro Zeiteinheit, Häufigkeit des Monitorbildaufbaus (Bildschirmwiederholfreq.).
Grafikkarte	Einschubmodul, ermöglicht das Zusammenspiel zwischen Computer und Monitor (Bildschirm).
Grafiktablett	Eingabegerät, das zum Freihandzeichnen (Stift) oder innerhalb von CAD-Programmen (Lupe mit Fadenkreuz) verwendet wird.
Handling	Mit dem Begriff wird gerne die leichtere oder kompliziertere Handhabung der Hard- oder Software bezeichnet. Entscheidende Kriterien für ein problemfreies »handling« sind die Art der Benutzeroberfläche, die Integration von leicht aufrufbaren Hilfefunktionen und die Qualität der Software-Dokumentationen.
Hardware	Geräte aus dem das Computersystem besteht (Bildschirm, Computer usw.); im Unterschied zur *Software*.
HD	Abk. für **H**ight **D**ensity, hohe Aufzeichnungsdichte einer Diskette (bis 1,44 MB Datenspeicherkapazität).

Homebanking	Abwickeln von Bankgeschäften von zu Hause aus.
Hotline	Telefonische oder elektronische Anfrage- und Beratungsmöglichkeit bei Computerproblemen.
Hz	= **H**ertz, Einheit für Frequenz (Schwingung) pro Sekunde.
IBM	Hard- und Softwarehersteller.
IBM-kompatibel	Funktionsgleichheit von Computern anderer Hersteller zu IBM.
Industriestandard	Bez. für die weit verbreiteten IBM-kompatiblen *PC*s
Informatik	Wissenschaft von der Informationsverarbeitung, besonders der automatisierten Verarbeitung mit Hilfe von Rechner/Computern (Computer Science).
Information Retrieval-System	Informationssystem zur Speicherung, Analyse, Suche und Kopie von (insbes. bibliographischen und textuellen) Dokumenten.
Infotainment	(Information and Entertainment) Programm-Konzeption, die Information und Unterhaltung miteinander zu verbinden versucht bzw. verspricht.
Interface	Schnittstelle. U.a. Gerät, das das Zusammenwirken zweier unterschiedlicher Geräte (z.B. Computer-Drucker; Computer-Modelleisenbahn) ermöglicht.
ITG	Informationstechnische Grundbildung (in den Klassen 7/8–9 der Sekundarstufe I, Zentrum zumeist in Kl. 8).
Joy-Stick	Digitalisierungsgerät, Befehlseingabegerät (für Spiele).
Kapazität	Speichervermögen (Diskette, *Festplatte*, CD-ROM).
KB	**K**ilo **B**yte, Bezeichnung für Datenmenge (1024 Byte).
Keyboard	Tastatur, Eingabegerät.
Laserdrucker	Schneller und hochwertiger Drucker (1–16 Seiten pro Sekunde).
Laufwerk	Diskettenlaufwerk, Gerät zum Schreiben und Lesen von zugehörigen Datenträgern (Diskette, CD-ROM).
Layout	Gestaltung einer Druckseite.
LCD	**L**iquid-**C**rystal **D**isplay. Flüssigkristallanzeige (Monitore von Notebooks).
Light-Version	Im Funktionsumfang eingeschränkte Software.
Living books	Ein von der US-Firma Brøderbund entwickeltes Konzept, das Kinderbücher in interaktive Multi-Media-Systeme mit Lesesequenzen, Sprachausgabe, Musik und Animation überträgt. Entsprechende Programme werden in den USA zum frühen »Edutainment« gezählt.
LocalTalk	Netzwerkprogramm über zweiadrige Leitungsverbindung zwischen bis zu 32 Macintosh-Computern, Variante von AppleTalk.
LOGO	Programmiersprache, die von Seymor Paoert in den 60er Jahren speziell für Kinder entwickelt wurde. Kennzeichnend für LOGO ist u.a. die »Turtle-Grafik«, die »Schildkröten-Grafik« (gelegentlich auch als Igel-Grafik bezeichnet). In den Ländern, in denen bereits während der 80er Jahre im

	Grundschulunterricht mit Computern gearbeitet wurde (z. B. Großbritannien, Frankreich, den USA oder Australien), fand LOGO eine hohe Verbreitung. Für den Primarbereich ist LOGO in Deutschland heute ohne Bedeutung.
MAC-Version	Programmversion für Macintosh-Computer von Apple.
Mailbox	Bez. für einen elektronischen Briefkasten; Nachrichten können über die Telefonleitung mittels Modem von Computer zu C. übertragen werden.
Maus	Graphisches Eingabegerät, Rollkugelgerät, mit 1–3 Tasten (Befehlsauslöser).
MB	**M**ega **B**yte, Bezeichnung für Datenmenge (2 hoch 20 = 1 048 576 *Byte*, also über 1 Million Zeichen; entspricht ca. 250–350 Buchseiten (je nach Textdichte)).
MHz	**M**ega **Hertz**, Bez. z. B. für die Arbeitsgeschwindigkeit eines Rechners/Prozessors (1 000 000 *Hz*), (*Frequenz* z.B.: 33 MHz, 66 MHz, 80 MHz).
Mini-Tower	Computergehäusebezeichnung, »kleiner Turm«, der z. B. neben dem Bildschirm plaziert werden kann. Angeboten werden daneben (größere) »Tower«-Gehäuse und sogenannte »Desktop«-Gehäuse (flache Gehäuse, die waagerecht auf dem Schreibtisch oder einer Ablage) plaziert werden.
Modem	Kunstwort für **Mo**dulation/**Dem**odulation zur Datenübertragung über die Telefonleitung.
Monitor	Bildschirm, visuelles Datenausgabegerät.
Motherboard	Hauptplatine des Computers mit dem *Prozessor*.
MPR II	Prüfnorm für strahlungsarme Monitore.
MS	Firmenkürzel von **M**icro**S**oft bzw. Microsoft (Soft- und Hardware-Hersteller).
MS-DOS	**M**icro**S**oft-**D**isk **O**perating **S**ystem (Betriebssystem-Bezeichnung) siehe auch *DOS*.
Multimedia	Medium, das mehrere Sinneskanäle anspricht und Bild, Film, *Animation* (Sehen) sowie Musik, Sprache und Geräusche (Hören) verbindet.
Netzwerk	Mehrere Computer sind über spezielle Leitungen verbunden und nutzen gemeinsam Ressourcen (Drucker, Datenbank).
Notebook	Transportabler Klein-Computer, Laptop (Powerbook).
Oberfläche, grafische	Siehe: grafische »Benutzeroberfläche«.
OCR	**O**ptical **C**haracter **R**ecognition, Texterkennung (macht aus einer *Pixel*-Datei eine *ASCII*-Datei).
on-line	Verbindung des eigenen Computers mit einem Kommunikationssystem, einer entfernten Datenbank über *DFÜ*.
OS	**O**perating **S**ystem, Betriebssystem z. B. Apple bzw. Mac OS; OS/2 von IBM und Microsoft (seit 1984 entwickelt).
Pascal	Programmiersprache → auch LOGO.
PC	Personalcomputer, der »persönliche Computer«, der zur eigenen Verfügung steht und ohne Verbindung zum Großrechner oder Zentralrechner funktioniert.

PD	**P**ublic **D**omain, Bez. für frei kopier- und benutzbare Software.
PDA	**P**ersonal **D**igital **A**ssistent (elektronisches Notizbuch, Kalender, Adressbuch usw. – portabel).
Pentium	Neuester (1993 vorgestellter) Prozessortyp, Weiterentwicklung des Prozessors 80486, sollte ursprünglich auch 80586 heißen, aus Copyright-Gründen wurde die neue Bezeichnung gewählt.
Peripherie	Geräte, die sich nicht im Computer selbst befinden, sondern mit ihm verbunden sind, z. B. Drucker, Bildschirm, Scanner, Maus usw.).
Pixel	Kunstwort (**pi**cture and **el**ement) kleinste Einheit, aus der ein Bild aufgebaut ist.
Platine	Dünne Platte, die die elektronischen Bauelemente (Prozessor) aufnimmt, Trägermaterial für Leiterbahnen.
Plotter	Ausgabgerät für Zeichnungen, Vektorgraphiken.
PostScript	Druckseitenbeschreibungssprache der Firma Adobe.
Power Management	Stromspareinrichtung für den Computer.
Programm	Festgelegter Ablauf von Befehlen (Software).
Programmiersprache	Kunstsprache, die Befehle zum Programmieren von Computerprogrammen zu Verfügung stellt. Es gibt Maschinen-P. (z. B. Assembler) und Hochsprachen, die sich prinzipiell in Interpeter-P. (z. B. Basic, Logo als Lehr-P.) und Compiler-P. (z. B. Pascal als Lehr-P., Cobol im kaufmännischen Bereich, Fortran für naturwissenschaftliche Anwendungen) unterteilen lassen.
Prozessor	Mikroprozessor, Element der Zentraleinheit, das eigentliche Zentrum des Computers, Rechenkern.
Public Domain	Programme und Informationen, die frei kopiert und benutzt werden dürfen (Abk. PD).
RAM	**R**andom **A**ccess **M**emory, Bereich im Computer, der Daten und Programme speichert, solange der Computer eingeschaltet ist.
Rechner	Umgangssprachliche Bez. für einen Computer.
ROM	**R**ead **O**nly **M**emory, Bereich im Computer, der Daten und Programme beinhalten kann, die aber nur gelesen werden können.
Scanner	Bildlesegerät, Flachbett, Handy-8 *Bit* Color zur Digitalisierung von Vorlagen. Mit Hilfe des Scanners können z. B. Zeichnungen, Fotos oder komplette Arbeitsblätter in geeignete Anwenderprogramme eingelesen werden.
Schnittstelle	Aus-/Eingangsanschluß für Daten (seriell, parallel)
SCSI	(sprich »skasi« oder »es-ze-es-i«) **S**mall **C**omputer **S**ystem **I**nterface, schnelle Schnittstelle für kleine Computersysteme, bis zu sieben weitere Geräte (weitere *Festplatte*, Scanner usw.) sind in Reihe an einen SCSI-Controller anschließbar.

SODIS-Datenbank Abkürzung für **So**ftware **D**okumentations- und **I**nformationssystem, Software-Datenbank, die seit 1988 von der Beratungsstelle für neue Technologien (BfNT) des Landes Nordrhein-Westfalen im Landesinstitut für Schule und Weiterbildung (LSW) in Soest für alle Fächer und Schulstufen aufgebaut wird. Begann als Modellversuch, seit 1991 feste Einrichtung, an der sich inzwischen Landesinstitute und päd. Zentralstellen aus 13 Bundesländern sowie das österr. Bundesministerium für Unterricht und Kunst beteiligen. Enthält auch Programmdaten für den Primarbereich.

Software Programme.

Soundkarte Einsteckkarte, die Computersignale für Lautsprecher aufbereitet; wird z.B. für Lernprogramme mit Sprachausgabe benötigt.

Steckkarte Bauteil, das die Leistungsfähigkeit des *Rechners* erhöht.

Streamer Magnetbandstation zum sequentiellen Abspeichern von Daten (meist für Back up).

SX-25 Bez. für einen leistungsschwächeren 386er oder 486er mit 25 *MHz Taktfrequenz.*

Tabellenkalkulation Programm, das in Spalten und Zeilen organisiert, Zellen für Berechnungen zur Verfügung stellt (im engl. spreadsheet auch worksheet).

Taktfrequenz Arbeitsgeschwindigkeit des *Rechners (Prozessors)*, angegeben in *MHz* (8–100 *MHz*).

TAE-Anschlußkabel Verbindung zwischen Modem und Telefonanschlußdose.

Texterkennung Siehe auch *OCR*.

Textverarbeitung Programm zum Erzeugen und Weiterverarbeiten von Text.

Tintenstrahldrucker Druckertyp (weitere Typen: z.B. Matrixdrucker, Laserdrukker).

Tools Werkzeuge, Hilfsprogramme, Dienstprogramme zur Erfüllung spezifischer, begrenzter Aufgaben. Tools erlauben das direkte Manipulieren von z.B. Speicherstellen! Mit ihrer Hilfe ist es möglich, Festplatten zu löschen, zu formatieren, zu partitionieren usf.

Tower Computergehäusebezeichnung, Gehäusegröße in dem der Rechner untergebracht ist (auch ›Sky-Tower‹, ›Baby-Tower‹ und ›Desktopgerät‹).

Trackball Graphisches Eingabgerät, Rollkugelgerät (man bewegt die Kugel direkt).

Trackpad Graphisches Eingabgerät (ähnlich dem Trackball jedoch ohne Kugel, mit Sensitivfeld).

Übertragungsgeschwindigkeit Geschwindigkeit, mit der Daten übertragen werden (300–14400 Baud Modem).

Up-Date Programm in aktualisierter (oft verbesserter) Fassung. In Computerblättern gerne benutzte Bezeichnung für den Computerbenutzer oder Anwender eines PCs.

Utilities → Tools.

VGA-Karte	**V**ideo **G**raphics **A**rray (Grafikstandard eingeführt von IBM, Einschubgrafikkarte).
Voll-Version	Programm mit vollem Funktionsumfang. Es gibt noch Demo- und Schul-Versionen, die sich im Funktionsumfang unterscheiden können. Empfehlung: Genau prüfen, ob es sich bei den – in der Regel – verbilligten »Schulversionen« um »Vollversionen« handelt.
Vorinstallierte Pr.	Benutzungsfertig gespeicherte Programme.
Wechselfestplatte	Cartridge, *Festplatte* zum Wechseln.
Windows	Grafische Benutzeroberfl. auf IBM-kompatiblen PCs.
Windows-kompatibel	Ohne Einschränkung für Windows benutzbar.
WYSiWYG	»What you see is what you get«, das auf dem Bildschirm Erzeugte und Sichtbare wird auch zu Papier gebracht. Wichtige Voraussetzung z.B. bei der Textgestaltung.

Zu den Autorinnen und Autoren

Arenhövel, Franz, Jg. 1948, Rektor einer Grundschule in Münster; Studium zum Grund- und Hauptschullehrer; seit 1974 als Grundschullehrer tätig. Arbeitsschwerpunkte: Computereinsatz in der Grundschule; Förderung lese- und rechtschreibschwacher sowie rechenschwacher Kinder. Veröffentlichungen über diese Themen in verschiedenen Fachzeitschriften. Mitautor des Mathebaums (Mathematikwerk für Grundschulen), Autor verschiedener Software für die Grundschule, Verfasser des Buches »Computereinsatz in der Grundschule«, Donauwörth, 1994.

Baumann, Georg, Jg. 1933, unterrichtete neun Jahre an einer Wormser Volksschule, daneben Tätigkeit in der Lehrerbildung; danach zehn Jahre Tätigkeit an der Europäischen Schule in Bergen (NL) sowie als Mathematik-Fachleiter in der Grund- und Mittelstufe. Seit 1976 Leiter einer vierzügigen Grundschule in Mainz, seit 1989 Projektgruppenleiter im rheinland-pfälzischen BLK-Modellversuch CLiP.

Bermuth, Cornelia, Jg. 1974, nach dem Besuch der Grundschule in Eltville und des Gymnasiums in Wiesbaden im WS 1993/94 Beginn des Studiums für das Lehramt an Grundschulen an der Goethe-Universität in Frankfurt/Main. Hauptfach Musik, Nebenfächer Deutsch und Biologie. Mitwirkung in dem Projektseminar »GrundschulComputer« im Institut für Schulpädagogik und Didaktik der Elementar- und Primarstufe.

Boos, Winfried, Jg. 1953, im Jahre 1978 Abschluß des Studiums zum Lehrer an GHS, 1979 zweites Staatsexamen; 1979–1981 Lehrer an der GHS Nellingen, 1981–1985 GHS Laichingen; 1983 Ausbildung zum Beratungslehrer, ab 1984 Beratungslehrer; 1983 Lehrauftrag am Seminar Laupheim; 1985 Auslandsschuldienst an der Europäischen Schule München; 1986 Ausbildung zum Computerfachmann für den Bereich Grundschule, ab 1986 Leitung des Fachbereichs Computer an der (europäischen) Grundschule, 1987 Leitung der Lehrerfortbildung über den Computereinsatz in der Grundschule; seit 1985 ständige Arbeitsgemeinschaften für Computer mit Grundschülern, ab 1986 ständige Ausbildung von Kolleginnen und Kollegen am Computer mit grundschulspezifischen Programmen.

Fritz, Prof. Dr. Jürgen, Jg. 1944; nach dem Studium Lehrer an einer Gesamtschule; Assistent im Fach Kunsterziehung an der Universität Lüneburg; seit mehr als zehn Jahren Professor für Spiel- und Interaktionspädagogik an der Fachhochschule Köln; Arbeitsschwerpunkte: Spiele für Gruppen, Spielmittel, Video- und Computerspiele. Neuere Veröffentlichungen: Spiele am Meer (Mainz, 1992); Erlebnisspiele im Freien (Mainz, 1994); Spielzeugwelten (Weinheim, 1992); Theorie und Pädgogik des Spiels (Weinheim, 1993).

Gruner, Bernd, Jg. 1953; von 1972–1978 Studium an der Ruhruniversität Bochum, Staatsexamen für das Lehramt am Gymnasium in den Fächern Mathematik und Sport; nach dem zweiten Staatsexamen seit 1980 Unterrichtstätigkeit am Theodor-Heuss-Gymnasium Recklinghausen, dort jetzt als Oberstudienrat mit den Fächern Mathematik und Sport; verschiedene Fortbildungen im Bereich »Neue Technologien« und »Programmierung«, über mehrere Jahre durch dienstlichen Aufgabenbereich Kontakte zu Grundschulen. Verheiratet, vier Kinder im Alter von 3, 7, 11 und 13 Jahren.

Haarmann, Karl W., Jg. 1955, Studium von Physik und Mathematik für das Lehramt an Gymnasien in Frankfurt. Abschluß 1983, danach Arbeit in Selbsthilfeprojekten arbeitsloser Lehrer, zunächst im Verein für Jugend- und Erwachsenenbildung Frankfurt/Main, seit 1988 bis heute im Höchster Bildungsschuppen (Verein für Kultur, Politik u. Berufsbildung e.V. Frankfurt-Höchst). Unterrichtet dort Mathematik und Naturwissenschaften, Aufbau eines zusätzlichen Computerkurses für Teilnehmer aller Altersgruppen. Entwicklung und Erprobung didaktisch-methodischer Konzepte für diese Computerkurse, die einen praxisnahen und z.T. spielerischen Zugang ermöglichen. Organisiert daneben Computerkurse für andere Projekte.

Heuß, Gisela, Jg. 1939, seit 1967 Unterricht an der Volksschule, von 1968–1979 Unterrichtstätigkeit in der Sekundarstufe I der Hauptschule; 1972 Fachleiterin für Deutsch am Bezirksseminar für das Lehramt an der Grund- und Hauptschule in Duisburg (Duisburg I), 1977 Konrektorin an einer Hauptschule, seit 1979 Rektorin an einer Grundschule.

Kochan, Prof. Barbara, Jg. 1944, nach 6jähriger Praxis in der Grundschule 1972 zur Professorin für »Theorie und Praxis der Primarstufe« an die PH Berlin berufen; seit 1980 Professorin für den Grundschullernbereich Deutsch an der TU Berlin tätig. Arbeitsschwerpunkte: Rollenspiel, mündlicher Sprachgebrauch, Schreiben und Schreibenlernen, Kinderfilm, kindgeleiteter Unterricht. Seit 1986 wissenschaftliche Leitung der »Schreibwerkstatt für Kinder« an der TU Berlin; z.Zt. wissenschaftliche Begleitung von Erprobungen des Computers als Schreibwerkzeug im Grundschulunterricht in Berlin.

Legat, Heinrich, Jg. 1942, nach dem Besuch der Volksschule und des akademischen Gymnasiums in Graz (Matura 1960) zunächst Studium des Hüttenwesens, Werkstudent in Stahlwerken und als Fernfahrer; 1972 bis 1974 Lehrerausbildung an der PA des Bundes in Graz; Hauptschullehrer, ab 1975 Volksschullehrer, zunächst an einer zweiklassigen Kleinschule; seit 1977 Volksschuldirektor, ab 1980 Direktor der Volksschule Oberhaag, seit 1989 der Volksschule Graz-Gösting. Veröffentlichungen: »Computer im Unterricht«, Graz 1988, sowie zahlreicher Fachartikel.

Leutbecher, Mirjam, Jg. 1972, nach dem Besuch der Grundschule in Baunatal und des Gymnasiums in Kassel Aufnahme des Studiums zum WS 1992/93 in Kassel, zum WS 1993/94 Wechsel an die Goethe-Universität Frankfurt/Main, Studium für das Lehramt an Grundschulen. Hauptfach Deutsch, Nebenfächer Musik und ev. Religion.

Lohuis, Ralf, Jg. 1955; ist seit 1984 Grundschullehrer in Bottrop und arbeitet seit 1992 als Fachleiter für den Lernbereich Sachunterricht am Studienseminar Gelsenkirchen. Zahlreiche Lehrerfortbildungen zum Mathematikunterricht, zum Anfangsunterricht in der Grundschule, zu Lese-Rechtschreibschwierigkeiten und zum Einsatz von Computern ergänzten die Tätigkeit als Lehrer; Veröffentlichungen in den Bereichen Sprache und Mathematik. Außerdem war er im Landesinstitut in Soest an der Entwicklung verschiedener Fortbildungsmaterialien beteiligt. 1993 und 1994 entwickelte er zahlreiche Zeichensätze für Computer, die es unter anderem erlauben, z.B. Vereinfachte Ausgangsschrift, Fibeldruckschriften, Schriften in Lineaturen und Piktogramme für Arbeitsanweisungen und Wochenpläne auf dem Computer allein über die Tastatur zu erzeugen. Betreut seit 1985, jetzt im COCONUT e.V., in den »Apple-User-Groups« die Arbeitskreise für Schule und Ausbildung.

Lück, Willi van, Jg. 1935; 1958–1964 Studium Mathematik, Physik und Philosophie; Referendariat: 1966–1972; Gymnasiallehrer am Städt. Gymnasium in Schleiden/Eifel; 1973–1982 OStD der Gesamtschule Dorsten-Wulfen; 1982–1986 Ltd. RSD und Referatsleiter für Curriculumentwicklung in den Bereichen Mathematik, Naturwissenschaften, Informatik; seit 1986 Referatsleiter der Zentralen Beratungsstelle für Neue Technologien am Landesinstitut für Schule und Weiterbildung (LSW) in Soest. Veröffentlichungen im Bereich der Integration der Naturwissenschaften, der Informations- und Kommunikationstechnologischen Grundbildung sowie im Bereich Neuer Medien im Fachunterricht aller Fächer. Leiter mehrerer Modellversuche, u.a. des BLK-Modellversuchs CompiG.

Meißner, Hartwig, Jg. 1938, Dr. rer. nat., Professor für Mathematik und Didaktik der Mathematik an der Westfälischen Wilhelms-Universität Münster. Unterrichtserfahrung mit Computern in allen Schulformen (seit 1968). Autor des ersten deutschen Informatikbuches (Ehrenwirth München, 1971) und über 50 weiterer Veröffentlichungen zum Einsatz von Taschenrechnern und Computern im Mathematikunterricht. Vorträge, Panels und Chief Organiser auf zahlreichen nationalen und internationalen Tagungen zum Themenbereich »Technology« im Mathematikunterricht. Derzeitiger Arbeitsschwerpunkt: Erforschung mathematischer Lernprozesse mit dem Ziel der Reorganistion des Unterrichtens von Mathematik.

Mitzlaff, Hartmut, Dr. paed., Jg. 1949, z.Zt. Vertreter der Professur für Erziehungswissenschaften – Schwerpunkt Pädagogik der Elementar- und Primarstufe an der Johann Wolfgang Goethe-Universität, Frankfurt/Main; nach dem Ersten Staatsexamen für das Lehramt an Grund- und Hauptschulen Promotionsstudium; 1985 Promotion zum Dr. paed. mit einer historischen und systematischen Untersuchung zum Heimatkunde- und Sachunterricht; anschließend wiss. Mitarbeiter im FB Pädagogik und Biologie der Uni Dortmund; Lehraufträge an den Universitäten Dortmund, Münster und Wuppertal, seit 1992 Lehrstuhlvertretung in Frankfurt; von 1986–1990 stellvertretender bzw. kooperierender Leiter des Forschungsprojektes »Computereinsatz im Grundschulunterricht?«; Fortsetzung des Projekts in Frankfurt; weitere Arbeitsschwerpunkte: ökologische Grundschulpädagogik, internationale Reformpädagogik, Didaktik des integrativen Sachunterrichts.

Monnerjahn, Rolf, Jg. 1942, Studium des Lehramtes in München und Koblenz, seit 1963 Lehrer an Volksschulen, seit 1973 an Realschulen; seit 1974 in zahlreichen Modellversuchen engagiert, darunter seit 1989 mehrere zum computerunterstützten Lernen; Programmentwicklungen in den Modellversuchen: Autorenschulung (Ziel 2000), IBEC (Brüche) und CLiP (Rechnen mit Felix); derzeit Realschulkonrektor. 1994 Herausgabe des Abschlußberichts zum Modellversuch CliP (→ Monnerjahn, 1994).

Nau, Knut, Jg. 1962, nach Berufsausbildung im technischen Bereich nun Lehramtsstudent an der Goethe-Universität in Frankfurt. Bemüht sich um die Verbindung von pädagogischen und technischen Perspektiven. Lehrerfahrung in der Erwachsenenbildung (EDV-Anwendungsschulungen) und in UNI-Tutorien mündeten vor zwei Jahren in eine Arbeit »Pädagogische Konzeption im Computerunterstützten Unterricht (CUU)« für die TH-Darmstadt im Rahmen eines EG-Projekts. Schreibt z.Zt. an einer Examensarbeit zum Thema »EDV-Einsatz im Primarbereich«. Daneben Arbeiten zur Gestaltung von interaktiver Lernsoftware.

Niewel, Joachim, Jg. 1953, geb. in Wuppertal, Studium für das Lehramt an Grund- und Hauptschulen, acht Jahre als Grundschullehrer tätig. Danach Übernahme der Funktion des Konrektors in Schwelm, seit fünf Jahren Schulleiter an der Friedrich-Harkort-Grundschule in Hagen. Gelangte zur Computernutzung aufgrund der »Erkenntnis, daß diese Maschinen bei der Vorbereitung von Unterricht und bei vielfältigen Verwaltungsaufgaben sinnvoll eingesetzt werden können«. Verheiratet, vier Kinder im Alter von 1, 4, 8 und 10 Jahren.

Spindler, Udo, Jg. 1943, seit 25 Jahren in der Grundschule tätig, seit 11 Jahren Schulleiter der Grundschule Dreihausen in der Nähe von Marburg. Arbeitet seit 15 Jahren mit Computern und hat erstmals 1984/85 Computer im Unterricht mit selbstgeschriebenen Programmen eingsetzt (C 64). Seit 1991 Wiederaufnahme des Computereinsatzes im Grundschulunterricht »auf Drängen des hessischen Instituts für Lehrerfortbildung«. Seit 1992 Leiter des Projekts CIG (Computer in der Grundschule). Das Projekt wird zur Zeit unter Mitwirkung des Hessischen Instituts für Bildungsplanung und Schulentwicklung fortgesetzt. Verheiratet, zwei Kinder.

Treude, Anja, Jg. 1973, nach dem Besuch der Grundschule und des Gymnasiums in Wiesbaden Auslandsaufenthalt in den USA, 1990/91 High-School-Abschluß in Missouri, 1991–93 Oberstufengymnasium in Wiesbaden; zum Beginn des Wintersemesters 1993/94 Aufnahme des Studiums für das Lehramt an Grundschulen an der Goethe-Universität in Frankfurt. Hauptfach Deutsch, Nebenfächer Englisch und Sport. Mitwirkung in dem Projektseminar »GrundschulComputer« im Institut für Schulpädagogik und Didaktik der Elementar- und Primarstufe.

Uhlemann, Bernhard, Jg. 1950 (fühlt sich nach schwerer Krankheit 1993 »wie neugeboren«); 1969–1972 Lehramtsstudium an der PH Hagen, 1972–1975 Berufsmusiker, 1977 Zweites Staatsexamen, anschließend Lehrer an der Grundschule Nachrodt; Engagement in der Lehrerfortbildung für Lehrer an Schulen mit hohem Ausländeranteil, Lehrerfortbildung für ausländische Lehrkräfte im Märkischen Kreis; 1988 Wechsel an die Karl-Ernst-Osthaus-Grundschule in Hagen; arbeitet seit 1988 im »Grundschulalltag« mit PCs; außerberuflich seit 1970 Experte und Entwickler von »Spielbahnen« (die sich für ihn grundlegend von »Modelleisenbahnen« unterscheiden).

Vietmeier, Astrid, Jg. 1958; 1985 Zweites Staatsexamen für das Lehramt an Gymnasien in den Fächern Kunst und Deutsch; 1986–1991 und wieder ab 1995 wiss. Mitarbeiterin an der Hochschule für Bildende Künste in Braunschweig, Arbeitsstelle für Computergrafik und Ästhetische Erziehung; 1992–1994 Dezernentin am Niedersächsischen Landesinstitut für Lehrerfortbildung, Lehrerweiterbildung und Unterrichtsforschung (NLI) in Hildesheim, Projektgruppe »Neue Technologien und Schule«, Lehrerfortbildung und Betreuung des Grundschul-Modellversuchs in Niedersachsen.